北京市优秀古籍整理出版扶持项目

居庸关历代文献辑录

中共北京市昌平区委党史办公室 编

中国书店

图书在版编目（CIP）数据

居庸关历代文献辑录 ／ 中共北京市昌平区委党史办公室编. —北京：中国书店，2024.2
ISBN 978-7-5149-3580-6

Ⅰ. ①居… Ⅱ. ①中… Ⅲ. ①长城-关隘-史料-汇编-昌平区 Ⅳ. ①K928.77

中国版本图书馆CIP数据核字（2024）第006186号

居庸关历代文献辑录

中共北京市昌平区委党史办公室编

责任编辑：赵文杰　　姚文杰　　赵小波

出版发行：中图书店
地　　址：北京市西城区琉璃厂东街115号
邮　　编：100050
印　　刷：北京建宏印刷有限公司
开　　本：710mm×1000mm　1/16
版　　次：2024年2月第1版第1次印刷
印　　张：37
字　　数：480千
书　　号：ISBN 978-7-5149-3580-6
定　　价：158.00元

凡　例

1.本书按时代先后编排，全书分战国秦汉、三国两晋南北朝、隋唐五代、宋辽金、元、明、清、民国八编。各时代编下，对所录文献附以简介。

2.历史上涉及居庸关的文献分散而众多，尤其是明清，但鉴于全书篇幅，许多重要文献如《明实录》《国榷》《皇明经世文编》《清实录》等难以兼采容纳，有待将来弥补。

3.辑录文献中间有省略处用省略号标明，但首、尾省略一般不用省略号，只有语句明显是承上而言，或者是语句有所未尽者，首、尾省略的部分才用省略号表示。如果一整篇分为数段排列，段与段之间有所省略，在两段之间用省略号或空行表示。

4.辑录文献版本一般采用较为通行的版本，部分尚未经校订出版的文献采用历史旧本，并将版本信息以注释的形式在页下注明。

5.一般异文不作校勘，但所据版本在重要之处有异文或明显讹误则作必要的改正，改正符号主要用圆括号和六角括号，具体用法是：

——脱：在六角括号〔 〕中写出补入的字。

——讹：将错字用圆括号（ ）括出，并用仿宋五号字以示区别，后面写出改正后的字，并加上六角括号〔 〕。

——衍：将衍字用圆括号（ ）括出。

——倒：将该字或该句在正确位置上按补脱字的方法用六角括号〔 〕补上，将处于错误位置的内容用圆括号（ ）括注作为衍字处理。

6.原书中的避讳字一般不作改动。凡为避讳而缺笔画者，补足笔画，空字者补字，通假字一般不改。"□"代表有一字无法识读，有几个"□"代表几个字。在采用现代出版的校点本资料时，若遇到校勘、标点、分段、年代标注有错误，径直改正。不能确定者，则尽可能保留原文原貌，并以页下注的形式说明，以免非专业读者误解。

7.凡材料因摘录而缺失时间、地点或人物姓名者，据前文用圆括号（）补入。辑录材料引用注文时，则采取夹注的形式与正文一并录入。所选版本中的注疏是人们习用的夹注本，则依其旧例，加注于其中。其中注疏中与居庸关内容无关的文字多予省略，省略形式如正文。

8.本书使用规范地名，古代计量单位遵循历史文献。为保存文献原貌，某些文献中出现地名、人名、民族或政权名等文字前后不一致时亦照原文录入。

9.居庸关是昌平的历史文化地标，自古以来对昌平历史发展的影响都是巨大而深远的，故相关昌平史料亦有所收录。

目 录

《吕氏春秋·有始览第一》有关居庸塞的记载

《汉书·地理志》中有关军都、居庸二县的记载自代至平城三百餘里凡與匈奴烏桓大小數十百戰頗識邊事數上書言宜與匈奴結和親又陳委輸可從溫水漕（水經注曰溫餘水出上谷居庸關東又東過軍都縣南又東過薊縣此益通以運漕也）以省陸轉輸之勞事皆施行後南單于烏桓降服北邊無事霸在上谷二十餘歲三十年定封淮陵族（臨淮縣屬郡軑縣屬江夏郡軑音大）永平二年以病免後數月卒子符嗣徙封軑族卒子度嗣度尚顯宗女浚儀長公主爲黃門郎度

《后汉书·王霸传》有关温余水（今温榆河）源发居庸关东的记载

欽定四庫全書

音劉愷獨以春秋之義善善及子孫惡惡止其身所

依光比帝置居延屬國都尉領居延一城屬涼州後

凡劉愷獨以春秋之義善善及子孫惡惡止其身所

然有詔大射議建鮮卑其至護寇居庸關九月雲中

太守成嚴擊之兵敗（居庸關在上谷界益鮮卑先以功曹）

先王詳州之意也左傳曰刑溫則懼及善陳忠亦以為

以進人於善也公羊傳曰曹公孫會自鄷出奔宋畔也

孰為賢者何賢乎公子喜時讓國也春

其父也如今使藏吏棄錮子孫以輕從重懼及其人非

《资治通鉴》有关汉军与鲜卑战于居庸关的记载

·2·

税課積銀二百兩蓋州稅課積銀二百兩遼陽
廣寧稅課各積銀二百兩俱解廣寧左庫貯放
月擡。尸部仍於該鎮年例銀西照數減除〇三
十二年題准居庸關南口委官抽稅商貨除在
京宣課司稅過有票鈐行外其從東西別路徑
超宣太未經抽分銀兩送隆慶
衛貯庫解送昌平管糧官支銷〇三十九年令
各省直撫按通行所司令各該稅司將一應
稅契銀兩務查實數每季終備開稅過房屋田
地各若干收過銀兩數目備造文册依期類解

《大明会典》嘉靖三十二年（1553年）"题准居庸关南口委官抽税商货"

重修居庸關志叙
居庸志所從來失創自嘉靖戊申歲王侍御士
翹公凡六十餘年而至于風土之盛衰政務之沿革則
種種如昨又時邊局換若江河之趨而不可挽此固守土
者之不能無隱憂而亦考古者之不得不重修
其故也夫居庸一關外建宣大二鎮內翼
陵寢都城北門鑰特
敕恭中戴在會典明葉森然夫何週年以來貂
勅恭府鎮守載在會典明葉森然夫何週年以來貂

居庸關志
又

〔明〕张绍魁《重修居庸关志叙》，万历十四年（1586年）抄本

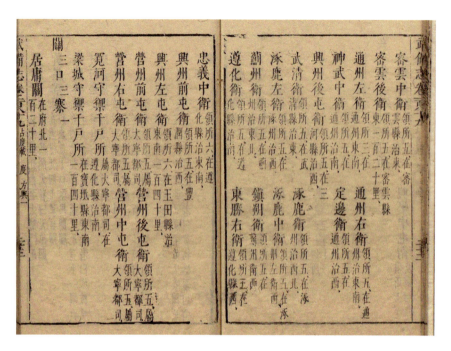

〔明〕茅元仪《武备志》，天启元年（1621 年）刻本

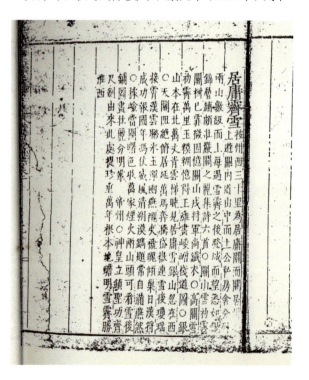

《〔隆庆〕昌平州志》所载"八景"之居庸霁雪

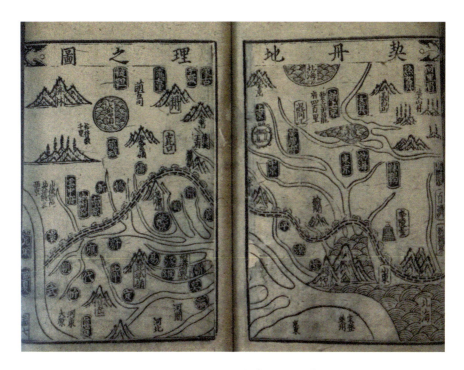

契丹地理之图，选自《契丹国志》

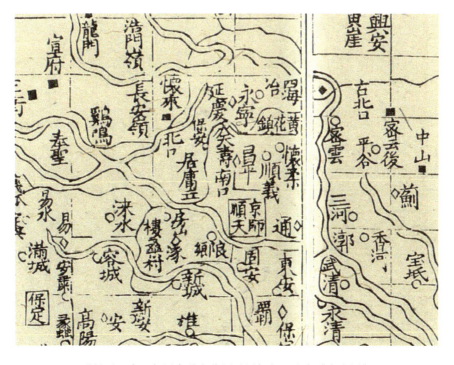

明昌平、南口与居庸关方位图（局部），选自《广舆图》

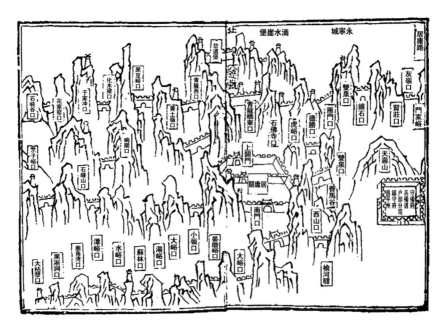

明居庸路形势图，选自《四镇三关志》

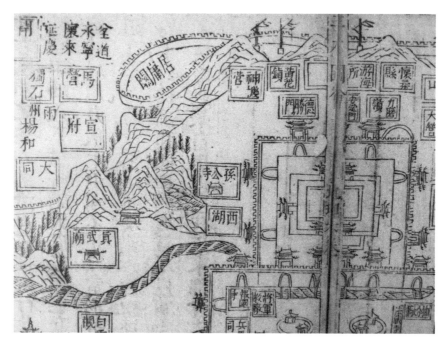

明顺天京城图（居庸关附近），选自《三才图会》

《大清万年一统天下全图》中的昌平、居庸关、南口方位图

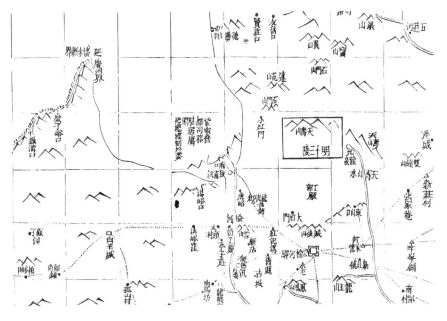

清顺天府昌平州图（居庸关附近），选自《畿辅通志》

清居庸关、南口形势图，选自《昌平州舆地图》

1909年的居庸关云台及石刻，选自《中国文化史迹　北中国考古图录下》

清"燕平八景"之居庸积雪图,选自《〔康熙〕昌平州志》

〔清〕麟庆居庸挹翠图,选自《鸿雪因缘图记》

〔明〕王绂所绘居庸叠翠图

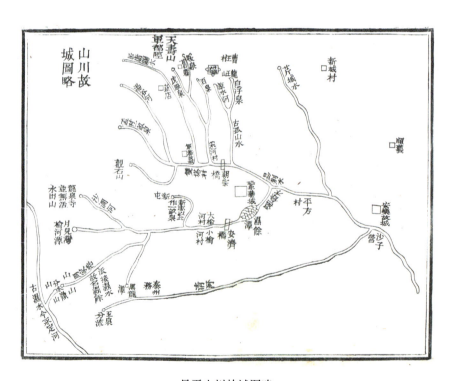

昌平山川故城图略

〔清〕张若澄"燕山八景"之居庸叠翠

（英）李通和《南口关——长城之门》

明正统年间，居庸关泰安禅寺碑拓

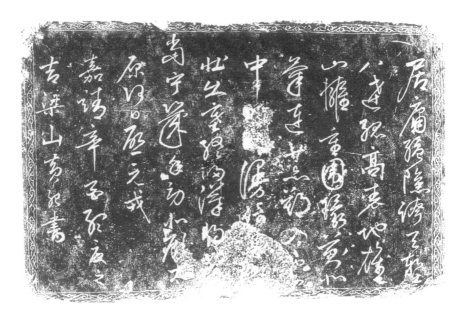

居庸关碑林古诗，嘉靖四十年（1561 年）刻

居庸关守将孙玺墓石牌坊

康熙五十一年（1712年）居庸关八蜡庙碑　　乾隆五十七年（1792年）居庸关药王庙碑

1870年，约翰·汤姆逊拍摄的南口峡谷，选自《中国与中国人影像》

居庸关长城西南扇面（1871年），拍摄者不详

1902年，阿尔方斯·冯·穆默拍摄的居庸关南口一带，选自
《穆默的摄影日记》

1906年，山本赞七郎拍摄的居庸关过街塔，选自《北京名胜》

1909年，法国汉学家爱德华·沙畹拍摄的云台天王浮雕，
选自《中国文化史迹 北中国考古图录下》

格雷戈里拍摄于20世纪20年代的云台券洞，选自
《格雷戈里的中国摄影集》

拍摄于 1905 年前后的南口北弹琴峡，选自《清国胜景并风俗写真帖》

1909 年，威廉·埃德加·盖洛拍摄的南口关附近长城，选自《中国长城》

居庸上关由南望景，选自《京张路工撮影》

军都山峦中的巍峨长城，选自《北京景观》

居庸关北门瓮城西侧，1922年亚当·沃里克拍摄

拍摄于 1937 年的居庸外镇

居庸关长城东南，拍摄时间不详

南口城遗址

居庸古道

居庸关水关旧影

爱新觉罗·溥杰手书"居庸叠翠"

修复中的居庸关北关城楼

2005年，威廉·林赛拍摄的居庸关长城

居庸关长城博物馆

居庸关"不到长城非好汉"石碑

今日居庸关

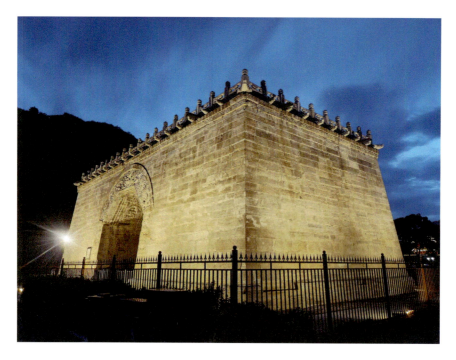

云台夜景

天下第一雄关夜景

居庸關

察哈爾省懷來縣 延慶縣
河北省昌平縣

民国十九年（1930 年）居庸关地图

序　言

　　居庸关是北京乃至中国长城文化史上的珍贵遗产。其历史沿革，可上溯至春秋战国时期。千百年来，居庸关与其联防体系内的各口、仓、屯、卫、寨等长城文化遗产，共同支撑起了北京长城文化带的脉络，对昌平地区建置沿革的变迁、城池桥梁的建设、南北文化的交融、交通枢纽地位的奠定、皇陵禁苑的设置、刚健民气的养成、传统民俗的塑造、人口民族的迁徙、村落古居的布局、城市发展的走向等等，都发生着潜移默化的影响。

　　倚险而雄，天造地设。居庸关以岩险而闻名天下，其所在峡谷的地理位置在我国古代极为重要。因沟内建有居庸关城，后世遂称其为"关沟"。关沟谷道长 20 公里，两旁山岭壁立如削，横亘在北京平原与西北高原之间的天然分界线上，成为古今行旅、战马兵车往来最便捷且地形最为险要的天然通道。

　　北宋欧阳修称："自幽州西北入居庸关，……关路崖狭，一夫可以当百，此中国控扼契丹之险也。"明蒋一葵著《长安客话》，对居庸关地理位置和关沟险要地形的描绘更为具体："按《图经》：太行山南起山西泽州，迤逦北出数百里，山脉不断。自麓至脊，皆陡峻不可登越。独有八处粗通微径，名之曰陉。居庸关是最北之第八陉也。"

　　自古以来，无数文人墨客不吝笔墨地对居庸关之雄、险、奇、绝极尽赞叹之能事，留下累千上万首题咏居庸关的诗词。如元朝人陈孚古体诗《居庸关》云："不知何年鬼斧凿，仅共青天通一握。"明成祖朱棣在靖难起兵时，对居庸关地形的险要特点作了极为精准的概括。他说：

"居庸关路狭而险，北平之襟喉也。百人守之，万夫莫窥。必据此乃无北顾忧。"居庸之险，险在地势。居庸之雄，雄在山形。正因为占据了绝无仅有的山形地势条件，才造就了这座闻名天下的千古雄关。

名称繁复，更替延承。 居庸关的名称演变极其复杂，据有关史籍记载，居庸关最早的名称为居庸塞，此后名称多变，如三国时称西关，东晋称蠮螉塞，北齐称纳款关，唐称蓟门关，金代称查刺合攀（意为严关）元代称纳钵关等等，不一而足。今天的居庸关位于昌平区南口镇境内，如铁锁拦桥横跨于军都陉之上，故又有"天下第一雄关"的瑰伟之称。

对于"居庸"之名起源于何时，莫衷一是。元王恽《中堂事记》称："世传始皇北筑时，居庸徒于此，故名。""庸"指苦役，"徒"指囚犯。民夫士卒被强征徙居在这里，所以被称为居庸关。当代有论者称，据《周礼》载，周朝因功授赏，分功勋为不同等次，其中"王功曰勋，国功曰功，民功曰庸，事功曰劳，治功曰力，战功曰多"。"居庸"即"居于为民建功之位"，居庸关也就是守土卫民之关。

两千多年来，居庸之名的屡次变化，绝不仅仅是称谓上、形式上的改变，其背后则往往折射出历史的风云变幻，贯穿着朝代的更替延承，今天仍有待进一步对其名称演变的历史轨迹和规律进行发掘梳理。

千年沿革，阅尽沧桑。 从春秋时期的居庸塞到今天的居庸关，居庸关历经沧桑，惯看风云，走过了两千多年的历史变迁。如果将这一漫长的历史时期，划分出若干时段的话，那么元代可作为一个重要的分水岭。元代第一次将北京作为全国的首都，居庸关也由此被纳入全国的政治中心、军事中心、经济中心和文化中心的腹地。

至于居庸塞何时转变成为居庸关，其准确年代文献没有记载。但《汉书·地理志》在上谷郡居庸县下则已明确记载"有关"，这说明汉朝时已修筑有居庸关。而且除居庸关外，还设有军都关，两关并置，唇齿相依，彼此援应。如据胡三省所注《资治通鉴》记载："考之汉志，上谷郡有军都、居庸两县，盖各有关。"《大清一统志》也称："既有两县两关之名……当是就山之险要建置区分，及军都关县俱裁，后人遂混为一耳。"

关于汉代居庸关的建筑形制，一直没有确切的史料记载，直至20世纪70年代，随着汉代墓葬的发掘出土，才有了新的发现。1971年，在内蒙古和林格尔东汉墓内发现一幅《居庸关图》壁画。另据北魏郦道元《水经注》记载："更始使者入上谷，耿况迎之于居庸关，即是关也。"由此推想，东汉时居庸关的建筑设施当已十分完备。

到了北齐时期，居庸关得到了一次较大规模的修筑。天保六年（555年），"发夫一百八十万人筑长城，自幽州北夏口至恒州九百余里"。其中，恒州在今山西大同，幽州北夏口即今居庸关南口。清顾炎武《昌平山水记》在记述居庸关南口时说："原居庸关南口有城，南北二门，《魏书》谓之下口。《常景传》：都督元谭据居庸下口。是也。《北齐书》谓之夏口。《文宣纪》：天保六年，筑长城自幽州北夏口至恒州九百余里。是也。《元史》谓之南口，亦谓之西关。"北齐时期，居庸关不仅是军事上的关防，也是经济上的互市，并在此征收税款，因此居庸关也有了新的称谓——纳款关。

辽金时期，居庸关成为都城（辽称陪都，金称中都）北面的重要关口。元朝时，居庸关为圣驾行幸上都开平的途经和驻跸之处，故关城有南北口红门之设，并分别设置千户所，负责徼巡盗贼、守卫关口。《元史》载，元世祖忽必烈"尝于居庸关立南、北口屯军，徼巡盗贼，各设千户所"。

据至大四年（1311年）枢密院向皇帝的奏折可知，此时"居庸关古道四十有三"，但"军吏防守之处仅十有三，旧置千户，位轻责重"。正是在这样的背景下，将千户所改为了万户府。这一时期，在居庸关城内永明寺还设有御榻，夜间禁止行人，以候圣驾来临。因南起龙虎台，北至棒槌店，均有次舍，故当时又称居庸关为"纳钵关"。纳钵，亦作"纳宝"，指辽金元时国君的行营，为契丹语译音，相当于汉语的"行在"。元人周伯琦曾在《扈从诗》前序中称："启行至大口，留信宿，历皇后店皂角，至龙虎台，皆纳钵。犹汉言顿宿所也。"

体系坚完，限隔中外。居庸关自登上历史舞台以来，始终是非常重要的军事战略守御要地。至明朝时，特别是明成祖朱棣迁都北京，在昌平天寿山营建陵寝后，为了保障京师和皇陵的安全，居庸关不仅修建得越来越宏大，而且配备有大量军士和武器装备。有明一代，可谓居庸关防御体系最为完备的时期。

现存居庸关城，就是为巩固幽燕门户，于明洪武元年（1368 年），由大将军徐达、副将军常遇春规划创建的。此后，随着北方防御体系的日趋完善和巩固，居庸关的军事藩屏地位也大幅度提升，其在明时的重要程度可以说超过了历史上的任何一个时期。按明王士翘《西关志》、刘效祖《四镇三关志》、张绍魁《重修居庸关志》等文献记载，当时关沟一线的关城建筑共由岔道城、八达岭、上关、居庸关、南口城五道防线组成，其纵深防御体系之严密，令人叹为观止。其中居庸关更是成为举足轻重、限隔中外的锁钥，是京师北防可以依赖的最后一道天险。

陵京巨防，国脉攸关。永乐七年（1409 年），明成祖朱棣正式择定昌平黄土山为寿陵陵址，赐名为天寿山，并下令在昌平天寿山营建寿宫（长陵）以安葬皇后徐氏，此后又于永乐十九年（1421 年）正式迁都北京，北京自此成了明朝的首都。这样随着全国政治中心的北迁和明廷在昌平天寿山营建皇陵，昌平一带的长城及关隘便与明朝的"陵京"防卫体系紧密地结合在一起了。

"选壤天寿"，是昌平发展史上的一个分水岭，也是明王朝迁都北京的前奏。从此，昌平成为龙脉所在，与朱元璋的故里安徽凤阳，并称为钟灵之地。永乐帝迁都北京的原因，是因为北京是个理想的建都之地。南有辽阔的北京小平原，西有西山，北有军都山，层峦叠嶂，耸立云霄，三面包围北京城，形成天然屏障。再者，北京又是明成祖"龙兴之地"，是当年他被封燕王时的封地。正如永乐十一年（1413 年）群臣奉命集议营建北京时所言："北京，圣上龙兴之地。北枕居庸，西峙太行，东连山海，南俯中原，沃壤千里，山川形胜足以控四夷、制天下，诚帝王万世之都也。"

永乐四年（1406年），明成祖下诏兴建北京皇宫和城垣。永乐七年（1409年），明成祖以北京为基地进行北征，同时开始在北京北部的昌平修建长陵。直到永乐十九年（1421年），即选址昌平为皇陵重地的十二年后，明成祖朱棣才正式完成了迁都北京的决策，前后酝酿达十余年之久。

明成祖迁都北京，是具有重大历史意义的事件，其对中国政治、经济、文化造成的影响一直延续到现代。建陵于昌平，改北京为京师，使朱棣成为历史上令人瞩目的"守边天子"。选壤天寿与迁都北京，在北京史上是具有战略意义的两件大事。清帝乾隆曾将这两件事等量齐观，相提并论，并称朱棣"定鼎燕京，排众议而具卓识。秘衣天寿，示百载更有深谋"。

建堡筑隘，声联势结。纵观居庸关两千多年的历史变迁，至明朝时，其关城设施达到了历史上最完备的程度。由于居庸关恰处于关沟峡谷的中段，因山设险，纵深前可与八达岭、后可与南口城等关城联防，横向东可与古北口、西可与白羊口等隘口遥应，故在整个关沟军事体系中，居庸关能成为重要的指挥中心。至明代嘉靖年间时，经过明初以来的百年经营，居庸关乃至九边地区的长城防御体系已日臻于完善。

关城的北面有居庸外镇、上关城二座城堡，南面有南口城，构成关沟纵深达四十里的防御体系。其中居庸外镇，即八达岭长城。在关北三十里处，位处关山最高处，是居庸关的第二道防线。按《西关志》记载，该城创建于明弘治十七年（1504年），为经略边务大理寺右少卿吴一贯规划创立，逾年告成。又按《四镇三关志》记载，八达岭下附边城二十四里半，系嘉靖三十年（1551年）建；附墙台四座，亦系嘉靖三十年建；附空心敌台四十四座，系隆庆三年（1569年）至万历元年（1573年）建造。

因为该城位于关沟的最北端，战略地位极为重要。所以，嘉靖年间巡关御史王士翘在《居庸图论》中说："居庸两山壁立，岩险闻于今古，盖指关而言。"上关城，又作"上关门"。位于居庸关城北八里，永乐二年（1404 年）建，是居庸关的第三道防线。南口城，又称南口门。是距离居庸关最近的战略支点和缓冲防区，一旦居庸关发生警情，南口守军可以在最短的时间内对居庸关给予兵力、物力上的支援。它位于居庸关城南十五里，正好在关沟的南口，故以此命名。

广义的居庸关，在明代时不是指居庸关一座关城，还包括四十里关沟中所设置的所有城堡，即八达岭、上关城、南口城都是它的组成部分，甚至涉及宣府镇的岔道城以及与城堡相关的大小隘口。按《西关志》记载，南口一带居庸关所属隘口共 107 处，由五路组成，其中中路隘口 12 处，分布在居庸关稍南至青龙桥一线山谷的左右两侧；北路隘口 6 处，分布在八达岭居庸外镇的西侧；南路隘口 12 处，分布在南口城以西一线山谷间；东路隘口有 14 处，分布在南口城东北侧山谷间；西路隘口有 63 处，分布在关沟以西各地方。

从居庸关所处地区的整体战略布局上看，对内则居庸关自成军事体系，后勤保障、军事联络、前线接战、平时教训系统一应俱全；对外居庸关则与各隘口及其他军事城防，有机构成了完整的防御体系，点线结合、兵防呼应、声势联结，关防区域内设立相应的障、堡、敌台、烟墩，互为犄角，使京畿北部一线成为关口林立、防守严密的军事防御网。正所谓，"居庸高哉但瞻仰，安得插翅飞其傍"。

卸甲销兵，承平景色。历史的潮流终究是不断向前的。到了崇祯末年，此时的明朝已是天下动荡，全国各地起义军风起云涌，都城北京最终被李自成大军攻破，居庸关没有能阻挡住明朝灭亡的脚步。

明崇祯十七年（1644 年），李自成军大举向明朝进攻，其北路军取宣府，破柳沟，剑指居庸关。《明季北略》载："三月十一，大同陷。贼至居庸，唐通迎战。时贼将李牟率众四十万，方战，忽营中突出一虎，东西冲跃，所至披靡。唐通惊仆，被虎擒啮，贼众四合，是虎即以皮御下，乃贼将谷大成伪扮者。通就执，乃降。"

李自成占据居庸关的具体时间是三月十五日，也就是大同陷落四天以后，与居庸关总兵、定西伯唐通一同投降的还有监军太监杜之秩。就这样，天下绝险、京师北门豁然洞开。时任太仆寺丞的申佳胤听闻居庸关失守，大惊失色道："京师不守矣！"尽管李自成军已兵临北京，但当时的明朝众臣对居庸关天险仍寄予了很大期望。如在此两个月前，兵部尚书张缙彦尚"以居庸天险足恃为慰"来安慰焦虑万分的崇祯皇帝。但是再险峻的关隘也要靠军队来把守，如果军心涣散，人心丧失，就算拥有如居庸关这样的"天险"，也只能是形同虚设。正所谓"天险地险不如人险"是也。

居庸关失守后，昌平惨遭兵燹。三月十六日，李自成军攻陷昌平，尽焚明陵享殿。当日夜，李自成军自沙河进犯德胜门、平则门（今北京阜成门）、彰义门（今北京广安门）等处，"竟夜焚掠，火光烛天"。十九日，京营兵溃，紫禁城陷，"帝崩于万岁山"，城破明亡。

由明入清后，居庸关的军事防御功能相对减弱，而作为关外与关内联系的纽带，其交通、邮驿通衢的枢纽作用则相对强化。其原因就在于，清朝统治者本身即以北方少数民族身份而入主中原，所以清朝入关后自然没有来自东北地区的军事威胁。再加上清朝早在入关之前，漠南蒙古各部就已经归附，因此，京师北面的关隘居庸关和长城其他关隘一样，事实上已经失去了京畿边塞雄关的军事意义。有清一代，居庸关地区战火频仍的景象从此一去不返。

由于居庸关是连接塞北和北京城的交通枢纽和孔道，所以清朝皇帝如顺治、康熙、乾隆等巡幸塞外时，往往途经居庸关。光绪二十六年（1900年）七月，八国联军逼近北京时，慈禧太后带领德宗载湉和皇后道经宣府、大同，逃往西安时，也是从居庸关经过的。尤值一提的是，这一时期随着民族融合的不断加强、南北文化的不断交汇、城市经济的不断发展，居庸关作为沟通游牧经济与农耕经济的联结点、交通枢纽的中转站以及承接商贸流通的经济平台功能也大为提升。康熙五年（1666年），定居庸关每年税额3000两；雍正十三年（1735年），"设居庸关税课大使"；乾隆元年（1736年），准"居庸关收取车驮货物过税饭钱，以资养赡"；道光年间，居庸关得以兼征大牲畜税。居庸关地区长期的和平，为北京地区的经济发展提供了重要条件，不仅"内外蒙古藩王贡使，西北两路边防蕰站转运"皆取道南口、居庸关，而且大量中外商人也频繁往来于此。清徐珂《清稗类钞》载，当时赴蒙商队，牛车相连，络绎不绝，往往"数百辆为一行"，铃声琅琅，"远闻数十里"。

至宣统元年（1909年），北京第一条通往西北的铁路，同时也是途经昌平地区的第一条铁路——京张铁路告竣通车。京张铁路设置在昌平地区的车站有沙河、昌平、南口、东园、居庸关等站，铁路的修建使居庸关与京、冀、察、绥等地的联系更加紧密。更为重要的是，在修筑京张铁路时，为保障机车车辆的维修护理，1906年，在今南口镇建成了京张制造厂，又称南口大厂、南口机车厂。南口机车厂曾是北京规模最大的机器工业，也是北京近代工人阶级运动兴起的重要舞台之一，在这里产生和壮大了昌平近代第一批产业工人。昌平的革命星火，由此"因路而兴"。

衔古接今，重焕雄姿。居庸关是北京长城文化遗产的代表，其不朽史迹贯穿于昌平历史的古今。然而由于其饱受刀兵战火，以及数百年的风雨侵蚀，居庸关等关城胜迹早已斑驳残损。为重现关城旧影，早在1952年，居庸关与八达岭、山海关等著名长城遗址，就开启了修缮开放的序幕。

新中国成立后，随着北京行政区划的调整，位于关沟峡谷内的长城关隘建筑分属昌平和延庆两县境内。时属昌平县南口境内的有居庸关、上关、南口三城。其中，居庸关城体保存较好，为使其继续保存，并利用文物古迹开展旅游，有关部门和单位先后多次对居庸关城进行了修缮。

1950年，中央人民政府政务院下发了《关于保护古文物建筑的指示》。在这一背景下，1952年时任政务院副总理的郭沫若提出"保护文物，修复长城，向游人开放"的建议，引起了中央人民政府的高度重视。文化部文物局委派罗哲文先生主持该项工程，并最终选择了居庸关、八达岭、山海关三处进行修缮。从1952年开始到1958年先后对墙体、关城、关楼等逐年加以修固，并对游人开放。这是我国首次实施对居庸关等长城的保护工程，开启了国家从文物角度保护修缮长城之先河，具有里程碑式的意义。此举不仅为1961年居庸关列入第一批全国重点文物保护单位奏响了序曲，而且为此后六十年间长城文化遗产的传承利用奠定了基础。

改革开放后，居庸关长城及城关内外遗址先后于1982年、1984年、1993年、1997年进行了多次修缮，修缮面积逾5万平方米。经过大修复建，昔日"天下第一雄关"的壮伟风貌得以重现，国内外前往居庸关游览的游客数量大幅提升。

进入21世纪以来，以2006年《长城保护条例》、2016年《中国长城保护报告》的实施和发布为重要节点，特别是随着北京全国文化中心建设目标及战略布局的愈发清晰，以居庸关为代表的长城文化遗产的保护传承利用进入了全面深入发展的新阶段。目前，昌平境内的历史文化遗产已从居庸关、十三陵珠联璧合式的龙头景区，逐渐拓展为众多古城遗迹、生态古村落、自然风景区等多点开花的全景式呈现，环长城文化带区域的山、水、城、村日益焕发出自然与人文交相辉映的时代风貌。

今天，衔接古今、面向世界的居庸关城，已成为北京文化繁荣的历史性标识、经济发展的战略性资源、对外开放的国际性名片，成为集传统与现代、历史与人文、关城古迹与自然景观于一体的文化展示区、长城风景区、旅游精品区。文脉久而文蕴厚，文物盛而文化兴。居庸关城等充满人文积淀的历史文化遗产，将在当代传承利用的创造性构想下焕发新的魅力。

第一编 战国 秦 汉

吕氏春秋①

《吕氏春秋》，又称《吕览》，是在秦国丞相吕不韦的主持下，集合门客们编撰的一部黄老道家名著，成书于秦始皇统一中国前夕。《吕氏春秋》集先秦道家之大成，是战国末期杂家的代表作，全书共分二十六卷，一百六十篇，二十余万字。

卷第十三 有始览第一

一曰：天地有始，天微以成，地塞以形。天地合和，生之大经也。……天有九野，地有九州，土有九山，山有九塞，泽有九薮，风有八等，水有六川。……何谓九塞？大汾、冥阸、荆阮、方城、殽、井陉、令疵、句注、居庸。殽在弘农渑池县西。井陉在常山井陉县，通太原关。令疵处则未闻。句注在雁门。居庸在上谷沮阳之东，通军都关也。毕沅曰："《淮南》'殽'下有'阪'字。'令疵'旧本讹作'疵处'，据注是'令疵'。《淮南》注云'令疵'在辽西，则即是令支，乃齐桓所制者。又'军都关'旧讹作'居都关'，《淮南》注作'运都关'。钱云：'运乃军之讹，军都亦上谷县，在居庸之东'。今皆改正。"

---

① 许维通著：《吕氏春秋集释》，中国书店，1985 年版。

淮南子①

《淮南子》，又名《淮南鸿烈》，由西汉淮南王刘安及其门客编辑而成。该书继承先秦道家思想，综合诸子百家学说于一体。班固《汉书·艺文志》将其归入"纵横家"，《四库全书总目》归入"杂家"。原书有内篇二十一卷，中篇八卷，外篇三十三卷，今仅存内篇。

卷四 地形训

地形之所载，六合之间，四极之内，昭之以日月，经之以星辰，纪之以四时，要之以太岁。天地之间，九州八极，土有九山，山有九塞，泽有九薮，风有八等，水有六品。……何谓九塞？曰大汾、渑阨、荆阮、方城、殽阪、井陉、令疵、句注、居庸。

史记②

《史记》是西汉著名史学家司马迁撰写的一部纪传体史书，是中国历史上第一部纪传体通史，记载了上至上古传说中的黄帝时代，下至汉武帝元狩元年间共三千多年的历史，与《汉书》《后汉书》《三国志》合称"前四史"。鲁迅誉其为"史家之绝唱，无韵之《离骚》"。

---

① 张双棣撰：《淮南子校释》，北京大学出版社，1997年版。
② 〔汉〕司马迁著：《史记》，中华书局，1959年版。

卷五十七 绛侯周勃世家第二十七

燕王卢绾反，勃以相国代樊哙将，击下蓟，得绾大将抵、丞相偃、守陉、太尉弱、御史大夫施，屠浑都。【集解】徐广曰：在上谷。【索隐】施，名也。屠，灭之也。《地理志》：浑都县属上谷。一云，御史大夫姓施屠，名浑都。【正义】《括地志》云：幽州昌平县，本汉浑都县。破绾军上兰，复击破绾军沮阳。追至长城，定上谷十二县，右北平十六县，辽西、辽东二十九县，渔阳二十二县。最从高帝得相国一人，丞相二人，将军、二千石各三人；别破军二，下城三，定郡五，县七十九，得丞相、大将各一人。

汉书①

《汉书》，又称《前汉书》，是中国第一部纪传体断代史，"前四史"之一。由东汉史学家班固编撰，主要记述了上起西汉的汉高祖元年（前206年），下至新朝王莽地皇四年（23年）共二百三十年的史事。全书共一百篇、八十万字，包括本纪十二篇、表八篇、志十篇、传七十篇。

卷二十八下 地理志第八下

上谷郡秦置。莽曰朔调。属幽州，户三万六千八，口十一万七千七百六十二。县十五：沮阳莽曰沮阴，泉上莽曰塞泉，潘莽曰树武，军都温余水东至路，南入沽，居庸有关，雉督，夷舆莽曰朔调亭，宁西部都尉治。莽

---

① 〔汉〕班固撰：《汉书》，中州古籍出版社，1996年版。

曰博康,昌平莽曰长昌, 广宁莽曰广康,涿鹿莽曰抪陆,且居阳乐水出东,南入沽。莽曰久居, 茹莽曰谷武,女祁东部都尉治。莽曰祁,下落莽曰下忠。

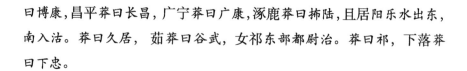

后汉书①

《后汉书》,是一部记载东汉历史的纪传体史书,"前四史"之一,由南朝宋时期的历史学家范晔编撰。全书主要记述了上起东汉光武帝建武元年(25 年),下至献帝建安二十五年(220 年)共一百九十五年的史事,全书共九十篇。

卷一下 光武帝纪第一下

(建武十五年)二月,徙雁门、代郡、上谷三郡民,置常〔山〕关、居庸关以东。《前书》曰:代郡有常山关,上谷郡居庸县有关。时胡寇数犯边,故徙之。

卷五 孝安帝纪第五

恭宗孝安皇帝讳祜,肃宗孙也。……(建光元年)八月,护羌校尉马贤讨烧当羌于金城,不利。甲子,前司徒刘恺为太尉。鲜卑寇居庸关,九月,云中太守成严击之,战殁。鲜卑围乌桓校尉于马城,度辽将军耿夔救之。

---

① 〔南朝宋〕范晔撰:《后汉书》,中华书局,1999 年版。

卷十八 吴盖陈臧列传第八

吴汉字子颜，南阳宛人也。……（建武）十五年，复率扬武将军马成、捕虏将军马武北击匈奴，徙雁门、代郡、上谷吏人六万余口，置居庸、常〔山〕关以东。……汉性强力，每从征伐，帝未安，恒侧足而立。诸将见战陈不利，或多惶惧，失其常度。汉意气自若，方整厉器械，激扬士吏。帝时遣人观大司马何为，还言方修战攻之具，乃叹曰："吴公差强人意，隐若一敌国矣！"

卷十九 耿弇列传第九

耿弇字伯昭，扶风茂陵人也。……及王莽败……弇道闻光武在卢奴，乃驰北上谒，光武留署门下吏。弇因说护军朱祐，求归发兵，以定邯郸。光武笑曰："小儿曹乃有大意哉！"因数召见加恩慰。《续汉书》曰：弇还檄与况，陈上功德，自嫌年少，恐不见信，宜自来。况得檄立发，至昌平见上也。弇因从光武北至蓟。……会蓟中乱，光武遂南驰，官属各分散。弇走昌平就况昌平，县名，属上谷郡，今幽州县，故城在县东也，因说况使寇恂东约彭宠，各发突骑二千匹，步兵千人。弇与景丹、寇恂及渔阳兵合军而南，所过击斩王郎大将、九卿、校尉以下四百余级，得印绶百二十五，节二，斩首三万级，定涿郡、中山、巨鹿、清河、河间凡二十二县，遂及光武于广阿。……（建武）四年，诏弇进攻渔阳。……时，征虏将军祭遵屯良乡，骁骑将军刘喜屯阳乡，以拒彭宠。宠遣弟纯将匈奴二千余骑，宠白引兵数万，分为两道以击遵、喜。胡骑经军都军都，县，属广阳郡，有军都山，在西北，今幽州昌平县，舒袭破其众，斩匈奴两王，宠乃退走。况复与舒攻宠，取军都。五年，宠死，天子嘉况功，使光禄大夫持节迎况，赐甲第，奉朝请。封〔舒为〕牟平侯。

卷二十　铫期王霸祭遵列传第十

王霸字元伯，颍川颍阳人也。……（建武）十三年，增邑户，更封向侯。是时，卢芳与匈奴、乌桓连兵，寇盗尤数，缘边愁苦。诏霸将弛刑徒六千余人，与杜茂治飞狐道，堆石布土，筑起亭障，自代至平城三百余里。凡与匈奴、乌桓大小数十百战，颇识边事，数上书言宜与匈奴结和亲，又陈委输可从温水漕《水经注》曰：温余水出上谷居庸关东，又东过军都县南，又东过蓟县北。益通以运漕也，以省陆转输之劳，事皆施行。后南单于、乌桓降服，北边无事。霸在上谷二十余岁。三十年，定封淮陵侯。永平二年，以病免，后数月卒。

卷二十六　伏侯宋蔡冯赵牟韦列传第十六

赵憙字伯阳，南阳宛人也。……（建武）二十七年，拜太尉，赐爵关内侯。时南单于称臣，乌桓、鲜卑并来入朝，帝令憙典边事，思为久长规。憙上复缘边诸郡，幽并二州由是而定。复音伏。谓建武六年徙云中、五原人于常山、居庸间，至二十六年复令还云中、五原。《东观记》曰：草创苟合，未有还人，盖憙至此，请徙之令尽也。

卷七十三　刘虞列传第六十三

刘虞字伯安，东海郯人也。……（初平）四年冬，遂自率诸屯兵众合十万人以攻（公孙）瓒。……时州从事公孙纪者，瓒以同姓厚待遇之。纪知虞谋而夜告瓒。瓒时部曲放散在外，仓卒自惧不免，乃掘东城欲走。虞兵不习战，又爱人庐舍，敕不听焚烧，急攻围不下。瓒乃简募锐士数百人，因风纵火，直冲突之。虞遂大败，与官属北奔居庸县居庸县属上谷郡，有关。瓒追攻之，三日城陷，遂执虞并妻子还蓟，犹使领州文书。会天子遣使者段训增虞封邑，督六州事；拜瓒前将军，封易侯，假节督幽、并、青、冀。瓒乃诬虞前与袁绍等欲称尊号，胁训斩虞于蓟市。

卷八十九 南匈奴列传第七十九

南匈奴醢落尸逐鞮单于比者，呼韩邪单于之孙，乌珠留若鞮单于之子也。……建武初，彭宠反畔于渔阳，单于与共连兵，因复权立卢芳，使入居五原。光武初，方平诸夏，未遑外事。至六年，始令归德侯刘飒使匈奴，匈奴亦遣使来献，汉复令中郎将韩统报命，赂遗金币，以通旧好。而单于骄踞，自比冒顿，对使者辞语悖慢，帝待之如初。初，使命常通，而匈奴数与卢芳共侵北边。九年，遣大司马吴汉等击之。经岁无功，而匈奴转盛，钞暴日增。十三年，遂寇河东，州郡不能禁。于是渐徙幽、并边人于常山关、居庸关已东《前书》：代郡有常山关，上谷郡居庸县有关，匈奴左部遂复转居塞内。朝廷患之，增缘边兵郡数千人，大筑亭候，修烽火。匈奴闻汉购求卢芳，贪得财帛，乃遣芳还降，望得其赏。而芳以自归为功，不称匈奴所遣，单于复耻言其计，故赏遂不行。由是大恨，入寇尤深。二十年，遂至上党、扶风、天水。二十一年冬，复寇上谷、中山，杀略钞掠甚众，北边无复宁岁。

卷九十 乌桓鲜卑列传第八十

乌桓者，本东胡也。……鲜卑者，亦东胡之支也，别依鲜卑山，故因号焉。……（元初）四年，辽西鲜卑连休等遂烧塞门，寇百姓。乌桓大人于秩居等与连休有宿怨，共郡兵奔击，大破之，斩首千三百级，悉获其生口牛马财物。五年秋，代郡鲜卑万余骑遂穿塞入寇，分攻城邑，烧官寺，杀长吏而去。乃发缘边甲卒、黎阳营兵，屯上谷以备之。冬，鲜卑入上谷，攻居庸关，复发缘边诸郡、黎阳营兵、积射士步骑二万人，屯列冲要。……建光元年秋，其至鞬复畔，寇居庸，云中太守成严击之，兵败，功曹杨穆以身捍严，与俱战殁。

志第十 天文上

（建武）十二年正月己未，小星流百枚以上，或西北，或正北，或东北，二夜止。六月戊戌晨，小流星百枚以上，四面行。小星者，庶民之类。流行者，移徙之象也。或西北，或东北，或四面行，皆小民流移之征。是时西北讨公孙述，北征卢芳。匈奴助芳侵边，汉遣将军马武、骑都尉刘纳、阎兴军下曲阳、临平、呼沱，以备胡。匈奴入河东，中国未安，米谷荒贵，民或流散。后三年，吴汉、马武又徙雁门、代郡、上谷、关西县吏民六万余口，置常山关、居庸关以东，以避胡寇。是小民流移之应。

志第二十三 郡国五

广阳郡高帝置，为燕国，昭帝更名为郡。世祖省并上谷，永元八年复，五城，户四万四千五百五十，口二十八万六百。蓟本燕国，刺史治、广阳、昌平故属上谷、军都故属上谷、安次故属勃海。

上谷郡秦置，雒阳东北三千二百里，八城，户万三百五十二，口五万一千二百四。沮阳、潘永元十一年复、宁、广宁、居庸、雊瞀、涿鹿、下落。

后汉纪①

《后汉纪》是编年体东汉史，记事溯自新莽元凤四年（17年）绿林起义，止于汉献帝延康元年（220年）曹魏代汉。全书三十卷，21万

---

① 〔晋〕袁宏撰：《后汉纪》，清钦定四库全书本。

余字，将史事咸萃于编年，与范晔《后汉书》共成东汉史双璧。

卷二十七 后汉孝献皇帝纪

（初平）四年冬十月……辛丑，京师地震……。初，公孙瓒与刘虞有隙，虞惧其变，遣兵袭之，戒行人曰："无伤余人，杀一伯珪而已。"瓒放火烧虞营，虞兵悉还救火，虞惧，奔居庸，欲召乌桓、鲜卑以自救。瓒引兵围之，生执虞而归。是时朝廷遣使者殷训①增虞封邑，督六州事，以瓒为前将军，封易侯。瓒诬虞欲称尊号，胁训诛之。

---

① 殷训，《三国志·公孙瓒传》《后汉书·刘虞传》均作"段训"。

第二编　三国　两晋　南北朝

三国志①

　　《三国志》由西晋史学家陈寿所著，是记载三国时期曹魏、蜀汉、东吴的纪传体国别史，在"前四史"中评价最高。南朝宋时期以《三国志》记事过简，由裴松之补注。《三国志》最早以《魏书》《蜀书》《吴书》三书单独流传，北宋咸平六年（1003年）时将三书合一。

卷八　魏书八　公孙瓒传第八

　　公孙瓒字伯珪，辽西令支人也。……朝议以宗正东海刘伯安既有德义，昔为幽州刺史，恩信流著，戎狄附之，若使镇抚，可不劳众而定，乃以刘虞为幽州牧。……虞惧瓒为变，遂举兵袭瓒。虞为瓒所败，出奔居庸。瓒攻拔居庸，生获虞，执虞还蓟。会卓死，天子遣使者段训增虞邑，督六州；瓒迁前将军，封易侯。瓒诬虞欲称尊号，胁训斩虞。《魏氏春秋》曰：初，刘虞和辑戎狄，瓒以胡夷难御，当因不宾而讨之，今加财赏，必益轻汉，效一时之名，非久长深虑。故虞所赏赐，瓒辄抄夺。虞数请会，称疾不往。至是战败，虞欲讨之，告东曹掾右北平人魏攸。攸曰："今天下引领，以公为归，谋臣爪牙，不可无也。瓒，文武才力足恃，虽有小恶，固宜容忍。"乃止。后一年，攸病死。虞又与官属议，

---

①　〔晋〕陈寿撰，〔宋〕裴松之注：《三国志》，中华书局，1959年版。

密令众袭瓒。瓒部曲放散在外，自惧败，掘东城门欲走。虞兵无部伍，不习战，又爱民屋，敕令勿烧。故瓒得放火，因以精锐冲突。虞众大溃，奔居庸城。瓒攻及家属以还，杀害州府，衣冠善士殆尽。《典略》曰：瓒曝虞于市而祝曰："若应为天子者，天当降雨救之。"时盛暑，竟日不雨，遂杀虞。《英雄记》曰：虞之见杀，故常山相孙瑾、掾张逸、张瓒等忠义愤发，相与就虞，骂瓒极口，然后同死。瓒上训为幽州刺史。瓒遂骄矜，记过忘善，多所贼害。

卷十一 魏书十一 田畴传第十一

田畴字子泰，右北平无终人也。……初平元年，义兵起，董卓迁帝于长安。幽州牧刘虞叹曰："贼臣作乱，朝廷播荡，四海俄然，莫有固志。身备宗室遗老，不得自同于众。今欲奉使展效臣节，安得不辱命之士乎？"众议咸曰："田畴虽年少，多称其奇。"畴时年二十二矣。虞乃备礼请与相见，大悦之，遂署为从事，具其车骑。将行，畴曰："今道路阻绝，寇虏纵横，称官奉使，为众所指名。愿以私行，期于得达而已。"虞从之。畴乃归，自选其家客，与年少之勇壮募从者二十骑俱往。虞自出祖而遣之。既取道，畴乃更上西关，出塞，傍北山，直趣朔方，循间径去，遂至长安致命。

晋书[①]

《晋书》由唐代房玄龄等人合著，记载的历史上起于三国时期司马懿早年，下至东晋恭帝元熙二年（420 年）刘裕以宋代晋。全书原有叙例、目录各一卷，帝纪十卷，志二十卷，列传七十卷，载记三十卷，共一百三十二卷。后叙例、目录失传，今存一百三十卷。

---

① 〔唐〕房玄龄等撰：《晋书》，中华书局，1974 年版。

卷四 帝纪第四 惠帝

孝惠皇帝讳衷，字正度，武帝第二子也。……（元康四年）秋八月，郝散帅众降，冯翊都尉杀之。上谷居庸、上庸并地陷裂，水泉涌出，人有死者。大饥。九月丙辰，赦诸州之遭地灾者。甲午，枉矢东北竟天。是岁，京师及郡国八地震。

卷十四 志第四 地理上

幽州。案《禹贡》冀州之域，舜置十二牧，则其一也。《周礼》："东北曰幽州。"《春秋元命包》云："箕星散为幽州，分为燕国。"言北方太阴，故以幽冥为号。武王定殷，封召公于燕，其后与六国俱称王。及秦灭燕，以为渔阳、上谷、右北平、辽西、辽东五郡。汉高祖分上谷置涿郡。武帝置十三州，幽州依旧名不改。其后开东边，置玄菟、乐浪等郡，亦皆属焉。元凤元年，改燕曰广阳郡。幽州所部凡九郡，至晋不改。幽州统都国七，县三十四，户五万九千二十。

范阳国汉置涿郡。魏文更名范阳郡。武帝置国，封宣帝弟子绥为王。统县八，户一万一千。

涿，良乡，方城，长乡，遒，故安，范阳，容城侯相。

燕国汉置，孝昭改为广阳郡。统县十，户二万九千。

蓟，安次侯相，昌平，军都有关，广阳，潞，安乐国相。蜀主刘禅封此县公，泉州侯相，雍奴，狐奴。

北平郡秦置。统县四，户五千。

徐无，土垠，俊靡，无终。

上谷郡秦置。郡在谷之上头，故因名焉。统县二，户四千七十。

沮阳，居庸。

广宁郡故属上谷，太康中置郡，都尉居。统县三，户三千九百五十。

下洛，潘，涿鹿。

代郡秦置。统县四，户三千四百。

代，广昌，平舒，当城。

辽西郡秦置。统县三，户二千八百。

阳乐，肥如，海阳。

卷二十九　志第十九　五行下　山崩地陷裂

惠帝元康四年，蜀郡山崩，杀人。五月壬子，寿春山崩，洪水出，城坏，地陷方三十丈，杀人。六月，寿春大雷，山崩地坼，人家陷死，上庸亦如之。八月，居庸地裂，广三十六丈，长八十四丈，水出，大饥。上庸四处山崩，地坠广三十丈，长百三十丈，水出杀人。皆贾后乱朝之应也。

卷一百九　载记第九　慕容皝

慕容皝字元真，廆第三子也。……皝将图石氏，从容谓诸将曰："石季龙自以安乐诸城守防严重，城之南北必不设备，今若诡路出其不意，冀之北土尽可破也。"于是率骑二万出蠕蠕塞，长驱至于蓟城，进渡武遂津，入于高阳，所过焚烧积聚，掠徙幽、冀三万余户。

宋书①

《宋书》是一部记述南朝刘宋一代历史的纪传体史书，由南朝梁沈约撰，含本纪十卷、志三十卷、列传六十卷，共一百卷。《宋书》收录

① 〔南朝梁〕沈约撰：《宋书》，中华书局，1974年版。

当时的诏令奏议、书札、文章等各种文献，保存了诸多原始史料。

卷三十四　志第二十四　五行五

地震

晋惠帝元康元年十二月辛酉，京都地震。元康四年二月，蜀郡山崩
杀人；上谷、上庸、辽东地震。……八月，上谷地震，水出，杀百余人。
居庸地裂，广三十六丈，长八十四丈，水出，大饥。上庸四处山崩地陷，
广三十丈，长百三十丈，水出杀人。十月，京都地震；……十二月，京
都又震。是时贾后乱朝，据权专制，终至祸败之应也。

山崩地陷裂

晋惠帝元康四年五月壬子，地陷，方三十丈，杀人。史阙其处。元
康四年八月，居庸地裂，广三十丈，长百三十丈，水出杀人。

魏书①

《魏书》是一本纪传体史书，由北齐魏收撰。全书内容上起北魏道
武帝登国元年（386 年），下至孝静帝武定八年（550 年），记载了北
朝拓跋氏建立北魏政权直到东魏、西魏一百七十多年的兴亡史。

卷四下　帝纪第四下　世祖太武帝

（太平真君七年）六月甲申，发定、冀、相三州兵二万人屯长安南
山诸谷，以防越逸。丙戌，发司、幽、定、冀四州十万人筑畿上塞围，

---

① 〔北齐〕魏收撰：《魏书》，中华书局，1974 年版。

起上谷，西至于河，广袤皆千里。

卷九 帝纪第九 肃宗孝明帝

肃宗孝明皇帝，讳诩，世宗宣武皇帝之第二子……（孝昌元年）秋八月癸酉……柔玄镇人杜洛周率众反于上谷，号年真王，攻没郡县，南围燕州。……二年春正月庚戌，封广平王怀庶长子、太常少卿诲为范阳王。壬子，以太保、汝南王悦领太尉。是月，都督元谭次于军都，为洛周所败。……秋七月丙午，杜洛周遣其别帅曹纥真寇掠幽州。行台常景遣都督于荣邀于粟园①，大破之，斩纥真，获三十余级，牛驴二万余头。

卷二十一上 列传第九上 献文六王上 赵郡王干

赵郡王干，字思直。太和九年，封河南王，加卫大将军，除侍中、中都大官。寻授车骑将军、左光禄大夫，领吏部尚书。……子谧，世宗初袭封。……谧弟谭，颇强立，少为宗室所推敬。自羽林监出为高阳太守，为政严断，豪右畏之。肃宗初，入为直阁将军，历太仆、宗正少卿，加冠军将军。……寻诏谭为都督以讨杜洛周，次于军都，为洛周所败。还，除安西将军、秦州刺史。卒，赠抚军将军、仪同三司、青州刺史。

卷八十二 列传第七十 常景

常景字永昌，河内人也。……杜洛周反于燕州，仍以景兼尚书为行台，与幽州都督、平北将军元谭以御之。景表求勒幽州诸县悉入古城，山路有通贼之处，权发兵夫，随宜置戍，以为防遏。又以顷来差兵，不尽强壮，今之三长，皆是豪门多丁为之，今求权发为兵。肃宗皆从之。进号平北

---

① 原注云：《通鉴》卷一五一第4714页"粟园"作"栗园"。

将军。别敕谭西至军都关，北从卢龙塞，据此二崄，以杜贼出入之路。又诏景山中险路之处，悉令捍塞。景遣府录事参军裴智成发范阳三长之兵以守白嶂，都督元谭据居庸下口。俄而安州石离、冗城、斛盐三戍兵反，结洛周，有众二万余落，自松岍赴贼。谭勒别将崔仲哲等截军都关以待之。仲哲战没，洛周又自外应之，腹背受敌，谭遂大败，诸军夜散。诏以景所部别将李琚为都督，代谭征下口，降景为后将军，解州任，仍诏景为幽安玄□四州行台。贼既南出，钞掠蓟城，景命统军梁仲礼率兵士邀击，破之，获贼将御夷镇军主孙念恒。都督李琚为贼所攻，蓟城之北军败而死。率属城人御之，贼不敢逼。洛周还据上谷。授景平北将军、光禄大夫，行台如故。洛周遣其都督王曹纥真、马叱斥等率众蓟南，以掠人谷，乃遇连雨，贼众疲劳。景与都督于荣、刺史王延年置兵粟园①，邀其走路。大败之，斩曹纥真。洛周率众南趋范阳，景与延年及荣复破之。又遣别将重破之于州西虎眼泉，擒斩及溺死者甚众。后洛周南围范阳，城人翻降，执刺史延年及景送于洛周。洛周寻为葛荣所吞，景又入荣。荣破，景得还朝。

卷一百三 列传第九十一 徒何段就六眷

徒何段就六眷，本出于辽西。……就六眷与弟匹磾、从弟末波等率五万余骑围石勒于襄国。……就六眷死，其子幼弱，匹磾与刘琨世子群奔丧。匹磾阴卷甲而往，欲杀其从叔羽鳞及末波而夺其国。末波等知之，遣军逆击，匹磾、刘群为末波所获。匹磾走还蓟，惧琨禽己，请琨宴会，因执而害之。匹磾既杀刘琨，与羽鳞、末波自相攻击，部众乖离。欲拥其众徙保上谷，阻军都之险，以拒末波等。平文帝闻之，阴严精骑将击之。匹磾恐惧，南奔乐陵。

---

① 原注云："粟"疑亦当作"栗"，但诸本及纪皆同，今仍之。据元刻"昌平崔村锣钹邑碑"，金代昌平已有栗园的记载。

卷一百六上 志第五 地形志上 幽州

幽州治蓟城

领郡三，县十八，户三万九千五百八十，口一十四万五百三十六。

燕郡故燕，汉高帝为燕国，昭帝改为广阳郡，宣帝更为国，后汉光武并上谷，和帝永元年六年复为广阳郡，晋改为国，后改。

领县五，户五千七百四十八，口二万二千五百五十九。

蓟二汉属广阳，晋属。有燕昭王陵、燕惠王陵、狼山神、庾陵陂，广阳二汉属广阳，晋属。有广阳城，良乡二汉属涿，晋属范阳，后属。治良乡城。有大房山神，军都前汉属上谷，后汉属广阳，晋属。有观石山、军都关、昌平城，安城前汉属渤海，后汉属广阳，晋属。有安次城、苌道城。

范阳郡略。

渔阳郡略。

东燕州太和中分桓州东部置燕州，孝昌中陷，天平中领流民置。寄治幽州宣都城。

领郡三，县六，户一千七百六十六，口六千三百一十七。

平昌郡孝昌中陷，天平中置，领县二，户四百五十，口一千七百一十三。

万言天平中置，昌平天平中置。有龙泉。

上谷郡天平中置，领县二，户九百四十二，口三千九十三。

平舒孝昌中陷，天平中置，居庸孝昌中陷，天平中置。

偏城郡武定元年置，领县二，户三百七十四，口一千五百一十三。

广武武定元年置，沃野武定元年置。

周书①

《周书》由唐代令狐德棻主编，全书共五十卷，详载西魏、北周皇朝史事，且兼顾东魏、北齐、梁、陈四朝要事，清代史家赵翼誉其"叙事繁简得宜，文笔亦极简劲"。

卷二十九　列传第二十一　王雅

王雅字度容，阐熙新（固）〔国〕人也。少而沉毅，木讷寡言。有胆勇，善骑射。太祖闻其名，召入军，累有战功。除都督，赐爵居庸县子。……录前后功，进爵为伯，除帅都督、郿城郡守。政尚简易，吏人安之。迁大都督、延州刺史，转夏州刺史，加车骑大将军、仪同三司，进骠骑大将军、开府仪同三司。……保定初，复为夏州刺史，卒于州。

北史②

《北史》在魏、齐、周、隋四书基础上删订增编而成，共一百卷。著者李延寿以数代之史为一史，记载北朝北魏、西魏、东魏、北周、北齐及隋六代二百三十三年史事，与《南史》为姊妹篇。

卷二　魏本纪第二

世祖太武皇帝讳焘，明元皇帝之长子也。……泰常七年四月，封太平王。五月，立为皇太子。及明元帝疾，命帝总摄百揆。帝聪明大度，

---

① 〔唐〕令狐德棻等撰：《周书》，中华书局，1971年版。
② 〔唐〕李延寿撰：《北史》，中华书局，1974年版。

意豁如也。……（太平真君）七年春正月……盖吴退走北地。……五月，盖吴复聚杏城，自号秦地王。丙戌，发司、幽、定、冀四州十万人筑畿上塞围①，起上谷，西至于河，广袤皆千里。

卷四十二　列传第三十　常爽（孙景）

常爽，字仕明，河内温人，魏太常卿林六世孙也。……子文通……文通子景。景字永昌，少聪敏……孝昌初，给事黄门侍郎，寻除左将军、太傅少卿，仍舍人。……杜洛周反于燕州，仍以景兼尚书为行台，与幽州都督、平北将军元谭以御之。景表求勒幽州诸县悉入古城，山路有通贼之处，权发兵夫，随宜置戍，以为防遏。又以顷来差兵，不尽强壮，今之三长，皆是豪门多丁为之，今求权发为兵。明帝皆从之。进号平北将军。别敕谭西至军都关，北从卢龙塞，据此二险，以杜贼出入之路。又诏景山中险路之处，悉令捍塞。景遣府录事参军裴智成发范阳三长之兵以守白𡽪，都督元谭据居庸下口。俄而安州石离、朸城、斛盐三戍兵反，结洛周，有众二万余落，自松岍赴贼。谭勒别将崔仲哲等截军都关以待之。仲哲战没，洛周又自外应之，腹背受敌，谭遂大败，诸军夜散。诏以景所部别将李琚为都督，代谭征下口，降景为后将军，解州任。仍诏景为幽、安、玄、□四州行台。贼既南出，钞略蓟城，景命统军梁仲礼率兵士邀击。破之，获贼将御夷镇军主孙念恒。都督李琚为贼所攻蓟城之北，军败而死。景率属城人御之，贼不敢逼。洛周还据上谷。授景平北将军、光禄大夫，行台如故。洛周遣其都督王曹纥真、马叱斥等率众蓟南，以掠人谷，乃遇连雨，贼众疲劳。景与都督于荣、刺史王延年置兵栗园②，邀其走路，大败之，斩曹纥真。洛周率众南趋范阳，景与

---

① 原注云：按《魏书》此上有"六月甲申发定、冀、相三州兵二万人屯长安南山诸谷，以防越逸"等语。《北史》有删节，并"六月"二字去之，遂似筑塞围在五月。

② 原注云：诸本"栗园"作"栗国"，《魏书·常景传》及卷九《肃宗纪》孝昌二年七月作"粟园"。按《通鉴》卷一五一第4714页作"栗园"。经考，昌平旧有栗园。

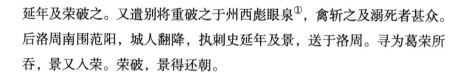

延年及荣破之。又遣别将重破之于州西彪眼泉①，禽斩之及溺死者甚众。后洛周南围范阳，城人翻降，执刺史延年及景，送于洛周。寻为葛荣所吞，景又入荣。荣破，景得还朝。

卷九十八　列传第八十六　徒何段就六眷

徒何段就六眷，出于辽西。其伯祖日陆眷……日陆眷死，弟乞珍代立。乞珍死子务目尘代立，即就六眷父也。……务目尘死，就六眷立。……就六眷死，其子幼弱，疋磾与刘琨世子群奔丧。疋磾阴卷甲而往，欲杀其叔羽鳞及末波而夺其国。末波等知之，遣军逆击疋磾。刘群为末波所获。疋磾走还蓟，惧琨禽己，请琨宴会，因执而害之。疋磾既杀刘琨，与羽鳞、末波自相攻击，部众乖离。欲拥其众徙保上谷，阻军都之险，以距末波等。平文帝闻之，阴严精骑，将击之。疋磾恐惧，南奔乐陵。

博物志②

《博物志》共十卷，分类记载山川地理、飞禽走兽、人物传记、神话古史、神仙方术等，实为继《山海经》后，又一部包罗万象的奇书。原书已佚，今传为西晋张华删订本。

卷一

燕，却背沙漠，进临易水，西至军都③，东至于辽，长蛇带塞，险陆相乘也。

---

① 原注云：《魏书》卷八二"彪"作"虎"。经考，昌平西有虎眼泉。
② 〔晋〕张华撰：《博物志》，清钦定四库全书本。
③ 军都，又作君都。

水经注①

《水经注》是综合性地理著作,著者郦道元。全书以《水经》所记水道为纲,详载相关之自然地理、山川胜景、历史沿革、风俗习惯、人物掌故、神话故事等,在中国和世界地理学史上具有重要地位。与《三国志注》《世说新语注》《文选注》,并称"四大名注"。

卷十三 漯水

漯水出雁门阴馆县,东北过代郡桑干县南。漯水出于累头山,一曰治水。……漯水又东径昌平县,温水注之。水出南垠下,三源俱导,合而南流,东北注漯水。漯水又东径昌平县故城北,王莽之长昌也。昔牵招为魏鲜卑校尉,屯此。……漯水又东流,祁夷水注之……祁夷水又东北,谷水注之,水出昌平县故城南,又东北入祁夷水。……祁夷水又北径一故城西,西去代城五十里,又疑是代之东城,而非所详也。又径昌平郡东,魏太和中置,西南去故城六十里。

又东过涿鹿县北涿水出涿鹿山,世谓之张公泉……漯水又东南,左会清夷水,亦谓之沧河也。……清夷水又西北径阴莫亭,在居庸县南十里。清夷水又西会牧牛山水。……其水俱西南流,注于沧水。沧水又西南,右合地裂沟,古老云。晋世地裂,分此界间成沟壑。有小水,俗谓之分界水,南流入沧河。沧河又西径居庸县故城南,魏上谷郡治。昔刘虞攻公孙瓒不克,北保此城,为瓒所擒。有粟水入焉。水出县下,城西枕水,又屈径其县南,南注沧河。沧河又西,右与阳沟水合,水出县东

---

① 〔北魏〕郦道元著,陈桥驿校证:《水经注校证》,中华书局,2007年版。

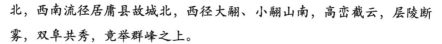

北，西南流径居庸县故城北，西径大翮、小翮山南，高峦截云，层陵断雾，双阜共秀，竟举群峰之上。

又东南出山，过广阳、蓟县北，又东至渔阳、雍奴县西，入笥沟。

卷十四　湿余水

湿余水出上谷居庸关东关在沮阳城东南六十里居庸界，故关名矣。更始使者入上谷，耿况迎之于居庸关，即是关也。其水导源关山，南流历故关下。溪之东岸有石室三层，其户牖扇扉，悉石也，盖故关之候台矣。南则绝谷，累石为关垣，崇墉峻壁，非轻功可举，山岫层深，侧道褊狭，林鄣邃险，路才容轨，晓禽暮兽，寒鸣相和，羁官游子，聆之者莫不伤思矣。其水历山南径军都县界，又谓之军都关。《续汉书》曰：尚书卢植隐上谷军都山是也。其水南流出关，谓之下口，水流潜伏十许里也。东流过军都县南，又东流过蓟县北湿余水故渎东径军都县故城南，又东，重源潜发，积而为潭，谓之湿余潭。又东流，易荆水注之，其水导源西北千蓼泉，亦曰丁蓼水，东南流径郁山西，谓之易荆水。公孙瓒之败于鲍丘也，走保易荆，疑阻此水也。易荆水又东，左合虎眼泉水，出平川，东南流入易荆水。又东南与孤山之水合，水发川左，导源孤山，东南流入易荆水，谓之塔界水。又东径蓟城，又东径昌平县故城南，又谓之昌平水。《魏土地记》曰：蓟城东北百四十里有昌平城，城西有昌平河，又东流注湿余水。湿余水又东南流，左合芹城水，水出北山，南径芹城，东南流注湿余水。湿余水又东南流径安乐故城西，更始使谒者韩鸿北徇，承制拜吴汉为安乐令，即此城也。又北屈东南至狐奴县西，入于沽河昔彭宠使狐奴令王梁南助光武，起兵自是县矣。湿余水于县西南东入沽河。故《地理志》曰：湿余水自军都县东至潞南入沽是也。

第三编　隋唐　五代

隋书①

《隋书》是现存最早的隋史专著，也是"二十五史"中修史水平较高的史籍之一，由唐代魏徵主编。现行《隋书》共八十五卷，全书贯串以史为鉴的思想，保存了南北朝以来大量的典章制度。

卷三十　志第二十五　地理中

涿郡旧置幽州，后齐置东北道行台。后周平齐，改置总管府。大业初府废，统县九，户八万四千五十九。

蓟旧置燕郡，开皇初废，大业初置涿郡，良乡，安次，涿旧置范阳郡，开皇初郡废，固安旧曰故安，开皇六年改焉，雍奴，昌平旧置东燕州及平昌郡。后周州郡并废，后又置平昌郡。开皇初郡废，又省万年县入焉。有关官。有长城，怀戎后齐置北燕州，领长宁、永丰二郡。后周去"北"字。开皇初郡废，大业初州废。有乔山，历阳山，大、小翩山。有潠水、瀔水、涿水、阪泉水，潞旧置渔阳郡，开皇初废。

旧唐书②

《旧唐书》，原名《唐书》，自北宋宋祁、欧阳修等所编著《新唐书》问世后，改称《旧唐书》。全书共二百卷，成书于后晋开运二年（945

---

① 〔唐〕魏徵等撰：《隋书》，中华书局，1973年版。
② 〔后晋〕刘昫等撰：《旧唐书》，中华书局，1975年版。

年），署名后晋刘昫等撰，实为后晋天福间宰相赵莹主持编修。

卷一百八十　列传第一百三十　李全忠（子匡威、匡筹）

李全忠，范阳人。……全忠卒，子匡威自袭父位，称留后。匡威素称豪爽，属遇乱离，缮甲燕蓟，有吞四海之志。赫连铎据云中，屡引匡威与河东争云、代，交兵积年。景福初，镇州王镕诱河东将李存孝。克用怒，加兵讨之。时镕童幼，求援于燕，匡威亲率军应之。二年春，河东复出师井陉，镕再乞师，匡威来援。……是岁，匡筹出师攻镇之乐寿、武强以报耻。匡威部曲刘仁恭归于河东。乾宁元年冬，河东听仁恭之谋，出师进讨。二月，败燕军于居庸，匡筹挈其族遁去，将赴京师。至景城，为沧州节度使卢彦威所杀，掠其辎车、妓妾。匡筹妻张氏产于路，不能进，刘仁恭获之，献于李克用，后立为夫人，嬖宠专房。李氏父子三叶，十年而亡。

卷一百八十五下　列传第一百三十五　良吏下

宋庆礼，洺州永年人。举明经，授卫县尉。则天时，侍御史桓彦范受诏于河北断塞居庸、岳岭、五回等路，以备突厥，特召庆礼以谋其事。庆礼雅有方略，彦范甚礼之。……（开元）七年卒，赠工部尚书。

卷一百九十四上　列传第一百四十四上　突厥上

骨咄禄者，颉利之疏属，亦姓阿史那氏。……（垂拱）三年，骨咄禄及元珍又寇昌平，诏左鹰扬卫大将军黑齿常之击却之。其年八月，又寇朔州，复以常之为燕然道大总管，击贼于黄花堆，大破之。追奔四十余里，贼众遂散走碛北。右监门卫中郎将爨宝璧又率精兵一万三千人出塞穷追，反为骨咄禄所败，全军尽没，宝璧轻骑遁归。初，宝璧见常之破贼，遽表请穷其余党，则天诏常之与宝璧计议，遥为声援。宝璧以为破贼在朝夕，贪功先行，又令人出塞二千余里觇候，见元珍等部落皆不设备，遂率众掩袭之。既至，又遣人报贼，令得设备出战，遂为贼所覆，宝璧坐此伏诛。则天大怒，因改骨咄禄为不卒禄。元珍后率兵讨突骑施，临阵战死。骨咄禄，天授中病卒。

新唐书①

《新唐书》是一部记载唐朝历史的纪传体史书。北宋时仁宗以原《唐书》"纪次无法，详略失中，文采不明，事实零落"，于庆历四年（1044年）下诏重修。与《旧唐书》相比，《新唐书》"其事则增于前，其文则省其旧"，并在体例上首增《兵志》《选举志》。共二百二十五卷，包括本纪十卷，志五十卷，表十五卷，列传一百五十卷。

卷四 本纪第四 则天皇后

则天顺圣皇后武氏讳曌，并州文水人也。……（垂拱三年）二月己亥，以旱避正殿，减膳。丙辰，突厥寇昌平，黑齿常之击之。

卷三十九 志第二十九 地理三

河北道

幽州范阳郡，大都督府。本涿郡，天宝元年更名。土贡：绫、绵、绢、角弓、人参、栗。户六万七千二百四十三，口三十七万一千三百一十二。县九有府十四，曰昌平、涿城、德闻、潞城、乐上、清化、洪源、良乡、

---

① 〔宋〕欧阳修、宋祁撰：《新唐书》，中华书局，1975年版。

开福、政和、停骖、柘河、良杜、咸宁。城内有经略军，又有纳降军，本纳降守捉城，故丁零川也。西南有安塞军，有赫连城。有宗王、乾涧、殄寇三镇城，召堆、车坊、蒿城、河旁四戍：蓟望。天宝元年析置广宁县，三载省。有铁。有故隋临朔宫，幽都望。本蓟县地。隋于营州之境汝罗故城置辽西郡，以处粟末靺鞨降人。武德元年曰燕州，领县三：辽西、泸河、怀远。土贡：豹尾。是年，省沪河。六年自营州迁于幽州城中，以首领世袭刺史。贞观元年省怀远。开元二十五年徙治幽州北桃谷山。天宝元年曰归德郡。户二千四十五，口万一千六百三。建中二年为朱滔所灭，因废为县，广平上。天宝元年析蓟置，三载省，至德后复置，潞上。武德二年自无终徙渔阳郡于此，置玄州，领潞、渔阳，并置临洵县。贞观元年州废，省临洵、无终，以潞、渔阳来属，武清上。本雍奴，天宝元年更名，永清紧。本武隆，如意元年析安次置，景云元年曰会昌，天宝元年更名，安次上，良乡望。圣历元年曰固节，神龙元年复故名，有大防山，昌平望。北十五里有军都陉。西北三十五里有纳款关，即居庸故关，亦谓之军都关。其北有防御军，古夏阳川也。有狼山。

……妫州妫川郡，上。本北燕州，武德七年平高开道，以幽州之怀戎置。贞观八年更名。土贡：桦皮、胡禄、甲榆、髇矢、麝香。户二千二百六十三，口万一千五百八十四。县一有府二，曰密云、白檀。有清夷军，垂拱中置。有淮北、白阳度、云治、广边四镇兵。有横河、柴城二戍。有阳门城。有永定、窑子二关。又有怀柔军，在妫、蔚二州之境：怀戎上。天宝中析置妫川县，寻省。妫水贯中。北九十里有长城，开元中张说筑。东南五十里有居庸塞，东连卢龙、碣石，西属太行、常山，实天下之险。有铁门关。西有宁武军。又北有广边军，故白云城也。

卷一百一十　列传第三十五　诸夷蕃将

黑齿常之，百济西部人。……垂拱中，突厥复犯塞，常之率兵追击，至两井，忽与贼遇，贼骑三千方摄甲，常之见其嚣，以二百骑突之，贼皆弃甲去。其暮，贼大至，常之潜使人伐木，列炬营中，若烽燧然。会风起，贼疑救至，遂夜遁。久之，为燕然道大总管，与李多祚、王九言等击突厥骨咄禄、元珍于黄花堆，破之，追奔四十里，贼溃归碛北。

卷一百三十　列传第五十五　宋庆礼

宋庆礼，洺州永年人。擢明经，补卫尉。武后诏侍御史桓彦范行河北，郭断居庸、五回等路，以支突厥，召庆礼与议，见其方略，器之。

卷一百八十　列传第一百五　李德裕

李德裕字文饶，元和宰相吉甫子也。……德裕在位，虽遽书警奏，皆从容裁决，率午漏下还第，休沐辄如令，沛然若无事时。……三镇每奏事，德裕引使者戒敕为忠义，指意丁宁，使归各为其帅道之，故河朔畏威不敢慢。后除浮屠法，僧亡命多趣幽州，德裕召邸吏戒曰："为我谢张仲武，刘从谏招纳亡命，今视之何益？"仲武惧，以刀授居庸关吏曰："僧敢入者斩！"

卷二百一十二　列传第一百三十七　藩镇卢龙

李全忠，范阳人。……子匡威嗣，领留后，进为使。性豪爽，恃燕、蓟劲兵处，轩然有雄天下意。……景福初，镕诱太原将李存孝降之，克用怒，伐镕。镕来求救，匡威遣将赴之，克用去。明年，兵复出井陉，匡威自将援镕，将行，置酒大会。其弟兵马留后、检校司徒匡筹妻张，国艳，匡威酒酣，报之，弟怒，匡威军次博野，乃据城自为留后。……始，匡筹之夺也，燕人不以为义。刘仁恭出奔太原，克用倚其谋，下武、妫二州，败匡筹于居庸关。李存审与战，匡筹又败，挈其族奔京师，次景城，沧州节度使卢彦威杀之，掠入车马僮妓。……而幽州地归克用，以仁恭为帅。

旧五代史①

《旧五代史》，原名《五代史》，也称《梁唐晋汉周书》，是由宋太祖诏令编纂的官修史书。五代各自为书，共一百五十卷，上自梁太祖开平元年（907年），下讫周恭帝显德七年（960年）。原书已佚，现行本为清乾隆年间辑本。

卷二十六　唐书第二　武皇纪下

（乾宁元年）十月，武皇自晋阳率师伐幽州。……十一月，进攻武州。甲寅，攻新州。十二月，李匡俦命大将率步骑六万救新州。武皇选精甲逆战，燕军大败，斩首万余级，生获将领百余人，曳练徇于新州城下。是夜，新州降。辛亥，进攻妫州。壬子，燕兵复合于居庸关拒战，武皇命精骑以疲之，令步将李存审由他道击之，自午至晡，燕军复败。甲寅，李匡俦携其族弃城而遁，将之沧州，随行辎车、臧获、妓妾甚众。沧帅卢彦威利其货，以兵攻匡俦于景城，杀之，尽掳其众。丙辰，进军幽州，其守城大将请降，武皇令李存审与刘仁恭入城抚劳，居人如故，市不改肆，封府库以迎武皇。乾宁二年正月，武皇在幽州，命李存审、刘仁恭徇诸属郡。二月，以仁恭为权幽州留后，从燕人之请也。留腹心燕留德等十余人分典军政，武皇遂班师，凡驻幽州四十日。

卷二十八　唐书第四　庄宗纪二

天祐十年春正月丁巳，周德威攻下顺州，获刺史王在思。二月甲戌

---

① 〔宋〕薛居正等撰：《旧五代史》，中华书局，1976年版。

朔，攻下安远军，获燕将一十八人。……三月甲辰朔，收卢台军。乙丑，收古北口。时居庸关使胡令珪等与诸戍将相继挈族来奔。……四月甲申，燕将李晖等二十余人举族来奔。德威攻幽州南门。……六月壬申朔，帝遣监军张承业至幽州，与周德威会议军事。秋七月，承业与德威率千骑至幽州西，守光遣人持信箭一只，乞修和好。……十一月己亥朔，帝下令亲征幽州。……癸亥，帝入燕城，诸将毕贺。十二月庚午，墨制授周德威幽州节度使。

卷五十二　唐书第二十八　列传四　李嗣本

李嗣本，雁门人，本姓张。……乾宁中，从征李匡俦为前锋，与燕人战，得居庸关，以功为义儿军使，因赐姓名。从讨王行瑜，授检校刑部尚书，改威远、宁塞等军使。……九年，周德威讨刘守光，嗣本率代北诸军、生熟吐浑，收山后八军，得纳降军使卢文进、武州刺史高行珪以献。幽州平，论功授振武节度使，号"威信可汗"。

卷五十六　唐书第三十二　列传八　周德威　符存审

周德威，字镇远，小字阳五，朔州马邑人也。初事武皇为帐中骑督，骁勇，便骑射，胆气智数皆过人。久在云中，谙熟边事，望烟尘之警，悬知兵势。……（天祐八年）八月，刘守光僭称大燕皇帝。十二月，遣德威率步骑三万出飞狐，与镇州将王德明、定州将程严等军进讨。九年正月，收涿州，降刺史刘知温。……十年十一月，擒守光父子，幽州平。……十四年三月，契丹寇新州，德威不利，退保范阳。《辽史·太祖纪》：神册二年三月辛亥，攻幽州，节度使周德威以幽、并、镇、定、魏五州兵拒战于居庸关之西，战于新州东，大破之，斩首三万级。又《通鉴》：契丹主帅众三十万，德威众寡不敌，大为契丹所败。敌众攻仅二百日，外援未至，德威抚循士众，昼夜乘城，竟获保守。……同光初，追赠太师。

天成中，诏与李嗣昭、符存审配飨庄宗庙廷。晋高祖即位，追封燕王。

符存审，字德详，陈州宛邱人……乾宁初，讨李匡俦，存审前军拔居庸关。……（天祐）十四年八月，将兵援周德威于幽州，败契丹之众。……十六年春，代周德威为内外蕃汉马步总管，于德胜口筑南北城以据之。……二十年正月，师还于魏州，庄宗出城迎劳，就第宴乐。无何，契丹犯燕蓟……诏存审以本官充幽州卢龙节度使，自镇州之任。

卷六十一　唐书第三十七　列传十三　安元信

安元信，字子言，代北人。……光启中，吐浑赫连铎寇云中，武皇使元信拒之，元信兵败于居庸关。武皇性严急，元信不敢还，遂奔定州。……末帝即位，授潞州节度使，加检校太尉。清泰三年二月，以疾卒于镇，时年七十四。

卷一百三十五　僭伪列传二　刘守光

刘守光，深州乐寿人也。其父仁恭……志大气豪，自言尝梦大佛幡出于指端，或云年四十九当领旄节。此言颇泄，燕帅李匡威恶之，不欲令典军，改为府掾，出为景城令。属瀛州军乱，杀郡守，仁恭募白丁千人讨平之，匡威壮其才，复使为帐中爪牙，令将兵戍蔚州。兵士以过期不代，思归流怨，会李匡俦夺兄位，戍军拥仁恭为帅，欲攻幽州，比至居庸关，为府兵所败，仁恭挈族奔于太原。……唐乾宁元年十一月，武皇亲征匡俦。十二月，破燕军于威塞，进拔妫州，收居庸。二十六日，匡俦弃城而遁，武皇令李存审与仁恭入城抚劳，封府库，即以仁恭为幽州节度使，留腹心燕留德等十余人分典军政，武皇乃还。

新五代史^①

《新五代史》，原名《五代史记》，后世为区别于薛居正等官修的五代史，称为"新五代史"。全书共七十四卷，记载了自后梁开平元年（907年）至后周显德七年（960年）共五十三年的历史，是唐宋以后唯一的私修正史。

卷二十五 唐臣传第十三 符存审

符存审，字德详，陈州宛丘人也。……其后事李罕之，从罕之归晋，晋王以为义儿军使，赐姓李氏，名存审。从晋王击李匡俦，为前锋，破居庸关。……契丹围幽州，是时晋与梁相持河上，欲发兵，兵少，欲勿救，惧失之。庄宗疑，以问诸将，而存审独以为当救，曰："愿假臣骑兵五千足矣！"乃遣存审分兵救之，卒击走契丹。……存审为将有机略，大小百余战，未尝败衄，与周德威齐名。德威死，晋之旧将独存审在。契丹攻遮虏，乃以存审为卢龙军节度使。……徙存审宣武军节度使，卒于幽州。临终，戒其子曰："吾少提一剑去乡里，四十年间取将相，然履锋冒刃出死入生而得至此也。"因出其平生身所中矢镞百余而示之曰："尔其勉哉！"

卷三十六 义儿传第二十四 李嗣本

（李）嗣本，本姓张氏，雁门人也。世为铜冶镇将。嗣本少事太祖，太祖爱之，赐以姓名，养为子。从击居庸关，以功迁义儿军使。……累

① 〔宋〕欧阳修撰，〔宋〕徐无党注：《新五代史》，中华书局，1974年版。

以战功迁代州刺史、云州防御使、振武节度使,号威信可汗。

卷三十九　杂传第二十七　刘守光

刘守光,深州乐寿人也。其父仁恭,事幽州李可举,能穴地为道以攻城,军中号"刘窟头"。……可举死,子匡威恶其为人,不欲使居军中,徙为瀛州景城县令。瀛州军乱,杀刺史,仁恭募县中得千人,讨平之,匡威喜,复以为将,使戍蔚州。戍兵过期不得代,皆思归,出怨言。匡威为弟匡俦所逐,仁恭闻乱,乃拥戍兵攻幽州,行至居庸关,战败,奔晋,晋以为寿阳镇将。……乾宁元年,晋击破匡俦,乃以仁恭为幽州留后,留其亲信燕留得等十余人监其军,为之请命于唐,拜检校司空、卢龙军节度使。

卷七十三　四夷附录第二

初,萧翰闻德光死,北归,有同州郃阳县令胡峤为翰掌书记,随入契丹。而翰妻争妒,告翰谋反,翰见杀,峤无所依,居虏中七年。当周广顺三年,亡归中国,略能道其所见。云:"自幽州西北入居庸关,明日,又西北入石门关,关路崖狭,一夫可以当百,此中国控扼契丹之险也。"……峤归,录以为《陷虏记》云。

通典①

《通典》为唐代杜佑所撰,共二百卷,专叙历代典章制度的沿革变迁,始于传说终于唐天宝末,是中国历史上第一部体例完备的政书,为

---

① 〔唐〕杜佑纂:《通典》,清钦定四库全书本。

"十通"之一。

卷一百七十八 州郡八 古冀州上

幽州今理蓟县，古之幽州，盖舜分冀州为之，置十二牧，则其一也。言北方太阴，故以幽冥为号。幽州，因幽都山以为名也。《山海经》有幽都山，今列北荒矣。……今之幽州谓范阳郡，古涿鹿也应劭曰黄帝与蚩尤战于涿鹿是也。即燕国之都焉，谓之渤碣之间，亦一都会也。蓟县，燕之所都。渤，渤海。碣，碣石也。……大唐为幽州，或为范阳郡。领县十一：

蓟燕国都，碣石宫。汉为蓟县。旧置燕都。有桑干水。慕容俊都于此也，归义汉易县也。公孙瓒于此筑城，名曰易京。后汉史曰："瓒修营垒楼观，临易河，通辽海，以铁为门。乃曰：'《兵法》云：百楼不攻，今吾诸营，楼橹千重，积谷三百万斛，足以待天下之变。'为袁绍所破。"后石季龙征慕容俊，回，恶其固而毁之。在今县南十八里，又有巨马水，范阳汉涿县。在范水之阳。汉涿郡故城亦在此。又有汉广阳国城，亦在西南。有督亢陂，溉田膏腴，荆轲献图于秦即此，安次汉旧县，固安汉方城县也，昌平汉旧县。故城在今县东南。古居庸关在县西北，北齐改为纳款。《淮南子》云：天下九塞，居庸是其一也。旧置东燕州，潞汉旧县。有潞河。汉平谷县故城在今县北。又有汉安乐县故城在西北，永清旧是会昌，天宝中改焉，良乡汉旧县，武清，广宁。

卷一百九十五 边防十一 北狄二 匈奴下

南匈奴

南匈奴醯落尸逐鞮单于者乌珠留之子，名比。……后汉光武建武初，彭宠反叛于渔阳，单于与共连兵，因复权立卢芳，使入居五原今榆林九原，即汉之五原郡地。光武方内平诸夏，未遑外事，而匈奴数与卢芳共侵北边。九年，遣吴汉等击之，经岁无功，而匈奴转盛，钞暴日增。十三年，遂寇河东，州郡不能禁止。于是渐徙幽、并边人于常山关、居庸关汉常山关在代郡，今安边、马邑郡即汉代郡。汉居庸关，在今妫川郡怀戎县，匈奴左部遂复转居塞内。朝廷患之，增缘边兵郡数千人，大筑亭候，修烽火。匈奴入寇尤深。二十年，遂至上党今上党、高平、长平、阳城郡地、扶风今扶风、汧阳、新平、天水。二十一年，复寇上谷、中山今博陵郡，杀掠甚众，北边无复宁岁。

全唐文①

《全唐文》，全称《钦定全唐文》，是清嘉庆年间官修唐五代文章总集，由董诰领衔编纂。全书一千卷，搜采浩博，校勘精密，汇集唐朝及五代文章一万八千篇左右，为大型唐文总集。

卷一百七十三

张鷟②·兵部奏默啜贼入赵定，却取幽州、居庸程出，都督梁亶牢城自守，不敢遮截，请付法依问，得款古之用兵，全军为上，亶既全幽州城，不合有罪（兵部一条）

兼弱攻昧，武之善经；在祀与戎，国之大事。皇天震怒，发雷电以申威；王者矜残，用干戈而肃令。蠢兹日逐，蕞尔天骄。苞玉塞以疏江，控金微而作镇。韦韝毳幕，射多食鼠之夫；膻肉酪浆，俗负乘羊之化。鸥鹨万路，凭陵燕赵之郊；狐兔千群，挠乱并幽之地。梁亶忝司金鼓，谬掌铜符，既曲军容，兼知州务。理须击蛇作阵，列鹊为军，驱貔豹而扫蚩尤，纵熊罴而扑獯狁。山陵向背，握元女之灵符；日月虚空，操黄

---

① 〔清〕董诰等编：《全唐文》，中华书局，1983年版。
② 张鷟，字文成，深州陆泽（今河北深县）人。唐高宗上元年间，进士登第，后历任河阳县尉、长安县尉等职。著有《朝野金载》等书。

公之秘术。岂得拙于对寇，怯于用兵？拥坚甲以自防，坐重城而固守。不存邀截，故纵奔驰。脱翔鸟于高林，送游鱼于深水。无心捉搦，鸥挂网而还飞；有意宽疏，鼠入橐而重出。空执全城之语，虑贻纵敌之辜。宜据刑书，准条科结。

卷七百二

李德裕[①]·论幽州事宜状

右，臣伏见报状，见幽州雄武军使张仲武已将兵马赴幽州雄武军使。今日奏事官吴仲舒到臣宅，臣扶疾与之相见，细问雄武，只有兵士八百人在，此外更有土团子弟五百人。臣问："兵马至少，如何去得？"仲舒答臣云："只系人心归向。若人心不从，三万人去亦无益。"据此说，即是仲武得幽州人心。又云："张绛初处置陈行泰之时，已曾唤仲武，欲让与留务。是衙门内一二百人未肯，仲武行至昌平县，去幽州九十里，却令归镇。"臣又问："万一入不得，即有何计？"仲舒云："幽州军粮并贮在妫州，及向北七镇，若万一入未得，却于居庸关守险，绝其粮道，幽州自存立不得。"伏以陈行泰、张绛，皆是邀求符节，固不可比。仲武先布款诚，候朝廷指挥，因此拔用，必能尽节，加之恩宠，亦似有名。缘在假未获面奏，谨先密奏，伏望留中不出。

卷八百二十一

韩运[②]·灵棋经后序

仆知命之后，从宦幽燕。值唐祚湮微，时岁在辛丑三月中旬，契丹

---

① 李德裕，字文饶，赵郡赞皇（今河北赞皇县）人，中书侍郎李吉甫次子。以门荫入仕，起家校书郎，迁监察御史，转翰林学士、中书舍人，历任兵部侍郎、西川节度使、兵部尚书、中书侍郎、淮南节度使等职。经历宪宗、穆宗、敬宗、文宗四朝。武宗即位后，入朝为相，执政五年。外攘回纥、内平泽潞，裁汰冗官、制驭宦官，功绩显赫，拜为太尉，封为赵国公。梁启超将其与管仲、商鞅、诸葛亮、王安石、张居正并列，为古代六大政治家之一。

② 韩运，唐末人，自称紫团山叟。

大下，围绕燕城。原野之中，略无虚地，尽白壤而已。士庶惊骇，寮属惶惑。弱子幼妇，晨夕不保。自是无所控告，遂焚香以灵棋经筮，得三上二中二下。卦辞云："土地平安，无有艰难。大宜种作，利用往还。"翌日，勾院博陵公郎中召饮，因议兹事。博陵曰："某昨日亦得斯兆。"是时契丹攻围转逼。有僧同族，始以当家，因相慰问。又虔祝而筮之，前卦复显。至五月，救兵不致。仆与同辈在昌平，县令周居隐、怀来县令吴湘、都押衙赵宗古同宿于守备之所，忧援兵来缓，因言是经，遂众请虔祷而筮之，得二上一中。见卦体不全，合坐愕然贻叹。览其辞曰："以事托人，日望其意，乃至于今，方获嘉喜。事须淹留，终保其志。"颜曰："以其位孤微，不能自立。吉则终吉，但应迟尔。"至六月，危困愈甚。仆又请筮之，众曰："休休。若得好卦，犹不敢仗。如更凶恶，转加愁思。"余自心口相谓曰："但自掷之，好即扬，凶则自谋脱命之计。"由是掷之。依前得土地平安无有艰难之卦。至七月九日，门徒医术士郭彤云来相省慰。仆不在家，与诸子共话灵棋经之事。复虔祝之，掷而成卦，亦得土地平安之卦。仆因启愿，若免斯难，当手书十卷，传于好事者。是年八月二十四日，大兵解围，乃知至诚感神，至诚感灵。敬叙其事，附于十卷之后云。党紫团山叟韩运序。

卷八百五十九

胡峤[①] · 陷北记

自幽州西北入居庸关，明日又西北入石门关。关路崖狭，一夫可以当百，此中国控扼契丹之险也。又三日至可汗州，南望五台山，其一峰最高者东台也。又三日至新武州，西北行五十里，有鸡鸣山，云唐太宗北伐，闻鸡鸣于此，因以名山。明日入永定关北，此唐故关也。又四日

---

① 胡峤，五代后晋华阳（今安徽绩溪华阳镇）人，为宋代胡舜陟高祖，官同州郃阳县令。契丹会同十年（947年），为宣武军节度使萧翰掌书记，因随入契丹，翰诛，无所依，羁居契丹七载，于周广顺三年（953年）亡归中原。

至归化州。又三日登岭，岭东西连亘，有路北下，四顾冥然。黄云白草，不可穷极。契丹谓峤曰："此辞乡岭也，可一南望而为永诀。"同行者皆恸哭，往往绝而复苏。又行三四日至黑榆林。时七月，寒如深冬。又明日入斜谷，长五十里，高崖峻谷，仰不见日，而寒尤甚。已出谷得平地，气稍温。又行二日度湟水，又明日度黑水，又二日至汤城淀，地气最温。契丹苦大寒，则就温于此。其水泉清冷，草软如茸，可借以寝，而多异花。记其二种，一曰旱金，大如掌，金色烁人；一曰青囊，如中国金灯，而色类蓝可爱。又二日至仪坤州，渡麝香河。自幽州至此无里候，其所向不知为南北。

第四编　宋　辽　金

宋史①

　　《宋史》共计四百九十六卷，约五百万字，在原宋《国史》基础上删削而成。元朝末年，先后由丞相脱脱和阿鲁图主持修撰，是二十五史中篇幅最庞大的一部官修史书，以成书匆匆，存繁芜之弊。

卷九十　志第四十三　地理六

　　燕山府路。府一：燕山。州九：涿，檀，平，易，营，顺，蓟，景，经。县二十。宣和四年，诏山前收复州县，合置监司，以燕山府路为名，山后别名云中府路。

　　燕山府。唐幽州，范阳郡，卢龙军节度。石晋以赂契丹，契丹建为南京，又改号燕京。金人灭契丹，以燕京及涿、易、檀、顺、景、蓟六州二十四县来归。宣和四年，改燕京为燕山府，又改郡曰广阳，节度曰永清军，领十二县。五年，童贯、蔡攸入燕山。七年，郭药师以燕山叛，金人复取之。析津，宛平，都市赐名广宁，昌平，良乡，潞，武清，安次，永清，玉河，香河赐名清化，漷阴。

---

　　①　〔元〕脱脱等撰：《宋史》，中华书局，1977 年版。

辽史①

《辽史》为元代脱脱等所撰之纪传体史书，由元至正三年（1343 年）四月始修，翌年三月成书。全书共一百一十六卷，记载上自辽太祖耶律阿保机，下至辽天祚帝耶律延禧的历史，兼及耶律大石所建之西辽。

卷一　本纪第一　太祖上

太祖大圣大明神烈天皇帝，姓耶律氏，讳亿，字阿保机，小字啜里只，契丹迭剌部霞濒益石烈乡耶律弥里人，德祖皇帝长子，母曰宣简皇后萧氏，唐咸通十三年生。……（神册）二年春二月，晋新州裨将卢文进杀节度使李存矩来降。进攻其城，刺史安金全遁，以文进部将刘殷为刺史。三月辛亥，攻幽州，节度使周德威以幽、并、镇、定、魏五州之兵拒于居庸关之西，合战于新州东，大破之，斩首三万余级。杀李嗣本之子武八。以后弟阿骨只为统军，实鲁为先锋，东出关略燕、赵，不遇敌而还。己未，于骨里叛，命室鲁以兵讨之。夏四月壬午，围幽州，不克。六月乙巳，望城中有气如烟火状，上曰："未可攻也。"以大暑霖潦，班师。留曷鲁、卢国用守之。刺葛与其子赛保里叛入幽州。秋八月，李存勖遣李嗣源等救幽州，曷鲁等以兵少而还。

卷二　本纪第二　太祖下

（神册六年）冬十月癸丑朔，晋新州防御使王郁以所部山北兵马内附。丙子，上率大军入居庸关。十一月癸卯，下古北口。丁未，分兵略

---

① 〔元〕脱脱等撰：《辽史》，中华书局，1974 年版。

檀、顺、安远、三河、良乡、望都、潞、满城、遂城等十余城，俘其民徙内地。

卷十一　本纪第十一　圣宗二

（统和四年）夏四月己亥朔，次南京北郊。庚子，惕隐瑶升、西南面招讨使韩德威以捷报。……戊申……横帐郎君老君奴率诸郎君巡徼居庸之北。……五月……甲戌，以军捷，遣使分谕诸路京镇。丁丑，诏诸将校，论功行赏，无有不实。……丁亥，发南京，诏休哥备器甲，储粟，侍秋大举南征。……六月戊戌朔，诏韩德威赴阙，加统军使颇德检校太师。甲辰，诏南京留守休哥遣炮手西助斜轸。乙巳，以夷离毕侄里古部送辎重行宫，暑行日五十里，人马疲乏，遣使让之。丁未，度居庸关。……冬十月丙申朔，党项、阻卜遣使来贡。……甲辰，出居庸关。乙巳，诏诸京镇相次军行，诸细务权停理问。庚戌，分遣拽剌沿边侦候。……乙卯，幸南京。……十一月……壬申，以古北、松亭、榆关征税不法，致阻商旅，遣使鞠之。

卷十三　本纪第十三　圣宗四

（统和十一年）夏四月，幸炭山清暑。六月，大雨。秋七月己丑，桑干、羊河溢居庸关西，害禾稼殆尽，奉圣、南京居民庐舍多垫溺者。八月，如秋山。……（十三年）六月……丙戌，诏许昌平、怀柔等县诸人请业荒地。

卷二十九　本纪第二十九　天祚皇帝三

（保大）二年春正月乙亥，金克中京，进下泽州。上出居庸关，至鸳鸯泊。……十一月乙丑，闻金兵至奉圣州，遂率卫兵屯于落昆髓。秦晋王淳妻萧德妃五表于金，求立秦王，不许，以劲兵守居庸。及金兵临关，厓石自崩，戍卒多压死，不战而溃。德妃出古北口，趋天德军。十二月，知金主抚定南京，上遂由扫里关出居四部族详稳之家。……三年……夏四月甲申朔，以知北院枢密使事萧僧孝奴为诸道大都督。丙申，金兵至居庸关，擒耶律大石。……秋九月，耶律大石自金来归。……四年春正月，上趋都统马哥军。金人来攻，弃营北遁，马哥被执。……夏五月，金人既克燕，驱燕之大家东徙，以燕空城及涿、易、檀、顺、景、蓟州与宋为塞盟。左企弓、康公弼、曹勇义、虞仲文皆东迁。燕民流离道路，不胜其苦。……六月，榜谕燕人复业，恒产为常胜军所占者，悉还之。燕民既得归，大悦。

卷三十四　志第四　兵卫志上

太祖即位五年，讨西奚、东奚，悉平之，尽有奚、霫之众。六年春，亲征幽州，东西旌旗相望，亘数百里。所经郡县，望风皆下，俘获其众，振旅而还。……（神册）六年，出居庸关，分兵掠檀、顺等州，安远军、三河、良乡、望都、潞、满城、遂城等县，俘其民徙内地，皇太子略定州，俘获其众。……会同初，太宗灭唐立晋，晋献燕、代十六州，民众兵强，莫之能御矣。

兵制

辽国兵制，凡民年十五以上，五十以下，隶兵籍。每正军一名，马三匹，打草谷、守营铺家丁各一人。……凡举兵，帝率蕃汉文武臣僚，以青牛白马祭告天地、日神，惟不拜月，分命近臣告太祖以下诸陵及木叶山神，乃诏诸道征兵。惟南、北、奚王，东京渤海兵马，燕京统军兵马，虽奉诏，未敢发兵，必以闻。上遣大将持金鱼符，合，然后行。始闻诏，攒户丁，推户力，核籍齐众以待。自十将以上，次第点集军马、器仗。符至，兵马本司自领，使者不得与。唯再共点军马讫，又以上闻。

量兵马多少，再命使充军主，与本司互相监督。又请引五方旗鼓，然后皇帝亲点将校。又选勋戚大臣，充行营兵马都统、副都统、都监各一人。又选诸军兵马尤精锐者三万人为护驾军，又选骁勇三千人为先锋军，又选剽悍百人之上为远探拦子军，以上各有将领。又于诸军每部，量众寡，抽十人或五人，合为一队，别立将领，以备勾取兵马，腾递公事。其南伐点兵，多在幽州北千里鸳鸯泊。及行，并取居庸关、曹王峪、白马口、古北口、安达马口、松亭关、榆关等路。将至平州、幽州境，又遣使分道催发，不得久驻，恐践禾稼。出兵不过九月，还师不过十二月。在路不得见僧尼、丧服之人。皇帝亲征，留亲王一人在幽州，权知军国大事。

卷四十　志第十　地理志四　南京道

南京析津府，本古冀州之地。……唐置大都督府，改范阳节度使。安禄山、史思明、李怀山、朱滔、刘怦、刘济相继割据。刘总归唐。至张仲武、张允仲，以正得民。刘仁恭父子僭争，遂入五代。自唐而晋，高祖以辽有援立之劳，割幽州等十六州以献。太宗升为南京，又曰燕京。

城方三十六里，崇三丈，衡广一丈五尺。敌楼、战橹具。……大内在西南隅。……其外，有居庸、松亭、榆林之关，古北之口，桑干河、高梁河、石子河、大安山、燕山——中有瑶屿。府曰幽都，军号卢龙，开泰元年落军额。

统州六、县十一：……昌平县。本汉军都县，后汉属广阳郡，晋属燕国，元魏置东燕州、平昌郡及昌平县。郡废，县隶幽州。在京北九十里。户七千。

卷六十　志第二十九　食货志下

征商之法，则自太祖置羊城于炭山北，起榷务以通诸道市易。太宗得燕，置南京，城北有市，百物山偫，命有司治其征；余四京及它州县货产懋迁之地，置亦如之。……圣宗统和初，燕京留守司言，民艰食，请弛居庸关税，以通山西籴易。……至天祚之乱，赋敛既重，交易法坏，财日匮而民日困矣。

卷七十四 列传第四 康默记

康默记，本名照。少为蓟州衙校，太祖侵蓟州得之，爱其材，隶麾下。……时诸部新附，文法未备，默记推析律意，论决重轻，不差毫厘。罹禁网者，人人自以为不冤。顷之，拜左尚书。神册三年，始建都，默记董役，人咸劝趋，百日而讫事。五年，为皇都夷离毕。会太祖出师居庸关，命默记将汉军进逼长芦水寨，俘馘甚众。

卷一百十四 列传第四十四 逆臣下

奚回离保，一名翰，字揆懒，奚王忒邻之后。……保大二年，金兵至，天祚播迁，回离保率吏民立秦晋国王淳为帝。淳伪署回离保知北院枢密事，兼诸军都统，屡败宋兵。淳死，其妻普贤女摄事。是年，金兵由居庸关入，回离保知北院，即箭笴山自立，号奚国皇帝，改元天复，设奚、汉、渤海三枢密院，改东、西节度使为二王，分司建官。

辽史拾遗①

《辽史拾遗》成书于乾隆八年（1743 年），仿裴松之注《三国志》例，采集各种书籍三百余种，补《辽史》之缺，厘正其误。作者厉鹗，浙江钱塘（今浙江杭州）人，康熙时举人，留心金石碑刻，精于宋、辽史实。

---

① 〔清〕厉鹗撰：《辽史拾遗》，商务印书馆，1936 年版。

卷一　本纪第一　太祖上

（神册二年）三月辛亥，攻幽州，节度使周德威以幽、并、镇、定、魏五州兵拒于居庸关之西，合战于新州东，大破之。

《资治通鉴》曰：初，幽州北七百里，有渝关（渝关入营州界，及平州石城县界），下有渝水通海，自关东北循海有道，道狭处才数尺，旁皆乱山，高峻不可越。北至进牛口，旧置八防御军，募土兵守之。田租皆供军食，不入于蓟。幽州岁致缯纩以供战士衣。契丹至，辄闭壁不战，俟其去，选骁勇据隘邀之。由是契丹不敢轻入寇。及周德威为卢龙军节度使，恃勇不修边备，遂失渝关之险，契丹每刍秣于营、平之间。

《续通典》曰：渝关关城下有渝水入大海，其关东临海，北有兔耳山、覆舟山，山皆斗峻。山下循海岸东北行，狭处才通一轨，三面皆海，北连陆关，西乱山至进牛栅，凡六口，栅戍相接，此天所以限戎狄者也。

卷十二　本纪第二十九　天祚皇帝三

（保大）二年春正月乙亥，金可中京，进下泽州。上出居庸关，至鸳鸯泊。闻余睹引金人娄室字董奄至。萧奉先曰："余睹乃王子班之苗裔，此来欲立甥晋王耳，若为社稷计，不惜一子，明其罪诛之，可不战而余睹自回矣。"上遂赐晋王死，素服三日，耶律撒八等皆伏诛。王素有人望，诸军闻其死，无不流涕，由是人心解体。余睹引金人逼行宫，上率卫兵五千余骑幸云中，遗传国玺于桑干河。

《谋夏录》曰：曷鲁自海上归，阿骨打得书，意朝廷绝之，乃命其弟兀鲁、国相勃极烈并粘罕、兀室等，悉师度辽而西，用降将余睹为前锋。宣和四年正月十四日，陷中京。中京，奚国也。遂引兵至松亭关、古北口，屡败契丹，降奚部，以有各不过关之约，止引兵由奚西过平地松林、太子坟，驻白水州，别遣精骑五百留松亭关，遮中京奔逸车乘。是岁，天祚在燕，闻报惧及。即日出居庸关，就鸳鸯泊飞放，实引避也。

十一月，秦晋王淳妻萧德妃五表于金，求立秦王，不许。以劲兵守居庸，及金兵临关，厓石自崩，戍卒多压死，不战而溃。德妃出古北口趋天德军。十二月知金主抚定南京，上遂由扫里关出居四部族详稳之家。

史愿《亡辽录》曰：萧后闻居庸失险，夜半率契丹并老幼出城，声言劄野寨迎敌，其实避窜。宰相左企弓以下拜辞于门外，后谕曰："国难至此，我亲统大军尽死一战，为社稷计，胜则再与卿等相见，万一失利，则誓死于阵前。卿等善全合境人民，无使滥被残害。"遂泣下。后行五十里，金游骑已逼城。

蔡絛《北征纪实》曰：金人久住鸳鸯泊，往来白水，以图天祚，既深入夹山，势不能出，因攻取云中诸州，且休息，往来山后，视中国纷拿。延庆既溃，阿骨打始以全师自居庸关入，四军大王奉萧后由松亭关遁，燕人备仪物迎之。

马扩《茅斋自叙》曰：女真得契丹故大臣，皆言南朝自来畏怯，又见刘延庆败走，左企弓上阿骨打诗云：君王莫听捐燕议，一寸山河一寸金。故有败盟之意。自南使过泸沟河，即焚桥梁。

《大金国志》曰：十二月初六日，国主入居庸关，晡时到燕。萧后闻居庸失守，夜率萧干等出奔，行五十里，国兵游骑已至城。辽相左企弓、虞仲文等迎降，出丹凤门球场内投拜，国主戎服坐万岁殿，皆拜伏待罪于下。译者曰：我见城头炮绳席解，是无拒我意也。并放罪。

（保大）四年夏五月，金人既克燕，驱燕之大家东徙，以燕空城及涿、易、檀、顺、景、蓟州与宋以塞盟，左企弓、康公弼、曹勇义、虞仲文皆东迁。

《北征纪实》曰：金人既得燕山子女，加久住气候已热，遂大病，而城外诸寨，日夜为燕之乡兵劫挠。因骂余睹曰："汝劝我来此，今外寨皆不安，四面皆大兵，居此网罗中，如何归？"乃大毁诸州及燕山城壁楼橹要害，皆平之。又尽括燕山金银钱物，民庶寺院一扫皆空。以辽人旧大臣及仪仗车马玉帛辎重，尽由松亭关去，金师复由居庸关之鸳鸯泊，扼天祚出路，以绝契丹之望，乃尽以空城付宋。

张汇《金节要》曰：燕山之地，易州西北乃金坡关，昌平之西乃居庸关，顺州之北乃古北口，景州东北乃松亭关，平州之东乃渝关，凡此数关，一夫御之，可以当百。朝廷之割地，若得诸关，则燕山之境可保矣。然关内之地，平、营、滦三州，自后唐为契丹所陷，后改平州为辽兴府，以营、滦二州隶之，号为平州路。至石晋之初，耶律德光又得燕山檀、顺、景、蓟、涿、易诸郡，建燕山为燕京，以辖六郡，号为燕京路，而与平州自成两路。朝廷始议割地，但云燕、云两路而已。初谓燕山之路，尽得关内之地，殊不知关内之平州，与燕山异路也。由是破辽之后，金人复得平州路。金既据平州，则关内之地，蕃汉杂处，欲无侵渔之患，得乎？故干离不自平州入寇，此则当时议割燕、云，不明地理之误也。

卷十三　志第七　地理志一

上京道

上京临潢府○涞流河

程大昌《北边备对》曰：契丹在潢水之南，黄龙之北，鲜卑故地，或云，亦鲜卑别种。战国之世，命为东胡者是也。及阿保机并小族称帝，援立石晋，又得所割雁门以北幽州节度管内十六州，盖其地界，东北有卢龙塞，西北有居庸关，中国恃此以限界北狄。自十六州既割之后，山险皆为房有，而河北尽在平地，无险可以拒守矣。

卷十四　志第十　地理志四

南京道

南京析津府○诸官名补○梳妆楼补○会同馆补○望京馆补○居庸、松亭、榆林之关，古北之口，桑干河、高梁河○大安山、燕山○采魏院补　○萧太后城补○白塔补

乐史《太平寰宇记》曰：居庸关在昌平县西北，北齐改为纳款，《淮南子》云天下九塞，居庸是其一。

《北边备对》曰：太行山南自河阳、怀县逦迤北出，直至燕北，无有间断。此其为山，不同他地，盖数千百里，自麓至脊，皆陡峻不可登越，独有八处粗通微径，名之曰陉。居庸关者，即其最北之第八陉也。此陉东西横亘五十里，而中间通行之地，才阔五步。

罗璧《识遗》曰：河北以居庸诸关为险，盖居燕百里外，关外名虎北口，即汉上谷郡。其山西连太行，东亘辽海，狼居胥诸山为襟带，关南北通处，路绕两崖间，风起人行，或为所掀。彭文子谓隘如线，侧如倾，其峻绝天，其降趋井，下有涧，巨石磊块，凡四十五里，艰折万状，山外寒气先山南两月。燕之东百里曰榆关，盖自虎北口下，皆乱山层复，至此循海，方有狭径，实辽东诸州之障阻，昔时守以土步，狭不能入。自石晋割关南十六州，刘仁恭割营、平、滦三州赂契丹，由是北自定武达滦海，千里失险。

昌平县〇军都山补〇湿榆河补〇九圣寺补

《太平寰宇记》曰：军都山又名居庸山，在县西北十里。《后汉书》曰：尚书卢植隐居上谷军都山，立黉肆教授，好学者自远方而至。

《舆地广记》曰：县北十五里有军都陉，西北三十五里有纳款关，即居庸故关，亦谓之军都关。

崔学履《昌平州志》曰：湿榆河在州治东南五十里，源出军都山，南流，又折而东，以入于潞河。又曰：九圣寺在州治东，辽乾统五年建。

金史①

《金史》全书一百三十五卷，记载上起金太祖完颜阿骨打出生（1068年），下至金哀宗天兴三年（1234年）蒙古灭金，共一百六十余年的历史。全书简约而无疏漏，周赡而不繁芜，为元修三史（《元史》《辽史》《金

---

① 〔元〕脱脱等撰：《金史》，中华书局，1975年版。

史》）之最佳者。

卷二　本纪第二　太祖

（天辅六年）十一月，诏谕燕京官民，王师所至，降者赦其罪，官皆仍旧。十二月，上伐燕京。宗望率兵七千先之，迪古乃出得胜口，银术哥出居庸关，娄室为左翼，婆卢火为右翼，取居庸关。丁亥，次妫州。戊子，次居庸关。庚寅，辽统军都监高六等来送款。上至燕京，入自南门，使银术哥、娄室阵于城上，乃次于城南。辽知枢密院左企弓、虞仲文，枢密使曹勇义，副使张彦忠，参知政事康公弼，金书刘彦宗奉表降。辛卯，辽百官诣军门叩头请罪。诏一切释之。壬辰，上御德胜殿，群臣称贺。甲午，命左企弓等抚定燕京诸州县。诏西京官吏曰：“乃者师至燕都，已皆抚定。唯萧妃与官属数人遁去，已发兵追袭，或至彼路，可执以来。”黄龙府叛，宗辅讨平之。

卷六　本纪第六　世宗上

世宗光天兴运文德武功圣明仁孝皇帝，讳雍，本讳乌禄，太祖孙，睿宗子也。……海陵南伐，天下骚动。……（大定二年）六月戊辰，命御史大夫白彦敬西北路市马。庚午，以尚书右丞仆散忠义为平章政事兼右副元帅，经略契丹。诏出内府金银给征契丹军用。戊寅，诏居庸关、古北口讥察契丹奸细，捕获者加官赏。己卯，诏守御古北口及石门关。庚辰，宋遣使贺即位。

卷十二　本纪第十二　章宗四

（泰和四年）六月壬辰朔，罢兼官俸给。……戊申，罢惠、川、高三州，秀岩、滦阳、徽川、咸宁、金安、利民六县，及北京宫苑使，诸

群牧提举，居庸、紫荆、通会三关使，西北路镇防十三千户，诸路医学
博士。

卷十三 本纪第十三 卫绍王

卫绍王讳永济，小字兴胜，更讳允济，章宗时避显宗讳，诏改"允"
为"永"。……（大安二年）十二月乙卯朔，日有食之。是岁大饥。禁
百姓不得传说边事。……（三年）四月，我大元太祖法天启运圣武皇帝
来征。遣西北路招讨使粘合合打乞和。平章政事独吉千家奴，参知政事
胡沙行省事备边。西京留守纥石烈胡沙虎行枢密院事。……八月，诏奖
谕行省官，慰抚军士。千家奴、胡沙自抚州退军，驻于宣平。河南大名
路军逃归，下诏招抚之。九月，千家奴、胡沙败绩于会河堡，居庸关失守。
禁男子不得辄出中都城门。大元前军至中都，中都戒严。……十月……
上京留守徒单镒遣同知乌古孙兀屯将兵二万卫中都。泰州刺史术虎高琪
屯通玄门外。上巡抚诸军。罢宣德行省。十一月……以上京留守徒单镒
为右丞相。签中都在城军。纥石烈胡沙虎弃西京，走还京师，即以为右
副元帅，权尚书左丞。是时，德兴府、弘州、昌平、怀来、缙山、丰润、
密云、抚宁、集宁，东过平、滦，南至清、沧，由临潢过辽河，西南至
忻、代，皆归大元。初，徒单镒请徒桓、昌、抚百姓入内地。……右副
元帅胡沙虎请兵二万屯宣德，诏与三千人屯妫川。……十二月，签陕西
两路汉军五千人赴中都。……崇庆元年正月己酉朔，改元，赦。宋、夏
遣使来贺。右副元帅胡沙虎请退军屯南口，诏数其罪，免之。……五月，
签陕西勇敢军二万人，射粮军一万人，赴中都。

卷二十四 志第五 地理上

中都路，辽会同元年为南京，开泰元年号燕京。海陵贞元元年定都，
以燕乃列国之名，不当为京师号，遂改为中都。府一，领节镇三，刺郡

九，县四十九。

大兴府，上。晋幽州，辽会同元年升为南京，府曰幽都，仍号卢龙军，开泰元年更为永安析津府。天会七年析河北为东、西路时属河北东路，贞元元年更今名。户二十二万五千五百九十二。县十、镇一：

大兴倚。辽名析津，贞元二年更今名。有建春宫，镇一广阳，宛平倚。本晋幽都县，辽开泰元提更今名。有玉泉山行宫，安次晋旧名，漷阴辽太平中，以漷阴村置，永清晋旧名，宝坻本新仓镇，大定十二年置，以香河县近民附之。承安三年置盈州，为大兴府支郡，以香河、武清隶焉。寻废州，香河辽以武清县之孙村置，昌平有居庸关，国名查刺合攀，武清晋县，良乡有料石冈，阎沟。

卷五十七　志第三十八　百官三　大兴府

诸巡检

中都东北都巡检使一员，正七品，通州置司，分管大兴、漷阴、昌平、通、顺、蓟、盈州界盗贼事。司吏一人，掌行署文书。马军十五人，于武卫马军内选少壮熟闲弓马人充。

潼关

关使兼讥察官，正七品。掌关禁、讥察奸伪及管钥启闭。

副讥察，正九品。掌任使之事。司吏二人，女直、汉人各一。

居庸关、紫荆关、通会关、会安关及他关

皆设使，从七品。

卷六十六　列传第四　胡石改

胡石改，宗室子也。……辽主西走，胡石改追至中京，获其宫人、辎重凡八百两。……德州复叛，胡石改以兵五千克其城。从娄室击败敌兵二万于归化之南，并降归化。从取居庸关，并燕之属县及其山谷诸屯。

移失部既降，复叛去，胡石改引兵追及，战败之，俘获甚众。

卷六十七 列传第五 奚王回离保

甲午岁，太祖破耶律谢十，诸将连战皆捷，奚铁骊王回离保以所部降，未几，遁归于辽。及辽主使使请和，太祖曰："归我叛人阿疏、降人回离保、迪里等，余事徐议之。"久之，辽主至鸳鸯泊，都统杲袭之，亡走天德。回离保与辽大臣立秦晋国王耶律捏里于燕京。捏里死，萧妃权国事。太祖入居庸关，萧妃自古北口出奔。回离保至卢龙岭，遂留不行，会诸奚吏民于越里部，僭称帝，改元天复，改置官属，籍渤海、奚、汉丁壮为军。

卷七十一 列传第九 婆卢火

婆卢火，安帝五代孙。太祖伐辽，使婆卢火征迪古乃兵，失期，杖之。后与浑黜以四千人，往助娄室、银术哥攻黄龙府。……天辅五年，摘取诸路猛安中万余家，屯田于泰州，婆卢火为都统，赐耕牛五十。……太祖取燕京，婆卢火为右翼，兵出居庸关，大败辽兵，遂取居庸。萧妃遁去，都监高六等来送款乞降。习古乃追萧妃至古北口，萧妃已过三日，不及而还。上令婆卢火、胡实赉率轻骑追之，萧妃已远去，获其从官统军察剌、宣徽查剌，并其家族，及银牌二，印十有一。

卷七十二 列传第十 习古乃

习古乃，亦书作实古乃。尝与银术可俱往辽国取阿疏，还言辽人可取之状，太祖始决意伐辽矣。婆卢火取居庸关，萧妃自古北口出奔，太祖使习古乃追之，不及。后为临潢府军帅，讨平迭剌，其群官率众降者，请使就领诸部。太宗赐以空名宣头及银牌，使以便宜授之。

卷七十五　列传第十三　左企弓

左企弓字君材。……天庆末，拜广陵军节度使，同中书门下平章事、知枢密院事。金兵已拔上京……辽主自鸳鸯泊亡保阴山。秦晋国王耶律捏里自立于燕，废辽主为湘阴王，改元德兴。企弓守司徒，封燕国公。……德妃摄政，企弓加侍中。宋兵袭燕，奄至城中，已而败走。或疑有内应者，欲根株之，企弓争之，乃止。太祖至居庸关，萧妃自古北口遁去。都监高六等送款于太祖，太祖径至城下。高六等开门待之。太祖入城受降，企弓等犹不知。太祖驻跸燕京城南，企弓等奉表降，太祖俾复旧职，皆受金牌。……太祖既定燕，从初约，以与宋人。企弓献诗，略曰："君王莫听捐燕议，一寸山河一寸金。"太祖不听。

卷七十八　列传第十六　刘彦宗

刘彦宗子鲁开，大兴宛平人。远祖怦，唐卢龙节度使。石晋以幽、蓟入辽，刘氏六世仕辽，相继为宰相。父霄，至中京留守。彦宗擢进士乙科。天祚走天德，秦晋国王耶律捏里自立于燕，擢彦宗留守判官。萧妃摄政，迁签书枢密院事。太祖至居庸关，萧妃自古北口遁去，都监高六送款于太祖。太祖奄至，驻跸城南，彦宗与左企弓等奉表降。太祖一见，器遇之，俾复旧，迁左仆射，佩金牌。……天会六年薨，年五十三，追封郓王。正隆二年，例降封开府仪同三司。大定十五年，追封兖国公，谥英敏。

卷八十一　列传第十九　温迪罕蒲里特

温迪罕蒲里特，隆州移离闵河胡勒出寨人也。魁梧美髯，有谋略，以智勇闻。……太祖定燕，自儒州至居庸关，执其喉舌人。有顷，贼三千余人复寇腊门华道，蒲里特整队先登，贼识其旗帜，望风而遁，遂奋击之，亲执贼帅。

卷九十三　列传第三十一　承裕

承裕本名胡沙，颇读孙、吴书，以宗室子充符宝祗候。……大安初，召为御史中丞。三年，拜参知政事，与平章政事独吉思忠行省戍边。乌沙堡之役不为备，失利，朝廷独坐思忠，诏承裕主兵事。八月，大元大兵至野狐岭，承裕丧气，不敢拒战，退至宣平。县中土豪请以土兵为前锋，以行省兵为声援，承裕畏怯不敢用，但问此去宣德间道而已。……其夜，承裕率兵南行，大元兵踵击之。明日，至会河川，承裕兵大溃。承裕仅脱身，走入宣德。大元游兵入居庸关，中都戒严。识者谓金之亡决于是役。卫绍王犹薄其罪，除名而已。

卷九十六　列传第三十四　梁襄

梁襄，字公赞，绛州人。……世宗将幸金莲川，有司具办，襄上疏极谏曰："……燕都地处雄要，北倚山险，南压区夏，若坐堂隍，俯视庭宇，本地所生，人马勇劲，亡辽虽小，止以得燕故能控制南北，坐致宋币。燕盖京都之选首也。况今又有宫阙井邑之繁丽，仓府武库之充实，百官家属皆处其内，非同曩日之陪京也。居庸、古北、松亭、榆林等关，东西千里，山峻相连，近在都畿，易于据守，皇天本以限中外，开大金万世之基而设也。……"世宗纳之，遂为罢行……襄由是以直声闻。

卷一百一　列传第三十九　抹撚尽忠　李英

抹撚尽忠本名彖多，上京路猛安人。……（泰和）八年，入为吏部郎中，累迁中都、西京按察使。是时，纥石烈执中为西京留守，与尽忠争，私意不协。尽忠阴伺执中过失，申奏。执中虽跋扈，善抚御其部曲，密于居庸、北口置腹心刺取按察司文字。及执中自紫荆关走还中都，诏尽忠为左副元帅兼西京留守。……宣宗迁汴，与右丞相承晖守中都。承晖为都元帅，尽忠复为左副元帅。……中都危急，密与腹心元帅府经历官完颜师姑谋弃中都南奔，已戒行李，期以五月二日向暮出城。……中都遂不守。

李英字子贤，其先辽阳人，徙益都。……贞祐初，摄左司都事，迁监察御史。右副元帅术虎高琪辟为经历官，乃上书高琪曰："中都之有居庸，犹秦之崤、函，蜀之剑门也。迩者撤居庸兵，我势遂去。今土豪守之，朝廷当遣官节制，失此不图，忠义之士，将转为他矣。"又曰："可镇抚宣德、德兴余民，使之从戎。所在自有宿藏，足以取给，是国家不费斗粮尺帛，坐收所失之关隘也。居庸咫尺，都之北门，而不能卫护，英实耻之。"高琪奏其书，即除尚书工部员外郎，充宣差都提控，居庸等关隘悉隶焉。二年正月，乘夜与壮士李雄、郭仲元、郭兴祖等四百九十人出城，缘西山进至佛岩寺。令李雄等下山招募军民，旬日得万余人。择众所推服者领之，诡称土豪，时时出战。被创，召还。迁翰林待制，因献十策，其大概谓："居中土以镇四方，委亲贤以守中都，立潘屏以固关隘，集人力以防不虞，养马力以助军威，爱禾稼以结民心，明赏罚以劝百官，选守令以复郡县，并州县以省民力。"颇施行之。

卷一百三　列传第四十一　完颜仲元

完颜仲元本姓郭氏，中都人。……（贞祐四年）是岁十月，徙军卢氏，改商州经略使，权元帅右都监。……未几，潼关失守，仲元军趋商、虢，复至嵩、汝，皆弗及。仲元上书曰："去年六月，臣尝请于朝廷，乞选名将督诸军，臣得推锋，身先士卒，粮储不继，竟不果行。今将坐甲待敌，则师老财殚，日就困弊。"其大概欲伐西夏以张兵势。又曰："陕西一路，最为重地，潼关、禁坑及商州诸隘，俱当预备。向者中都，居庸最为要害，乃由小岭、紫荆绕出，我军腹背受兵，卒不能守。近日由禁坑出，遂失潼关。

可选精兵分地戍之。"其后乃置秦、蓝守御，及用兵西夏矣。

卷一百二十一　列传第五十九　忠义一

粘割韩奴，以护卫从宗弼征伐，赐铠甲弓矢战马。初，太祖入居庸关，辽林牙耶律大石自古北口亡去，以其众来袭奉圣州，壁于龙门东二十五里，娄室往取之，获大石并降其众。

卷一百三十二　列传第七十　逆臣

纥石烈执中，本名胡沙虎，阿疏裔孙也。……崇庆元年正月，执中乞移屯南口或屯新庄，移文尚书省曰："大兵来必不能支，一身不足惜，三千兵为可忧，十二关、建春、万宁宫且不保。"朝廷恶其言，下有司按问，诏数其十五罪，罢归田里。明年，复召至中都，预议军事。

契丹国志①

《契丹国志》共二十七卷，宋叶隆礼撰，收录诸多失传史料，是记载辽代二百一十八年史事较早而有系统的一部史书，比元代官修《辽史》约早百年。但历来对此书作者及成书年代颇多存疑。

卷十一　天祚皇帝中

壬寅保大二年，春，金人陷中京。先是，金主阿骨打遣使曷鲁等如宋，自海上归，得书，意宋朝绝之，乃命其弟故碖国相字极烈并粘罕、兀室，

---

① 〔宋〕叶隆礼著，李西宁点校：《契丹国志》，齐鲁书社，2000年版。

用辽降人余睹为前锋,由奚西过平地松林,驻白水;别遣精兵五百骑到松亭关,邀截本京官民奔逸车乘。天祚在燕京,闻报甚惧,即日出居庸关;又闻余睹为前锋,导兵奄至。……

十二月,金粘罕趋南暗口,挞懒驸马趋(北牛)〔古北口〕,金主趋居庸关,分三路入燕。萧后既败,奉表于金,称藩请和。金主不许,自妫、儒二州进兵,抵居庸关,辽人弃关走。

卷十二 天祚皇帝下

癸卯保大三年,春正月,金主入居庸关,晡时到燕。萧后闻居庸关失守,夜率萧干及军帐出城,声言迎敌,实欲出奔。国相左企弓等辞于国门,后曰:"国难至此,我亲率诸军为社稷一战,胜则再见卿等,不然死矣!卿等努力保吾民,毋使滥被杀戮。"言讫泣下。后未行五十里,金人游骑已及城。

卷二十五 胡峤陷北记

同州郃阳县令胡峤,居契丹七年,周广顺三年,亡归中国,略能道其所见。云:"自幽州西北入居庸关。明日,又西北入石门关,关路崖狭,一夫可以当百,此中国控扼契丹之险也。……"

大金国志[①]

《大金国志》为记述金代史事的纪传体史籍,全书四十卷,杂采诸书,排比而成,旧本题宋宇文懋昭撰。宇文懋昭,金人,后投宋,自称

---

① 〔宋〕宇文懋昭撰:《大金国志》,商务印书馆,1936年版。

淮西归正人。宋授以承事郎、工部架阁。

卷二 纪年 太祖武元皇帝下

（天辅五年）十二月，童贯密使其客王瑰祷国主，具言贯兵已压燕境，乞如约夹攻。国主遣瑰先归，遂分三道进兵。粘罕趋南暗口，挞懒驸马趋北牛口，国主亲趋居庸关，分三路入燕。萧后既败，延庆献捷于金，奉表称藩请和，不许。自妫、儒二州进兵，抵居庸关，辽人弃关走。时马扩随军行，国主谓扩曰："契丹疆土我得十九矣，止燕京数州之地，留与汝家。我以大军三面掩之，令汝家俯拾，亦不能取。初闻南军到燕，我心亦喜，纵令汝家取之，我亦将敛兵归国。近却闻刘延庆一夜烧营而遁，乃至此邪？似此丧师，有何诛赏？"扩答云："兵折将死，将折兵死。刘延庆果败，虽赏亦诛。"国主云："若不行法，何以使人？一两日到关，汝观我家用兵有走者否。"

是月初六，入居庸关，晡时到燕。萧后闻居庸失守，夜率萧干等出奔。未行五十里，国兵游骑已至城，辽相左企弓、虞仲文等迎降。出丹凤门毬场内投拜。国主戎服坐万岁殿，皆拜伏待罪于下。译者曰："我见城头炮绳席角，是无拒我意也。"并放罪。

……

燕云之地，易州西北乃金坡关，昌平之西乃居庸关，顺州之北乃古北口，景州东北乃松亭关，平州之东乃（隃）〔榆〕关，（隃）〔榆〕关之东乃金人之来路也。凡此数关，乃天造地设以分番汉之限。一夫守之，可以当百。当时南宋之割地也，若得诸关，则燕山之地可保。然关内之地，平、滦、营三州，自后唐为契丹阿保机陷之后，改平州为辽兴府，以营、滦二州隶之，号平州路。至石晋之初，耶律德光又得燕山檀、顺、景、蓟、涿、易诸州，建燕山为燕京，以控六郡，号燕京路，与平州自成两路。昔宋朝海上密议割地，但云燕、云两路而已。盖初谓燕云之路，尽得关内之地，殊不知关内之地，平州与燕山异路也。由是破辽之后，金人复得平州路。既据平州，则关内之地，蕃汉杂处。故干离不自平州入攻，此则当时议割燕、云，不明地理之误也。

卷三 纪年 太宗文烈皇帝一

粘罕自云中遣女真万户温敦郎君、蒲鲁虎赛里、契丹都统马五东侵居庸关，以应斡离不，同取燕山。

辽主天祚自天庆亲征败绩之后，退保长春州，又退保广平甸，又退保中京，继走燕山，既而西走云中，至于夹山，以保四部族衙。……后武元帝死，粘罕专制军事，遂据云中，已违元议，不肯归云中地。至是，以斡离不来征燕山之境，粘罕遣兵攻居庸关以应之。虑居庸难取，遂分兵由紫荆口、金坡关攻易州，及出奇取凤山，沿皇大妃岭道以入昌平县。既至昌平，则反顾居庸矣。于是居庸亦溃，金人遂入居庸。初，药师之备金人也，严于东北而弛于西何哉？盖东北乃金人来路也。燕山之东，以韩城镇为界，东北以符家口为界，韩城、符家口去燕山皆四百余里。斡离不既侵东北，探骑、溃军络绎而来，燕山得预闻之。故药师出常胜军屯于燕山之东白河以待敌。西则居庸为绝边，去燕山无百里之远，但闭关而已，更无他备。不意粘罕间道取居庸，一夕攻城，故预无警备焉。

卷二十一 纪年 章宗皇帝下

（泰和六年）十一月，起民兵于河南，十七万入淮，十万入荆襄。又起河北十万，戍居庸关及韩水大鸡川，以防北边。内外骚动，民聚为寇，始益众矣。

卷二十四 纪年 宣宗皇帝上

（贞祐二年）三月，复围燕京，京师乏粮，军民饿死者十四五。主遣使议和，索公主及护驾将十人，细军百人，从公主童男女各五百，彩绣衣三千，御马三千匹，金银珠玉等物甚众。……主不敢拒。又以元师围燕之久，未尝掳掠，欲得犒军金帛，主亦从之。大军北归居庸关，在燕京之北百一十里，路狭隘。李雄聚兵数万，欲邀其归途而击之。时完颜福兴在军中，传主命：已南北讲和，不许擅出兵。于是无敢动者。大军既过关，尽驱山东、两河少壮数十万而去。主召雄归，加镇国上将军。

卷二十五　纪年　宣宗皇帝下

贞祐三年时宋嘉定八年也，大军自去年围燕京，是春东平之援兵五万，至安次，遇大兵，不战而退。大名之援兵八万，至固安，亦溃。……自是内外不通。太子守绪，自燕京取间道归汴。先是，主迁时，留太子及完颜昌守燕。左丞相完颜福兴送大军至居庸关，有土豪徐用，聚兵扼之，不能过。乃以福兴示之，云：已自讲和。乃纵其北去。福兴归，主就令同完颜昌守燕，下诏：南北既已通好，不许轻易交兵。然福兴虽一意于和，大军阳许之，需索无时，彼去此来，随取随至。兵疲力弱，无有救援。至是，纵兵攻燕，不逾月陷之。完颜昌自投于火，福兴窜归于汴，随亦被诛。宋《通鉴》注云：完颜福兴自刭死。

卷四十　许奉使行程录

第十四程，自营州一百里至润州。离营州，东行六十里至（渝）〔榆〕关，并无堡障，但存遗址。有居民三数家。登高四望，东自碣石，西彻五台，幽州之地，沃野千里。北限大山重峦，中有五关：居庸可以行大车，通转饷。松亭、金坡、古北口，止通人马，不可行车。外有十八路，尽兔径鸟道，止能通人，不可行马。山之南地则五谷百果，良材美木，无所不有。出关未数十里，则山童水浊，皆瘠卤。弥望黄茅白草，莫知其极，盖天设此以限南北也。自兹以东，类皆如此，更不再叙。

资治通鉴①

　　《资治通鉴》，简作《通鉴》，中国第一部编年体通史，由北宋司马光主编。全书以时间为纲，事件为目，自周威烈王二十三年（前403年），讫后周世宗显德六年（959年），涵盖十六朝一千三百余年的历史，共二百九十四卷，约三百多万字。宋神宗以此书"鉴于往事，有资于治道"，故名《资治通鉴》。

卷四十三　汉纪三十五　世祖光武皇帝中之下

　　（建武十五年）春正月……丁未……匈奴寇钞日盛，州郡不能禁。二月，遣吴汉率马成、马武等北击匈奴，徙雁门、代郡、上谷吏民六万余口置居庸、常山关以东，以避胡寇。匈奴左部遂复转居塞内，朝廷患之，增缘边兵，部数千人。

卷五十　汉纪四十二　孝安皇帝中

　　（元初五年）秋八月丙申朔，日有食之。代郡鲜卑入寇，杀长史；发缘边甲卒、黎阳营兵屯上谷以备之。冬，十月，鲜卑寇上谷，攻居庸关，复发缘边诸郡黎阳营兵、积射士步骑二万人屯列冲要。

卷六十　汉纪五十二　孝献皇帝乙

　　（初平四年）冬十月辛丑，京师地震。……丙午，以太常赵温为司

───────────────

　　① 〔宋〕司马光编著，〔元〕胡三省音注：《资治通鉴》，中华书局，1956年版。

空，录尚书事。刘虞与公孙瓒积不相能，瓒数与袁绍相攻，虞禁之，不可，而稍节其禀假。瓒怒，屡违节度，又复侵犯百姓。虞不能制，乃遣驿使奉章陈其暴掠之罪，瓒亦上虞禀粮不周。二奏交驰，互相非毁，朝廷依违而已。瓒乃筑小城于蓟城东南以居之。虞数请会，瓒辄称病不应；虞恐其终为乱，乃率所部兵合十万人以讨之。时瓒部曲放散在外，仓卒掘东城欲走，虞兵无部伍，不习战，又爱民庐舍，敕不听焚烧，戒军士曰："无伤余人，杀一伯珪而已。"攻围不下。瓒乃简募锐士数百人，因风纵火，直冲突之，虞众大溃。虞与官属北奔居庸，瓒追攻之，三日，城陷，执虞并妻子还蓟，犹使领州文书。会诏遣使者段训增虞封邑，督六州事；拜瓒前将军，封易侯。瓒乃诬虞前与袁绍等谋称尊号，胁训斩虞及妻子于蓟市。故常山相孙瑾、掾张逸、张瓒等相与就虞，骂瓒极口，然后同死，瓒传虞首于京师，故吏尾敦于路劫虞首，归葬之。虞以恩厚得众心，北州百姓流旧莫不痛惜。

初，虞欲遣使奉章诣长安，而难其人，众咸曰："右北平田畴，年二十二，年虽少，然有奇材。"虞乃备礼，请以为掾。具车骑将行，畴曰："今道路阻绝，寇虏纵横，称官奉使，为众所指。愿以私行，期于得达而已。"虞从之。畴乃自选家客二十骑，俱上西关，出塞，傍北山，直趣朔方，循间道至长安致命。诏拜畴为骑都尉。畴以天子方蒙尘未安，不可以荷佩荣宠，固辞不受。得报，驰还，比至，虞已死，畴谒祭虞墓，陈发章表，哭泣而去。公孙瓒怒，购求获畴，谓曰："汝不送章报我，何也？"畴曰："汉室衰颓，人怀异心，唯刘公不失忠节。章报所言，于将军未美，恐非所乐闻，故不进也。且将军既灭无罪之君，又雠守义之臣，畴恐燕、赵之士皆将蹈东海而死，莫有从将军者也。"瓒乃释之。

卷九十六　晋纪十八　显宗成皇帝中之下

（咸康六年）三月丁卯，大赦。……燕王皝谓诸将曰："石虎自以乐安城防守重复，蓟城南北必不设备，今若诡路出其不意，可尽破也。"

冬，十月，皝帅诸军入自蠮螉塞袭赵，戍将当道者皆禽之，直抵蓟城。赵幽州刺史石光拥兵数万，闭城不敢出。燕兵进破武遂津，入高阳，所至焚烧积聚，略三万余家而去。石光坐懦弱征还。

卷九十八　晋纪二十　孝宗穆皇帝上之下

（永和六年）二月，燕王俊使慕容霸将兵二万自东道出徒河，慕舆千自西道出蠮螉塞，俊自中道出卢龙塞，以伐赵。以慕容恪、鲜于亮为前驱，命慕舆泥槎山通道。留世子晔守龙城，以内史刘斌为大司农，与典书令皇甫真留统后事。霸军至三陉，赵征东将军邓恒惶怖，焚仓库，弃安乐遁去，与幽州刺史王午共保蓟。徒河南部都尉孙泳急入安乐，扑灭余火，籍其谷帛。霸收安乐、北平兵粮，与俊会临渠。

卷一百六　晋纪二十八　烈宗孝武皇帝中之上

（太元十年）八月……燕主垂以鲁王和为南中郎将，镇邺。遣慕容农出蠮螉塞，历凡城，趣龙城，会兵讨余岩，慕容麟、慕容隆自信都徇勃海、清河。麟击勃海太守封懿，执之，因屯历口。懿，放之子也。

卷一百二十四　宋纪六　太祖文皇帝中之中

（元嘉二十三年）六月甲申……魏发冀、相、定三州兵二万人屯长安南山诸谷，以备盖吴窜逸。丙戌，又发司、幽、定、冀四州十万人筑畿上塞围，起上谷，西至河，广纵千里。

卷一百五十　梁纪六　高祖武皇帝六

（普通六年）八月，魏柔玄镇民杜洛周聚众反于上谷，改元真王，攻没郡县，高欢、蔡俊、尉景及段荣、安定彭乐皆从之。洛周围魏燕州刺史博陵崔秉。九月，丙辰，魏以幽州刺史常景兼尚书为行台，与幽州都督元谭讨之。景，爽之孙也。自卢龙塞至军都关，皆置兵守险，谭屯居庸关。

卷二百四十六　唐纪六十二　文宗元圣昭献孝皇帝下

（会昌元年）秋八月……癸巳，卢龙军乱，杀节度使史元忠，推牙将陈行泰主留务。……初，陈行泰逐史元忠，遣监军傁以军中大将表来求节钺。李德裕曰："河朔事势，臣所熟谙。比来朝廷遣使赐诏常太速，故军情遂固。若置之数月不问，必自生变。今请留监军傁，勿遣使以观之。"既而军中果杀行泰，立张绛，复求节钺，朝廷亦不问。会雄武军使张仲武起兵击绛，且遣军吏吴仲舒奉表诣京师，称绛惨虐，请以本军讨之。冬，十月，仲舒至京师。诏宰相问状，仲舒言："行泰、绛皆游客，故人心不附。仲武幽州旧将，性忠义，通书，习戎事，人心向之。向者张绛初杀行泰，召仲武，欲以留务让之，牙中一二百人不可。仲武行至昌平，绛复却之。今计仲武才发雄武，军中已逐绛矣。"李德裕问："雄武士卒几何？"对曰："军士八百，外有上团五百人。"德裕曰："兵少，何以立功？"对曰："在得人心。苟人心不从，兵三万何益？"德裕又问："万一不克，如何？"对曰："幽州粮食皆在妫州及北边七镇，万一未能入，则据居庸关，绝其粮道，幽州自困矣！"德裕奏："行泰、绛皆使大将上表，胁朝廷，邀节钺，故不可与。今仲武先自表请发兵为朝廷讨乱，与之则似有名。"乃以仲武知卢龙留后。仲武寻克幽州。

卷二百四十八　唐纪六十四　武宗至道昭肃孝皇帝下

（会昌五年）八月……壬午，诏陈释教之弊，宣告中外。凡天下所毁寺四千六百余区，归俗僧尼二十六万五百人，大秦穆护、祆僧二千余人，毁招提、兰若四万余区。收良田数千万顷，奴婢十五万人。所留僧皆隶主客，不隶祠部。百官奉表称贺。寻又诏东都止留僧二十人，诸道留二十人者减其半，留十人者减三人，留五人者更不留。五台僧多亡奔幽州。李德裕召进奏官谓曰："汝趣白本使，五台僧为将必不如幽州将，为卒必不如幽州卒，何为虚取容纳之名，染于人口！独不见近日刘从谏招聚无算闲人，竟有保益！"张仲武乃封二刀付居庸关曰："有游僧入境则斩之！"主客郎中韦博以为事不宜太过，李德裕恶之，出为灵武节度副使。

卷二百五十九　唐纪七十五　昭宗圣穆景文孝皇帝上之中

（景福二年）夏四月……幽州将刘仁恭将兵戍蔚州，过期未代，士卒思归。会李匡筹立，戍卒奉仁恭为帅，还攻幽州，至居庸关，为府兵所败。仁恭奔河东，李克用厚待之。

（乾宁元年）十二月，李匡筹遣大将将步骑数万救新州，李克用选精兵逆战于段庄，大破之，斩首万余级，生擒将校三百人，以练〈缚〉之，徇于城下。是夕，新州降。辛亥，进攻妫州。壬子，匡筹复发兵出居庸关，克用使精骑当其前以疲之，遣步将李存审自他道出其背夹击之，幽州兵大败，杀获万计。甲寅，李匡筹挈其族奔沧州，义昌节度使卢彦威利其辎重、妓妾，遣兵攻之于景城，杀之，尽俘其众。存审本姓符，宛丘人，克用养以为子。丙辰，克用进军幽州，其大将请降。匡筹素暗懦，初据军府，兄匡威闻之，谓诸将曰："兄失弟得，不出吾家，亦复何恨！但惜匡筹才短，不能保守，得及二年，幸矣。"

卷二百六十八　后梁纪三　太祖神武元圣孝皇帝下

（乾化三年）三月乙丑，晋将刘光濬克古北口，燕居庸关使胡令圭等奔晋。

续资治通鉴长编①

《续资治通鉴长编》是南宋李焘创作的编年体史书，仿《资治通鉴》体例，断自宋太祖赵匡胤建隆，迄于宋钦宗赵桓靖康，记北宋九朝一百六十八年事。原本九百八十卷，因卷帙庞大，传写刊刻不易，自元以后，世鲜传本。今存五百二十卷。

卷一百五十

（庆历四年六月）戊午，雨。追封镇国节度使李继和为安国公，以其庙为安国庙。初，继和知镇戎军，创为城湢，又有威惠，吏民为立祠。及西贼入寇，庙中数有神光及夜闻甲马声，故特表异之。……先是，仲淹受命主西事，弼主北事。弼条上河北守御十二策曰：……其御策……二曰景德以前，北敌寇边，多由飞狐、易州界道东西口过阳山子，度满城，入自广信之西，后又多出兵广信、安肃之间。大抵敌骑率由西山下入寇，大掠州郡，然后东出雄、霸之间。……雄、霸之间，即景德敌骑东归之路也，又出精兵二万，直抵燕京，会沧州兵捣其腹心，破其积聚，敌见两下兵入，莫之为计矣。燕地既乱，入寇者必有归心，又为王师所萦，而不能遽去。于是乘其向背之际，使沿边三城及镇、定兵合击，必大破之，追奔及燕，尽逐敌骑过山后。敌兵入界则整，若败而出寨，则纷然散失，无复行阵，易为驱除矣。以兵守居庸关、古北口、松亭关、符家寨，此四关口皆险隘，各以三千兵守之之固矣。则敌骑无复南者。因其妄动，可以一举而复全燕之地，拔数郡陷蕃之族，平累朝切骨之恨，

---

① 〔宋〕李焘撰：《续资治通鉴长编》，中华书局，1995 年版。

臣自谓必无遗策矣。既以兵守四关口外，西山有后来新开父牛铁恭质窠二口，敌人以通山后八州之路，然皆险峻，不容车马，敌人凿山为径，只通行人，有雨则常坏，须修垒然后通险峻，非行兵之道。虽不加防守，尚无所害，或于口侧少伏兵车，纵敌入寇，发伏可以尽杀之。假陛下谨重，未欲举复燕之策，即请寇入之后，屯重兵于西山下，敌虽有所掠而东出无路，进退不遂，我于是以十九城之兵分布掩击，必使退败，保无深入之患。敌势既屈，与和则久，亦制戎人之一策也。

卷一百五十三

（庆历四年十二月）乙卯，徙知镇戎军、供备库使刘兼济权环庆路钤辖。……始，明珠等族数为寇，偕潜兵伺之，斩首四百，擒酋豪三十九，焚帐落八十，获马牛三千，所俘皆刲割磔裂于庭下，坐客为废饮食，而偕笑谈自若。富弼言：伏以河北一路，盖天下之根本也。古者未失燕蓟之地，有松亭关、古北口、居庸关为中原险要，以隔阂匈奴不敢南下，而历代帝王尚皆极意防守，未尝轻视。自晋祖弃全燕之地，北方关险，尽属契丹。契丹之来，荡然无阻，况又河朔士卒精悍，与他道不类，得其心则可以为用，失其心则大可以为患，安得不留意于此而反轻视哉？臣昨奉诏宣抚，自渡河而北，遍询土人熟知祖宗以来边防事机者，观其所说，皆有条理。谓太祖、太宗之时，契丹入寇，边兵或有丧败，而不能长驱，真宗初时，边兵亦少失，而有长驱之患者何哉？盖太祖、太宗时，屡曾出师深入攻讨，及寇至，又督诸将发兵御战，北骑虽胜，知我相继开壁，援兵四至，无退藏之惧，是以匆匆出塞，不敢长驱也。

续资治通鉴①

《续资治通鉴》，简称《续通鉴》，清毕沅撰。全书二百二十卷，取材宏博，考证谨严，编排合理，叙事详而不芜，总引资料达三百余种。梁启超对该书评价极高，以为"有毕《鉴》则各家续《鉴》皆可废"。

卷十六　宋纪十六　太宗至仁应道神功圣德睿烈大明广孝皇帝

（淳化四年）六月……辽境自夏末大雨，至是桑乾、羊河溢，居庸关西害禾稼殆尽，奉圣、南京居民庐舍多垫溺。

卷九十三　宋纪九十三　徽宗体神合道骏烈逊功圣文仁德宪慈显孝皇帝

（宣和二年）九月……丙辰，诏登州钤辖马政借武显大夫，使聘于金。是日，萨喇、哈噜等入辞于崇政殿，赐宴显静寺，命赵良嗣押宴，王瓖伴送，政持国书及事目随哈噜等行。书曰："大守皇帝致书于大金皇帝：远承信介，持示函书，具聆启处之详，殊副瞻怀之素。契丹逆天贼义，干纪乱常，肆害忠良，恣为暴虐。知夙严于军旅，用绥集于人民，致罚有辞，逖闻为慰。今者确示同心之好，共图问罪之师，念彼群黎，旧为赤子，既久沦于涂炭，思永靖于方垂，诚意不渝，义当如约。已差太傅、知枢密院事童贯勒兵相应，使回，请示举军的日，以凭夹攻。所有五代以后陷没幽蓟等州旧汉地及汉民，并居庸、古北、松亭、榆关，

① 〔清〕毕沅撰：《续资治通鉴》，嘉庆六年桐乡冯集梧刻本。

已议收复，所有兵马，彼此不得过关外，据诸色人及贵朝举兵之后背散到彼余处大户，不在收留之数。绢银依与契丹数目岁交，仍置榷场。计议之后，契丹请和听命，各无允从。"乃别降枢密院札目付政，遣政子扩从行。

初，朝议止欲得燕京旧地。及赵良嗣还朝，言尝问金主，燕京一带旧汉地，并西京亦是。金主曰："西京我安用，止为拿阿适，西一临尔。事竟，亦与汝家。"阿适，辽主小字也。又言平、营本燕京地，高庆裔曰："平、滦非一路。"金主曰："此不须议。"故事目并及山后寰、应、朔、蔚、妫、儒、新、武诸州。两国之衅，由此生矣。

卷一百十一　宋纪一百十一　高宗受命中兴全功至德圣神武文昭仁宪孝皇帝

（绍兴二年）是秋，金主如燕山，都元帅宗翰、右副元帅宗辅、右监军希尹、左都监宗弼皆会。留右都监耶律伊都守大同府，左监军昌守祁州。伊都久不迁，颇怨望，遂与燕山统军稿里谋为变，尽约燕、云之郡守、契丹、汉儿，令悉诛女直之在官，在军者。天德知军伪许之，遣其妻来告。时希尹微闻其事而未信，偶猎居庸关上，遇驰书者，觉而获之。宗翰族稿里，命希尹诛伊都于大同。伊都微觉，父子以游猎为名，乃奔达勒达。达勒达先受希尹之命，其首领诈出迎，具食帐中，潜以兵围之。达勒达善射，无衣甲，伊都出敌不胜，父子皆死。

卷一百五十九　宋纪一百五十九　宁宗法天备道纯德茂功仁文哲武圣睿恭孝皇帝

（嘉定四年）九月……丁丑，诏："附会开边得罪之人，自今毋得叙用。"蒙古兵薄居庸关，守将完颜福寿弃送遁，哲伯遂入关。金中都戒严，禁男子不得辄出城。蒙古游奕至都城下，金主议以细军五千自卫奔南京。

会细军五百人自相激厉，誓死迎战，蒙古兵多伤，问所俘乡民："此军有几？"
乡民绐之曰："二十万。"蒙古惧，遂袭群牧监，驱其马而归。金主乃止。

（嘉定六年）秋七月，金命左丞完颜纲行省于缙山。丞相图克坦镒
使人谓纲曰："果勒齐驻兵缙山，甚得人心，士皆思奋，与其行省亲往，
不若益兵为便。"纲既行，镒复使人止之曰："果勒齐措画已定，彼之
功，即行省之功也。"纲不从。蒙古兵克宣德府，遂攻德兴府。皇子图
垒、驸马齐奇先登，拔之。蒙古主进至怀来，金副统军王楫守隘，鏖战
三日，兵败，见执。完颜纲、果赫呼果勒齐复以师拒战于缙山，蒙古兵
击败之，僵尸四十余里。蒙古乘胜至北口。王楫既见执，将就戮，神色
不变。蒙古主问之曰："汝曷敢抗我师！独不惧死乎？"楫曰："吾以
布衣蒙恩，誓捐躯报国。今既偾军，得死为幸！"蒙古主义而释之，授
都统，佩以金符，令招集山西溃兵。楫，虢县人也。金人恃居庸之塞，
冶铁锢关门，布铁蒺藜百余里，守以精锐。蒙古兵距关百余里不能前，
乃召萨巴勒问计。萨巴勒曰："从此而北，黑树丛中有间道，骑行可一
人，臣向尝过之。若勒兵衔枚以出，终夕可至。"蒙古主留克特卜齐与
金军相持，乃自简锐卒与哲伯潜发，令萨巴勒前导。日暮，入谷，黎明，
诸军已在平地。疾驱入紫荆口，金人犹睡，未知也。比惊起，仓卒逆战
于五回岭，大败，流血被野。耶律阿哈言于蒙古主曰："好生乃圣人之
大德，兴创之始，愿止杀掠以应天心。"蒙古主纳之。进拔涿、易二州。
辽人呼噜布勒等献北口，哲伯遂取居庸，与克特卜齐会。

卷一百六十　宋纪一百六十　宁宗法天备道纯德茂功仁文哲武圣睿恭孝皇帝

（嘉定六年）十二月……蒙古兵围中都。……金珠赫呼果勒齐
辟御史李英为经历官。英上书于果勒齐曰："中都之有居庸，犹秦
之有崤、函、蜀之有剑门也。迩者撤居庸兵，我势遂去。今土豪守之，

朝廷当遣官节制。失此不图，忠义之士，将转为它矣。"又曰："可
镇抚宣德、德兴余民，使之从戎，所在自有宿藏，是以取给，是国
家不费斗粮尺帛，坐收所失之关隘也。居庸咫尺，在都之北，而不
能卫护，英实耻之。"果勒齐奏其书，即除工部员外郎，充宣差都
提控，居庸等关隘悉隶焉。

（嘉定七年）三月……蒙古主驻金中都之北郊，诸将请乘胜破燕，
蒙古主不从，遣萨巴勒谓金主曰"汝山东、河北郡县，悉为我有，
汝所守惟燕京耳。天既弱汝，我复迫汝，天其谓我何！我今还军，
汝不能犒师以弭我诸将之怒耶？"平章政事珠赫呼果勒齐谓金主曰：
"蒙古人马疲病，当决一战。"都元帅完颜承晖曰："不可。我军
身在都城，家属各居诸路，其心向背未可知，战败必散，苟胜，亦
思妻子而去。社稷安危，在此一举，莫如遣使议和，待彼还军，更
为之计。"左丞相图克坦镒亦以和亲为便。金主然之，遣承晖诣蒙
古请和。壬寅，以东海郡侯女为岐国公主，归于蒙古主，蒙古所称
公主皇后也。并以金帛、童男女五百、马三千赂之。蒙古兵退，中
都解严，仍遣承晖送出居庸。

卷一百六十六　宋纪一百六十六　理宗建道备德大功复兴烈文仁武圣明安孝皇帝

（绍定五年四月）是月，蒙古主出居庸，避暑官山。

卷一百七十六　宋纪一百七十六　理宗建道备德大功复兴烈文仁武圣明安孝皇帝

（景定三年）二月……蒙古宣抚副使王磐，闻李璮为乱，脱身走济
南。蒙古主驿召之，令姚枢问计，磐曰："竖子狂妄，即败矣。"蒙古

主问枢曰："卿料何如？"对曰："使瑄乘我北征之衅，濒海捣燕，闭关居庸，惶骇人心，为上策；与宋连和，负固持久，数扰北边，使吾罢于奔救，为中策；如出兵济南，待山东诸侯应援，此成擒耳。"蒙古主曰："今贼将安出？"对曰："必出下策。"蒙古主然之。

卷一百九十八 元纪十六 仁宗圣文钦孝皇帝

（皇庆二年）五月，中书平章政事张珪罢。时太后多宠幸，恶张珪持正，幸臣实勒们等尤嫉之，以帝遇之厚，未敢遽发。至是帝由居庸巡上都，乃以中旨召珪，至宫门下，数以违懿旨之罪，杖之。珪创甚，舆归京师，明日出国门。珪子景元掌符玺，不得一日去宿卫，至是以父病笃告，遽归。帝惊曰："朕来时，卿父无病。"景元顿首涕泣不敢言。帝不怿，遣人赐珪酒，遂拜大司徒。珪谢病家居。

卷二百四 元纪二十二 泰定帝

（致和元年）秋七月……庚午，帝崩于上都，年三十六。葬起辇谷。……乙酉，皇后、皇太子降旨谕安百姓。雅克特穆尔闻帝崩，谋于西安王喇特纳实哩，阴结勇士。八月……乙未，调诸卫兵守居庸关及卢儿岭。……丁未，命萨敦以兵守居庸关，腾吉斯屯古北口。……九月庚申朔，雅克特穆尔督师居庸关，遣萨敦袭上都兵于榆林，击败之，追至怀来而还。……丁卯……遣元帅阿图尔守居庸关。……癸酉，封雅克特穆尔为太平王，以太平路为食邑，赐平江官地五百顷，加开府仪同三司、上柱国、录军国重事、中书右丞相、监修国史。时辽东图们岱尔兵至蓟州，即日命雅克特穆尔将兵击之。己亥，次三河，而旺沁等军已破居庸关，遂进屯三冢。丙子，雅克特穆尔蓐食倍道而进，丁丑，抵榆河关。帝出齐化门视师，将亲督战，雅克特穆尔单骑请见曰："陛下出，民必惊。凡剪寇之事，一以责臣，愿陛下亟还宫以安黎庶。"帝乃还。……

辛巳，雅克特穆尔与上都军大战于白浮之野，雅克特穆尔手毙七人。会日晡，对垒而宿，夜二鼓，遣阿喇特穆尔等将精锐百骑，鼓噪射其营，敌众惊扰，自相击，至旦始悟，人马死伤无数。壬午，天大雾，旺沁等窜身山谷。癸未，集散卒复来战。雅克特穆尔率师驻白浮西，坚壁不动。是夜，又命萨敦前军绕其后，部曲巴都尔压其前。夹营吹铜角以震荡之，敌乱，自相击，已乃西遁。迟明，追及于昌平北，斩首数千级，降者万余人。帝遣使赐雅克特穆尔上尊，谕旨曰："丞相每临阵，躬冒矢石，脱有不虞，奈何？自今第以大将旗鼓凭高督战可也。"雅克特穆尔对曰："凡战，臣必以身先之。若委之诸将，万一失利，悔将何及！"是日，敌军再战再北，旺沁单骑亡命，萨敦追之不及，还至昌平南。俄报古北口不守，上都军掠石槽，乃遣萨敦为先驱，雅克特穆尔以大军继其后。至石槽，敌军方炊，掩其不备，直捣之。大军并进，追击四十里，至牛头山，擒驸马博啰特穆尔等献阙下，戮之。各卫将士降者不可胜计，余兵奔窜。夜，遣萨敦袭之，逐出古北口。……丁亥，图们岱尔及诸王额森特穆尔军陷通州，将袭京师。雅克特穆尔急引军还，会京城里长，召募丁壮及百工合万人，与兵士为伍，乘城守御。命居庸关及冀宁、保德、灵石、代、崞、岚石、汾、隰、吉州诸关，皆穿堑垒石为固，调丁壮守之。……冬十月……戊午，盗杀太尉布哈。初，布哈乘国家多事，率众剽掠，居庸以北，皆为所扰，至是盗入其家，杀之。兴和路当盗死罪，刑部议，以为："布哈不道，众所闻知，遇盗杀之，而本路隐其残剽之罪，独以盗闻，于法不当。"中书以闻，帝嘉其议。

卷二百十八　元纪三十六　顺帝

（至正二十四年）夏四月……丙申，博啰特穆尔知诏令调遣之事，非出帝意，皆右丞相绰斯戩所为，遂遣部将会图沁特穆尔举兵向阙。壬寅，图沁特穆尔兵入居庸关。癸卯，知枢密院事伊苏、詹事布垾齐迎战于皇后店。布垾齐力战，伊苏不援而退，布垾齐几为所获，脱身东走。

甲辰，皇太子率侍卫兵出光熙门，东走古北口，趋兴松。乙巳，图沁特穆尔兵至清河列营。时都城无备，城中大震，令百官吏卒分守京城。……秋七月……丙戌，博啰特穆尔前军入居庸关，京师震骇。皇太子亲统军御之于清河，丞相伊苏、詹事布埒齐军于昌平。伊苏军士无斗志，青军杨同签被杀于居庸，布埒齐战败走，太子亦驰还都城，白索珠引兵入平则门。丁亥，白索珠扈从皇太子及东宫官僚出顺承门，由雄、霸、河间，取道往冀宁。戊子，博啰特穆尔驻兵健德门外，与图沁特穆尔、娄都尔苏入见帝于宣文阁，诉其非罪，皆泣，帝亦泣，乃赐宴。博啰特穆尔欲追袭皇太子，娄都尔苏止之。

北边备对①

《北边备对》为宋程大昌撰。是书前有大昌自序，称"淳熙二年因进讲《禹贡》，孝宗问以塞外山川，未能详对。绍熙中，奉祠家居，乃补撰此书。以缘起于讲筵顾问，故仍以《备对》为名"。

居庸关

太行山南自河阳怀县迤逦北出，直至燕北，无有间断者也。此其为山，不同他地。盖数百千里，自麓至脊，皆陡峻不可登越。独有八处粗通微径，名之曰（此）〔陉〕。居庸关也者，即其最北之第八陉也。此陉东西横亘五十里，而中间通行之地才阔五步，即李左车谓井陉车不得方轨，骑不得成列，其险可以类推也。

---

① 〔宋〕程大昌撰：《北边备对》，景明刻本。

舆地广记①

《舆地广记》为宋代一部重要的历史地理学著作，共三十八卷，该书"自尧、舜以来至于宋，为书凡三十八篇，命之曰《舆地广记》"。据原序，作者为欧阳忞，乃欧阳修之从孙，生卒年不详。

卷十二　河北路化外州

大都督　幽州

武王封召公奭于燕，都此。及秦灭燕，以为上谷郡。汉高帝分立燕国，昭帝元凤元年为广阳郡，宣帝本始元年更为国。东汉建武中并入上谷郡，永平八年复立为郡，兼立幽州。魏晋为燕国。前燕慕容儁初都其地。元魏立幽州及燕郡。北齐置东北道行台。后周平齐，置总管府。隋开皇初郡废，大业初府废，立涿郡。唐武德元年为幽州，天宝元年曰范阳郡，升为卢龙军。领县九：

望　昌平县

汉属上谷郡。东汉属广阳郡。晋属燕国。元魏省，后置东燕州及平昌郡。后周州、郡皆废，后又置平昌郡。隋开皇初郡废，属涿郡。唐因之。北十五里有军都陉，西北三十五里有纳款关，即居庸故关，亦谓之军都关。其北有防御军，古夏阳川也。有狼山。

---

① 〔宋〕欧阳忞撰，李勇先、王小红校注：《舆地广记》，四川大学出版社，2003 年版。

太平寰宇记①

《太平寰宇记》是北宋初期一部著名的地理总志，全书卷帙浩博，采摭繁富，考据精核，广泛引用历代史书、地志、文集、碑刻、诗赋以至仙佛杂记，对后世地志影响巨大。著者乐史，江西宜黄人，自南唐入仕，历任知州、三馆编修、水部员外郎等职。

卷六十九　河北道十八　幽州

昌平县西北九十五里，四乡，本汉军都县，属上谷郡，后汉改属广阳郡。晋《太康地记》云："军都县属燕国。"后魏移军都县于今县东北二十里，即故城在其南也，更于今县郭城置东燕州及平昌郡昌平县，后郡废而县隶幽州。

军都山，又名居庸山，在县西北十里。《后汉书》云："尚书卢植隐居上谷军都山，立黉肆教授，好学者自远方而至。"

居庸关，在今县西北。北齐改为纳款。《淮南子》云："天下九塞，居庸是其一也。"

七度水。《隋图经》云："七度水在昌平界，接虎眼泉，俗谚云'高梁泉无上源，清水泉无下尾'。盖以高梁微涓浅薄，裁足津通，凭借涓流，方成川甽。清泉至潞，所在枝分，更为微津，散漫难寻故也。"

芹城。《隋图经》云："昌平县有芹城。"

---

① 〔宋〕乐史撰，王文楚等点校：《太平寰宇记》，中华书局，2007年版。

三朝北盟会编①

《三朝北盟会编》是宋代徐梦莘创作的史学著作，全书二百五十卷，采编年体例。"三朝"，即宋徽宗赵佶、宋钦宗赵桓、宋高宗赵构三朝。该书会集宋金和战多方史料，按年月日标出事目，加以编排，故称为"北盟会编"。

卷四 政宣上帙

（宣和二年九月）二十日戊午，习鲁等出国门，锡宴于显静寺。良嗣押筵、王瓌充送伴，差登州兵马钤辖、武义大夫马政持国书及事目，随习鲁等前去报聘，约期夹攻，求山后地，许岁币等事。左仆射王黼共议回答国书信，再差马政随习鲁过海，仍求割还山后云中府地土，差承节郎、京西北路武学教谕马扩随父行。

朝廷国书："九月日，大宋皇帝谨致书于大金皇帝阙下：……今者确示同心之好，共图问罪之师，念彼群黎，旧为赤子，既久沦于涂炭，思永静于方隅，诚意不渝，义当如约。已差太傅知枢密院事童贯领兵相应，使回请示举军的日，以凭进兵夹攻，所有五代以后所陷幽、蓟等州旧汉地，及汉民并居庸、古北、松亭、榆关，已议收复。所有兵马彼此不得侵越过关，外据诸邑及贵朝举兵之后溃散到彼余处人户，不在收复之数。银绢依与契丹数目岁交，仍置榷场，计议之后，契丹请和听命，各无允从。苏寿吉家属并余二员请依应津遣。候当秋杪，益介熙纯。今差武显大夫、文州团练使马政，同差来使副还朝，外有少礼物，具诸别幅，专奉书陈谢，不宣。谨白。"

---

① 〔宋〕徐梦莘撰：《三朝北盟会编》，清钦定四库全书本。

卷八 政宣上帙

（宣和四年六月）十二日己亥，宣抚司奏到，诏班师。宣抚司奏到，上闻之，亦惧，诏班师，令诸将分屯。童贯作书，约辽国李处温使为内应。……赵良嗣与李处温书曰：窃以天厌契丹，自取颠覆。兵连祸结，弥历岁时。……自古戎狄之兴，未有若女真如此之速，辽东、辽西已为奄有，前年取上京，今年至中京，遂破云中，如摧枯拉朽，所在肝脑涂地，腥闻于天，山西良民，所遭如此，岂不痛心疾首邪？尚虑女真乘已胜之势，下居庸之孤城，为之奈何？我燕之人必引领南下，已有来苏之望。上欲拯民于水火，乃遣太师楚国公领重兵百万，将次于境上，伐罪吊民，需如时雨，已号令八路将帅以至于小校，毋得荼毒良民，应天意，顺人心，欲令幽蓟，安生聚集，此其大略也。

卷十 政宣上帙

（宣和四年）十月一日丙戌，郭药师来易州。是日，郭药师等以数骑来易州，参副都统何灌犒劳讫，俾赴宣抚司公参。赵良嗣与乌歇等赴金人军前。

……

《茆斋自叙》曰：是年八月，宣司回军至河间府，上委刘延庆都统陕西，大〔集〕①兵力，谋复燕。仆时随宣司在河间，窃闻延庆与幕府议持重不可进兵，使女真军马先入居庸关收下燕京，然后多以岁币赎之，此为万全。仆以谓若使女真入关，后必轻侮中国，为患甚大。用兵务在神速，遂条论利害上宣司，言不使女真入关其利有五，许入关其害有六。九月中书省经抚房札子王黼当笔，将枢密院应于边路务军事尽录所置，

---

① 据光绪许涵度刻本补。

经抚房施行，枢密院不得预。差马扩充奉使大金国国使副使前去济南府，已来等候国信使赵良嗣同取登州海路前去奉使，仍充送伴大金国通议使副。金人缘曷鲁大迪乌之回，疑我有谋。又自以已不报师期，一面进兵取大辽中京，据山后地土，闻南朝委童贯举三路大兵趋燕地，遂遣图克旦、乌歇、高庆裔等来使以修好为名，且以窥觇我也。至青州，承御笔据代州，奏探报阿固达已到奉圣州在云中府之东，乃唐新州，契丹改作奉圣州。仰赵良嗣、马扩送伴使人取代州路过界前去奉使阿固达盖闻我军入燕境，已数交锋，虑我自取燕而已不得岁入，故亲来以决机会。仆因询良嗣，今次朝廷所遣奉使欲议何事。良嗣出国书副本及御笔事目云："若本朝马军乘胜已入燕京，更不请大金人马过关。如或未曾，即请大金军马进于燕城之北，本朝军马进于燕城之南，依元约夹攻之。"仆抵掌大惊，谓良嗣曰："金人方自以不报师〔期〕[①]，恐王师定燕之后，守把关口。彼不得岁入金币，故遣使通议。一则接续和议，以邀岁币；二则使来窥我动作趋向。幸而彼未知吾种师道、杨可世白沟小衄，童宣抚气沮而退，在我则当领彼来和之意，固执前约，姑与之言曰：'南朝自闻贵朝举兵，便发大兵相应夹攻，盖昨来送赫噜等还，乃所以待回船来报师期，不敢疑贵朝爽约，但只猜度恐舟船海中阻风，或别失误，故不待报来，遂急举兵于元约夹攻之说，彼此别无违处。'既以此意答之，仍亦以此作国书，须一面催督宣司进兵，克期下燕，以振中国之威。平燕而和女真，用绝日后轻侮之患可也。何得自示懦弱，尽露腹心，倾身倚以为助，全借彼兵，直许之入关，如此则大事去矣。日后窥伺侵凌之患，其祸岂易量耶！"良嗣愕然曰："今宣司已退遁，兵力不支，自非藉彼之力助之，后以金帛诱之，何以得燕？"某曰："龙图既知我军力不能取，何不明白奏上，画与女真，使自取之，急修我边备，守白沟旧界，保吾故疆，岂可含糊，苟目前小利，不防久远之患？爱指失掌，此某不敢预也。"是时某父亦同行，遂以与良嗣辩论事白，父谓某曰："与夷狄共事，当先立威以振

服之，于后可保无患。今宣司已退沮，又岂可以吾之腹心尽露与外夷兼女真，岂可以亲结之乎！既如此论议，后必误国，汝宜速奏论之，若不从，即乞罢，无阿随，误大计。"仆于是密画利害，论女真不可使入关，要当进兵先取燕京，则金人自服，边境可定，乞罢使臣事，自将步骑万人趋不虞之地，入燕平定五关，以杜女真窥觇之患。

卷十一 政宣上帙

（宣和四年十一月）二十七日壬午，辽人四军萧干复攻涿州安次、固安两县，陷之，守将胡德章被俘。金人进兵趋燕。马扩既留，尼堪自广州趋奉圣州，与阿固达定议。尼堪遂下军马于南暗口，阿固达趋居庸关，达兰趋古北口，分三路进军。忽燕京国妃遣使诣阿固达请和云：十月十九日，南兵杨可世、郭药师袭入燕城，国妃据内城，南师骄胜，不戢士卒掠取财物，国妃密遣人至泸沟河呼四军大王自内南暗门入，与郭药师抗战。南师气夺，悉皆奔窜，诸将仅以身免，为四军夺马数千匹。次日耀兵于泸沟河，刘延庆望之丧胆，士卒股慄，人人自危，计无所出，乃焚营夜遁，为契丹追杀至雄州。阿固达执各不应允之约，不从，进兵趋燕。初，童贯行，上遣内侍李某（庙讳）微服于贯军中探其去就，燕京既失，州县复陷，尝密奏之。上以手札责贯曰："今不复信汝矣。"贯既被责，大惧，遂遣王瓌取易州飞狐路，赴大金军前，约以夹攻。王瓌至大金军前，见其国主奏言："大宋宣抚童枢密令臣见陛下，（问）〔闻〕①尝有国使交通两朝，已议夹攻，今来童宣抚大兵已近去燕京，未敢擅入，遣瓌等来请起兵夹攻月日，贵得相应，不失元约。"金国遣乌舍馆之。定议克十二月一日起兵，初五日度居庸关，六日到燕京城下。先令瓌归。

卷十二 政宣上帙

（宣和四年十二月）五日庚寅，金人到居庸关，萧后与萧干、达实

---

① 据光绪三十四年许涵度刻本补。

林牙夜出燕城。

《亡辽录》曰：萧后才闻居庸失险，夜率契丹并老幼居帐出城，声言扎野寨迎敌，其实避窜。宰相左企弓以下拜辞于门外，萧后谕曰："国难至此，我亲统大军，尽死一战。为社稷计，胜则再与卿等见；万一失利，则我誓死于阵前，卿等多方保全，合境汉民，无使滥被残害。"遂泣下。行至松亭关，议所往。耶律达实林牙者，契丹也，欲归天祚；四军大王萧干欲就奚王府立国。于是契丹、奚军列阵相拒而分矣。奚、渤海诸军从萧干留奚王府，达实林牙挟萧后归阴山见天祚，取萧后杀之。

六日辛卯，金人兵至燕。左企弓、曹勇义、刘彦宗等开门迎降，阿固达等入燕，遣马扩归，报捷。

《茆斋自叙》曰：二月旦，经妫、儒二州，初五日抵居庸关，契丹弃关走。仆随行，阿固达谓曰："契丹国土十分我已取其九，只有燕京一分地土，我着人马三面逼着，令汝家就取，却怎生受，奈何不下！初闻南军已到泸沟河，已入燕，我心下亦喜，南家故地，教他收了，我与他分定界分军马，归国早见太平。近闻都统刘延庆一夜去了，是甚模样？"仆答曰："使人留此，不得而知，兵家进退常事，恐亦非败，纵使刘延庆果败，亦别有大军在后。"阿固达云："似恁统领底人败了军国大事，汝家有甚赏罚？"扩曰："将折兵死，兵折将死，延庆果是退败，便做官大亦行军法。"阿固达云："若不行军法，后怎生使兵也。待一两日到居庸关，你看我家兵将战斗，有败走么？"初六日入居庸关，摆立军马，阿固达与固伦郎君并马南向立，诸军马三面整旗摆立，尼堪已下诸郎君皆被甲，作两行相对侍立，召仆当前，阿固达云："我已遣使副同你家大使南去，想已到汴京。我已许了赵皇燕京，如今打了，须与去，城内番官人户即是我要，汉儿人户都属南朝。我已差人入城招诱契丹令投降，你敢相随前去招谕汉儿么？"仆答："使人留此，本了军国大事，有何不敢？"阿固达云："敢去时，煞好，来早同我家使臣前去。"入夜召仆，阿固达云："我亲押军来，待与古尔班即四军大王也见一阵，适来已报同国妃直东走了，来日可以入燕城。"是夜四更，阿固达召仆去，颇有怒色曰："国妃与四军走去，盖缘我军马入关。今闻得你家军马却来搀夺，如此则更无好说话也。"仆闻四军大王永清县为郭药师所败仆曰："贵朝使人已与赵良嗣同趋阙下，朝廷必不许来搀夺，万一南朝先入，亦足可商量。"阿固达意少解。次日抵燕京，北朝两府汉官儿左企弓、于仲文、曹勇义、刘彦宗，契丹官伊逊等开门迎降。阿固达召仆云："今我军先到燕京，你随行尽见，可回报捷，已教写宣抚司牒，今差五百骑相送。"赐仆并随行人鞍马一副，仍令携涿州将官胡德章归，盖德章先与契丹战，为其所擒，囚燕京狱中，至是令归。临行，尼堪遣乌页来云："传语童太师，昨来海上曾许水牛，如今相望甚近，欲觅十头，令送来。"仆南发，达雄州宣抚司。

《亡辽录》曰：萧后行五十里，金人游骑已到城下，左企弓等语百官共议力拒，未定，已报统军副使萧伊逊开启夏门，放入罗索贝勒军登城，续遣先被虏人知宣徽北枢密院事韩秉传令："若即拜降我，不杀一人！"催促宰相、文武百僚、僧道父老出丹凤门球场内投拜。阿固达戎服已坐万胜殿，皆拜服罪。于是使译者宣曰："我见城头炮绳席角都不曾解动，是无拒我意也。"并放罪，才抚定燕山府，即遣五百骑护送马扩至涿州牒报宣抚司，请发兵前来交割。

《北征纪实》曰：金人久住鸳鸯泊，往来白水，以图天祚。既深入夹山，势不能出。金人亦不克入，因攻取云中诸州，且休息，往来山后，视中国纷拿。延庆既溃，阿固达始以全师自居庸关入，四军大王者奉萧后由松亭关遁，燕人乃备仪物以迎之。其始至于燕之大内也，阿固达与其臣数人，皆握拳坐于燕之内殿上，受燕人之降，且上询黄盖有若干柄，意欲与其群臣皆张之，中国传以为笑。金人其后白大，皆燕人用事者，及中国若良嗣辈教之尔！

十五日庚子，赵良嗣、周武仲至大金军前，金人不许营、平、滦三州，并要燕地税赋，复遣李靖持书来。……金人国书，书云："十二月日，大金皇帝致书于大宋皇帝阙下：……昨于天辅四年赵良嗣计议燕京，若是允肯，自来所与契丹银绢依数岁交，及夹攻，回书已许燕京地方并所管户民，若不夹攻，不能依得。……当朝兵马攻下居庸，直抵燕城，即日款降外，贵朝兵马从无一人一骑一鼓一旗一甲一矢竟不能入燕，已被战退，以故李靖等去时具言已许燕京所管州县地分元管户民，如或广务于侵求，诸虑难终于信义。今书又责许外平、营、滦三州，已系广务于侵求，酌此事件，为约分明，义当不取，爰念大信，不可轻失。且图交好，特许燕京六州二十四县等所随县所有银绢一依契丹旧例交取，兼燕京自以本朝兵力收下，所据见与州县合纳随色税赋，每年并是当朝收纳，如可依随，请差人使。……如难依随，请于已后无复计议燕京。……天辅六年十二月日。"

卷十三　政宣上帙

（宣和五年正月）初五日己未，李靖等入辞于崇正殿。……龙图阁直学士、大中大夫赵良嗣，朝散郎充显谟阁待制周武仲充国信使，马扩充计议使，赍书再往军前，许以银绢代燕地税赋，令定议数日。

朝廷国书曰："正月日，大宋皇帝致书于大金皇帝阙下：……本朝与贵朝数年计议汉地汉民及夹攻等事，具载累书，兹不费词。昨赵良嗣等还自代北，知欲入关讨伐，即自涿、易等处分遣军马夹攻，三面掩杀契丹，数阵大获胜捷，追逐远过燕京东北，实与贵朝攻取居庸之兵相应，靡有差失，暨国妃与四军以下，奔窜城中，无不顺之人。似闻贵朝兵马相近，于义不当争入燕城，即令远驻兵马，本坚守信约之应夹攻者，事皆有迹可考，不待理辩。今承来书：'燕地州县税赋欲行拘收'，不特事非元约，及非近所计议，自古及今，税赋随地，况远隔关塞，民户如何般运？于理本难允应……今特许每岁别交银绢以代燕地税赋，令良嗣等前去定议，并契丹旧交银绢并合，自今来计议毕日为始，所有彼此遣使、特贺礼正旦等事，侯计议毕，议定发遣月日、受理去处其银绢交割处所、分立界至等事，续议画定。……有少礼物，具诸别幅，专奉书陈贺，兼谢不宣。"

二十五日己卯，赵良嗣至金人军前，议银绢代税定数，金人并言课程除岁币外要增添一百万贯，并以货物充折，令回宣抚司申闻候报。

《燕云奉使录》曰：……乌舍又云："燕地本出六百万，今只要一百万，已是恩义，犹不相知，却待折些银绢，更做尽艰难，作两三番添展。如便，更添得来折当些小物，必做难易，不若都休，更无商量。请使副回去，只依契丹旧与贵朝旧日两地供输人户，勾退涿、易见存兵马，若不退，便将兵巡边。"……又出燕京地图云："招延州是渤海住坐本朝拘收外，有居庸、金坡等关，贵朝占据古北、松亭关，本奚家族帐，自本国为主，西京一节，候大事了，可以商量也。"入辞，金主言："为税赋事不相合，本要止绝数年逾海通好，且欲相成就。的确事节，尽在书中，一一从得时便好也。如不从，得便领兵巡边。"又云："古北、居庸本自奚地，自合本朝占据，今特将古北口与贵朝，其松亭关本朝屯戍，更不可说。着使人回，为我语皇帝，事当亟决，使人亦疾回，我欲二月十日巡边，无误我！"良嗣云："此去朝廷数千里，今正月且尽，安能如期？莫若使人留雄州，以书驿闻为便。"阿固达许之。

二十七日辛亥，赵良嗣回至雄州，即以所得雄州回书附递奏闻。

金人国书，书曰："正月日，大金皇帝致书于大宋皇帝阙下：……昨于奉圣州良嗣等来时，国妃状奏称贵朝兵马窃入本京，虽以杀尽，幸愿款附，金国尚不欲违约，已报许与。后国妃又申泸沟河南大破南军，虽追捉数万，愿为金国臣子。重念如不自取，虑失元许，遂遣重兵攻破居庸，燕京并所管州县并已款降。寻遣亲见副使马扩专报委细。及差人就检，阵地僵尸甚众，俱是南人。更有人暗知贵朝统制刘延庆已坐失律，兼伪命林牙统军扎拉等以下亦称国妃，知当朝兵马过关，勾退镇南军马，待图逆战。盖因自来已破大军，别无警急，及至相近，不敢对敌，因而遁去，别不败于南军，亦不曾到燕京左右。……"

卷十六 政宣上帙

（宣和五年四月）十七日庚子，童贯、蔡攸整军容入燕山府，抚定燕城。贯、攸入燕京，抚定残民，赢卒捧香火迎导而行，欢呼言曰："契丹既灭，大金归国，王师入城，复见天日！"相庆之人，家至户到，燕人大悦。初，李嗣本提兵先入燕城，其次宣抚司方来，以郭药师为先锋，嗣本军望见之，以为金人兵至，外军即遁营中大扰，药师使人往抚之，方定。贯、攸问马扩曰："众虑金人劫寨，尔以为如何？"扩曰："可保其不来，不必虑也。"童贯、蔡攸燕山府住十日乃还。

《北征纪实》曰：……金人既得燕山子女，加久住气候已热，遂大病，而城外诸寨日夜为燕之乡兵劫挠，因骂伊都曰："汝劝我来此，今外寨皆不安，四面皆大兵，居此罗网中，如何归？"乃大毁诸州及燕山，城壁、楼橹要害皆平之，又尽括燕山金银钱物，民庶、寺院一扫皆空，以辽人旧大臣及仪仗、车马、玉帛、辎重尽由松亭关去关在东北，去其国近，本欲显州去尔，全师复由居庸关之鸳鸯泊扼天祚出路，以绝契丹之望。乃尽以空城付之我。时便有语，谓中国修理，三二年间却取之。赵良嗣亦尝私谓人曰："只可保三年尔。"时（王）黼即与二帅上下皆知之，不能忠告也。二帅因以宣和五年夏入燕山，大内毁一小殿吻，受诸将贺，驻兵十余日，遂凯还而归。

金人阿固达交割燕山毕，西由居庸关往白水泊过夏。……十九日壬寅，金人遣使，赍御押地图来宣抚司。……宣抚司留燕旬有二日，议班师赴阙。

《北征纪实》曰：金人既据燕，势甚张，方自务大，乃邀索不已，而朝廷坚求燕山地，则指城谓使人曰："此我有也，必欲得之，纳钱若干万则与尔。"虽燕山僧寺巨室之属，指一塔、一殿、一屋即曰："此我物也，当折取之，汝欲为留者，即纳其直。"故或千或万货之，而后重载而去，由是朝廷偿以百万缗，谓之燕山路代税。阿固达方喜曰："荷他赵皇千年万岁，是多少物，乃得燕山府檀、顺、蓟、景六州。"此独黼为之，二帅实不预。宣和五年夏四月，金军告还，命我师交割，二帅始以兵入之，号曰交割燕山府，后曰抚定燕山。然所至皆空城而已，人物既寡，城橹又悉毁，皆所以困我，仍不与我营、平等，扼吾之咽喉。尔营、平者，当榆关路，地平无山川之阻，非若古北口、居庸关之比，且近女真，故识者知其用心矣。

二十二日乙巳，童贯上复燕奏。

《宣和录》曰：陕西河北河东路宣抚使童贯等言：……金国十二月五日入居庸关，与王师夹攻，收复燕城了当。臣等于四月十七日躬领大军入燕山府，抚定军民，布宣圣泽者，全师制胜，振朔部之天声；举国来成，获燕山之都会。馨四方而无侮，垂万世以有光。庙社均休，臣民胥庆。

《秀水间居录》曰：童贯、蔡攸奏至，宰相王黼率百官称贺，表中多符意……又曰：童贯奏中云"不受萧后纳款者，先与金人有约，不敢受也"，又云"金国入居庸关与王师夹攻者，刘延庆为残燕所败，约金人取燕城也"。又曰：女真既破契丹，驻军于燕山之北，约本朝自以兵力取燕地，于是童贯、蔡攸与大帅刘延庆将十五万众进屯泸沟河。时燕后萧氏与四军大王者居燕城，有众才数千，遣使人韩昉归款，仍请罢岁币。贯等不纳，延庆分兵往救，为萧干击还，卢沟大军闻风遂溃。王黼为相，因此嫉贯等，且欲自以为功，会燕都耶律淳死，乃议遣使召女真取燕城，厚许金币以赎其地。女真果入燕，恣为劫掠，以空城归我而厚索岁币，且知中国兵弱，自此有南牧之意矣。师还，童贯封广阳郡王，蔡攸领枢密院，王黼加太傅、总三省、赐玉带，如唐裴度故事。始议赎地，但求石晋故疆，不思营、平、滦三州乃刘仁恭遗，金不肯割此三郡，聚兵窥伺，为内侵之计，黼之疏谬如此。

二十七日庚戌，以收复燕云，曲赦河东、河北、燕山府、云中路。

二十八日辛亥，童贯、蔡攸归，以詹度权帅事。

詹度既就权帅，并招集散民，远近骈集。大金出岭外，可世、平仲即分陕西、河北诸道兵、常胜军，守松亭、古北、居庸关，以阁门宣赞舍人刘逸知景州，惠州团练使杨可升知檀州，忠州防御使任宗尧知蓟州，悉发官吏赴上。詹度作平燕诗送童贯曰："长亭春色送英雄，满目江山映日红。剑戟夜摇杨柳月，旗旌晓拂杏花风。行时一决安边策，到后须成济世功。为报燕山诸将吏，太平取在笑谈中。"

卷十七　政宣上帙

（宣和五年五月）十四日丙寅，王黼日赴朝参奏事，退聚议治事。金人阿固达西巡，发燕中职官归国。阿固达交燕毕，于契丹汉儿内两府中携刘彦宗出居庸关，由云中府德州路西巡，留白水泺度夏，欲遣官交还本朝山后州县。且闻天祚北走鞑靼，经营擒之，乃遣左企弓等部所得燕山职官、富户，东取榆关、平滦路以归。

辽国平州节度使张觉据平州阴叛金人，杀燕京宰相左企弓等。张觉者，平州义丰人也，少第进士。建福元年夏，辽兴军节度使乃平州偶有兵作过，能招安息乱，以功权知军州事。燕王死，预知辽国必亡，尽籍管内丁壮充军，得五万人、马千匹，选将、练兵、聚粮谷，招延士大夫有才者参与谋议，潜为一方之备。……阿固达大军北出居庸，追讨天祚为事，汉官知枢密院事刘彦宗以下随行。五月初，燕民入平州境，私有号诉于张觉者……觉遂招诸官员将领会议……阴遣将官张谦领军马五百骑，传留守令，强招宰相左企弓、曹勇义、枢密使卢仲文、参知政事康公弼至滦河西岸听候。差议事官赵秘校就去，面疏企弓等十罪……遂缢杀之。榜谕燕人留馀战马外，尽放复业，令各安堵如故。

六月一日壬午朔，蔡京进贺表。

钟邦直《行程录》曰：朝廷诏雄州守臣和诜、高阳帅臣侯益经略边事，边臣上言，以谓敌中衰乱，君臣篡夺，残暴假息，游魂疆场，正取乱侮亡之时。朝廷以为然，大臣王黼力赞其事，用兵之祸自此始也。是年……十月，遣大将刘延庆督兵二十万入燕，以应金人之约。师行在道，犹豫不进，自雄州十一程始到卢沟河二百里。契丹以数百骑乱我军，延庆未常迎敌，中夜辄曳兵而走，契丹拔军追夺，杀伤及自相蹂躏死者十二三，委弃军器、钱粮、金帛不可数（讣）〔计〕[①]。……十二月，金人之师度居庸关，契丹君臣望风而遁，燕民具礼仪以迎金人，朝廷遣

---

① 据光绪三十四年许涵度刻本补。

使，增岁币比契丹加倍，以售燕、蓟、景、顺五州之地，金珠玉帛、子女牛马辇载殆尽。明年四月，委城而去，二师帅提兵十万以入，名曰抚定。留半月，增陴浚隍，振旅而还，归朝，幕府计功论赏，等第有差。原夫自古外蕃与中国迭为盛衰，而外蕃之盛，未有能如前日之契丹直逾二百年，而常与中国抗衡，岂以澶渊之盟、隆绪之诚根于心，后嗣累世，保守坚固，不复南牧，百余年间，其所活生灵何虑数千百万，阴功岂浅浅，岂非天以此佑之乎！……

二日癸未，上以御笔付詹度，令密查张觉去就。上闻张觉叛金人……间又承御笔："闻四军林牙、张觉在居庸关北及平、滦州、中京集聚，止留金国车乘，纵还金国所迁燕京人口，并意欲为我边疆之患，要须经画为善后之计。议者以四军林牙尝为我敌，虽欲翻然，宁不畏祸？张觉久欲归附，以所许不逮药师，未厌其欲，遂尔迁延。"敕詹度密遣人诱致，令率众内附，当厚以金爵畀之。

卷十八 政宣上帙

（宣和五年六月）五日丙戌，张觉诣宣抚司纳土。

状曰："权管营平州节度使兼诸军都统张觉状：自女真深入北朝，皇帝西狩不返，诸路寇兵充斥，道途塞绝，当道无所依托。承天朝累遣人赍到文字招谕，寻奉表款附，复蒙降到敕赦并处置宣命，适值女真袭下燕城，远近震惧，当道地隔力弱，姑应从以缓攻侵，图安境土。燕城本国旧地，虽为贼有，巢穴尚遥，固无久驻之势，况与大朝要约，遂议割分。贼恃虎狼之强，其云中富家巨室，悉被驱虏，止留空土，以塞前盟，大朝亦非得已。旋以假道当界，冤痛之声盈于道路，是用不忍，与州人共议，金曰：'宜抗敌命，以全生灵。若许东迁，是亦资敌。'即调发丁壮，缮甲兵，锄叛党，以活生灵，区区之志，必已闻之。近知敌众已过居庸，大朝必措置屯守，使无回路。仍念安土重迁者人之常情，况万家流离，祝奠无主，虽居近地，犹谓出乡，使复父母之邦，是成终始之义，一则为大朝守圉之计，二则快流民归国之心。固无他求，乞修旧款，应西来职官百姓，已分路津发过界去讫。……"

九月六日乙卯，御明堂集英殿大宴，御手亲制宫花幞头，赐太傅王黼。知河间府蔡靖同知燕山府，与詹度两易其地。先是六月中，御笔王安中知燕山府，詹度、郭药师同知，药师以节钺欲居詹度之上，度称御笔所书有序不易，药师不从，兼常胜军横甚，药师右之，度不能制，屡闻朝廷，恐交恶日深，故有是命。

斡里雅布攻破平州，来索张觉，下军中缢之，函其首与之。《北征纪实》曰：张觉者燕地之豪杰也，素领营、平二州。方天祚窜阴山，国乱无主，人生向背，觉取天祚像挂之听事，呼二州父老喻之曰："金人吾雠也，岂可从？"又指其像曰："此非乃主乎，安可忘背？当朝相约以死焉，必不得已，归中国未晚。"燕人尚义，故皆从之。然觉间遣人通中国，二帅遽奏以捷，随克平燕山，牌来亦曰收复营、平二州。其后金人入燕，而觉使不至又止，大率如此。金人入燕山，觉不得已，亦遣人诣降，金人亦封爵之。其后金主病，率军西北出居庸关，往鸳鸯泊、白水泊，将经营天祚，其辎重则尽由东北出松亭关归国，其道由营、平，其金人所虏职官、富户皆哀诉觉为之主，觉因乘间诱擒辽人之大臣如左企弓辈数人，以国乱不能辅佐，又不死，反从仇贼等罪，且劫徙燕人，皆杀之。晓示燕人一行但留马外，尽放令复业，各归其所，至于仪物尽毁去，玉帛皆有之，金人无一得脱者。

卷二十　政宣上帙

宣和七年正月二十日壬辰，诏差奉议郎尚书、司封员外郎许亢宗充贺大金皇帝登宝位国信使，武义大夫、广南西路廉访使者童绪副之，管押礼物官钟邦直。

《宣和乙巳奉使行程录》[①]曰：金人既灭契丹，遂与我为敌国，依

---

① 旧校云：是录见《大金国志》第四十卷，各有脱简，无从是正。

契丹例以讲和好，每岁遣使除正旦、生辰两番永为常例外，非常庆吊别论也。甲辰年，阿固达忽殂，谢其弟乌奇迈嗣位，差许亢宗充奉使贺登位……于乙巳年春正月戊戌陛辞，翼日发行，至当年秋八月甲辰回程到关。其行程，本朝界内一千一百五十里、二十二程，更不详叙。今起自白沟契丹旧界、止于金廷玛哩巴纳，三千一百二十里，计三十九程。……第四程至燕山府，府乃冀州之地……自晋割赂北主，建为南京析津府。壬寅年冬，金人之师过居庸关，契丹弃城而遁，金人以朝廷尝遣使海上，约许增岁币。癸卯年春，归我版图，更名府曰燕山，军额曰永清。城周围二十七里，楼壁共四十尺，楼计九百一十座，地堑三重，城开八门，已迁徙者寻皆归业，户口安堵，人物繁庶，大康广陌，皆有条理……水甘土厚，人多技艺，民尚气节，秀者则力学读书，次则习骑射，耐劳苦。未割弃以前，其中人与契丹斗，胜负不相当。城后远望，数十里间燕然一带，回环缭绕，形势雄杰，真用武之国，司明四镇皆不及也。……第十四程至润州，离州东行六十里至榆关，并无保障，但存遗址，有居民三数家，登高四望，东自碣石，西彻五台，幽州之地，沃野千里，北限大山，重峦复障，中有五关，居庸可以行大车，通转饷，松亭、金坡、古北口止通人马，不可行车，外有十八小路，尽兔径鸟道，止能通人，不可行马。山之南地则五谷百果、良材美木，无所不有。出关来才数十里，则山童水浊，皆瘠卤弥望，黄茅白草，莫知亘极，岂天设此限南北也？夷狄自古为患则多云中、雁门，未尝有自渔阳、上谷而至者。昔自石晋割弃，契丹以此控制我朝，第以社稷威灵、祖宗功德保守信誓，而契丹无得以肆其毒尔。前此经营边事，与金人岁币加契丹之倍，以买幽、蓟五州之地，而平、滦、营三州不预其数，是五关我得其三，而金人得其二也。愚以为天下视燕为北门，失幽、蓟五州之地则天下常不安；幽、燕视五关为喉襟，无五关则幽、燕不可守。五关虽得其三，纵药师不叛，而边患亦终无宁岁也。

卷二十二　政宣上帙

（宣和七年十一月）十九日丙戌，宣抚司差马扩、辛兴宗充使副，持军书移尼堪军前，议交蔚、应二州，及探尼堪有无南侵意。斡里雅布自平州起兵，入寇燕山之境。

张汇《节要》曰：燕山之地，易州西北乃金坡关，昌平县之西乃居庸关，顺州之北乃古北口，景州东北乃松亭关，平州之东乃榆关，榆关之东乃金人之来路。凡此数关乃天造地设，以分番汉之界，诚一夫御之，可以当百。时朝廷之割地也，若得诸关，燕山之境可保。然关内之地，平、滦、营三州自后唐为契丹按巴坚所陷之，后改平州为辽兴府，以营、滦二州隶之，号为平州路。至石晋之初，按巴坚子耶律德光又得燕山檀、顺、景、蓟、涿、易诸郡，建燕山为燕京，以辖六郡，号为燕京路，而（兴）〔与〕平州自成两路。昔朝廷海上始议割地，但云燕、云两路而已，盖初谓燕山之路尽得关内之地，平州与燕山路异也。由是破辽之后，金人复得平州路。金人既据平州，则关内之地番汉杂处，譬犹与仇共垅而种，同爨而食，欲无侵渔之患，其可得乎！故斡里雅布至是能自平州入寇，此当时议割燕、云不明地里之详也。

卷二十三　政宣上帙

（宣和七年十二月）九日丙午，尼堪兵至忻州。知府贺权度势不敌，开门张乐以迓之，尼堪大喜，下令兵不入城。……斡里雅布犯燕山，郭药师叛降，率常胜军以迎之。

许采《陷燕记》曰：宣和七年十一月二十六日，金人攻檀州陷之。二十八日早，燕山府始闻药师斥堠不明。是日，又陷蓟州，郭药师已屯兵东郊者二十余日。保和殿大学士蔡公靖往见药师公时为安抚使，既回日，曰："汾阳似有惧意。"十二月初二日，药师欲迎敌，余力于蔡公处言，且令郭公披城下寨，可遣张令徽、刘舜仁偏师以往。郭公之去，使之胜，益骄不可制；不胜则一败涂地，燕山大震矣。右古北口洎居庸关，或可以窥燕虚实。蔡公未以为然。

卷二十四　政宣上帙

宣和七年十二月十日丁未，斡里雅布陷燕山府。

《节要》曰：斡里雅布至燕山之境，其松亭关、韩城镇、符家口、石门镇、野狐关、古北口把隘官军，望风而溃，檀、顺、景、蓟闻声皆溃叛。……又曰：阿固达既殂，尼堪专军事，乃遣女真万户温都郎君、富勒呼、萨里郎君、契丹都统马武东侵居庸关以应之。虑居庸关难取，遂分兵由紫荆口、金坡关侵易州，即出奇取凤山治皇太妃岭道，以至昌平县，则返顾居庸矣，于是居庸亦溃，遂入居庸。初，药师之备金人也，严于东北而弛于西，何哉？盖东北乃金人来路也，燕山之东以韩城镇为界，东北以符家口为界，韩城、符家去燕山皆四百余里。斡里雅布既至，东北探其溃军络绎而来，燕山得预闻之，故药师出常胜军屯于燕山之东白河以待。西则居庸关为绝边，去燕无百里之远，但闭关而已，更无他备。不意西取居庸，一夕薄城，故预无警报而弛备焉。设若白河之战药师苟能全胜，追逐而东，则西亦为尼堪乘虚矣，况战复不利，何以御之！

卷一百九十四　炎兴下帙

（绍兴九年）四月，吕颐浩薨。

董革为公《行状》曰：公讳颐浩，字元直，沧州乐陵人。登绍圣元年进士第，累任河北转运副使。宣和四年，朝廷乘契丹之衰弱，举诸路之兵欲图燕、蓟，命童贯为宣抚使，以蔡攸副之。时大将刘延庆统兵仅十万，自涿州取燕山府，契丹之兵大集，与王师相拒于良乡县，杀伤亦略相当，正未有所处。会金人于十二月自居庸关引兵至燕山府，契丹之众闻风奔溃，金人遂有燕山府及檀、顺、景、蓟等州。童贯、蔡攸遣使往燕山府见金国主阿固达，重许岁币，求此四州之地，使者五六辈往来商议，金人知贯、攸急要燕、蓟以报天子，需索益广，倍于岁赐契丹之数。议既定，金国兵遂回。

卷一百九十七　炎兴下帙

（绍兴九年）七月，金人杀乌舍、萧庆。

《节要》曰：乌舍猎居庸关之东，憩于山上，遥见二驰递者相见于道，立马交谈久之而分。乌舍疑之，命数骑追一人至，诘曰："尔何人也？"曰："伊都使者，以军事诣燕山浩里统军司浩里亦契丹也。"乌舍曰："尔等适立马语及何事？"曰问候。乌舍曰："非也，问候之语无许久。"又曰话别。乌舍曰："亦非也，话别之语无许久。"又曰叙家事。乌舍曰："家事故非立马叙。"又曰叙往事。乌舍曰："往事亦非立马叙。"驰者词穷面赭，又且战慄不已。乌舍察其言色，兼素疑伊都浩里皆契丹反覆之徒，因以诈折之曰："我知尔等二人为伊都议者，近有人密告伊都浩里反，期于今日各有使至，我故来此伺之，果得尔辈，夫何隐焉？"无何，驰者实伊都议反者也，彼谓乌舍果知，故不敢隐伊都之叛，由是败。

武经总要①

《武经总要》是北宋曾公亮和丁度创作的一部军事著作。该书包括军事理论与军事技术两大部分，具有较高的学术价值。后其又将《孙子》等七部兵书汇编为《武经七书》，作为武学的必修课程。

---

① 〔宋〕曾公亮等撰：《武经总要》，清钦定四库全书本。

前集卷十六下

燕京州军十二

中原旧地。幽州，古冀北之地，舜置幽州。东有朝鲜、辽东；北有楼烦、白檀；西有云中、九原；南有滹沱、易州。唐置范阳节度，临制奚、契丹，理幽州。自石晋割赂戎主，建为南京，又改燕京。东至符家口三百九十里，正东微北至松亭关四百五十里，西至中山口百里，正西微北至居庸关一百一十里，东北至中京，出北门，过古长城至望京四十里。又过温余河、大夏坡五十里至顺州，东北过白崿河七十里至檀州，自此渐入山，五十里至金沟淀。入山屈曲，无复里堠。过朝鲜河九十里北至古河口，两旁峻崖，有路仅容车轨。……

关口

幽川四面平川，无险阻可恃，惟古北口以来据其要害，可设兵屯置堡寨。唐范阳节度之地，古北口、松亭关、野孤门等路并立保障，至今石垒基堞尚存。有入番之路十数。

……

古北口山，幽州正东二百七十里，两旁陡峻，中有路仅容车轨，本范阳防扼奚、契丹之所，最为隘口。

得胜口，山口在幽州正北，山口盘道数层，俗名思乡岭。南至檀州，北至安州。

宋王口，幽州北一百二十里，居宋王山，口之地属山后。

曹王口，幽州微北一百二十里，居曹王山，口之北属山后。

居庸关，幽州西北一百二十里，关之西北二十里即居庸关山，一路西至妫州，一路北至儒州。

牛山口，在幽州西。

紫荆岭口，幽州西南二百里，岭口之南属易州，北即山后蔚州界。

东都事略①

《东都事略》为纪传体北宋史，为南宋时王稱（一作王称）所撰。因北宋建都汴梁，称东京，故名。全书一百三十卷，起自宋太祖赵匡胤，终于宋钦宗赵桓，共载九朝之史。全文叙事简明，可补《宋史》不足。

卷一百二十四　附录二

政和元年，延禧改元曰天庆，遣内侍童贯为国信使。……宣和三年，延禧改元曰保大。四年，延禧悉国中兵与女真大战而大败，遂陷上京、东京。延禧徙燕京，女真又以精兵攻之。延禧衰残众与之接战，复大败，与其子赵王、梁王遂奔于北界不毛之地，由汉阳岭入夹山。……童贯知延禧失国，乃请兵北伐。徽宗以贯为河北、河东宣抚使，引兵北向。徽宗以三策付贯：如燕人悦而从之，因以复旧疆，上也；如耶律淳纳土称蕃，中也；如燕民未即悦服，按民巡边，全师而还，下也。……贯闻淳死，耻兵败，思立功以报天子，谓："辽国既无主，有间可乘。"复自莫州回雄州，奏乞益兵。王黼为太宰，力主再兴师之议，为贯大发陕西将兵及鄜延路副总管刘延庆赴贯麾下，期九月会于三关。贯与蔡攸谋再举，会女真已破云中府，扣居庸关，势已盛，改号大金国，乃移文于贯，诘问："元约夹攻辽国，何为背约不进兵？"贯恐惧，遂定议大举。常胜军首领郭药师叛，以涿州来降。易州闻涿州降，亦降。……遂以十月进兵，命刘延庆为都统制，统兵十万自白沟入界。令郭药师为（选）〔先〕锋，延庆行至良乡，萧干率万人迎击，延庆与战，不利。遣大将高世宣与药师入燕山，萧干留精兵三千人在城中，与药师巷战，药师败走，

---

① 〔宋〕王稱撰：《东都事略》，清钦定四库全书本。

世宣死之。药师径走涿州，延庆闻败亦弃大将旗鼓而走。是岁，金国主阿固达以锐兵入居庸关，晡时至燕京。萧后闻居庸关失守，夜率萧干等并老幼出城，声言迎敌，实出奔也。

卷一百二十五 附录三

阿固达欲燕京税租，而不议平、滦等州，再遣李靖、王度刺来议其事且欲交岁币，朝廷复遣赵良嗣、周武仲同议租赋多寡之数。阿固达欲得百万缗，良嗣往复辩论，未决，遣良嗣归。良嗣至雄州，以驿书闻，诏许之，亦许交岁币，再遣良嗣至军前。阿固达大喜，遂议云中地……朝廷捐金帛数百万计，所得者空城而已，于时议者以六州之地无险阻可守，不曾分立界至，岁输之物有自二广、江、湖宛转运至京师，自京师运至河北，自河北运入燕，自燕运至蓟州界首韩城镇交割，仅万里必不能以时至，天下之祸自此起矣。既交燕毕，阿固达出居庸关，由云中府德州路西巡，留白水泺度夏。阿固达中病死，尼堪、斡里雅布等遥尊乌奇迈为帝，改元曰天会，谥阿固达曰大圣武元皇帝，庙号太祖。童贯、蔡攸帅师入燕，号抚定，勒碑于延寿寺以纪功，将佐姓名皆列于碑，留十日乃回，以詹度知燕山府，又以王安中为宣抚使，驻燕山。

皇宋通鉴长编纪事本末[①]

《皇宋通鉴长编纪事本末》为记载北宋历史的纪事本末体史书，全书一百五十卷。作者杨仲良据李焘《续资治通鉴长编》，分门别类，以北宋九朝，各为事目，依年月顺序，采缀成篇。系继袁枢《通鉴纪事本末》后又一纪事本末体的史学著作。

---

① 〔宋〕杨仲良撰：《皇宋通鉴长编纪事本末》，上海古籍出版社，2003年版。

卷第一百四十二　徽宗皇帝　金盟上

（宣和二年）九月壬寅，金国遣锡剌曷鲁、大迪乌高随来，诏卫尉少卿董耘馆之，止作新罗人使引见。后三日，对于崇政殿。上临轩，剌曷鲁等捧书以进。礼毕而退。初，赵良嗣在上京，出御笔与金主议，约以燕京一带本汉旧地，约夹攻契丹取之。金主命译者曰："契丹无道，其土疆皆我有，尚何言？顾南朝方通欢，且燕京皆汉地，当特与南朝。"良嗣曰："今日约定，不可与契丹复和也。"金主曰："有如契丹乞和，亦须以燕京与尔家，方许和。"遂议岁赐。良嗣初许三十万，辨论久之，卒与契丹旧数。良嗣问金主："比议燕京一带旧汉地，汉地则并西京是也。"金主曰："西京我安用？止为拿阿适须一临耳。（阿适，天祚小字也。）事竟，亦与汝家。"良嗣又言："平、营本燕京地。"高庆裔曰："平、滦非一路。"金主曰："此不须议。"又曰："吾军已行，九月至西京。汝等到南朝，请发兵相应。"以手札付良嗣等，曰："约以我兵径自平地松林趋古北口，南朝兵自雄州趋白沟夹攻。不如约，即难依已许之约。"金主至松林，会大暑，马牛疫，遽还，遣驲追良嗣，已过铁州，且登舟矣。七月辛丑，回金主所居。金主易国书，约来年同举。……丙辰，诏遣武义大夫、登州钤辖马政借武显大夫、文州团练使聘金国。是日，锡剌曷鲁等人辞于崇政殿，赐宴于显静寺，命赵良嗣押宴，王瓌送伴。马政持国书及事目，随曷鲁等行。书曰："大宋皇帝谨致书于大金皇帝：……契丹逆天贼义，干纪乱常，肆害忠良，恣为暴虐。……请示举兵的日，以凭夹攻。所有五代以后陷没幽、蓟等州旧汉地及汉民，并居庸、古北、松亭、榆关，已议收复。所有兵马彼此不得过关外，据诸色人及贵朝举兵之后，背散到彼余处人户，不在收留之数。绢、银依与契丹数目岁交，仍置榷场计议之。后契丹请和听命，各无允从。"乃别降枢密院札目付马政，差马政之子扩从行。

卷第一百四十三 徽宗皇帝 金盟下

宣和四年正月癸酉，金人破辽中京。……十一月甲戌……金国主令其弟国相浦结奴相温及二太子斡离不等来计事。……浦结云："今先与西京，其意已厚。汝家日夕守燕京，不能候吾，既得之，取次临时，何为不可？"良嗣云："大国所行，必以天为言。前年皇帝与良嗣握手曰：'我已许南朝抚京，使我得之亦然。'指天为誓。料皇帝守信，肯违天耶？"浦结去少顷复来，传旨曰："皇帝言：……今更不论元约，特与燕京六州二十四县汉地汉民。其系官钱物等，及奚、契丹、勃海、西京、平、滦州，并不有许与之数。南朝自得燕京，亦借路平、滦以归。如南朝未得，我兵取之，悉如前约，更不论夹攻。"六州，谓蓟、景、檀、顺、涿、易也。良嗣答以："元约山前、山后十七州，今止言燕京六州二十四县。昨日言西京，今又不及，何也？平、滦本燕地，先曾约定以榆关为界，则平、滦州在燕京之内矣。御笔事目，如本朝兵马因追袭乘胜，更须过关。今言本朝平燕，亦借路平、滦，本朝得燕，必分兵屯守，大国人马经过，岂敢尚听？"浦结兀室勃然怒曰："汝家未下燕京，已拒我如此，是不欲通和耳！况汝兵近为燕人击散，若旬日未下，岂不仰我力乎？"良嗣答以："本国兵马见候夹攻，莫若乘未下之时早往燕京，两无所妨为善。"……浦结云："飞狐、灵邱乃山后地，未商量定，便来招诱，此何理也？"良嗣对以："何灌不知界止，妄发文字耳。"浦结云："此事如置之，如使、副不许借路过关，赵诩不许汉人归我，其恶亦同，必协谋为此。况书中备言御笔招诱诸汉蕃，汉自木国收系，岂非违约哉？"良嗣对以："招降蕃汉，乃本朝皇帝至仁，不欲行杀，悉使有归，何名背约？"浦结云："适皇帝有旨，以修国书，为此二事，即欲改更。顾大信已定，止是二国信中留一人从军，恐大国入燕，守居庸关，本军借路以归，无人辨明。且汝只知阻我过关，不知汝国人马又败。"……良嗣云："所说燕京，如大金得之，亦与南朝。国书中不甚明白。"浦结乃曰："一言足矣。喋喋何为？若必欲取信，待到燕京，使人面约便指。"……良嗣等辞讫，遂以马扩遣良嗣，以是日戊午，与使人同来。……

（五年）二月丙戌，龙图阁直学士太中大夫赵良嗣、朝散郎显谟阁待制周武仲、合门宣赞舍人马扩自燕山回至雄州，以金国国书递奏。其书云云。初，良嗣、武仲、扩等以正月壬戌出国门，丁丑至雄州，己卯抵金国军前。诸部列馆燕京郊外，独置南使于一废寺，以毡帐为馆。良嗣见金国主，……良嗣曰："海上所议，尽还燕京一带，则与契丹岁币。今贵朝已除平、滦、营州不议，又起燕京职官、富户、工匠，今更于此外岁增十万匹两。岁岁如之，经久无穷，岂少哉？"兀室曰："海上之约，燕地人民合归南朝，燕中客人合归北朝，从此奋发还乡，两朝各面进兵夹攻，即军马各不得过关，盖欲南朝乘本朝兵势，就近自取。今贵朝不能取，直候本朝军马下燕，使贵朝坐享山河之利，有何不可？兼税赋自其地出，非贵朝物也，何屑屑如是耶？本朝欲起燕京职官、富户、工匠，亦缘元约燕北人合归北朝。如郭药师常胜军，皆燕北人，药师亦铁州人，恐贵朝须此常胜军驱使，更不之请，所以且将职官等相贸易。若贵朝亦欲此职官等，抵遣药师常胜军还乡可也。今所许犹未及岁币之半，更兼西京在其中，如何谐合？"遂除西京，复坚执如初。良嗣不得已，以御笔绫二万许之。……良嗣除燕山运使，诏旨在正月十八日。《初草》在去年十二月十九日。翌日，兀室传其国主之言曰："燕租六百万，今止取百万，非相侵迫。……"……又翌日，兀室来，诘难良久，遂出书薰租税事目，云："事悉在书中。能从固善，不能从，无以议为也。"并出燕地图，指示曰："招燕州是渤海聚落，合归本朝外，居庸、金坡两关已为南朝所得，古北、松亭关本奚家族帐，当还金国矣。"良嗣曰："古北、松亭关初议已与南朝，今复取之，何哉？"再三力争，良久方去。后两日，良嗣入辞。金国主云："古北、松亭本奚地，合归北界。初以汝力争，疑非善意。今已释然，待将古北与汝家。其松亭关本朝屯戌，不可求也。"……遂令良嗣回，别不差使人。……时金人得左企弓辈，日与之谋，以为南朝雅畏契丹，加以刘延庆之败，益有轻我心。左企弓常献诗金主曰："君王莫轻捐燕议，一寸山河一寸金。"然金人自以分军护送燕京园获东归，又山后告急，天祚已占西京，见招诱应、朔等州，当远兵应援。复张谷聚平州之众，亦须支梧。既已出邀索百万之言，不能无惧，故亟示巡边之意，观朝廷所应如何。故自南使过卢沟，悉断桥梁，焚次舍，亦恐我不从而自防也。庚寅，诏遣赵良嗣、周武仲、马扩自雄州再往金国军前计议。国书云云。御笔付良嗣、武仲、扩等："议山后事须力争，如不可争，方别作一段商量。"……

四月丁丑……再遣平仲同王瓌等随李嗣本兵入燕山。庚子，太师、剑南东川节度使、领枢密院事、陕西河东河北路宣抚司童贯，少傅、镇海节度使、河北河东路宣抚司蔡攸入燕山府。燕之金帛、子女、职官、民户为金人席卷而东，朝廷损岁币数百万，所得者空城而已。或告燕人曰："汝之东迁，非金人意也。南朝留常胜军，利汝田宅给之耳。"燕人皆怨，说黏罕不当与我全燕。黏罕犹首鼠，欲止割涿、易二州。金国主曰："海上之盟，不可忘也。我死，汝则为之！"交燕毕，金国主于契丹、汉儿两府中携刘彦宗等出居庸关，由云中天德路西巡，留白水泊度夏，欲遣官交还本朝山后州县，且闻天祚北走，经营擒之，乃遣左企弓等部所起燕山职官、富户东取榆关平滦路以归。金始得燕，方自矜大，乃邀索不已，而朝廷坚求割燕地，则指城谓使人曰："此我有也。必欲得之，纳钱若干万，即与汝。"虽僧寺巨室之属，指一塔、一殿、一屋，即曰："此我物也，当折取之。汝欲留者，即纳其直。"故或千或万，货之而后，重载而去。金国主既得燕山子女，加久驻，气色已热，遂大病，而城外诸寨，日夜为燕之乡兵劫挠，因骂余睹曰："汝劝我来此，今外寨皆不安，四面皆出大兵，若在网罗中，如何归？"乃大毁诸州及燕山城壁、楼橹、要害皆平之，又尽括燕山金银钱物，民庶寺院，一归皆空。时便有语，谓："使中国修理，二三年间却取之。"赵良嗣亦尝私语人曰："止可保三年尔。"时上下皆知，莫敢言也。壬寅，金国遣撒卢母赍御押燕山地图来。初欲令童贯、蔡攸拜受，马扩、姚平仲共晓之，乃已。贯、攸厚赂之，乃还。乙巳，童贯等言收复燕城了当，具表称贺。丙午，太宰王黼等以抚定燕山，上表称贺。庚戌，曲赦燕山府、涿、易、檀、顺、景、蓟等州。戊申，金国遣杨璞同卢益、赵良嗣等曰："赍国书并誓书来。"遂并及云中府、武、应、朔、蔚、奉圣、归化、儒、妫等州之地，则图已交割，当时实未尝得山后土地也。其后颇得武、朔、蔚三州，寻复失之。兵端盖自此始。辛亥，童贯、蔡攸自燕山班师。五月辛巳，童贯、蔡攸至京师。是月，金国主阿国打卒，弟吴乞买立，改天辅六年为天会元年。

朱子语类①

《朱子语类》一百四十卷，是宋人黎靖德收集整理的朱熹死后 70 年间 97 家所保存的语录。内容从四书五经、治学方法到人物评价，从哲学、历史、政治到文学，十分广泛，是一部研究朱熹思想和宋代语言的重要资料书。

卷七十九　尚书二　禹贡

李得之问薛常州九域图。曰："其书细碎，不是著书手段。'予决九川，距四海，濬畎浍距川。'圣人做事，便有大纲领：先决九川，距四海了，却逐旋爬疏小水，令至川。学者亦先识个大形势，如江河淮先合识得。渭水入河，上面漆沮泾等又入渭，皆是第二重事。桑钦、郦道

---

① 〔宋〕黎靖德编，王星贤点校：《朱子语类》，中华书局，2004 年版。

元《水经》亦细碎。"因言："天下惟三水最大：江河与混同江。混同江不知其所出，虏旧巢正临此江，斜迤东南流入海。其下为辽海。辽东辽西，指此水而分也。"……又言："收复燕云时，不曾得居庸关，门却开在，所以不能守。然正使得之，亦必不能有也。"

第五编　元

元史①

　　《元史》成书于明朝初年，由宋濂、王祎主编。全书二百一十卷，体例整齐，文字浅显，叙事明白易懂，采用纪传体断代史，系统记述了从蒙古族兴起到元朝建立、灭亡的历史。

卷一　本纪第一　太祖

　　（太祖六年）辛未春，帝居吉鲁尔河……二月，帝自将南伐……九月，拔德兴府，居庸关守将遁去。哲伯遂入关，抵中都。……八年癸酉……秋七月……帝进至怀来，及金行省完颜纲、元帅高琪战，败之，追至北口。金兵保居庸。诏可忒、薄刹守之，遂趋涿鹿。金西京留守忽沙虎遁去。帝出紫荆关，败金师于五回岭，拔涿、易二州。契丹讹鲁不儿等献北口，遮别遂取居庸，与可忒、薄刹会。八月，金忽沙虎弑其主允济，迎丰王珣立之。……帝至中都，三道兵还，合屯大口。……九年甲戌春三月，驻跸中都北郊。诸将请乘胜破燕，帝不从，乃遣使谕金主曰："汝山东、河北郡县悉为我有，汝所守惟燕京耳。天既弱汝，我复迫汝于险，天其谓我何？我今还军，汝不能犒师以弭我诸将之怒耶？"金主遂遣使

---

　　① 〔明〕宋濂撰：《元史》，中华书局，1976年版。

求和，奉卫绍王女岐国公主及金帛、童男女五百、马三千以献，仍遣其丞相完颜福兴送帝出居庸。夏五月，金主迁汴，以完颜福兴及参政抹撚尽忠辅其太子守忠，留守中都。

卷二　本纪第二　太宗

（太宗四年）夏四月，出居庸，避暑官山。

卷四　本纪第四　世祖一

（中统二年）十一月……癸酉，驻跸帖买和来之地。以尚书怯烈门、平章赵璧兼大都督，率诸军从塔察儿北上。分蒙古军为二，怯烈门从麦肖出居庸口，驻宣德德兴府；讷怀从阿忽带出古北口，驻兴州。帝亲将诸万户汉军及武卫军，由檀、顺州驻潮河川。敕官给刍粮，毋扰居民。罢十路宣抚司，止存开元路。命诸路市马二万五千余匹，授蒙古军之无马者。丁丑，征诸路宣抚司官赴中都。移跸于速木合打之地。诏汉军屯怀来、缙山。鹰坊阿里沙及阿散兄弟二人以擅离扈从伏诛。十二月庚寅，诏封皇子真金为燕王，领中书省事。

卷十　本纪第十　世祖七

（至元十六年）五月……壬申……徙丁子峪所驻侍卫军万人，屯田昌平。癸酉，兀里养合带言："赋北京、西京车牛俱至，可运军粮。"帝曰："民之艰苦汝等不问，但知役民。使今年尽取之，来岁禾稼何由得种。其止之。"甲戌，给要束合所领工匠牛二千，就令运米二千石供军。

卷十一　本纪第十一　世祖八

（至元十七年）五月辛丑朔，枢密院调兵六百守居庸南、北口。

卷十六　本纪第十六　世祖十三

（至元二十七年）二月……乙酉，赈新附民居昌平者。……夏四月
癸酉朔，大驾幸上都……丁酉，以钞二千五百锭赈昌平至上都站户贫乏
者……己亥，命考大都路贫病之民在籍者二千八百三十七人，发粟二百
石赈之。……（二十八年）五月……甲寅，太阴犯牛。赈上都、桓州、
榆林、昌平、武平、宽河、宣德、西站、女直等站饥民。

卷二十四　本纪第二十四　仁宗一

（至大四年）闰七月……甲辰，车驾将还大都，太后以秋稼方盛，
勿令鹰坊、驼人、卫士先往，庶免害稼扰民，敕禁止之。枢密院奏："居
庸关古道四十有三，军吏防守之处仅十有三，旧置千户，位轻责重，请
置隆镇万户府，俾严守备。"制曰："可。"……（皇庆二年）冬十月……
辛未，徙昆山州治于太仓，昌平县治于新店。

卷三十　本纪第三十　泰定帝二

（泰定三年）五月……丁卯，遣指挥使兀都蛮镌西番咒语于居庸关
崖石。……秋七月甲辰，车驾发上都，禁车骑践民禾。……八月……辛
丑……大都昌平大风，坏民居九百家。龙庆路雨雹一尺，大风损稼。……
九月……辛亥，命帝师还京，修洒净佛事于大明、兴圣、隆福三宫。丁
巳，弛大都、上都、兴和酒禁。庚申，车驾至大都。……（四年）八月……
癸巳……发卫军八千，修白浮、瓮山河堤。……冬十月……壬戌……大
都路诸州县霖雨，水溢，坏民田庐，赈粮二十四万九千石。

卷三十二　本纪第三十二　文宗一

（致和元年）七月庚午，泰定皇帝崩于上都。倒剌沙及梁王王禅、辽王脱脱，因结党害政，人皆不平。时燕铁木儿实掌大都枢密符印，谋于西安王阿剌忒纳失里，阴结勇士，以图举义。八月甲午……燕铁木儿与西安王阿剌忒纳失里共守内廷，籍府库，录符印，召百官入内听命。……调兵守御关要，征诸卫兵屯京师，下郡县造兵器，出府库犒军士。燕铁木儿直宿禁中，达旦不寐，一夕或再徙，人莫知其处。乙未，以西安王令，给宿卫京城军士钞有差，调诸卫兵守居庸关及卢儿岭。……癸卯，燕铁木儿之弟撒敦、子唐其势，自上都来归。……丁未，撒敦守居庸关，唐其势屯古北口。命河南行省造银符，以给军士有功者。戊申，燕铁木儿又令乃马台矫为使者北来，言周王整兵南行，闻者皆悦。……壬子，阿速卫指挥使脱脱木儿帅其军自上都来归，即命守古北口。癸丑，铸枢密分院印。是日，上都诸王及用事臣，以兵分道犯京畿，留辽王脱脱、诸王孛罗帖木儿、太师朵带、左丞相倒剌沙、知枢密院事铁木儿脱居守。……丙辰，燕铁木儿奉法驾郊迎。丁巳，帝至京师，入居大内。贵赤卫指挥使脱迭出自上都，率其军来归，命守古北口。……九月庚申朔，燕铁木儿督师居庸关，遣撒敦以兵袭上都兵于榆林，击败之，追至怀来而还。隆镇卫指挥使斡都蛮以兵袭上都诸王灭里铁木儿、脱木赤于陀罗台，执之，归于京师。遣使即军中赐脱脱木儿等银各千两，以分给军士有功者。赐京师耆老七十人币帛。……壬戌，遣使祭五岳、四渎。……以高昌王铁木儿补化知枢密院事，也先捍为宣徽使。给居庸关军十糇粮，赐镇南王铁木儿不花等钞有差。征五卫屯田兵赴京师。安南国来贡方物。赐上都将士来归者钞各有差。……上都诸王也先帖木儿、平章秃满迭儿，自辽东以兵入迁民镇，诸王八剌马、也先帖木儿以所部兵入管州，杀掠吏民。丙寅，命造兵器，江浙、江西、湖广三省六万事，内郡四万事。丁卯，燕铁木儿率诸王、大臣伏阙请早正大位，以安天下……赐西安王阿刺忒纳失里、镇南王帖木儿不花、威顺王宽彻不花、宣靖王买奴等，金各五十两、银各五百两、币各三十匹。遣撒敦拒辽东兵于蓟州东流沙河，元帅阿兀剌守居庸关。上都军攻碑楼口，指挥使也速台儿御之，不克。……己巳，铸御宝成。立行枢密院于汴梁，以同知枢密院事也速台儿知行枢密院事，将兵行视太行诸关，西击河中、潼关军，以折叠弩分给守关军士。上都诸王忽剌台等引兵犯崞州。庚午，命有司和市粟豆十六万五千石，分给居庸等关军马。遣军民守归、峡诸隘。……壬申，帝即位于大明殿，受诸王、百官朝贺，大赦……癸酉，翰林院增给驿玺书。命燕铁木儿将兵击辽东军，封燕铁木儿为太平王，以太平路为食邑，赐金五百两、银二千五百两、钞万锭、平江官地五百顷。……甲戌……征左右两阿速卫军老幼赴京师，不行者斩，籍其家。乙亥……上都王禅兵袭破居庸关，将士皆溃。燕铁木儿军次三河。丙子，王禅游兵至大口，燕铁木儿还军次榆河，帝出齐化门视师。……戊寅……命留守司完京城，军士乘城守御。燕铁木儿与王禅前军战于榆河，败之，追奔红桥北。其枢密副使阿剌帖木儿、指挥使忽都帖木儿以兵会王禅，复来战，又败之，我师据红桥。增给大都驿马百匹。……辛巳……燕铁木儿与上都军大战白浮之野，燕铁木儿手刃七人于阵，败之。……癸未……王禅收集散亡，复来战，我师列阵白浮之西，敌不敢犯。至夜，撒敦、脱脱木儿前后夹攻，败走之，追及于昌平北，斩首数千级，降者万余人。帝遣使赐燕铁木儿上尊，谕旨曰："丞相每临阵，躬冒矢石，脱有不虞，奈何？自今第以大将旗鼓督战可也。"燕铁木儿对曰："凡战，臣必以身先之，敢后者，论以军法。若委之诸将，万一失利，悔将何及？"甲申，庆云见。王禅单骑亡，撒敦追之不及而还。……乙酉……募丁壮千人守捍城郭。上都兵入古北口，将士皆溃，其知枢密院事竹温台以兵掠石槽。……燕铁木儿遣撒敦倍道趋石槽，掩其不备，击之。燕铁木儿大兵继至，转战四十余里，至牛头山，擒驸马孛罗帖木儿，平章蒙古塔失、雅失帖木儿，将作院使撒儿讨温，送阙下戮之，将校降者万人，余兵奔窜，夜遣撒敦出古北口逐之。脱脱木儿与辽东军战蓟州南，杀获无算。调河南蒙古军

老幼五万人，增守京师……居庸关垒石以为固。丁亥，辽东军抵京城，
燕铁木儿引兵拒之，令京城里长召募丁壮及百工合万人，与兵士为伍，
乘城守御，月给钞三锭、米三斗。冀宁、晋宁两路所辖：代州之雁门关，
崞州之阳武关，岚州之天涧口、皮库口，保德州之寨底、天桥、白羊三
关，石州之坞堡口，汾州之向阳关，隰州之乌门关，吉州之马头、秦王
岭二关，灵石县之阴地关，皆令穿堑垒石以为固，调丁壮守之。戊子，
上都诸王忽剌台等兵入紫荆关，将士皆溃，行枢密院官卜颜、斡都蛮，
指挥使也速台儿将兵援之。……冬十月己丑朔，命西僧作佛事。燕铁木
儿引兵至通州，击辽东军败之，皆渡潞水走。……庚寅，我师与辽东军
夹潞水而阵，辽东军宵遁，我师渡而袭之。……甲午，命有司市马千匹，
赐军士出征者。脱脱木儿、章吉与也先捏合击敌军于良乡南，转战至泸
沟桥，忽剌台被创，据桥而宿。乙未，燕铁木儿率军循北山而西，趣良
乡，诸将时与忽剌台、阿剌帖木儿等战于泸沟桥，声言燕铁木儿大军至，
敌兵皆遁。使者颁诏于甘肃，至陕西，行省、行台官涂毁诏书，械使者
送上都。湘宁王八剌失里引兵入冀宁，杀掠吏民。时太行诸关守备皆阙，
冀宁路来告急，敕万户和尚将兵由故阙援之。冀宁路官募民丁迎敌，和
尚以兵为殿，杀获甚众。会上都兵大至，和尚退保故关，冀宁遂破。丙
申，燕铁木儿入朝，赐宴兴圣殿。赈通州被兵之家。命速速等董度支刍
粟。……丁酉，以缙山县民十人尝为王禅向导，诛其为首者四人，余杖
一百七，籍其家赀，妻子分赐守关军士。……己酉，开居庸关。……戊
午，诏谕廷臣曰："凡今臣僚，唯丞相燕铁木儿、大夫伯颜许兼三职署
事，余者并从简省。百司事当奏者，共议以闻，或私任己意者，不许独
请。上都官吏，白八月二十一日以后擢用者，并追收其制。"敕："天
下僧道有妻者，皆令为民。"也先捏军次顺德。令广平、大名两路括马。
盗杀太尉不花。初，不花乘国家多事，率众剽掠，居庸以北皆为所扰，
至是盗入其家杀之。兴和路当盗以死罪，刑部议以为："不花不道，众
所闻知，幸遇盗杀，而本路隐其残剽之罪，独以盗闻，于法不当。"中
书以闻，帝嘉其议。

卷三十三　本纪第三十三　文宗二

（天历二年）三月……丙寅，跃里帖木儿自行在还，谕旨曰："朕在上都，宗王、大臣必皆会集，有司当备供张。上都积贮，已为倒剌沙所耗，大都府藏，闻亦悉虚。供亿如有不足，其以御史台、司农司、枢密、宣徽、宣政等院所贮充之。"蒙古饥民之聚京师者，遣往居庸关北，人给钞一锭、布一匹，仍令兴和路赈粮两月，还所部。

卷三十四　本纪第三十四　文宗三

（至顺元年）三月……辛未……分龙庆州隶大都路。……五月……戊辰，车驾发大都，次大口。……己巳，次龙虎台。……丙戌，大驾至上都。……秋七月……丙寅，蒙古百姓以饥乏至上都者，阅口数给以行粮，俾各还所部。增大都赈粜米五万石。大都之顺州、东安州大风雨雹伤稼。……丙子……增给戍居庸关军士粮。……闰七月……戊申，大都、太宁、保定、益都诸属县及京畿诸卫、大司农诸屯水，没田八十余顷。

卷四十　本纪第四十　顺帝三

（至元五年）夏四月……癸巳，立伯颜南口过街塔二碑。……壬寅，太阴犯日星及房宿。己酉，申汉人、南人、高丽人不得执军器、弓矢之禁。是月，车驾时巡上都。

卷四十六　本纪第四十六　顺帝九

（至正二十四年）夏四月……壬寅，秃坚帖木儿兵入居庸关。癸卯，知枢密院事也速、詹事不兰奚迎战于皇后店。不兰奚力战，也速不援而退，不兰奚几为所获，脱身东走。甲辰，皇太子率侍卫兵出光熙门，东走古北口，趋兴、松。乙巳，秃坚帖木儿兵至清河列营。时都城无备，城中大震，令百官吏卒分守京城，使达达国师至其军问故，以必得搠思监及宦官朴不花为对，诏慰解之，不听。……庚戌，秃坚帖木儿陈兵自健德门入，觐帝于延春阁，恸哭请罪，帝就宴赉之。加孛罗帖木儿太保，依前守御大同，秃坚帖木儿为中书平章政事。辛亥，秃坚帖木儿军还。皇太子至路儿岭。诏追及之，还宫。癸丑，太白犯井宿。……秋七月……丙戌，孛罗帖木儿前锋军入居庸关，皇太子亲率军御于清河，也速军于昌平，军士皆无斗志。皇太子驰还都城，白锁住引兵入平则门。丁亥，白锁住扈从皇太子出顺承门，由雄、霸、河间，取道往冀宁。戊子，孛罗帖木儿驻兵健德门外，与秃坚帖木儿、老的沙入见帝于宣文阁，诉其非罪，皆泣，帝亦泣，乃赐宴。孛罗帖木儿欲追袭皇太子，老的沙止之。

卷五十一　志第三下　五行二　火不炎上

（至正）十九年，京师鸥鹆夜鸣达旦，连月乃止，有杜鹃啼于城中，居庸关亦如之。

卷五十八　志第十　地理一

大都路，唐幽州范阳郡。辽改燕京。金迁都，为大兴府。元太祖十年，克燕，初为燕京路，总管大兴府。太宗七年，置版籍。世祖至元元年，中书省臣言："开平府阙庭所在，加号上都，燕京分立省部，亦乞正名。"遂改中都，其大兴府仍旧。四年，始于中都之东北置今城而迁都焉。京城右拥太行，左抱沧海，枕居庸，莫朔方。城方六十里，十一门：正南曰丽正，南之右曰顺承，南之左曰文明，北之东曰安贞，北之西曰健德，正东曰崇仁，东之右曰齐化，东之左曰光熙，正西曰和义，西之右曰肃清，西之左曰平则。海子在皇城之北、万寿山之阴，旧名积水潭，聚西北诸泉之水，流入都城而汇于此，汪洋如海，都人因名焉。恣民渔

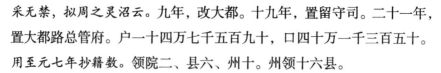
采无禁，拟周之灵沼云。九年，改大都。十九年，置留守司。二十一年，置大都路总管府。户一十四万七千五百九十，口四十万一千三百五十。用至元七年抄籍数。领院二、县六、州十。州领十六县。

......

县六：大兴赤，宛平赤。与大兴分治郭下。金水河源出玉泉山，流入皇城，故名金水，良乡下，永清下，宝坻下。至元十六年，于县立屯田所，收子粒赴太仓及醴源仓输纳、昌平下。

卷八十六　志第三十六　百官二

隆镇卫亲军都指挥使司，秩正三品，掌屯军徼巡盗贼于居庸关南、北口，统领钦察、阿速护军三千六百九十三人，屯驻东西四十三处。皇庆元年，升隆镇万户府为隆镇卫，置都指挥使三员、副都指挥使二员、佥事二员。延祐二年，又以哈儿鲁军千户所，并隶东卫。四年，置色目经历一员。至治二年，置爱马知事一员。后定置卫官，都指挥使三员，正三品；副指挥使二员，从三品；佥事二员，正四品；经历二员，从七品；知事二员，承发兼照磨一员，俱从八品；令史七人，译史、通事、知印各一人。其属十有二：

镇抚所，镇抚二员。

北口千户所，秩正五品。达鲁花赤一员，千户一员，百户七员。于上都路龙庆州东口置司。

南口千户所，秩正五品。达鲁花赤一员，千户一员，百户一员，弹压一员。于大都路昌平县居庸关置司。

白羊口千户所，秩正五品。达鲁花赤一员，千户一员，百户二员，弹压一员。于大都路昌平县东口置司。

碑楼口千户所，秩正五品。达鲁花赤一员，千户一员，百户一员，弹压一员。于应州金城县东口置司。

古北口千户所，秩正五品。达鲁花赤一员，千户一员，百户六员，弹压一员。于檀州北面东口置司。

迁民镇千户所，秩正五品。达鲁花赤一员，千户一员，百户六员，弹压一员。于大宁路东口置司。

黄花镇千户所，秩正五品。达鲁花赤一员，千户一员，百户六员，弹压一员。于昌平县东口置司。

芦儿岭千户所，秩五品。达鲁花赤一员，千户一员，百户六员，弹压一员。于昌平县本口置司。

太和岭千户所，秩五品。达鲁花赤一员，千户一员，百户六员，弹压一员。于大同路昌邑县本隘置司。

紫荆关千户所，秩五品。达鲁花赤一员，千户一员，百户六员，弹压一员。于易州易县本隘置司。

隆镇千户所，秩五品。达鲁花赤一员，千户一员，百户八员，弹压一员。于龙庆州北口置司。

卷九十九 志第四十七 兵二 宿卫 镇戍

隆镇卫：睿宗在潜邸，尝于居庸关立南、北口屯军，徼巡盗贼，各设千户所。至元二十五年，以南、北口上千户所总领之。至大四年，改千户所为万户府，分钦察、唐兀、贵赤、西域、左右阿速诸卫军三千人，并南、北口、太和岭旧隘汉军六百九十三人，屯驻东西四十三处，立十千户所，置隆镇上万户府以统之。皇庆元年，始改为隆镇卫亲军都指挥使司。延祐二年，又以哈儿鲁军千户所隶焉。至治元年，置蒙古、汉军籍。

镇戍（至元十七年）五月……命枢密院调兵六百人，守居庸关南、北口。

卷一百 志第四十八 屯田

后卫屯田：置立岁月，与前卫同。后以永清等处田亩低下，迁昌平县之太平庄。泰定三年五月，以太平庄乃世祖经行之地，营盘所在，春秋往来，牧放卫士头匹，不宜与汉军立屯，遂罢之，止于旧立屯所，耕作如故。屯军与左卫同，为田一千四百二十八顷一十四亩。

卷一百一十九　列传第六　木华黎

木华黎，札剌儿氏，世居阿难水东。……与博尔术、博尔忽、赤老温事太祖，俱以忠勇称，号掇里班曲律，犹华言四杰也。……辛未，从伐金，薄宣德，遂克德兴。壬申，攻云中、九原诸郡，拔之，进围抚州。金兵号四十万，阵野狐岭北。木华黎曰："彼众我寡，弗致死力战，未易破也。"率敢死士，策马横戈，大呼陷阵，帝麾诸军并进，大败金兵，追至浍河，僵尸百里。癸酉，攻居庸关，壁坚，不得入，遣别将阇别统兵趋紫荆口，金左监军高琪引兵来拒，不战而溃，遂拔涿州。……甲戌，从围燕，金主请和，北还。……乙亥，裨将萧也先以计平定东京。进攻北京，金守将银青率众二十万拒花道逆战，败之，斩首八万余级。城中食尽，契丹军斩关来降，进军逼之，其下杀银青，推寅答虎为帅，遂举城降。木华黎怒其降缓，欲坑之，萧也先曰："北京为辽西重镇，既降而坑之，后岂有降者乎？"从之。奏寅答虎留守北京，以吾也而权兵马都元帅镇之。……癸未春……三月……薨，年五十四。

卷一百二十　列传第七　札八儿火者

札八儿火者，赛夷人。赛夷，西域部之族长也，因以为氏。火者，其官称也。札八儿长身美髯，方瞳广颡，雄勇善骑射。初谒太祖于军中，一见异之。太祖与克烈汪罕有隙……汪罕既灭，西域诸部次第亦平。乃遣札八儿使金，金不为礼而归。金人恃居庸之塞，冶铁锢关门，布铁蒺藜百余里，守以精锐。札八儿既还报，太祖遂进师，距关百里不能前，召札八儿问计。对曰："从此而北，黑树林中有间道，骑行可一人，臣向尝过之。若勒兵衔枚以出，终夕可至。"太祖乃令札八儿轻骑前导。

日暮入谷，黎明，诸军已在平地，疾趋南口，金鼓之声若自天下，金人犹睡未知也。比惊起，已莫能支吾，锋镝所及，流血被野。关既破，中都大震。已而金人迁汴。太祖览中都山川形势，顾谓左右近臣曰："朕之所以至此者，札八儿之功为多。"又谓札八儿曰："汝引弓射之，随箭所落，悉界汝为己地。"乘舆北归，留札八儿与诸将守中都。

卷一百二十三　列传第十　捏古剌

捏古剌，在宪宗朝，与也里牙阿速三十人来归。……子教化，初为速古儿赤，继袭父职。……天历元年八月，从丞相燕帖木儿战居庸北，有功。九月，进拱卫直都指挥使。寻迁章佩卿。子者燕不花，初事仁宗为速古儿赤。英宗时为进酒宝儿赤。天历元年，迎文宗于河南，赐白金、彩段，命为温都赤。九月，往居庸关料敌，道逢二军，谓探马赤诸军曰："今北兵且至，其避之。"者燕不花恐摇众心，即拔所佩刀斩之。授兵部郎中。招集阿速军四百余人。十月，进兵部尚书，授双珠虎符，领军六百人迎敌通州。

卷一百三十二　列传第十九　拔都儿

拔都儿，阿速氏，世居上都宜兴。宪宗在潜邸，与兄兀作儿不罕及马塔儿沙帅众来归。……子别吉连袭……积官怀远大将军。致和元年，从丞相燕铁木儿擒倒剌沙党乌伯都剌等，领诸卫军守居庸关及诸要害地。天历元年十月，王禅兵掩至羊头山，攻破隘口，势甚张，别吉连从丞相拥众奋击之，突入其军，王禅败走，文宗赐御衣二袭、三珠虎符，及弓矢、甲胄、金帛等物，以旌其功。寻以疾辞，子也连的袭。

卷一百三十五　列传第二十二　忽林失　和尚

忽林失，八鲁剌喺氏。曾祖不鲁罕罕剳，事太祖，从平诸国，充八鲁刺思千户，以其军与太赤温等战，重伤坠马，帝亲勒兵救之，以功升万户，赐黄金五十两、白金五百两，俾直宿卫。……子燕不伦，初奉兴圣太后旨，充千户。俄改充万户，代其父职。寻罢，归其父所受司徒印及万户符于有司，仍直宿卫。致和元年秋八月，在上都，思武宗之恩，与同志合谋奉迎文宗。会同事者见执，乃率其属奔还大都。特赐龙衣一袭，命为通政院使。天历元年九月，同丞相燕帖木儿败王禅等兵于红桥，又战于白浮，又战于昌平东，又战于石槽。帝嘉其功，拜荣禄大夫知枢密院事，以世祖常御金带赐之。

和尚，蒙古乃蛮台氏。……天历元年九月，从战通州，以功赏名马。从击犯红桥之兵，手戈刺死二人，败之，夺红桥。及纽泽大夫等力战于白浮，杀其四人。和尚白丞相曰："两军相战，当有辨，今号缨俱黑，无辨，我军宜易以白。"丞相然之。战于昌平栗园，杀二人。又与亚失帖木儿战于石槽，杀三人。十月，从击秃满台儿于檀州南桑口，败之。又从丞相追击其军于檀州之北，有功。十一月，命领八卫把总金鼓都镇抚司事。

卷一百三十八　列传第二十五　燕铁木儿

燕铁木儿，钦察氏，床兀儿第三子……泰定帝崩于上都，丞相倒刺沙专政，宗室诸王脱脱、王禅附之，利于立幼。燕铁木儿时总环卫事，留大都，自以身受武宗宠拔之恩，其子宜篡大位，而一居朔漠，一处南陲，实天之所置，将以启之。由是与公主察吉儿、族党阿刺帖木儿及腹心之士孛伦赤、剌剌等议，以八月甲午昧爽，率勇士纳只秃鲁等入兴圣宫，会集百官……于是封府库，拘百司印，遣兵守诸要害。……丁未，命撒敦以兵守居庸关，唐其势屯古北口。戊申，复令乃马台为北使，称明宗从诸王兵整驾南辕，中外乃安。……己未，上都王禅及太尉不花、丞相塔失帖木儿、平章买闾、御史大夫纽泽等军次榆林。九月……壬申，文宗即位，改元天历，赦天下。……乙亥，次三河，而王禅等军已破居庸关，遂进屯三冢。丙子，燕铁木儿蓐食倍道而还。丁丑，抵榆河，闻帝出都城，将亲督战，燕铁木儿单骑请见，曰："陛下出，民心必惊，凡剪寇事一以责臣，愿陛下亟还宫以安黎庶。"文宗乃还。……己卯，与王禅前军遇于榆河北，我师奋击败之，追至红桥北。王禅将枢密副使阿剌帖木儿、指挥忽都帖木儿引兵会战。阿剌帖木儿执戈入刺，燕铁木儿侧身以刀格其戈就斫之，中左臂。部将和尚驰击忽都帖木儿亦中左臂。二人骁将也，敌为夺气，遂却。因据红桥。两军阻水而阵，命善射者射之，遂退，师于白浮南。命知院也速答儿，八都儿、亦讷思等分为三队，张两翼以角之，敌军败走。辛巳，敌军复合，鏖战于白浮之野，周旋驰突，戈戟戛摩。燕铁木儿手毙七人。会日晡，对垒而宿。夜二鼓，遣阿剌帖木儿、孛伦赤、岳来吉将精锐百骑鼓噪射其营，敌众惊扰，互自相击，至旦始悟，人马死伤无数。明日，天大雾，获敌卒二人，云王禅等脱身窜山谷矣。癸未，天清明，王禅集散卒成列出山，我师驻白浮西，坚壁不动。是夜，又命撒敦潜军绕其后，部曲八都儿压其前，夹营吹铜角以震荡之，敌不悟而乱，自相挝击，三鼓后乃西遁。迟明，追及昌平北，斩首数千级，降者万余人。帝遣赐上尊，谕旨曰："丞相每战亲冒矢石，脱有不虞，其若宗社何！自今后但凭高督战，察将士之用命不用命者以赏罚之可也。"对曰："臣以身先之，为诸将法。敢后者军法从事。托之诸将，万一失利，悔将何及！"是日，敌军再战再北，王禅单骑亡命。也速答儿、也不伦、撒敦追之，就命也速答儿及金院彻里帖木儿统卒三万守居庸关，还至昌平南。俄报古北口不守，上都军掠石槽。丙戌，遣撒敦为先驱，燕铁木儿以大军继其后，至石槽。敌军方炊，掩其不备，直蹂之，大军并进，追击四十里，至牛头山，擒驸马孛罗帖木儿，平章蒙古答失、牙失帖木儿，院使撒儿讨温等，献俘阙下，戮之。各卫将士降者不可胜纪，余兵奔窜。夜遣撒敦袭之，逐出古北口。丁亥，秃满迭儿及诸王也先帖木儿军陷通州，将袭京师，燕铁木儿急引军还。十月己丑朔，日将昏，至通州，乘其初至击之，敌军狼狈走渡潞河。庚寅，夹河而军。敌列植黍秸，衣以毡衣，然火为疑兵，夜遁。辛卯，率师渡河追之。

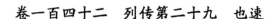

卷一百四十二 列传第二十九 也速

也速，蒙古人，倜傥有能名。由宿卫历尚乘寺提点，迁宣政院参议。……至正二十四年，字罗帖木儿与右丞相搠思监、宦者朴不花有怨，遣兵犯阙，执二人以去，而也速遂拜中书左丞相。七月，字罗帖木儿留兵守大同，自率兵复向阙。京师大震，百官从帝城守，皇太子统兵迎于清河，命也速军于昌平。而字罗帖木儿前锋已度居庸关，至昌平。也速一军皆无斗志，不战而溃。皇太子驰入城，寻出奔于太原。字罗帖木儿遂入京城，为中书右丞相，语具《字罗帖木儿传》。

卷一百五十 列传第三十七 耶律阿海

耶律阿海，辽之故族也。……天资雄毅，勇略过人，尤善骑射，通诸国语。……丙寅，帝建龙旂，即大位，敕左帅阇别略地汉南，阿海为先锋。辛未，破乌沙堡，鏖战宣平，大捷浍河，遂出居庸，耀兵燕北。癸酉，拔宣德、德兴，乘胜次北口，阇别攻下紫荆关。阿海奏曰："好生乃圣人之大德也。兴创之始，愿止杀掠，以应天心。"帝嘉纳焉。遂分兵略燕南、山东诸郡，还驻燕之近郊。金主惧，请和，谕其使曰："阿海妻子，何故拘系弗遣？"即送来归。师还，出塞。甲戌，金人走汴，阿海以功拜太师，行中书省事。

卷一百五十八 列传第四十五 姚枢

姚枢，字公茂，柳城人，后迁洛阳。少力学，内翰宋九嘉识其有王佐略，杨惟中乃与之偕觐太宗。……世祖即位，立十道宣抚使，以枢使东平。既至郡，置劝农、检察二人以监之，推物力以均赋役，罢铁官。二年，拜太子太师。……李璮谋叛，帝问："卿料何如？"对曰："使瓒乘吾北征之衅，濒海捣燕，闭关居庸，惶骇人心，为上策。与宋连和，负固持久，数扰边，使吾罢于奔救，为中策。如出兵济南，待山东诸侯应援，此成擒耳。"帝曰："今贼将安出？"对曰："出下策。"初，帝尝论天下人材，及王文统，枢曰："此人学术不纯，以游说干诸侯，他日必反。"至是，文统果因瓒伏诛。

卷一百七十五　列传第六十二　张珪

张珪，字公端，弘范之子也。……延祐二年，拜中书平章政事，请减烦冗还有司，以清政务，得专修宰相之职，帝从之，著为令。……车驾度居庸，失列门传皇太后旨，召珪切责，杖之。珪创甚，舆归京师，明日遂出国门。珪子景元掌符玺，不得一日去宿卫，至是，以父病笃告，遽归。帝惊曰："乡别时，卿父无病。"景元顿首涕泣，不敢言。帝不怿，遣参议中书省事换住，往赐之酒，遂拜大司徒，谢病家居。继丁母忧，庐墓寝苫啜粥者三年。

卷一百七十六　列传第六十三　刘正

刘正，字清卿，清州人也。……至元十四年，分省上都，会诸王昔里吉叛，至居庸关，守者告前有警急，使姑退，正曰："职当进而弗往，后至者益怯矣。"驰出关，至上都。边将请黄白金符充战赏，主者告乏，中书檄工部造给之，后帝以为欺罔，欲诘治。正曰："军赏贵速，先造符印而后禀命，岂不可乎！"帝释之。

卷一百八十四　列传第七十一　任速哥

任速哥，渤海人。自幼事父母以孝称。性倜傥，尤峭直，疏财而尚气，不尚势利。义之所在，必亟为之，有古侠士风。……致和元年，怀王自金陵迁江陵，俄而泰定帝崩，倒剌沙逾月不立君，物情汹汹，速哥乃与速速从燕帖木儿奉豫王令，率诸豪杰，乘时奋义，以八月四日，执居守省臣，发兵塞居庸诸关，召文武百僚集阙下，谕以翊戴大义，遣使迎怀王于江陵。怀王至京师，群臣请正大统，遂即皇帝位，是为文宗。论功行赏，擢速哥为礼部尚书，速哥辞曰："臣曩备宿卫，南坡之变，不能勇效一死，以报国士之知。今日之举，皆诸将相之力，在臣未足赎罪，又曷敢言功乎！"文宗慰勉之，乃拜命。而其他赏赉，一无所受。

卷二百七 列传第九十四 逆臣

孛罗帖木儿，答失八都鲁之子也。从父讨贼，屡立战功，其语见父传。父既殁，孛罗帖木儿引兵退驻井陉口。……至正二十四年正月，孛罗帖木儿阴使人杀其叔父左丞亦只儿不花，佯为不知，往吊不哭。朝廷知其跋扈，又以匿老的沙事，三月辛卯，诏罢孛罗帖木儿兵权，四川安置。孛罗帖木儿杀使者，拒命，遣部将会秃坚帖木儿提兵犯阙，扬言索右丞相搠思监、资正院使朴不花二人。……四月壬寅，入居庸。乙巳，至清河列营，将犯阙。帝遣达达国师、蛮子院使往问故，乃命屏搠思监于岭北，窜朴不花于甘肃，实执送与之。庚戌，秃坚帖木儿自健德门入，见帝延春阁，恸哭请罪，帝赐宴慰勉，诏赦其罪。仍以孛罗帖木儿为太保、中书平章，兼知枢密院事，守御大同；以秃坚帖木儿为中书平章政事。辛亥，孛罗帖木儿还大同，皇太子恚怒不已，再征扩廓帖木儿兵，保障京师。五月，诏扩廓帖木儿总兵，调诸道军分讨大同。扩廓帖木儿自其父察罕帖木儿在时，与孛罗帖木儿连年相仇杀，朝廷累命官讲和，二军已还兵，各守其地。至是，扩廓帖木儿乃大发兵，诸道夹攻大同，调麾下锁住守护京师，兵不满万，以其部下青军杨同金守居庸，扩廓帖木儿自将至太原，调督诸军。七月，孛罗帖木儿率兵，与秃坚帖木儿、老的沙等复犯阙，京师震骇。丙戌，皇太子亲统兵迎于清河，丞相也速、詹事不兰奚军于昌平。也速军士无斗志，青军杨同金被杀于居庸，不兰奚战败走，皇太子亦驰入城。丁亥夜，锁住胁东宫官僚从太子出奔太原。戊子，孛罗帖木儿兵至，驻健德门外，欲追袭皇太子，老的沙力止之。三人入见帝宣文阁，泣拜诉冤，帝亦为之泣，乃赐宴。庚寅，就命孛罗帖木儿太保、中书左丞相，老的沙中书平章政事，秃坚帖木儿御史大夫。部属将士，布列台省，总揽国柄。

新元史①

《新元史》是近代人柯劭忞所撰的纪传体史书，柯氏以《元史》为底本，斟酌损益，以三十年之功，重加编撰，共二百五十七卷。该书集明、清学者研究元史之大成，北洋政府总统徐世昌将其列入正史，1922年刊行于世。

卷三　本纪第三　太祖下

六年辛未……冬十月，者别乘胜入居庸关，游兵至中都城外。金主欲南奔。会紈军来援，蒙古问乡民："紈军多少？"乡民绐曰："二十万。"者别乃袭金群牧监，驱其马而还。……八年癸酉……秋……八月，者别、古亦捏克等略地怀来，金将完颜纲、术虎高琪拒战，大败之。追至居庸关北口，又败之。金人严兵守隘，熔铁锢关门，布铁蒺藜百余里，大军不能进。帝遣翁吉剌将哈台、布札留攻北口，自率大军绕出紫荆关。金人以奥屯襄守紫荆。比至，帝已逾隘，败金于五回岭，分遣者别、速不台从间道袭居庸南口，克之，金将讹鲁不儿等以北口降，遂取居庸，帝驻跸龙虎台，遣喀台、哈台二将，率五千骑，断中都援路。……九年甲

① 柯劭忞著：《新元史》，中国书店，1988年版。

戌春……三月，金主遣其平章完颜承晖来乞和，帝复遣阿剌浅报之，谕金主曰："山东、河北州县尽为我有，汝所守唯中都耳！天既弱汝，我复迫汝于险，天其谓我何！我今归，汝不能犒军，以弭诸将之怒耶？"金主与廷臣会议，其丞相术虎高琪曰："彼兵力已疲，再与决战，何如？"完颜承晖曰："此孤注也，败则不能复振。不如俟其退，再为战守之计。"金主从之，奉卫绍王女岐国公主及金帛、童男女五百人、马三千匹以献。遣承晖送帝出居庸，至野麻池而返。

卷四　本纪第四　太宗

太宗英文皇帝，讳窝阔台，太祖第三子也。……四年壬辰……夏四月丁巳，金主复使其户部侍郎杨仁奉金帛乞和，速不台城不易下，许之。戊午，金主又使仁赍珍宝来谢。己未，遣没忒入城诏谕金主。是月，车驾北还，留速不台围南京。帝由半渡至真定府。幸中都，出居庸关，避暑于官山。高丽国遣使来贡方物。

卷二十一　本纪第二十一　文宗上

文宗圣明元孝皇帝，讳图帖睦尔，武宗次子也。……致和元年……九月庚申朔，燕铁木儿督师至居庸关，撒敦败上都兵于榆林。……癸酉，燕铁木儿督师于蓟州。……乙亥，立太禧院。梁王王禅陷居庸关。丙子，燕铁木儿还次榆河。车驾出齐化门视师。丁丑，车驾还宫。

卷二十六　本纪第二十六　惠宗四　昭宗

惠宗皇帝，讳妥欢帖木耳，明宗长子也。……二十四年……夏四月甲午朔，命扩廓帖木儿讨孛罗帖木儿。乙未，孛罗帖木儿举兵反。壬寅，孛罗帖木儿遣其将与秃坚帖木儿陷居庸。癸卯，知枢密院事。也速、太子詹事不兰翼与秃坚帖木儿战于皇后店，败绩。甲辰，皇太子奔古北口。乙巳，秃坚帖木儿至清河，京师大震。……秋七月丙戌，孛罗帖木儿入居庸；皇太子军于清河，也速军于昌平，皆不战而溃。丁亥，皇太子奔冀宁。戊子，孛罗帖木儿营于健德门外，与秃坚帖木儿、老的沙入觐于宣文阁。丁丑，朱元璋将徐达陷庐州。戊寅，遣别将常通春徇江西。庚寅，孛罗帖木儿为中书左丞相，老的沙为中书平章政事，秃坚帖木儿为御史大夫，也速知枢密院事。……二十八年……秋七月丁酉，彬州守将左手杨叛降于明。闰月……丙寅，帝御清宁殿，召见群臣，议幸上都。……丁卯，车驾次居庸关，诏右丞相也速入援。

卷四十四　志第十一　五行中

至正十九年，京师鸥号鸟夜鸣达旦，连月乃止。有杜鹃啼于城中，居庸关亦如之。

卷五十六　志第二十三　百官二

隆镇卫亲军都指挥使司。品秩同前。掌屯军徼巡盗贼于居庸关南、北口。都指挥使三员，副使二员，佥事二员，经历二员，知事二员，承发廉磨一员。睿宗在替邸，立南、北口屯军徼巡盗贼，各设千户所。至元二十五年，以南、北口上千户领之。至大四年，升万户府，分钦察、唐兀、贵赤、西域、左右阿带诸卫军三千人并南北口、太和岭旧隘军六百九十三人屯驻东西四十三处，置隆镇上万户府以领之。皇庆元年，升万户府为隆镇卫。置都指挥使三啼，副使二员，佥事二员。延祐二年，又以哈儿鲁军千户所并隶之。四年，置色目经历一员。至治二年，置爱马知事一员。后定置诸员如上。其属：

镇抚所，镇抚二员。

北口千户所，秩正五品。达鲁花赤一员，正五品。千户一员，正五品。百户七员，从六品。

南口千户所，达鲁花赤一员，千户一员，百户一员，弹压一员。

白羊口千户所，达鲁花赤一员，千户一员，百户二员，弹压一员。

碑楼口千户所，达鲁花赤一员，千户一员，百户一员，弹压一员。

古北口千户所，达鲁花赤一员，千户一员，百户六员，弹压一员。

迁民镇千户所，达鲁花赤一员，千户一员，百户六员，弹压一员。

黄花镇千户年，达鲁花赤一员，千户一员，百户六员，弹压一员。

芦儿岭千户所，达鲁花赤一员，千户一员，百户六员，弹压一员。

太和岭千户所，达鲁花赤一员，千户一员，百户六员，弹压一员。

紫荆关千户所，达鲁花赤一员，千户一员，百户六员，弹压一员。

隆镇千户所，达鲁花赤一员，千户一员，百户六员，弹压一员。

卷九十八　志第六十五　兵一

宿卫之制金军之制

皇庆元年，改隆镇上万户府为隆镇卫亲军都指挥使司。初，睿宗尝于居庸关立南北口屯军，至元二十五年以南北口上千户所领之，至大四年始改隆镇上万户府。至是，又改隆镇卫。后又以哈儿鲁千户所隶之。

卷九十九　志第六十六　兵二

镇戍

至元十七年五月，命枢窔院调兵六百人，守居庸关南、北口。

天历元年八月，调诸卫兵守居庸关及卢儿岭，又遣左卫率使秃告将兵屯白马甸，隆镇卫指挥使斡都蛮将兵屯太和岭，又发中卫兵守迁民镇。是时，泰定帝崩，燕帖木儿遣使迎文宗于江陵，故分兵拒守，以御上都。遣隆镇卫指挥使也速台儿将兵守碑楼口，撤敦守居庸关，唐其势屯古北口，河南行省遣前万户孛罗等将兵守潼关。九月……以知行枢密院事也速台儿将兵行视太行诸关，发折叠弩分给守关军士，遣民军守归州峡诸隘。

卷一百　志第六十七　兵三

抽分羊马

延祐元年，中书省奏："前哈赤节次阅讫官牝羊三十余万口，本欲孳生以备支持。因年远，哈赤等将孳生羯羊不肯尽实到官，宜徽院失于整治，致为哈赤等所私用。每岁支持羊口，皆用官钱收买。又每遇抽分时，将百姓羊指作官羊夹带映庇，不令抽分。拟依照原定则例，从实抽分。若有看循作弊，从严究治。哈赤牧放官羊，亦仰从实分拣，除牝羊并带羔羊存留孳生外，应有堪中羯羊印烙，见数拘收，如有隐匿者，从严追断施行。"总计抽分之地，凡十有五，曰，虎北口，南口，骆驼岭，白马甸，迁民镇，紫荆关，丁宁口，铁门关，浑源口，沙净州，忙兀仓，车坊，兴和等处，辽阳等处，察罕脑儿。

卷一百三　志第七十　刑法下　刑律下

蒙古人及僧道讯断法

天历元年，中书省臣言："凡有罪者，既籍其家资，又没其妻子，非古者罪人不孥之意。今后请勿没人妻子。"从之。太尉不花率所部到掠居庸以北，盗入其家杀之，兴和路当盗死罪，刑部议："不花不道，众所闻知，幸为盗杀，而本路隐其残剽之罪，独以盗闻，于法不当。"中书省臣以闻，帝从其议。

卷一百十三　列传第十　世祖诸子上　王禅

松山，至元三十年，以皇曾孙出镇云南，赐以其父粱王印。……子王禅。英宗即位，封云南王，继其父任。泰定帝即位，诏赴阙廷。泰定元年，赐车、帐、驼、马。十月，进封梁王……致和元年，泰定帝崩，奔丧上都。八月，与石丞相塔失帖木儿等分兵讨大都。九月，与燕铁木儿弟撒敦战于榆林，失利，退次杯来。复分兵袭破居庸关，前锋与燕铁木儿战于榆河，塔失帖木儿有贰心，逗遛不进，王禅退驻红桥，副枢阿剌帖木儿、指挥忽都帖木儿来援，兵复振。庚辰，与燕钱木儿战于白浮，天雾敛兵入谷，相持数日。撒敦、脱脱木儿乘夜袭之，军大溃，王禅单骑亡去。十一月，被获，为文宗所杀。

卷一百二十三　列传第二十　者别

者别，别速特氏。托迈力汗第九子钦达台之后也。……太祖即位……六年，太祖自将伐金，以者别与亦古捏克为前锋，拔乌沙堡、乌月营。至居庸关，金人守御甚固，者别遂回军诱敌，金人悉出追之，大败。者别入居庸，抵中都城下。复攻东京，不拔，夜引去。时已岁除，金人谓大军已退，不设备。逾数日，者别倍道疾趋，突入其城，大掠而还。八年，金兵复守居庸，仍为者别所取。……十九年，术赤西行，者别与速不台归术赤部兵，自率所部东返。中道卒。

卷一百二十四　列传第二十一　怯台

术赤台，有胆略，勇冠一时。始附札木合，后见札木合残暴，与忙兀特部长畏答儿各率所部归于太祖。……术赤台子怯台，有才武，与父同时封千户。从太祖伐金与宏吉剌人薄察，别将疑兵屯居庸北口。者别绕攻南口，克之，遂入居庸。及攻中都，怯台与哈台将三千骑驻近郊，以断援兵之路。怯台以父佐命功封郡王。二子：曰端真，曰哈答。怯台卒，端真嗣封。

卷一百二十六 列传第二十三 曲出

曲出，蔑儿乞氏。年五岁，太祖伐蔑儿乞得之，太后养以为子。太祖即位，分太后及皇弟斡真处一万户，委付四人，曲出居其一。后从太祖伐金，战于居庸北口。曲出与拖雷横冲其阵，大败金将亦列等，太祖厚赏之。

卷一百三十一 列传第二十八 阿剌浅

阿剌浅，西域赛夷氏。赛夷者，西域族长之名，因以为氏。又称札八儿火者。火者，其官名也。……太祖灭王罕及乃蛮太阳罕，欲伐金，乃遣阿剌浅使于金以觇之，金人不为礼。然往返之间，尽得金人虚实及道路之险易，太祖遂自将伐金。金人恃居庸之险，冶铁锢关门，布铁蒺藜百余里，以精兵守之。太祖召阿剌浅问计，对曰："从此而西有间道曰紫荆口，骑行可通，臣尝过之。若勒兵出此，一日便至。"太祖留喀台布札与金守将相持，今阿剌浅前导，疾赴紫荆口。金人闻之。遣奥敦他兵拒守。比至，太祖兵已度隘，逆战于五回领，大破之。时喀台等亦入居庸关。遂尽得金之险要。后太祖入中都，览山川形势，谓左右曰："朕得至此者，阿剌浅之功也。"又谓剌浅曰："汝引弓四射，随箭所落，悉以地界汝。"太祖北还，留阿剌浅与石抹明安等守中都，授黄河以北铁门以南天下都达鲁花赤，赐养老一百户。……太宗即位，设诸色站赤，命阿剌浅与脱忽察儿董其事。卒，年百十有八岁。

卷一百三十五 列传第三十二 耶律阿海

耶律阿海，金桓州尹撒八儿之孙，尚书奏事官脱迭儿之子也。……太祖即位，敕大将者别略地漠南，阿海为先锋。六年，从破乌沙堡。八年，从拔宣德，乘胜次居庸北口。阿海奏曰："好生乃圣人之德，愿止杀掠，以应天心。"帝嘉纳焉。遂分兵略燕南,山东诸路,还驻中都近效。金主惧,请和。太祖谕其使曰:"阿海妻子,佑故拘系弗遣?"金人即归其妻子。九年拜太师,行中书省事。从帝攻西域,拔布哈尔、撒马尔干等城,留监撒马尔干。未几,以疾卒,年七十三。至元十年,追谥忠武。

卷一百三十九 列传第三十六 宏珪

宏范,字仲畴。……子珪。珪,字公瑞。……皇庆元年,拜荣禄大夫、枢密副使。……是年十二月,拜中书平章政事……是时车驾幸上都,已度居庸,皇太后宫幄在龙虎台,遣失列门召珪切责,杖之,珪创甚,舆归京师,明日遂出国门。珪子景元符玺,以父病笃告,遽归。帝惊曰:"向别时,卿父无病。"景元顿首涕泣,不敢言。……四年,卒。

卷一百五十四 列传第五十一 别吉连

拔都儿……定远大将军。大德元年,卒。子别吉连袭。……致和元年,从增帖木儿入中书省,拎平章政事乌伯都剌等,迎立文宗。使别吉连领卫军,守居庸关诸害。天历元年十月,梁王王禅兵掩至关头山,势张甚,别吉连从燕帖木儿击之,突入其军,王禅败走。文宗赐御辞。

卷一百五十七 列传第五十四 姚枢

姚枢,字公茂,本柳城人,后迁河南洛阳。……有王佐之才。……中统三年,拜太子太师。枢固辞。改大司农。……李璮叛,帝问:"卿料何如?"对曰:"使璮乘吾北征之衅,濒海捣燕京,闭居庸关,惶骇人心,为上策。与宋连和,负固持久,数扰边,使吾罢于奔命,为中策。如出兵济南,待山东诸侯应援,此成擒耳。"帝曰:"今贼将安出?"对曰"出下策。"初,帝尝论天下人材,及王文统,枢曰:"此人学术不纯，以游说干诸侯，他日必反。"至是，文统果与璮通谋，伏诛。……至元十七年，卒，年七十八。谥曰文献。

卷一百六十 列传第五十七 也速迭儿

也速迭儿，袭蒙古军万户。天历初，有拥戴功，由河南行省参知政事拜知枢密院事。帅所部败上都将秃满迭儿于通州，梁王王禅于北皇后店。又从燕铁木儿，败忽都帖木儿等于白浮村，败昔宝赤兵于昌平州北，留守居庸北口。录行院事，御陕西军，获其西台御史大夫也先帖木儿。明年，复拜山东，河北蒙古军万户，奉命讨囊家台，以病不行。十月，拜河南行省平章政事，兼山东蒙古军大都督，入为集贤大学士。卒。

卷一百六十四 列传第六十一 孛罗帖木儿

孛罗帖木儿，从父讨贼，屡立功。答失八都鲁卒，引兵退驻井陉。……至正二十四年四月壬寅，入居庸。癸卯，知枢密院事也速、詹事不兰奚逆战于皇后店。不兰奚力战，也速不援而退，不兰奚几为所获，遂大败。……五月，诏扩廓帖木儿总诸道兵，分讨大同。……调麾下白锁住守护京师，兵不满万，以其部下青军杨同金守居庸，扩廓帖木儿自将至太原，调督诸军。

卷一百七十九 列传第七十六 燕帖木儿

燕帖木儿，事武宗于潜邸，宿卫十余年，特见爱幸……皇庆元年，袭左卫亲军都指挥使。泰定二年，加太仆卿。三年，迁同金枢密院事，进金书枢密院事。……致和元年秋七月，泰定帝崩，燕帖木儿方总环卫事，留大都，乃与继母察吉儿公主及其党阿剌帖木儿、孛伦赤、剌剌等密议迎文宗立之。八月甲午……募死士，买战马，运京仓粟以馈之，复遣使征各行省之军资器械。……燕帖木儿弟撒敦、子唐其势在上都，密遣塔失帖木儿召之，皆弃其妻子来奔。……以撒敦守居庸关，唐其势守古北口。……丁巳，文宗至京师，居大内。……壬申，文宗即位。封燕帖木儿太平王……诏将大军拒秃满迭儿于蓟州。次三河，而王禅等军已破居庸关，进屯三家。燕帖木儿乃蓐食倍道而还。……与王禅前军遇于榆河，败之，追至红桥北。王禅……遂退师白浮。燕帖木儿夜遣裨将阿剌帖木儿、孛罗伦赤、岳来吉将百骑鼓噪射其营，敌惊扰，自相蹂躏，王禅等弃甲北走。越数日，王禅复集散卒来攻，燕帖木儿坚壁不出。是夜，命撒敦脱脱木儿伏敌营前后，吹铜角为夹攻之势，王禅复遁。迟明。追及于昌平北，斩首数千级，降者万余人。……是日，还至昌平。……十月……燕帖木儿循北山而西……是日凯旋入都，帝大悦……天历二年二月，迁御史大夫……太平王。……至顺四年……荒淫日甚，体羸溺血而卒。

卷二百一 列传第九十八 刘正

刘正，字清卿，清州人。……至元十四年，分省上都。会诸王昔里吉叛。至居庸关，守者告前有警急，正曰："吾不往，后至者益怯矣。"驰出关，至上都。……武宗即位，召为中书左丞，迁右丞。二年，立尚书省，复谢病归。……延祐六年卒。

卷二百四 列传第一百一 倒剌沙

倒剌沙，西域人。事泰定帝于潜邸，为王府内史，深见亲信。……致和元年秋七月庚午，帝崩于上都，倒剌沙受顾命立皇太子阿速吉八……金知枢密院事燕帖木耳留守大都，谋立武宗之子……严兵守居庸关、古北口……倒剌沙奉皇后命，发兵讨燕帖木儿……九月……梁王王禅袭破居庸关，游兵至大口，燕帖木儿与战于红桥之北，又大战于白浮之野，梁王败走昌平，倒剌沙复遣知枢密院事竹温台以兵入古北口。……是月，怀王已至大都，称尊号，改天元历。四方多拒不受命。冬十月……辽东兵复入古北口。燕帖木儿以上都兵南下，守备空虚，覆其根本，则四方瓦解，乃遣齐王月鲁帖木儿径袭上都，梁王王禅遁，辽王脱脱战死。倒剌沙肉祖奉玉玺出降，至京师，下之狱。……十二月，倒剌沙及马某沙等皆弃市，磔其尸。

卷二百五　列传第一百二　教化　者燕不花

教化，阿速氏。……天历元年八月，从丞相燕帖木儿战居庸北，有功。……子者燕不花，初事仁宗为速古儿赤。英宗时，为进酒宝儿赤。天历元年，迎文宗于河南，赐白金、彩段，命为温都赤。九月，往居庸关侦敌，道逢二人，谓探马赤诸军曰："今北兵且至，其避之。"者燕不花恐摇众心，即拔所佩刀斩之。授兵部郎中，招集阿速军四百余人。十月，进兵部尚书，赐双珠虎符，领军六百人，从丞相燕帖木儿于檀子山击败秃满迭儿。迁大司农丞，卒。

卷二百七　列传第一百四　陈颢

陈颢，字仲明，其先信安人。五世祖山，仕金为谋克监军，大安初，安居庸关，降于太祖，授平阳、太原等路军民都元帅，以年老致仕。……颢幼颖悟，日诵千余言。稍长，游京师……　　文宗即位，复起为集贤大学士……元统初，扈从上都，至龙虎台，惠宗召见，握颢手言："卿累世老臣，更事多，凡议政事宜，极言无隐。"颢顿首谢。……至元四年致仕，命食全俸于家。明年卒，年七十六。

卷二百十五　列传第一百十一　也速

也速，蒙古人。……至正二十四年，孛罗帖木儿犯阙，拜也速中书左丞相。七月，孛罗帖木儿留兵守大同，自率兵至京师。命也速军于昌平御之。孛罗帖木儿前锋已度居庸关，也速军无斗志，不战而溃，皇太子寻出奔于太原。……二十九年三月，也速率精骑四万袭通州，不克……六月……明兵遂入上都。……惠宗崩，皇太子奔和林，也速卒于漠北。

卷二百二十　列传第一百十六　扩廓帖木儿

扩廓帖木儿，本王氏，小字保保，惠宗赐名扩廓帖木儿。……至正二十八年十月，进封扩廓帖木儿为齐王。时明兵已定大都，使汤和徇山西，扩廓帖木儿拒之，败明兵于韩店。会帝命扩廓帖木儿收复大都，扩廓帖木儿奉诏北出雁门，将逴居庸以窥大都。明徐达、常遇春乘虚袭太原，扩廓帖木儿还师救之。……遗土皆入于明矣。惟扩廓帖木儿拥兵塞上，时时侵略西北边，明人患之。……宣光五年，扩廓帖木儿从昭宗徙金山。五月，卒于哈喇那。

元一统志①

《元一统志》，原名《大元大一统志》，是元代官修全国性地理总志。大德七年（1303年）成书，共六百册，计一千三百卷，书成后藏于秘府，至正六年（1346年）始刊行。至清中叶，该书已散佚不全。新中国成立后，赵万里在金辑本基础上，增补佚文，编为十卷，于1966年由中华书局出版。

卷一　大都路

山川

狼山，在昌平县西北四十里。按《唐书·地理志》：东北有古阳夏

---

① 〔元〕孛兰肹等撰，赵万里校辑：《元一统志》，中华书局，1966年版。

川。今大都所上图册云：居庸之北，古有防御军阳下川也。有狼山。

古迹

军都故城在昌平县，略存古迹《永乐大典》四六五七天字引《元一统志》。

居庸关，按淮南子曰：天下有九塞，居庸其一焉。后汉光武使者入上谷，耿况迎于居庸关是也。南俯临军都，亦谓之军都山。元和郡县志：军都山在昌平县西北十里。后汉尚书卢植尝隐此山，刘玄德等皆修弟子之礼。今大都所上图册：居庸关在昌平县四十里，过者瞻仰焉。

燕山八景：太液秋波、琼岛春阴、居庸叠翠、玉泉垂虹、金台夕照、卢沟晓月、西山霁雪原脱。上六景，据《寰宇通志》一补、蓟门飞雨《日下旧闻考》八引《元一统志》。

宦迹

耿况，汉光武时彭宠据渔阳作乱，况引兵击宠，取军都，天子嘉况功封牟平侯。

大元混一方舆胜览①

《大元混一方舆胜览》为现存唯一一部完整元代地理总志，分上中下三卷，原不著作者名，经考原编者为宋末元初人刘应李，改编者为詹友谅。刘应李，建宁建阳（今福建南平建阳区）人，曾任建阳主簿，入元不仕，建化龙书院聚徒讲授。詹友谅，福建建安（今福建南平建瓯县）人，史志无传，或为刘应李学生。

---

① 〔元〕刘应李原编，詹友谅改编，郭声波整理：《大元混一方舆胜览》，四川大学出版社，2003 年版。

卷上　腹里

直隶省部　大都路

大兴府

【县名】大兴。宛平。良乡。永清。宝坻。昌平。

【形胜】地博大以爽垲。同上：过幽都以垂览兮，〔观〕禹迹之经营，地博大以爽垲兮，亘绳直而砥平。①一大都会《郡国志》。天府之国苏秦说燕文公曰："燕地方二千里，带甲数十万，此为天府之国。"燕有三关三关者，曰松亭，曰古北，曰居庸。而平州之东又有榆关，凡此数关，一夫守之，可以当百。燕之重，以有关限之蔽也。平州与燕山异路，旧属燕，即右北平郡地也。

【景致】菩萨山宛平西北五十里。垣墙山。桃谷山昌平。汤山昌平。绵山昌平东。粟山昌平北。狼山。军都山一名居庸，汉卢植隐此，刘玄德修弟子礼……燕山八景蓟门飞雨，琼岛春阴，太液秋风，卢沟晓月，居庸叠翠，玉泉垂虹，道陵西照，西山晴雪……双塔故城昌平南十五里。大口故城昌平南五十五里。军都故城昌平南四十五里。

长春真人西游记②

《长春真人西游记》是研究13世纪漠北、西域史地及全真道历史的重要资料。该书主要记载了长春真人邱处机应成吉思汗之请，西行所经山川道里及沿途所见风土人情，兼及邱处机生平。作者李志常，为邱氏弟子。

---

① 出自范镇《幽都赋》。
② 〔元〕李志常撰：《长春真人西游记》，商务印书馆，1935年版。

卷上

　　父师真人长春子，姓邱氏，名处机，字通密，登州栖霞人。……戊寅之前，师在登州……明年，住莱州昊天观。……其年八月，江南大帅李公全、彭公义斌来请，不赴。……居无何，成吉思皇帝遣侍臣刘仲禄悬虎头金牌，其文曰："如朕亲行，便宜行事。及蒙古人二十辈，传旨敦请。"师蹰躇间，仲禄曰："师名重四海，皇帝特诏仲禄，逾越山海，不限岁月，期必致之。"师曰："兵革以来，此疆彼界，公冒险至此，可谓劳矣。"仲禄曰："钦奉君命，敢不竭力？仲禄今年五月，在乃满国兀里朵得旨。六月，至白登北威宁，得羽客常真谕。七月，至德兴，以居庸路梗，燕京发士卒来迎。八月，抵京城。……冬十有二月，同至东莱，传皇帝所以宣召之旨。"师知不可辞，徐谓仲禄曰："此中艰食，公等且往益都，俟我上元醮竟，当遣十五骑来。十八日即行。"于是，宣使与众西入益都，预选门弟子十有九人，以俟其来。如期骑至，与之俱行。……（二月）二十二日，至卢沟，京官、士、庶、僧、道郊迎。……四月上旬，会众请望日醮于天长……时方大旱，十有四日，既启醮事，雨大降。……醮竟，宣使刘公从师北行，道出居庸，夜遇群盗于其北，皆稽颡以退。且曰：无惊父师。五月，师至德兴龙阳观度夏，以诗寄燕京士大夫云：登真何在泛灵槎？南北东西自有嘉。碧落云峰天景致，沧波海市雨生涯。神游八极空虽远，道合三清路不差。弱水纵过三十万，腾身顷刻到仙家。

卷下

　　（三月）十日，辞朝行。……六月二十一日，宿渔阳关……十一月望，宋德方等以向日过野狐岭见白骨所发愿心，乃同太君尹千亿醮于德兴之龙阳观，济渡孤魂。……十二月……甲申，趁二月朔，醮于缙山之秋阳观。观在大翻山之阳，山水明秀，松萝烟月，道家之地也。……燕京行省金紫石抹公、宣差便宜刘公以下诸官，遣使恳请师住大天长观。许之，既而以驿召，乃度居庸而南，燕京道友来迎于南口神游观。明旦，四远父老士女以香花导师入京，瞻礼者塞路。初，师之西行也，众请还期。师曰：三载归，三载归。至是，果如其言。以上七日入天长观，斋者日千人。

文献通考[①]

《文献通考》是宋元时马端临编撰的一部典章制度专书，因"引古经史谓之'文'，参以唐宋以来诸臣之奏疏，诸儒之议论谓之'献'，故名曰《文献通考》"。全书共三百四十八卷，断限自上古至宋宁宗时期，与《通典》《通志》合称为"三通"。

卷一百五十　兵考二　兵制

建武六年，诏罢郡国都尉，并职太守，无都试之法，惟京师款兵如故。七年，罢天下轻车、骑士、材官、楼船及军假吏，悉还民伍，惟更赋如故。九年，省关都尉。十三年，罢左右将军。二十二年，罢诸边郡亭候吏卒。

光武罢都尉，然终建武之世，已不能守前法。罢尉省校，辄复临时补置。……明帝以后，又岁募郡国中都官死罪系囚出戍，听从妻子，自占边县以为常。凡徙者，皆给弓弩衣粮，于是北胡有变则置度辽营明帝时；南蛮或叛，则置象林兵和帝时；羌犯王辅，则置长安、雍二尉安帝

---

① 〔元〕马端临撰：《文献通考》，中华书局，1986 年版。

时；鲜卑寇居庸，则置渔阳营安帝时。其后盗作缘海，稍稍增兵顺帝时，而魏郡、赵国、常山、中山六百一十六坞，河内通谷冲要三十三坞，扶风、汉阳、陇道三百坞《西羌传》，置屯多矣。

卷一百七十二　刑考十一　赦宥

晋武帝泰始元年，受禅即位，大赦。……惠帝即位，大赦。……（永平）四年，赦寿春、上谷、居庸、上庸地震被灾者。

卷三百二　物异考八　山崩　地陷　地移　地长　川竭

（晋）惠帝元康四年……八月，居庸地裂，广三十六丈，长八十四丈，水出，大饥。上庸四处山崩地坠，广三十丈，长一百三十丈，水出杀人。皆贾后乱朝之应也。

卷三百十六　舆地考二　古冀州

古冀州历代沿革之图

……

汉时为郡国二十四、县三百七十三。

……

上谷郡十五县沮阳、泉上、潘、军都、居庸、雏瞀、夷舆、下落、昌平、广宁、涿鹿、且居、茹、女祁、宁。

晋时为郡国二十九、县一百九十五。

……

上谷郡二县沮阳、居庸。

……

宋时为州五十、县一百九十二

……

幽州，古之幽州，盖舜分冀州为之，置十二牧，此其一也。言北方太阴，故以幽冥为号。幽州，因幽都山以为名也。《山海经》有幽都山，今列北荒矣。昔颛顼都于帝邱，其地北至幽陵，即此。殷复省幽州入冀州。……初武王定殷，封召公奭于燕。及秦灭燕，以其地为渔阳、上谷、右北平、辽西、辽东五郡。汉高帝分上谷郡置涿郡。武帝置十三州，此为幽州领郡、国十……晋亦置幽州。领郡、国七，治于涿，今范阳县。晋乱，陷于石勒、慕容俊、苻坚，后入于魏，其后分割不可详也。今之幽州谓范阳郡，古涿鹿也。应劭曰"黄帝与蚩尤战于涿鹿"是也。即燕国之都焉，谓之渤、碣之间，亦一都会也。蓟县，燕之所都。渤，即渤海郡。碣，碣石也。秦为上谷郡之地。……唐为幽州，或为范阳郡，又为大都督府。后唐为卢龙节度。石晋初，没于契丹。至宋，仅得永清县，置霸州；得卢台军地，置乾宁军；余悉为契丹所有。契丹改为燕山府，建为燕京，以辖檀、顺、景、蓟、涿、易六郡，号为燕京路。宣和间，与金合兵攻契丹。五年，以其地来归。七年，金入寇，郭药师以燕山叛降之，遂没于金。绍兴二十年，金主亮徙都之，改为大兴府，号中都。唐贡绫、绵、绢、角弓、人参、栗。领县九，治蓟。

蓟燕国都，碣石宫。汉为蓟县。旧置燕都。有桑干水。慕容俊都于此地。

幽都本蓟县地。隋于营州之境汝罗故地置辽西郡，以处粟末鞨羁降人。武德元年曰燕州，领三县：辽西、泸河、怀远。土贡：豹尾。寻省泸河。六年，自营州迁于幽州城中，以首领世袭刺史。贞观元年，省怀远。开元二十五年，徙治幽州北桃谷山。天宝元年，曰归德群。建中二年，为朱滔所据，因废为县。

……

昌平汉旧县。古居庸关在县西。《淮南子》云"天下九关塞"，居庸是其一也。旧置东燕州。有狼山。

卷三百四十一 四裔考十八 匈奴

（建武）十三年，遂寇河东，州郡不能禁止。于是渐徙幽、并边人于常山关、居庸山以东汉常山关居代郡，今安边、马邑郡即汉代郡。汉居庸关在今妫川郡怀戎县，匈奴左部遂复转居塞内。朝廷患之，增缘边兵郡数千人，大筑亭障，修烽火。匈奴入寇尤深。二十年，遂至上党今上党、乐平、高平、阳城郡地，扶风今扶风、汧阳、新平，天水。二十一年，复寇上谷、中山今博陵郡，杀掠甚众，北边无复宁岁。

扈从集①

《扈从集》是元代周伯琦扈从元世祖忽必烈自大都城，经昌平、南口，北巡上京时，撰写的诗文集。周伯琦，饶州鄱阳人，元代书法家、文学家，官至兵部尚书、浙西肃政廉访使等职。

前序

至正十二年岁次壬辰四月，予由翰林直学士、兵部侍郎拜监察御史。视事之第三日，实四月二十六日，大驾北巡上京，例当扈从。是日启行，至大口留信宿。历皇后店、皂角，至龙虎台，皆巴纳也。国语曰巴纳者，犹汉言宿顿所也。龙虎台在昌平县境，又名新店，距京师仅百里。五月一日，过居庸关而北，遂自东路至瓮山。明日至鸡坊，在缙山县之东。缙山，轩辕缙云氏山，山下地沃衍，宜粟，粒甚大，岁供内膳，今名龙

---

① 〔元〕周伯琦撰：《近光集》，清钦定四库全书本。

庆州者，仁庙降诞其地故也。

后序

车驾既幸上都，以是年六月十四日，大宴宗亲世臣环卫官于西内棕殿，凡三日。七月九日，望祭园陵竣，事属车辕皆南向，彝典也。遂以二十二日发上都而南……由兴和行三十里过野狐岭，岭上为巴纳，地甚高，风寒凛栗不可留。山石荦确，中央深涧，夏秋多水，东南盘折而下，平地则天气即暄，至此无不减衣者。……又五十里至顺宁府……南过鄂勒岭，路多乱石，下临深涧，险阻可畏。涧黄流浩汗，东南数百里穿居庸关，流至京城南卢沟合众水，势甚大，名为浑河，每岁都水监专其事，否则为患不小。岭路参互，四十里至鸡鸣山……又南二十里乃平地曰雷家驿……又二十里至统幕……自怀来行五十五里至妫头，又十里至居庸关，关南至昌平龙虎台，又南则皇后店、皂角、大口焉。遂以八月十三日至京师，凡历巴纳二十有四，为里一千九十又五，此辇路西还之所经也。北自上都至白海，南自居庸至大口，已见前序，故得而略，独详其所未经者耳。

岭北纪行[①]

《岭北纪行》又名《边堠纪行》，张德辉著。张德辉字耀卿，号颐斋，山西太原人。金末为御史台掾。忽必烈即帝位后，为河东宣抚使。至元三年（1266年）参议中书省事。有经邦济世之才。晚年与元裕、

---

① 〔金〕张德辉著，姚从吾注：《岭北纪行足本校注》。《古今游记丛钞》第十一册《边堠纪行》，中华书局，1923年版。

李冶同游于封龙山，号称"龙山三老"。享年八十岁而终。

　　岁丁未夏六月初吉，赴召北上。发自镇阳。信宿过中山，时积阴不雨。有顷开①霁，西望恒山之绝顶，耸拔若青盖然。自余诸峰，历历可数。因顾谓同侣曰："吾辈此行，其速返乎？此退之衡山之祥②也。"翌日出保塞，过徐河桥，西望琅山，森若剑戟，而葱翠可挹。已而由良门、定兴抵涿郡，东望楼桑蜀先主庙。经良乡，度泸沟桥以达于燕。居旬日而行，北过双塔堡、新店驿，入南口，度居庸关。出关之北口，则西行经榆林驿、雷家店，及于怀来县。县之东有桥，中横木，而上下皆石。桥之西有居人聚落，而县郭芜没。西过鸡鸣山之阳，有邸店曰平舆，其巅建僧舍焉。循山之西而北，沿桑干河以上。河有石桥，由桥而西，乃德兴府道也。北过一邸曰定防，水经石梯子，至宣德州。复西北行，过沙岭子口，及宣平县③驿。出得胜口，抵扼胡岭，下有驿曰孛落。自是以北，诸驿皆蒙古部族所分主也。每驿各以主者之名名之。由岭而上，则东北行，始见毳幕毡车，逐水草畜牧而已，非复中原之风土也。

秋涧集④

　　《秋涧集》为元代王恽撰写的诗文集。王恽，卫州路汲县（今河南卫辉）人，历官少中大夫、承直郎、通议大夫、知制诰同修国史、中奉大夫等职。大德八年（1304年）卒，追封太原郡公。

---

① 一作则。
② 一作神。
③ 一作抵。
④ 〔元〕王恽撰：《秋涧集》，清钦定四库全书本。

卷八十　中堂事记上

（中统二年）二月癸巳朔五日丁酉，行省官奉旨北上。后三日，恽与偕行者周定夫，巳刻，遇河南经略使史公于居庸南口。相与迎谒道左。公问玛相所在，曰："次西南土楼村。"公相见而去。知车驾回銮，北兵已败，遁去，行者居者为熙然也。前次北口店，复有旨"山北寒冱，可缓来"，遂还。是日，遇张国公于中店，说见赍亡金实录赴省呈进。省官时缮写进读大定政要，得此更为补益之。

……

三月壬戌五日丙寅未刻，丞相玛公与同僚发自燕京。是夕宿通玄北郭。偕行者都事杨恕、提控珠嘉谦、详定官周止、省掾王文蔚、刘杰。六日丁卯，午憩海店，距京城廿里。凡省部未绝事物，于此悉行决遣。是晚宿南口新店，距海店七十里。戊辰卯刻，入居庸关。世传始皇北筑时，居庸徙于此，故名。两山巉绝，中若铁峡，少陵云"硤形藏堂隍，壁色立积铁"者，盖写真也。控扼南北，实为古今巨防。午憩姚家店。是夜宿北口军营。月犯东井钺星。或者云，斧钺用兵之兆。距南口姚店三十里而远。己巳辰亥刻，度八达岭，于小雨间俯望燕城，殆井底然。出北口，午憩棒棰店。天容日气，与山南绝异，以暄凉校之，争逾月矣。

卷一百　玉堂嘉话

纪行张参议耀卿

岁丁未夏六月初吉，赴召北上……翌日，出保塞，过徐河桥，西望琅山，森若剑戟而葱翠可挹。已而由良门、定兴抵涿郡，东望楼桑蜀先主庙。经良乡，度泸沟桥，以达于燕。居旬日而行，北过双塔堡、新店驿，入南口，度居庸关。出关之北口则西行，经榆林驿、雷家店，及于怀来县。

庚申外史①

《庚申外史》，又名《庚申帝史外闻见录》《庚申大事记》，是元末明初权衡编撰的一部编年体史书。庚申帝即元顺帝妥欢贴睦尔，因生于庚申年，故名。

卷下

己亥 至正十九年

京师大饥，民殍死者几百万。十一门外各掘万人坑掩之，鸥鸮百群，夜鸣至晓，连日乃止。又居庸关子规啼。太子召指空和尚，问民饥馑何以疗之，指空曰："海运且至，何忧？"秋，福建运粮数十万至京师。

戊申 至正二十八年

六月，大雷雨电，雨中有火，烧白塔寺。先是，七月二十一日，大军自通州进兵，克永平，也速军溃。于是檀、顺、会、利、大兴等处，以次皆降附焉。大军又攻潼关，张、李、脱、孔四军，亦皆溃而西矣。朝廷闻关、貊军败被擒，大惊，遽罢抚军院，归罪太子，杀伯元臣李辅国，尽复扩廓旧有爵位。差哈完太子来督扩廓，出援燕京，且勤王御敌。扩廓得诏，乃提军向云中。……后七月二十七日，大军至通州。帝得报大惧，即日委（怀）〔淮〕王帖木儿不花、丞相庆童留守大都。二十八夜，帝即卷其女子玉帛，出居庸关，遁入上都。八月三日，大军至齐化门外，一鼓而克全城。

---

① 〔元〕权衡编：《庚申外史》，清道光二十八年海山仙馆丛书本。

析津志①

《析津志》为记述今北京地区的一部专门志书，由元人熊梦祥著。析津本古冀州之地，辽代始称南京（今北京）为析津府，故以析津名之。原书已佚，后自《永乐大典》等古籍中辑佚而成，于1983年出版，名《析津志辑佚》。

古迹
半山亭

在居庸关内。行一半则见之。

岁纪

九月登高簪紫菊，金莲红叶迷秋目，万乘时还劳万福。麾幢矗，云和乐奏归朝曲。三后銮舆车碌碌，宝驰象轿香云簇，玉斧内仪催雅卜。天威肃，爨人早已笼银烛。大驾于八月内或九月初，自李陵台一纳钵之后，次第而至居庸关南佛殿，亦上位自心创造，并过街三塔，雄伟据高，穹碑屹立。西则石壁，东则陟峻深壑，蔚为往来之具瞻，界截天堑，古今重名，此其一也。过此有黄堠店，人烟凑集，回视山北景物则不侔矣。至龙虎台，高眺都城宫苑，若在眉睫。上位、三宫、储君至此，千官、百辟、万姓多人仰瞻天表，无不欢忭之至。再一纳钵即三疙疸也。

属县

昌平县

---

① 〔元〕熊梦祥撰：《析津志辑佚》，北京古籍出版社，1983 年版。

山川

居庸关

在西北四十里。天下山皆出昆仑，其高一千里，犹人之有顶也。上党为之脊，由上党而西则为北条、中条、南条，直入终南，陇蜀相接，牂牁越寯入于南海。东则膺韩腹、赵喉、魏口，然跨辽东负绝汉，连亘数千里，入于三韩、肃慎、高句丽。居庸在直都城之北，中断而为关，南北三十里，古今夷夏之所共由定，天所以限南北也。每岁圣驾行幸上都，并由此涂，率以夜度关，跸止行人。到笼烛夹驰道而趋，南龙虎台，北棒搉店，皆有次舍，国言谓之纳钵关。置卫领之以司出入。至正二年，今上始命大丞相阿鲁图，左丞相别儿怯不花创建。过街塔在永明寺之南，花园之东，有穹碑二，朝京而立。车驾往回或驻跸于寺，有御榻在焉。其寺之壮丽，莫之与京。关之南北有三十里，两京扈从大驾春秋往复，多所题咏。今古名流并载于是。《顺天府志》引《析津志》

过街塔铭

欧阳玄文。关旧无塔，玄都百里，南则都城，北则过上京，止此一道，昔金人以此为界。自我朝始于南北作二大红门，今上以至正二年，始命大丞相阿鲁图、左丞相别儿怯不花等创建焉。其为壮丽雄伟，为当代之冠，有敕命学士欧阳制碑铭。皇畿南北为两红门，设扃钥、置斥候。每岁之夏，车驾消暑滦京，出入必由于是。今上皇帝继统以来，频岁行幸，率遵祖武。一日，揽辔度关，仰思祖宗勘定之劳，俯思山川拱抱之状，圣衷惕然，默有所祷，期以他日即南关红门之内，因山之麓，伐石甃基，累甓跨道，为西域浮图，下通人行，皈依佛乘，普受法施。乃至正二年二月二十一日，以宿昔之愿，面谕近臣旨意若曰：朕之建塔宝，有报施于神明，不可爽然，而调丁匠以执役，则将厉民用，经常以充费，则将伤财。今朕辍内帑之资以助缮，俶工市物，厥直为平，庶几无伤财厉民之虑，不亦可乎？群臣闻者，莫不举首加额，称千万寿。于是申命中书右丞相阿鲁图、左丞相别儿怯不花、平章政事铁不儿达识、御史大夫太平总提其纲，南里剌麻其徒曰亦恰朵儿、大都留守赛罕、资政院使金刚吉、太府监卿普贤吉、太府监提点八剌室利等，授匠指画，督治其工，卜以是年某月经始。山发珍藏，工得美石，取给左右，不烦挽输，为费倍省；堙高埋卑，以杵以械，塘坚且平。塔形穹窿，自外望之，揄相奕奕。人由其中，仰见图覆，广壮高盖，轮蹄可方。中藏内典宝诠，用集百虚以召诸福。既而缘崖结构，作三世佛殿，前门翚飞，旁舍棋布，赐其额曰大宝相永明寺。势连岗峦，映带林谷，令京城风气完密。如洪河之道，中原砥柱，以制横溃；如大江之出三峡，激滟以遏奔流。又如作室，北户加堨，岁时多燠。由是邦家大宁，宗庙安妥；本枝昌隆，福及亿兆，咸利赖焉。五年秋，驾还自滦京，昭睹成绩，乃作佛寺行庆讲仪。明年三月二十日，中书左丞相别儿怯不花、平章政事纳璘，教化参知政事朵儿典班等，请敕翰林学士承旨欧阳玄为文，江浙行省平章政事达世帖木儿书丹，翰林学士承旨张超岩篆额，勒之坚石，对扬鸿厘。上允所请，于是中书传谕臣玄等，玄谨拜手稽首言曰：自古帝王之建都也，未有不因山河之美以为固者也，然有形之险，在乎地势，无形而固者，在乎人心。是故先王之治天下，以固人心为先。固之之道，惟慈与仁，必施诸政，是故使众曰慈，守位曰仁，六经之言也。求之佛氏之说，有若符合者矣。我元之初取金也，既入居庸，寻振旅而出，盖知金季之政，不足以固人心也，又奚必据险以扼人哉。世皇至元之世，南北初一，天下之货，聚于两都，而商贾出是关者，识而不征，此王政也。皇上造塔于其地，一铢一粟，一米一石，南亩之夫，一无预焉。将以崇清净之教，成无为之风，广恻隐之心，行不忍人之政，冥冥之中，敷锡庶福，阴隲我民。观感之余，忠君爱上之志，油然以上，翕然以随，此志因结，岂不与是关之固相为悠久哉。且天下三重，王者行之，制度其一也。制度行远，莫先于车，三代之世，道路行者，车必同轨。今两京为天下根本，凡车之经是塔也，如出一辙，然则同轨之制，其象岂不感着于是乎？车同轨矣，书之同文，行之同轮，推而放诸四海，式诸九围，熟能御之。

珠请猷诗曰：

燕代之山，蟺婉西来。气脉趋海，折而东回。廓为皇都，磅礴所钟。司我北门，实为居庸。居庸为关，以逻以遮。中辟黄道，岁迓翠华。圣皇凝情，妙契佛法。诞即通达，兴造宝塔。日官测圭，大匠置槷。出赀内府，成是巇嶭。相彼竺乾，浮屠以居。上祠金容，次庋宝书。维佛愿力，证彼三乘。功德之最，浮屠计层。维此居庸，地宜玄武。奚崇功德，用镇朔土。凿石于山，神厌坚良。平堑为址，厥址正方。载堙载垔，中道如关。覆地半围，匪璜匪玦。千叶万绮，径行憧憧。息彼邪道，同归正宗。正宗维何，奚靖奚清。仁不嗜杀，慈不尚争。德音飒飒，王度平平。慧日法云，光帱大千。思昔夏后，铸鼎象物。民逢魅魖，赖是禳祓。九牧之金，衰贡九州。孰若是塔，功成优游。民不知劳，兵不知疲。攘兹扼塞，靖安疆场。眷言胜因，非比有漏。式翠且固，天子万寿。皇畿巍巍，垂裕后人。词臣作歌，请勒坚珉。

车棱棱，石确确，车声彭彭斗石角，马蹄蹴石石欲落。不知何年鬼斧凿，仅共青天通一握。上有青藤来万仞之崖，下有泉喷千丈之壑。太行羊肠蜀剑阁，身热头疼悬度索。一夫当关万夫非，未必有此奇巇崿。吾皇神圣混地络，烽火不焚停夜柝，但有地险今犹昨。我扶瘦筇息倦脚，两崖突出云漠漠，平沙风动鸣冻雀。

参政郭彦高　形势嵯峨压剑关，两崖突出白云间。千年画古丹青在，一合屏开水墨闲。石怪远吞衰草阔，溪流斜绕乱山湾。布衣多少奔腾客，冠盖谁能满意还。

焦景山　堆蓝迭翠扼云川，神力坚开固有年。分得蓬莱三岛境，画成兜率一重天。云开道院间门户，雨后人家小市廛。李杜诗林吟不尽，丹青安得老龙眠。

大司空云麓俱有诗 萧萧野店倚晴峰，接轸戎车不断踪。一径扼吭通上谷，重关跨险控卢龙。山城月落鸣宵柝，古寺风寒响暮钟。八达岭头凝眺虎，白云青嶂几重重。

陈刚中有居庸迭翠八咏 断崖千仞如削铁，鸟飞不度苍苔裂。槎枒古树无碧柯，六月太阴飘急雪。寒沙茫茫出关道，骆驼夜吼黄云老。征鸿一声起长空，风吹草收山月小。

百招长老有过居庸十咏，耶律（抑）〔柳〕溪喜而和此

万迭高山如画图，峡名绿绮枕平芜。风清时听琴三弄，人世知音问有无。　　　　　　　　　　　　　　　　　　　　　弹琴峡

幌岫深扃围宿露，云屏环列嶂斜风。枝峰蔓壑堆蓝重，转觉无声自有功。　　　　　　　　　　　　　　　　　　　　　屏风山

磨礲青石点松烟，次第朱黄滴露研。姑熟山高挥遍翰，文如摘锦笔如椽。　　　　　　　　　　　　　　　　　　　　　研石

翠玉峰峦卷画间，岩扉洞有几重关。石头路滑苍苔冷，禅隐云间尽日闲。　　　　　　　　　　　　　　　　　　　　　玉峰寺

驱车荦确上居庸，古涧流泉拂晓风。当道朱扉司管钥，过街白塔耸窿穹。碑镌赑屃朝京阙，仙与弥陀峙梵宫。巡幸百年冠盖盛，六龙行处五云从。　　　　　　　　　　　　　　　　南口永明寺过街塔

杲恩隐隐静仪形，铁壁银山莫与京。岩壑风光千古在，燕莺弦爱八弦清。春花献秀红光动，夜月浮香紫雾生。爱岭无谁天作主，衰翁来此眼憎明。　　　　　　　　　　　　　　　　　　　　　屏风山

研台千古独流芳，杖履寻幽散老狂。山色水声涵石润，天光云影沁池香。两京巡幸多题咏，百代兴亡要主张。今日干戈愁满地，借君儒笔纪行藏。

研台

玉峰寺扁半山隈，金碧崔嵬枕石台。祝寿僧归樵径远，往山人去福田开。鉴传三际尊师德，世出千年劫大灾。过客未能分半席，何时来此讲天台。

玉峰寺

泉因人胜号观音，此水应能洗素心。不使贪名镂巨石，直须廉字涤祥襟。曹溪一滴分师派，圣泽三源沐士林。才薄自无司马渴，未应三捻赋长吟。

观音泉

官亭缔构自何年，扈臣常经启大筵。山鸟惯径闻圣乐，野夫曾听奏钧天。寥寥公宇臣朝暮，落落荒诗记后先。古往今来浑若此，满前芳草自芊芊。

官亭

孤松傲兀倚岩巅，阅尽行人愁岁年。不伐苍颜涵雨露，共看秀色傲风烟。悠然天籁涛千顷，允矣诗人韵万篇。不受秦封天所贵，知心雪月伴清妍。

孤岭

堠台道在有双草，五里邮亭露一班。主静往来常默默，惯径寒暑独闲闲。西风人马行程远，落日牛羊去路悭，土木无知人意重，前村残照不劳攀。

堠台

仙枕遗踪湿藓痕，古今费尽万诗篇。睡残浑沌三千界，梦破邯郸五百年。老我乾坤歌白雪，任渠熊牧卧青烟。纷纷名利忘归客，曾是相从一醉眠。

仙人枕

海内桃溪虎□春，北山幽回拟□□。花发四月冰初解，枝老三春叶未新。地势高寒京阙近，源深流远武陵滨。常年大驾南回日，数颗香红献圣君。
桃花溪

间宿南关口，山高六月寒。居人艰粟麦，行客诉辛酸。羊马南来富，程途北去宽。何时兵革息，归路计平安。
古北关即居庸关

百疾由来攻一虚，外膏徒见已中虚。榆关政使天齐险，闲便痈疽自溃无。

天生石城门铁枢，地分南北北无虞。谁论事去如横草，反拟中原是盗区。

一身勤俭万方亲，岩险何尝阻得人。安得愚翁铲迭嶂，却使世主恒修仁。

松亭关与居庸、北□关为三关，世并闻之。南口、大口在南，北口在北，即呼为汉儿山。过北去是为粗粗山，则万里如掌，十一室、温房子于粗粗山少止，易大白牛车凡数十，牛机一车，辙迹所止，咸成居焉。飞放纵情，莫乐于是。　　　《松云闻见录》、《顺天府志》引《析津志》

蒙古秘史[①]

《蒙古秘史》是一部记述蒙古民族形成、发展、壮大之历程的历史典籍，是蒙古民族现存最早的历史文学长卷。原书用古蒙古文写成，已

---

① 札奇斯钦译注：《蒙古秘史新译并注释》，联经出版事业公司，1979 年版。

失传。成书年代大约是 13 世纪，作者佚名。

续卷一

第二四七节

其后，成吉思可汗在羊儿年，征伐金人，取抚州，越野狐岭，克宣德府，派者别、古亦古捏克·把阿秃儿两个人为先锋，迫居庸关。

〔金兵〕坚守居庸关的山岭。者别说："引诱他们，使〔他们〕出来，再作较量！"说着就往回退去。

一见撤退，金兵就说："追赶吧！"于是满山满谷的追袭而来。〔等〕到宣德府的山嘴，者别就向后翻过头来冲杀上去，击溃陆陆续续前来的敌人。成吉思可汗〔的〕中军相继进迫，击溃黑契丹的，女真的，主因族勇猛士兵，就像摧毁朽木一般的堆积起来，一直杀到居庸关。

者别取下居庸关的关口，越过几个山岭，成吉思可汗在龙虎台扎营，进攻中都，派遣军队向各个城市攻略。

第二五一节

其后，派去招降赵官的主卜罕等许多使臣，又被汉地的金朝皇帝阿忽台所阻。成吉思可汗就在狗儿年，再征伐汉地。〔责问〕既经归附，又因何阻止派往赵官那里的使臣。进兵的时候，成吉思可汗指向潼关，命者别由居庸关进攻。金朝皇帝知道成吉思可汗由潼关口〔进击〕，命亦列、合荅、豁孛格秃儿三个人统率军队说："用军队堵住，用红袄〔军〕作先锋，力守潼关口，不要使〔他们〕越过岭来！"就派亦列、合荅、豁孛格秃儿三人急速〔率〕军前去。

第二五二节

成吉思可汗攻下河西务之后，驻〔跸〕在中都的失剌——客额儿〔地方〕。者别破居庸关，追击居庸关的守军，前来与成吉思可汗会师。

金朝皇帝自中都出走的时候，委合苔为中都留守。

续卷二

第二七二节

兔儿年，斡歌歹可汗去征伐金国百姓，以者别为先锋，击败金军，如摧毁朽木一般，追杀者越过了居庸关。派兵到各地攻击各城，斡歌歹可汗驻营于龙虎台。

元文类①

《元文类》本名《国朝文类》，共七十卷，收集元代前期和中期八百余篇诗文。全书涉及作者一百六十余人，体裁分赋、骚体、诗、诏赦、册文、制、奏议、表、笺、箴、铭、颂、赞、碑文、记、序、书、说、题跋、杂著、策问、启、上梁文、祝文、祭文、哀辞、谥议、行状、墓志铭、墓碑、墓表、神道碑、传等四十三类。所选多为精品，反映元代文学的最高成就。

曹南王世德碑（节录）　虞集

泰定三年，进昭武大将军，皆以万户，总其军如故。后二年，今上皇帝南还京师，将有大正于天下，道过汴梁。今太保巴延公方镇汴省。八月庚子，召伊苏岱尔帅其兵以行。乙巳，兵大集，士卒感激赴义，车马器械精备，勇气自倍。丁未，命为本省参知政事师行。庚戌，进平章政事，仍兼山东、河北、蒙古军都万户府，都万户。九月庚申，同知枢

---

① 〔元〕苏天爵编：《元文类》，清钦定四库全书本。

密院事，仍兼都万户。壬申，皇帝即位大明殿，建元天历，明日拜知枢
密院事，授以枢密院印，仍领其万户事。甲戌，图们岱尔自辽东引兵寇
通州，令伊苏岱尔帅诸翼军马出御之。丙子，王禅等之兵军于北皇后店，
伊苏岱尔移兵合击，败之。己卯，哈喇齐昆都特穆尔、敖拉特穆尔之兵
军昌平县东白浮村，帅师合击，败之。壬午，实保齐大都之兵军于昌平
县东北，又帅师合击，败之。凡来寇之兵，悉已败衄，总兵者或执或败
走，北面悉平。癸未，太师右丞相会诸将于龙虎台下，奏凯于朝。有敕
命伊苏岱尔守居庸之北关，垒石以为固。十月己亥，拜荣禄大夫，知枢
密院事，依前兼管都府事，统领诸翼蒙古军马，使出师御寇兵之西人者，
师次广平、磁州之武安县，败获总兵者额森特穆尔等，而西南诸郡，以
次告平。庚子，召还。十一月丁亥，枢密院奉敕散诸军行院官，还京师。
明年二月，以旧官复，拜山东、河北、蒙古军都万户府，都万户。五月，
上之上都，伊苏岱尔仍帅其所统兵从。

太师太平王定策元勋之碑（节录）　马祖常

　　天历元年戊辰，皇帝将正大位，天人合应，丞相臣雅克特穆尔以八
月四日甲午，率勇士十七人，兵皆露刃，建大义于禁中，乃誓于众曰：
武宗皇帝有圣子二人，孝恭仁文，天下大统当归之。今尔一二臣敢紊邦
纪，有不顺者斩，手捽平章谔卜都拉，巴延彻尔缚之，分命勇士执诸疑
贰者，咸下狱待罪，籍府库录印符空百司，皆入内以听命。其日，属学
士臣明垲栋阿等，乘遽迎皇帝于中兴路，密以意谕河南省臣，而称臣劝
进者接踵于道左矣。癸卯，弟萨敦子腾吉斯皆弃其妻孥来。皇帝以是月
之甲辰发中兴，以丁巳至京师。比至浃旬之间，两以左右矫称使者，南
来者云驾已次近郊。诸王及河南省臣万户各以兵从，民勿哗惊，比来者
云皇帝大兄且至。于是中外翕悦，而众志定矣。九月庚申，诸侯王王禅
将北军军榆林西，丞相出师，彼未及阵，起萨敦驰入营，譬众溃，追之
怀来。戊辰，敌入千门镇关，萨敦赴之，战蓟东，败之。十有三日壬申，
上即皇帝位于大明殿，受百官朝。甲戌，进开府仪同三司、上柱国、录

军国重事、中书右丞相、监修国史、知枢密院事，赐黄金五百两，白金二千五百两，中统楮币一万锭，金织杂采二千匹，白鹘一，青鹘一，文豹二，承诏将大军东出蓟，讨特们德尔平章，即日就道。乙亥，宿三河，夜二鼓，侦者报，王禅兵夺居庸关，略大口。丙子，裹粮趋渝河，未战，闻大驾出宫，将亲督将士，亟请见上，奏事曰："凡军事一以付臣，愿陛下班师，抚安黎庶。"上旋还宫。明日丁丑，指挥使呼图巴哈塔海特穆尔、同知台哈巴哈，阴构变，未发事觉，械三人送阙下，斩之。己卯，与王禅前军战渝河，剿之，追残兵于红桥北，阿拉特穆尔枪刺马前，盘马斫之，刀中左臂，部曲和尚斫呼图特穆尔，亦中臂，二人皆骁捷将也。会日晡，就宿战所。庚辰，上闻之，遣使赐御衣一袭，慰劳甚渥，两军隔红桥水为营。辛巳，合兵鏖战白浮之野，大败之，手刃七人，夜二鼓，尽呼裨将阿拉特穆尔、博啰齐雅尔坚使将百骑，风上大噪，乱以钲鼓，箭射营中，敌自蹂躏，至旦始悟。壬午，天雾王禅等得弃甲北走。癸未，兵复集，我军列白浮，行伍立如植木，敌不敢犯，至夜，又命萨敦出其后南向，巴图尔托克托穆尔出其前，北面鼓噪大呼，吹铜角，杂人马声，彼营军不知计，又皆夜相射，且乃西走。巴图尔者，华言猛士也。甲申，袭王禅兵于昌平北，上遣使上尊酒，谕旨曰："丞相无与敌战，亲冒矢石，脱不虞奈宗社何，以大将旗鼓督战可也。"丞相曰："凡战，臣先之，敢后者臣论以军法。"是日斩首数千级，降者万余人。乙酉，去衣屦徒跣求生者又万余人。王禅遂单骑亡入北山，发伊苏岱尔、伊伯勒萨敦追之。是日，还至昌平南，敌将准台库克者攻破虎北口，掠石槽民。丙戌，先令萨敦进以大兵，会诸侯王兵，转战四十里，至牛头山，获博啰特穆尔、蒙古达实、雅实特穆尔、苏尔特衮四大将，缚两手载于马鞍献上，天子斩之，降者万人余，兵四散。夜遣萨敦托克托穆尔遮虎北口，要其归途。丁亥，诸侯王额森特穆尔及特们德尔驱万人，薄我畿甸，跳梁通州城下。十月己丑朔日晡，彼方憩马，我军直捣之，不及抽一矢，东渡潞水而逃。庚寅，各面水陈兵不战。辛卯，宵遁，我军渡潞水袭之。癸巳，再与诸侯王太平额森特穆尔、多罗岱及特们德尔、塔尔海血战檀子山枣林，腾吉斯从杀太平于阵中，余夜遁。甲午，萨敦托克托穆尔将兵追捕。乙未，诸侯王呼喇岱、指挥使阿拉特穆尔安图自紫荆口犯良乡。丙申，我军循北山而西，士皆马上食，马以囊盛草粟，系马口，且行且食，至卢沟，呼喇岱兵溃，凯还，都人观者拜者填道，入见天子无矜容焉，上大悦。己亥，进封达尔罕太平王，以其地为食邑，降制褒美，功名烜耀，刻黄金为印章，以宠赉之珠对衣宝带一具。达尔罕，华言世贷之也。

第六编　明

明史①

　　《明史》是二十四史中的最后一部，共三百三十二卷，记载了自明太祖洪武元年（1368 年）至明思宗崇祯十七年（1644 年）二百七十余年的历史。在二十四史中，《明史》以编纂得体、材料翔实、叙事稳妥、行文简洁为史家所称道，其修纂时间之久、用力之勤、记述之完善大大超过前代诸史。

卷四　本纪第四　恭闵帝

　　恭闵惠皇帝讳允炆。太祖孙，懿文太子第二子也。……（建文元年）秋七月癸酉，燕王棣举兵反，杀布政使张昺、都司谢贵。长史葛诚、指挥卢振、教授余逢辰死之。参政郭资、副使墨麟、佥事吕震等降于燕。指挥马宣走蓟州，俞瑱走居庸。宋忠趋北平，闻变退保怀来。通州、遵化、密云相继降燕。丙子，燕兵陷蓟州，马宣战死。己卯，燕兵陷居庸关。甲申，陷怀来，宋忠、俞瑱被执死，都指挥彭聚、孙泰力战死，永平指挥使郭亮等叛降燕。

---

　　① 〔清〕张廷玉等撰：《明史》，中华书局，1974 年版。

卷五 本纪第五 成祖一

成祖启天弘道高明肇运圣武神功纯仁至孝文皇帝讳棣，太祖第四子也。母孝慈高皇后。洪武三年，封燕王。十三年，之藩北平。……（建文元年）秋七月癸酉，匿壮士端礼门，绐贵、昺入，杀之，遂夺九门。上书天子指泰、子澄为奸臣，并援《祖训》"朝无正臣，内有奸恶，则亲王训兵待命，天子密诏诸王统领镇兵讨平之"。书既发，遂举兵。自署官属，称其师曰"靖难"。拔居庸关，破怀来，执宋忠，取密云，克遵化，降永平。二旬众至数万。……二年春正月丙寅，克蔚州。二月癸丑，至大同。（李）景隆果由紫荆关来援。王已旋军居庸，景隆兵多冻馁死者，不见敌而还。

卷七 本纪第七 成祖三

（永乐十二年）二月己酉，大阅。庚戌，亲征瓦剌。……三月……庚寅，发北京，皇太孙从。……六月……庚戌，班师，宣捷于阿鲁台。……秋七月戊子，次红桥。诏六师入关有践田禾取民畜产者，以军法论。己亥，次沙河，皇太子遣使来迎。八月辛丑朔，至北京，御奉天殿受朝贺。丙午，蠲北京州县租二年。戊午，赏从征将士。……十三年春正月丙午，塞居庸以北隘口。……九月壬戌，北京地震。……十四年……九月癸卯，京师地震。……二十一年……秋七月戊戌，复亲征阿鲁台。……壬寅，发京师。戊申，次宣府，敕居庸关守将止诸司进奉。八月己酉，大阅。庚申，塞黑峪、长安岭诸边险要。……冬十月庚午，班师。十一月甲申，至京师。

卷九 本纪第九 宣宗

宣宗宪天崇道英明神圣钦文昭武宽仁纯孝章皇帝，讳瞻基，仁宗长子也。……（宣德九年）九月癸未，自将巡边。乙酉，度居庸关。丙戌，猎于岔道。乙未，阿鲁台子阿卜只俺来归。丁酉，至洗马林，阅城堡兵备。己亥，大猎。

卷十　本纪第十　英宗前纪

英宗法天立道仁明诚敬昭文宪武至德广孝睿皇帝，讳祁镇，宣宗长子也。……（正统十四年）三月戊子，如天寿山，癸巳，还宫。……秋七月己丑，瓦剌也先寇大同，参将吴浩战死，下诏亲征。吏部尚书王直帅群臣谏，不听。癸巳，命郕王居守。……甲午，发京师。乙未，次龙虎台。军中夜惊。丁酉，次居庸关。辛丑，次宣府。群臣屡请驻跸，不许。丙午，次阳和。八月戊申，次大同。镇守太监郭敬谏，议旋师。……庚戌，师还。丁巳，次宣府。庚申，瓦剌兵大至……全军尽覆。辛酉，次土木，被围。壬戌，师溃，死者数十万。

卷十一　本纪第十一　景帝

恭仁康定景皇帝，讳祁钰，宣宗次子也。……正统十四年秋八月，英宗北狩，皇太后命王监国。……乙亥，谕边将，瓦剌奉驾至，不得轻出。……九月癸未，王即皇帝位，遥尊皇帝为太上皇帝，以明年为景泰元年，大赦天下，免景泰二年田租十之三。……辛丑，给事中孙祥、郎中罗通为右副都御史，守紫荆、居庸关。甲辰，遣御史十五人募兵畿内……冬十月……乙卯，于谦提督诸营，石亨及诸将分守九门。……戊午，也先薄都城，都督高礼、毛福寿败之于彰义门。……壬戌，寇退。甲子，出紫荆关。丁卯，诏止诸王兵。……辛未，昌平伯杨洪充总兵官，都督孙镗、范广副之，剿畿内余寇。十一月癸未，修沿边关隘。……景泰元年春正月丁丑朔，罢朝贺。辛巳，城昌平。……五月戊申，瓦剌寇雁门，益黄花镇戍兵卫陵寝。……八月癸酉，上皇发瓦剌。戊寅，祀社稷。甲申，遣侍读商辂迎上皇于居庸关。丙戌，上皇还京师。

卷十六 本纪第十六 武宗

武宗承天达道英肃睿哲昭德显功弘文思孝毅皇帝，讳厚照，孝宗长子也。……（正德九年）八月……辛丑，小王子犯白羊口。乙巳，京师地震。……十一年……秋七月乙未，小王子犯蓟州白羊口，太监张忠监督军务，左都督刘晖充总兵官，帅东西官厅军御之。丙午，工部侍郎赵璜、俞琳饬畿内武备。八月丁巳，左都御史彭泽、成国公朱辅帅京营兵防边。……十二年……秋八月甲辰，微服如昌平。乙巳，梁储、蒋冕、毛纪追及于沙河，请回跸，不听。己酉，至居庸关，巡关御史张钦闭关拒命，乃还。丙辰，至自昌平。戊午，夜视朝。……丙寅，夜微服出德胜门，如居庸关。辛未，出关，幸宣府，命谷大用守关，毋出京朝官。……十三年……二月己卯，太皇太后崩。壬午，至自宣府。三月戊辰，如昌平。夏四月己巳朔，谒六陵，遂幸密云。……六月庚辰，太皇太后梓宫发京师，帝戎服从。甲申，葬孝贞纯皇后。乙酉，至自昌平。秋七月己亥，录应州功，叙荫升赏者五万余人。丙午，复如宣府。

卷十八 本纪第十八 世宗二

（嘉靖二十七年）九月壬午，（俺答）犯宣府，深入永宁、怀来、隆庆，守备鲁承恩等战死。……二十八年……二月……壬子，俺答犯宣府，指挥董旸等败没，遂东犯永宁，关南大震。……二十九年……八月……丁丑，俺答大举入寇，攻古北口，蓟镇兵溃。戊寅，掠通州，驻白河，分掠畿甸州县，京师戒严。……甲申，寇退。……丁亥，仇鸾败绩于白羊口。……九月辛卯，振畿内被寇者。乙未，罢团营，复三大营旧制，设戎政府，以仇鸾总督之。丁酉，罢领营中官。戊申，免畿内被灾税粮。……十一月癸巳，分遣御史选边军入卫。……三十二年……三月壬午，兵部侍郎杨博巡边。……三十四年……九月……丙午，俺答犯大同、宣府。戊午，犯怀来，京师戒严。……四十年……七月……庚戌，俺答犯宣府，副总兵马芳御却之。九月庚子，犯居庸关，参将胡镇御却之。辛丑，振南畿灾。……四十二年春正月戊申，俺答犯宣府，南掠隆庆。……冬十月丁卯，辛爱、把都儿破墙子岭入寇，京师戒严，诏诸镇兵入援。戊辰，掠顺义、三河，总兵官孙膑败死。乙亥，大同总兵官姜应熊御寇密云，败之。十一月丁丑，京师解严。

卷二十三　本纪第二十三　庄烈帝一

庄烈愍皇帝，讳由检，光宗第五子也。……（崇祯二年）三月戊寅，蓟州兵变，有司抚定之。夏四月甲午，裁驿站。……十一月……辛丑，大清兵薄德胜门。甲辰，召袁崇焕等于平台，崇焕请入城休兵，不许。……十二月甲寅，总兵官祖大寿兵溃，东出关。……丁卯，遣中官趋满桂出战，桂及前总兵官孙祖寿俱战殁。……七年……秋七月壬辰，大清兵入上方堡，至宣府。乙未，诏总兵官陈洪范守居庸，巡抚保定都御史丁魁楚等守紫荆、雁门。辛丑，京师戒严。庚戌，大清兵克保安，沿边诸城堡多不守。八月，分遣总兵官尤世威等援边。戊辰，宣大总督侍郎张宗衡节制各镇援兵。……八年春正月乙卯，贼陷上蔡，连陷汜水、荥阳、固始。己未，洪承畴出关讨贼。……九年……秋七月甲辰，内臣李国辅等分守紫荆、倒马诸关。庚戌，成国公朱纯臣巡视边关。癸丑，诏诸镇星驰入援。己未，大清兵入昌平，巡关御史王肇坤等死之。

卷二十四　本纪第二十四　庄烈帝二

（崇祯十五年）十一月……壬申，大清兵分道入塞，京师戒严。命勋臣分守九门，太监王承恩督察城守。诏举堪督师大将者。戊寅，征诸镇入援。庚辰，大清兵克蓟州。……壬寅，大清兵南下，畿南郡邑多不守。……癸巳，焚献陵。……十七年……三月……甲午，征诸镇兵入援。乙未，总兵官唐通入卫，命偕内臣杜之秩守居庸关。戊戌，太监王承恩提督城守。己亥，李自成至宣府，监视太监杜勋降，巡抚都御史朱之冯等死之。癸卯，唐通、杜之秩降于自成，贼遂入关。甲辰，陷昌平。乙巳，贼犯京师，京营兵溃。……丙辰，贼迁帝、后梓宫于昌平。昌平人启田贵妃墓以葬。明亡。

卷二十八　志第四　五行一（水）

雷震

（万历）二十五年七月庚寅朔，雷毁黄花镇台垣及火器。三十二年五月癸酉，雷毁长陵楼，又毁蓟镇松棚路墩台。

水潦

（成化）十八年七月，昌平大水，决居庸关水门四十九，城垣、铺楼、墩台一百二。

（万历）三十二年六月，昌平大水，坏各陵桥道。

卷二十九　志第五　五行二（火木）

火灾

（弘治）十三年……七月庚申，永宁卫雁尾山至居庸关之石纵山，东西四十余里，南北七十余里，延烧七昼夜。

（正德）十二年……四月，裕陵神宫监火。……十三年……八月庚辰，献陵明楼灾。

（万历）四十六年……九月壬子，茂陵火。

恒雨

（正统）四年夏，居庸关及定州卫霪雨坏城。……九年闰七月，野狐岭等处霪雨坏城及濠堑墩台。……十三年四月，雨水坏顺天古北口边仓。

天启六年闰六月，大雨连旬，坏天寿山神路，都城桥梁。

崇祯五年六月，大雨。八月，又雨，冲损庆陵。九月，顺天二十七县淫雨害稼。

卷三十　志第六　五行三（金 土）

金异

天启六年五月丁未，京城石狮掷出城外。银、钱、器皿飘至昌平阅武场中。

地震

（成化）二十年正月庚寅，京师及永平、宣府、辽东皆震。宣府地裂，涌沙出水。天寿山、密云、古北口、居庸关城垣墩堡多摧，人有压死者。

（正德）十四年二月丁丑，京师地震。九月丙午，昌平州、宣府、开平等卫亦震。

（嘉靖）二十七年，七月戊寅，京师地震，顺天、保定二府俱震。……三十七年……三月丁丑，昌平州地震。

（万历）十九年闰三月己巳，昌平州地震。……二十五年……八月甲申，京师地震，宣府、蓟镇等处俱震。

卷四十　志第十六　地理一

◇顺天府

昌平州元昌平县，直隶大都路。

正德元年七月升为州，旋罢。八年复升为州。旧治白浮图城，景泰元年筑永安城于东，三年迁县治焉。北有天寿山，成祖以下陵寝咸在。

东南有白浮山。西南有驻跸山。又南有榆河，一名温余河，下流为沙河，入于白河。又东南有巩华城，嘉靖十九年筑。东北有黄花镇。弘治中，置渤海守御千户所于此，万历元年移于慕田峪，四年复故。西有镇边城，又有常峪城，俱正德十年五月筑，各置守御千户所。又有白阳守御千户所，亦正德中置。西北有居庸关。南距府九十里。领县三：

顺义州东，少南。元顺州。洪武元年十二月改为顺义县，属府。正德元年七月来属。东有白河，西南有榆河，又有潮河，俱流入焉。

怀柔州东北。洪武元年十一月省入檀州。十二月复分密云、昌平二县地置，属府。正德元年七月来属。东有黍谷山。西有白河。

密云州东北。元檀州，后置县，为州治。洪武元年十一月省县入州。十二月复置县，省州入焉，属府。正德元年七月来属。南有白檀山。西有白河。东有潮河。北有古北口，洪武十二年九月置守御千户所于此。三十年改为密云后卫。又有石塘岭、墙子岭等关。

◇真定府

定州元中山府

洪武二年正月改曰定州。三年以州治安喜县省入。滱水在北，沙河在南，下流合于滱水。西北有倒马关守御千户所。景泰二年置关，与紫荆、居庸为内三关。北有清风店巡检司。西南距府百三十里。领县二：

新乐州西南。西南有沙河。

曲阳州西北。元属保定路。洪武二年来属。恒山在西北，恒水出焉。又沙河在南，自山西繁峙县流入。

◇永平府

延庆州元龙庆州，属大都路

洪武初，属永平府。三年三月属北平府，寻废。永乐十二年三月置隆庆州，属北京行部。十八年十一月直隶京师。隆庆元年改曰延庆州。西有阪泉山。南有八达岭。东北有妫川，俗名清水河，下流注于桑干河。又西南有沽河。东南有岔道口，与居庸关相接。关口有居庸关守御千户所，洪武三年置。建文四年，燕王改为隆庆卫，隆庆元年曰延庆卫。东南又有柳沟营，隆庆初，置城于此，为防御处。领县一。东南距京师百八十里。弘治四年编户一千七百八十七，口二千五百四十四。万历六年，户二千七百五十五，口一万九千二百六十七。

永宁本永宁卫，洪武十二年九月置。永乐十二年三月置县于卫城。妫川在西。东有四海冶堡，天顺八年置。西北有靖胡堡，东南有黑汉岭堡，北有周四沟堡，俱嘉靖中置。又有刘斌堡，万历三十二年所置也。

◇万全都指挥使司

延庆右卫

本隆庆右卫，永乐二年置于居庸关北口，直隶后军都督府。宣德五年六月来属，徙治怀来城。隆庆元年更名。

卷五十八 志第三十四 礼十二（凶礼一）

◇山陵

文帝崩于榆木川，遗诏一遵太祖遗制。京师闻讣，皇太子以下皆易服。宫中设几筵，朝夕哭奠。百官素服，朝夕哭临思善门外。……丧将至，文武官衰服，军民素服赴居庸关哭迎。皇太子、亲王及群臣皆衰服哭迎于郊。至大内，奉安于仁智殿，加敛，奉纳梓宫。……

卷七十一　志第四十七　选举三

任官之事，文归吏部，武归兵部，而吏部职掌尤重。吏部凡四司，而文选掌铨选，考功掌考察，其职尤要。……其防边兵备等，率由选择保举，付以敕书，边府及佐贰亦付敕。蓟辽之昌平、蓟州等，山西之大同、河曲、代州等，陕西之固原、静宁等六十有一处，俱为边缺，尤慎选除。有功者越次擢，误封疆者罪无赦。……

卷七十三　志第四十九　职官二

◇都察院

十三道监察御史，主察纠内外百司之官邪，或露章面劾，或封章奏劾。在内两京刷卷，巡视京营……巡视仓场……在外巡按。北直隶二人，南直隶三人，宣大一人，辽东一人，甘肃一人，十三省各一人。……巡漕，巡关宣德四年设立钞关御史，至正统十年始遣主事，儹运，印马，屯田。师行则监军纪功，各以其事专监察。而巡按则代天子巡狩，所按藩服大臣、府州县官诸考察，举劾尤专，大事奏裁，小事立断。按临所至，必先审录罪囚，吊刷案卷，有故出入者理辩之。诸祭祀坛场，省其墙宇祭器。存恤孤老，巡视仓库，查算钱粮，勉励学校，表扬善类，翦除豪蠹，以正风俗，振纲纪。凡朝会纠仪，祭祀监礼。凡政事得失，军民利病，皆得直言无避。有大政，集阙廷预议焉。盖六部至重，然有专司，而都察院总宪纲，惟所见闻得纠察。诸御史纠劾，务明著实迹，开写年月，毋虚文泛诋，讦拾细琐。出按复命，都御史覆劾其称职不称职以闻。凡御史犯罪，加三等，有赃从重论。

十三道各协管两京、直隶衙门；而都察院衙门分属河南道，独专诸内外考察。云南道协管顺天府，广备库，在京羽林前、通州二卫，及直

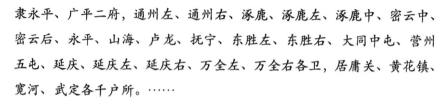

隶永平、广平二府，通州左、通州右、涿鹿、涿鹿左、涿鹿中、密云中、密云后、永平、山海、卢龙、抚宁、东胜左、东胜右、大同中屯、营州五屯、延庆、延庆左、延庆右、万全左、万全右各卫，居庸关、黄花镇、宽河、武定各千户所。……

……

永乐元年，改北平道为北京道。十八年，罢北京道，增设贵州、云南、交阯三道。洪熙元年，称行在都察院，同六部，又定巡按以八月出巡。宣德十年，罢交阯道，始定为十三道。正统中，去"行在"字。嘉靖中，以清屯，增副都御史三人，寻罢。隆庆中，以提督京营，增右都御史三人，寻亦罢。

……

总督蓟辽、保定等处军务兼理粮饷一员。嘉靖二十九年置。先是，蓟、辽有警，间遣重臣巡视，或称提督。至是以边患益甚，始置总督，开府密云，辖顺天、保定、辽东三巡抚，兼理粮饷。万历九年加兼巡抚顺天等处。十一年复旧。天启元年，置辽东经略经略之名，起于万历二十年宋应昌暨后杨镐。至天启元年，又以内阁孙承宗督师经略山海关，称枢辅。崇祯四年并入总督。十一年又增设总督于保定。

总督宣大、山西等处军务兼理粮饷一员。正统元年，始遣佥都御史巡抚宣大。景泰二年，宣府、大同各设巡抚，遣尚书石璞总理军务。成化、弘治间，有警则遣。正德八年设总制。嘉靖初，兼辖偏、保。二十九年，去偏、保，定设总督宣大、山西等处衔。三十八年令防秋日驻宣府。四十三年，移驻怀来。隆庆四年，移驻阳和。

巡抚顺天等府地方兼整饬蓟州等处边备一员。成化二年，始专设都御史赞理军务，巡抚顺天、永平二府，寻兼抚河间、真定、保定，凡五府。七年，兼理八府。八年，以畿辅地广，从居庸关中分，设二巡抚，其东为巡抚顺天、永平二府，驻遵化。崇祯二年，又于永平分设巡抚兼提督山海军务，其旧者止辖顺天。

巡抚保定等府提督紫荆等关兼管河道一员。成化八年，分居庸关以西，另设巡抚保定、真定、河间、顺德、大名、广平六府，提督紫荆、倒马、龙泉等关，驻真定。万历七年，兼管河道。

卷七十四　志第五十　职官三

上林苑监。左、右监正各一人正五品……监正掌苑囿、园池、牧畜、树种之事。凡禽兽、草木、蔬果，率其属督其养户、栽户，以时经理其养地、栽地而畜植之，以供祭祀、宾客、宫府之膳羞。凡苑地，东至白河，西至西山，南至武清，北至居庸关，西南至浑河，并禁围猎。良牧牧牛羊豕，蕃育，育鹅鸭鸡，皆籍其牝牡之数，而课孳卵焉。林衡，典果实、花木，嘉蔬，典莳艺瓜菜，皆计其町畦、树植之数，而以时苞进焉。

宦官。……其外有内府供用库掌印太监一员，总理、管理、掌司、写字、监工无定员。掌宫内及山陵等处内官食米及御用黄蜡、白蜡、沉香等香。凡油蜡等库俱属之。旧制各库设官同八局……天寿山守备太监一员。辖各陵守陵太监，职司护卫……镇守镇守太监始于洪熙，遍设于正统，凡各省各镇无不有镇守太监，至嘉靖八年后始革……监督仓场各仓、各场俱设监督太监，诸陵神宫监各陵俱设神宫监太监守陵，其外之监军、采办、粮税、矿、关等使，不常设者，不可胜纪也。

卷七十六　志第五十二　职官五

总兵官、副总兵、参将、游击将军、守备、把总，无品级，无定员。总镇一方者为镇守，独镇一路者为分守，各守一城一堡者为守备，与主将同守一城者为协守。又有提督、提调、巡视、备御、领班、备倭等名。

凡总兵、副总兵，率以公、侯、伯、都督充之。其总兵挂印称将军者……大同曰征西前将军……辽东曰征虏前将军，宣府曰镇朔将军……

诸印，洪熙元年制颁。其在蓟镇、贵州、湖广、四川及漕运淮安者，不得称将军挂印。……盖明初，虽参将、游击、把总，亦多有充以勋戚都督等官，至后则杳然矣。

镇守蓟州总兵官一人，旧设。隆庆二年，改为总理练兵事务兼镇守，驻三屯营。协守副总兵三人东路副总兵，隆庆三年添设，驻建昌营，管理燕河营、台头营、石门寨、山海关四路。中路副总兵，万历四年改设，驻三屯营，带管马兰峪、松棚峪、喜峰口、太平寨四路。西路副总兵，隆庆三年添设，驻石匣营，管理墙子岭、曹家寨、古北口、石塘岭四路。分守参将十一人曰通州参将，曰山海关参将，曰石门寨参将，曰燕河营参将，曰台头营参将，曰太平寨参将，曰马兰峪参将，曰墙子岭参将，曰古北口参将，曰石塘岭参将，曰喜峰口参将，游击将军六人，统领南兵游击将军三人，领班游击将军七人，坐营官八人，守备八人，把总一人，提调官二十六人。

镇守昌平总兵官一人，旧设副总兵，又有提督武臣。嘉靖三十八年，裁副总兵，以提督改为镇守总兵，驻昌平城，听总督节制。分守参将三人曰居庸关参将，曰黄花镇参将，曰横岭口参将，游击将军二人，坐营官三人，守备十人，提调官一人。

卷八十二　志第五十八　食货六　俸饷

诸边及近京镇兵饷。……昌平：主兵，屯粮折色银二千四百余两，地亩银五百余两，折草银一百余两，民运银二万两有奇，漕粮十八万九千余石，京运年例银九万六千余两；客兵，京运年例银四万七千余两。

卷八十五　志第六十一　河渠三　运河上

明成祖肇建北京，转漕东南，水陆兼挽，仍元人之旧，参用海运。

逮会通河开，海陆并罢。南极江口，北尽大通桥，运道三千余里。综而计之，自昌平神山泉诸水，汇贯都城，过大通桥，东至通州入白河者，大通河也。自通州而南至直沽，会卫河入海者，白河也。……其逾京师而东若蓟州，西北若昌平，皆尝有河通，转漕饷军。

卷八十六　志第六十二　河渠四　运河下

昌平河，运诸陵官军饷道也。起巩华城外安济桥，抵通州渡口。袤百四十五里，其中淤浅三十里难行。隆庆六年大浚，运给长陵等八卫官军月粮四万石，遂成流通。万历元年复疏巩华城外旧河。

卷八十八　志第六十四　河渠六　直省水利

（成化）十八年……修居庸关水关、城券及隘口水门四十九，楼铺、墩台百二。

卷八十九　志第六十五　兵一　京营　京城巡捕

明以武功定天下，革元旧制，自京师达于郡县，皆立卫所。外统之都司，内统于五军都督府，而上十二卫为天子亲军者不与焉。征伐则命将充总兵官，调卫所军领之，既旋则将上所佩印，官军各回卫所。盖得唐府兵遗意。文皇北迁，一遵太祖之制，然内臣观兵，履霜伊始。洪、宣以后，狃于治平，故未久而遂有土木之难。于谦创立团营，简精锐，一号令，兵将相习，其法颇善。宪、孝、武、世四朝，营制屡更，而威益不振。卫所之兵疲于番上，京师之旅困于占役。驯至末造，尺籍久虚，行伍衰耗，流盗蜂起，海内土崩。宦竖降于关门，禁军溃于城下，而国遂以亡矣。

京军三大营，一曰五军，一曰三千，一曰神机。其制皆备于永乐时。……庄烈帝即位……十六年，襄城伯李国祯总戎政，内臣王承恩监督京营。明年，流贼入居庸关，至沙河。京军出御，闻炮声溃而溃。贼长驱犯阙，守陴者仅内操之三千人，京师遂陷。大率京军积弱，由于占役买闲。其弊实起于纨袴之营帅，监视之中官，竟以亡国云。

京城巡捕之职……永乐中，增置五城兵马司。宣德初，京师多盗，增官军百人，协五城逐捕。已，复增夜巡候卒五百。成化中，始命锦衣官同御史督之。末年，拨给团营军二百。弘治元年，令三千营选指挥以下四员，领精骑巡京城外，又令锦衣官五、旗手等卫官各一，分地巡警，巡军给牌。五年，设把总都指挥，专职巡捕。正德中，添设把总，分画京城外地，南抵海子，北抵居庸关，西抵卢沟桥，东抵通州。复增城内二员，而益以团营军，定官卒赏罚例。末年，逻卒增至四千人，特置参将。

卷九十　志第六十六　兵二　班军

班军者卫所之军番上京师，总为三大营者也。初，永乐十三年诏边将及河南、山东、山西、陕西各都司，中都留守司，江南、北诸卫官，简所部卒赴北京，以俟临阅。京操自此始。……正统中，京操军皆戍边，乃遣御史于江北、山东、北直选卒，为京师备。景泰初，边事棘，班军悉留京，间岁乃放还取衣装。于是于谦、石亨议三分之，留两番操备。保定、河间、天津放五十日，河南、山东九十日，淮、扬、中都百日，紫荆、倒马、白羊三关及保定诸城戍卒，属山东、河南者，亦如之。逃者，官镌秩三等，卒尽室谪边卫。明年，谦又言："班军分十营团练，久不得休，请仍分两番。"报可。成化间，河南秋班军二千余不至，下御史趣之。海内燕安，外卫卒在京只供营缮诸役，势家私占复半之。卒多畏苦，往往愆期，乃定远限罪，轻者发居庸、密云、山海关罚班六月。重者发边卫罚班至年半。令虽具，然不能革也。

卷九十一 志第六十七 兵三 边防

元人北归，屡谋兴复。永乐迁都北平，三面近塞，正统以后，敌患日多。故终明之世，边防甚重。东起鸭绿，西抵嘉峪，绵亘万里，分地守御。初设辽东、宣府、大同、延绥四镇，继设宁夏、甘肃、蓟州三镇，而太原总兵治偏头，三边制府驻固原，亦称二镇，是为九边。初，洪武六年，命大将军徐达等备山西、北平边，谕令各上方略。从淮安侯华云龙言，自永平、蓟州、密云迤西二千余里，关隘百二十有九，皆置戍守。于紫荆关及芦花岭设千户所守御。又诏山西都卫于雁门关、太和岭并武、朔诸山谷间，凡七十三隘，俱设戍兵。九年，敕燕山前、后等十一卫，分兵守古北口、居庸关、喜峰口、松亭关烽堠百九十六处，参用南北军士。十五年，又于北平都司所辖关隘二百，以各卫卒守戍。诏诸王近塞者，每岁秋勒兵巡边。十七年，命徐达籍上北平将校士卒。复使将核辽东、定辽等九卫官军。是后，每遣诸公、侯校沿边士马，以籍上。二十年，置北平行都司于大宁。其地在喜峰口外，故辽西郡，辽之中京大定府也；西大同，东辽阳，南北平。冯胜之破纳哈出，还师，城之，因置都司及营州五屯卫，而封皇子权为宁王，调各卫兵往守。先是，李文忠等取元上都，设开平卫及兴和等千户所，东西各四驿，东接大宁，西接独石。二十五年，又筑东胜城于河州东受降城之东，设十六卫，与大同相望。自辽以西，数千里声势联络。

天顺中，阿罗出入河套驻牧，每引诸部内犯。至是，子俊乃徙治榆林。由黄甫川西至定边营千二百余里，墩堡相望，横截套口，内复堑山堙谷，曰夹道，东抵偏头，西终宁、固，风土劲悍，将勇士力，北人呼为橐驼城。十二年，兵部侍郎滕昭、英国公张懋条上边备，言："居庸关、黄花镇、喜峰口、古北口、燕河营有团营马步军万五千人戍守，请益军五千，分驻永平、密云以策应辽东。凉州镇番、庄浪、贺兰山迤西，从雪山过河，南通靖虏，直至临、巩，俱敌入犯之路，请调陕西官军，益以甘、凉、临、巩、秦、平、河、洮兵，戍安定、会宁，遇警截击；以凉州锐士五千，扼要屯驻，彼此策应。"诏可。二十一年，敕各边军士，每岁九月至明年三月，俱常操练，仍以操过军马及风雪免日奏报。边备颇修饬。

嘉靖初，御史丘养浩请复小河等关于外地，以扼其要。又请多铸火器，给沿边州县，募商枭粟，实各边卫所。诏皆行之。初，太祖时，以边军屯田不足，召商输边粟而与之盐。富商大贾悉自出财力，募民垦田塞下，故边储不匮。弘治时，户部尚书叶淇始变法，令商纳银太仓，分给各边。商皆撤业归，边地荒芜，米粟踊贵，边军遂日困。十一年，御史徐汝圭条上边防兵食，谓"……宣、大产二麦，宜多方收粜。紫荆、倒马、白羊等关，宜招商赁车运"。又请"以宣府游兵驻右卫怀来，以援大同。选补游兵于顺圣西城为临期应援，永宁等处游兵卫宣府，备调遣。直隶八府召募勇敢团练，赴边关远近警急。榆林、山、陕游兵，于本处策应"。报可，亦未能行也。……二十九年，俺答攻古北口，从间道黄榆沟入，直薄东直门，诸将不敢战。……先是翁万达之总督宣、大也，筹边事甚悉。其言曰："……宣府西路，西阳河迤东，历中北路，抵东路之永宁四海冶，凡一千二十三里。皆逼临巨寇，险在外者，所谓极边也。……又东北为顺天界，历高崖、白羊，抵居庸关，约一百八十余里。皆峻岭层冈，险在内者，所谓次边也。敌犯山西必自大同，入紫荆必自宣府，未有不经外边能入内边者。"

卷九十二　志第六十八　兵四　车船　马政

中原用车战，而东南利舟楫，二者于兵事为最要。……至隆庆中，戚继光守蓟门，奏练兵车七营：以东西路副总兵及抚督标共四营，分驻建昌、遵化、石匣、密云；蓟、辽总兵二营，驻三屯；昌平总兵一营，驻昌平。

每营重车百五十有六，轻车加百，步兵四千，骑兵三千。十二路二千里间，车骑相兼，可御敌数万。穆宗韪之，命给造费。然特以遏冲突，施火器，亦未尝以战也。

初，边臣请马，太仆寺以见马给之。自改征银，马日少，而请者相继，给价十万，买马万匹。边臣不能市良马，马多死，太仆卿储罐以为言，请仍给马。又指陈各边种马盗卖私借之弊。语虽切，不能从。而边镇给发日益繁。延绥三十六营堡，自弘治十一年始，十年间，发太仆银二十八万有奇，买补四万九千余匹，宁夏、大同、居庸关等处不与焉。至正德七年，遂开纳马例，凡十二条。九年，复发太仆银市马万五千于山东、辽东、河南及凤阳、保定诸府。

按明世马政，法久弊丛。其始盛终衰之故，大率由草场兴废。太祖既设草场于大江南北，复定北边牧地：自东胜以西至宁夏、河西、察罕脑儿，以东至大同、宣府、开平，又东南至大宁、辽东，抵鸭绿江又北千里，而南至各卫分守地，又自雁门关西抵黄河外，东历紫荆、居庸、古北抵山海卫。荒闲平垫，非军民屯种者，听诸王驸马以至近边军民樵采牧放，在边藩府不得自占。永乐中，又置草场于畿甸。寻以顺圣川至桑乾河百三十余里，水草美，令以太仆千骑，令怀来卫卒百人分牧，后增至万二千匹。宣德初，复置九马坊于保安州。于是兵部奏，马大蕃息，以色别而名之，其毛色二十五等，其种三百六十。其后庄田日增，草场日削，军民皆困于孳养。弘治初，兵部主事汤冕、太仆卿王霁、给事中韩祐、周旋、御史张淳，皆请清核。而旋言："香河诸县地占于势家，霸州等处俱有仁寿宫皇庄，乞罢之，以益牧地。"虽允行，而占佃已久，卒不能清。

卷一百十七 列传第五 诸王二 太祖诸子二

辽简王植，太祖第十五子。……（洪武三十年）复图西北沿边要害，示植与宁王权，谕之曰："……又自雁门关外，西抵黄河，渡河至察罕脑儿，又东至紫荆关，又东至居庸关及古北口，又东至山海卫，凡军民屯种地，毋纵畜牧。其荒旷地及山场，听诸王驸马牧放樵采，东西往来营驻，因以时练兵防寇。违者论之。"植在边，习军旅，屡树军功。

卷一百二十四　列传第十二　扩廓帖木儿

扩廓帖木儿，沈丘人。本王姓，小字保保，元平章察罕帖木儿甥也。察罕养为子，顺帝赐名扩廓帖木儿。……明兵已逼大都，顺帝北走。扩廓入援不及，大都遂陷，距察罕死时仅六年云。明兵已定元都，将军汤和等自泽州徇山西。扩廓遣将御之，战于韩店，明师大败。会顺帝自开平命扩廓复大都，扩廓乃北出雁门，将由保安径居庸以攻北平。徐达、常遇春乘虚捣太原，扩廓还救。部将豁鼻马潜约降于明。明兵夜劫营，营中惊溃。扩廓仓卒以十八骑北走，明兵遂西入关。……于是元臣皆入于明，唯扩廓拥兵塞上，西北边苦之。

卷一百二十五　列传第十三　徐达

徐达，字天德，濠人，世业农。达少有大志，长身高颧，刚毅武勇。……（洪武元年）太祖幸汴梁，召达诣行在所，置酒劳之，且谋北伐。达曰："大军平齐鲁，扫河洛，王保保逡巡观望；潼关既克，思齐辈狼狈西奔。元声援已绝，今乘势直捣元都，可不战有也。"帝曰："善。"达复进曰："元都克，而其主北走，将穷追之乎？"帝曰："元运衰矣，行自渐灭，不烦穷兵。出塞之后，固守封疆，防其侵轶可也。"达顿首受命。……水陆并进，大败元军于河西务，进克通州。顺帝帅后妃太子北去。……捷闻，诏以元都为北平府，置六卫，留孙兴祖等守之，而命达与遇春进取山西。……时扩廓帖木儿方引兵出雁门，将由居庸以攻北平。达闻之，与诸将谋曰："扩廓远出，太原必虚。北平有孙都督在，足以御之。今乘敌不备，直捣太原，使进不得战，退无所守，所谓批亢捣虚者也。彼若西还自救，此成擒耳。"诸将皆曰："善。"乃引兵趋太原。……三年春帝复以达为大将军，平章李文忠为副将军，分道出兵。达自潼关出西道，捣定西，取扩廓。文忠自居庸出东道，绝大漠，追元嗣主。

卷一百二十六 列传第十四 李文忠

李文忠，字思本，小字保儿，盱眙人，太祖姊子也。……（洪武五年）复以左副将军由东道北征，出居庸，趋和林，至口温，元人遁。

卷一百三十三 列传第二十一 孙兴祖

孙兴祖，濠人。从太祖渡江，积功为都先锋。……大将军徐达雅重之。……从克元都。置燕山六卫，留兵三万人，命兴祖守之，领大都督分府事。大兵西征，扩廓由居庸窥北平。达谓诸将："北平有孙都督，不足虑。"遂直捣太原。……洪武三年帅六卫卒从达出塞，次三不剌川，遇敌力战死，年三十五。

卷一百三十四 列传第二十二 何文辉

何文辉，字德明，滁人。……（洪武）五年命帅山东兵从李文忠出应昌。明年移镇北平。文忠北征，文辉督兵巡居庸关，以疾召还。

卷一百四十二 列传第三十 宋忠 马宣

宋忠，不知何许人。洪武末，为锦衣卫指挥使。……建文元年以都督奉敕总边兵三万屯开平，悉简燕府护卫壮士以从。……北平故有永清左、右卫，忠调其左屯彰德，右屯顺德以备燕。及张昺、谢贵谋执燕王，忠亦帅兵趋北平。未至而燕兵起，居庸失守，不得进，退保怀来。燕王度忠必争居庸，帅精兵八千，卷甲倍道趋怀来。……忠仓卒布阵，未成列。燕王一麾渡河，鼓噪进。忠败，死之。

马宣，亦不知何许人。官都指挥使。宋忠之趋居庸，宣亦自蓟州帅师赴北平。闻变，走还。燕王既克怀来，旋师欲南下。张玉进曰："蓟州外接大宁，多骑士，不取恐为后患。"会宣发兵将攻北平，与燕兵战公乐驿，败归，与镇抚曾濬城守。玉等往攻之，宣出战被擒，骂不绝口，与濬俱死。

卷一百四十六　列传第三十四　徐忠　郭亮

徐忠，合肥人，袭父爵为河南卫副千户。累从大军北征，多所俘获，进济阳卫指挥佥事。洪武末，镇开平。燕兵破居庸、怀来，忠以开平降。

郭亮，合肥人，为永平卫千户。燕兵至永平，与指挥赵彝以城降，即命为守。时燕师初起，先略定旁郡邑。既克居庸、怀来，山后诸州皆下。而永平地接山海关，障隔辽东。既降，北平益无患。

卷一百五十四　列传第四十二　王通

王通，咸宁人，金乡侯真子也。……永乐七年董营长陵。十一年进封成山侯，加禄二百石。明年从北征，领左掖。二十年从出塞，以大军殿，连出塞，并领右掖。仁宗即位，命掌后府，加太子太保。……景帝立，起都督佥事，守京城。御也先有功，进同知，守天寿山，还其家产。景泰三年卒。天顺元年诏通子琮嗣成山伯。

卷一百五十八 列传第四十六 段民

段民,字时举,武进人。永乐二年进士。……车驾北征,饷舟由济宁达潞河,陆挽出居庸至塞外。民深计曲算,下不扰而事集。既还,敕与巡按御史考所过府县吏廉墨以闻。

卷一百六十 列传第四十八 王彰 罗通

王彰,字文昭,郑人。……宣德元年五月命彰自良乡抵南京巡抚军民。寻以所言率常事,降敕切责……寻召还,命与都督山云巡山海至居庸诸关隘。逾二月还,奏将士擅离者,帝命逮治。遂命兵部三月一遣御史、给事中点阅。

罗通,字学古,吉水人。……景帝监国,以于谦、陈循荐,起兵部员外郎,守居庸关。俄进郎中。帝即位,进右副都御史。也先犯京师,别部攻居庸甚急。天大寒,通汲水灌城,冰坚不得近。七日遁走,追击破之。景泰元年召还。时杨洪督京营,命通参军务兼理院事。……塞上军民多为寇所掠。通请榜诸边能自归者,军免戍守三年,民复徭役终身。又请悬封爵重赏,募能擒斩也先、伯颜帖木儿、喜宁者。……宣府有警,总兵官朱谦告急。廷推都督同知范广帅兵往,以通提督军务。寇退,驻师怀来、宣府,以边储不敷,召还。

卷一百六十六 列传第五十四 山云

山云,徐人。……数从出塞,有功。……擢行在中军都督佥事。宣德元年改北京行都督府,命偕都御史王彰自山海抵居庸,巡视关隘,以便宜行事。……

卷一百六十七 列传第五十五 曹鼐 邓棨

曹鼐，字万钟，宁晋人。……（正统）十四年七月，也先入寇，中官王振挟帝亲征。朝臣交章谏，不听。鼐与张益以阁臣扈从。未至大同，士卒已乏粮。宋瑛、朱冕全军没。诸臣请班师，振不许，趣诸军进。……前驱败报踵至，始惧，欲还。定襄侯郭登言于鼐、益曰："自此趋紫荆，裁四十余里，驾宜从紫荆入。"振欲邀帝至蔚州幸其第，不听，复折而东，趋居庸。八月辛酉次土木。……寇骑蹂阵入，帝突围不得出，拥以去。鼐、益等俱及于难。

邓棨，字孟扩，南城人。……正统十年入为右副都御史。北征扈从，师出居庸关，疏请回銮，以兵事专属大将。至宣府、大同，复再上章。皆不报。及遇变，同行者语曰："吾辈可自脱去。"棨曰："銮舆失所，我尚何归！主辱臣死，分也。"遂死。

卷一百六十九 列传第五十七 胡濙

胡濙，字源洁，武进人。……英宗北狩，群臣聚哭于朝，有议南迁者。濙曰："文皇定陵寝于此，示子孙以不拔之计也。"与侍郎于谦合，中外始有固志。景帝即位，进太子太傅。杨善使也先，濙言上皇蒙尘久，宜附进服食，不报。上皇将还，命礼部具奉迎仪。濙等议遣礼部署迎于龙虎台，锦衣具法驾迎居庸关，百司迎土城外，诸将迎教场门；上皇自安定门入，进东安门，于东上北门南面坐；皇帝谒见毕，百官朝见，上皇入南城大内。议上，传旨以一轿二马迎于居庸关，至安定门易法驾，余如奏。给事中刘福等言礼太薄。帝报曰："朕尊大兄为太上皇帝，尊礼无加矣。福等顾云太薄，其意何居？礼部其会官详察之。"濙等言："诸臣意无他，欲陛下笃亲亲耳。"帝曰："昨得太上皇书，具言迎驾之礼宜从简损，朕岂得违之。"群臣乃不敢言。

卷一百七十 列传第五十八 于谦

于谦，字廷益，钱塘人。……（正统）十三年以兵部左侍郎召。明年秋，也先大入寇，王振挟帝亲征。谦与尚书邝埜极谏，不听。埜从治兵，留谦理部事。及驾陷土木，京师大震，众莫知所为。郕王监国，命群臣议战守。侍讲徐珵言星象有变，当南迁。谦厉声曰："言南迁者，可斩也。京师天下根本，一动则大事去矣，独不见宋南渡事乎！"王是其言，守议乃定。……景泰元年三月，总兵朱谦奏敌二万攻围万全，敕范广充总兵官御之。已而寇退，谦请即驻兵居庸，寇来则出关剿杀，退则就粮京师。……上皇既归，瓦剌复请朝贡。先是，贡使不过百人，正统十三年至三千余，赏赉不赀，遂入寇。及是又遣使三千来朝，谦请列兵居庸关备不虞。京师盛陈兵，宴之。因言和议难恃，条上安边三策："请敕大同、宣府、永平、山海、辽东各路总兵官增修备御。京兵分隶五军、神机、三千诸营，虽各有总兵，不相统一，请择精锐十五万，分十营团操。"团营之制自此始。

卷一百七十三 列传第六十一 杨洪 范广

杨洪，字宗道，六合人。……景帝监国，论前后功，封昌平伯。……子杰嗣……杰卒，无子，庶兄俊嗣。俊，初以舍人从军。正统中累官署都指挥佥事，总督独石、永宁诸处边务。景帝即位，给事中金达奉使独石，劾俊贪侈，乃召还。也先犯京师，俊败其别部于居庸，进都督佥事。寻充右参将，佐朱谦镇宣府。……洪父子兄弟皆佩将印，一门三侯伯。其时称名将者，推杨氏。

范广，辽东人。……景泰元年二月，（石）亨出巡边。时都督卫颖

统大营，命广协理。三月，寇犯宣府。敕兵部会诸营将遴选将材，佥举广。命充总兵官偕都御史罗通督兵巡哨，驻居庸关外。数月还京，副石亨提督团营军马。

卷一百七十四　列传第六十二　姜应熊

姜汉，榆林卫人。……（其孙）应熊，嗣指挥使，擢宣府西路参将。……（嘉靖）四十年秋，寇六万余骑犯居庸岔道口，应熊被围于南沟，中五枪堕马，参将胡镇杀数人夺之归。其冬，复为右都督，充总兵官，镇守大同。以招徕塞外人口，增俸一级。四十二年，寇大举犯畿辅，诏应熊等入援，诸镇兵尽集，见敌势盛，不敢击。……会寇将遁，应熊御之密云，颇有斩获。

卷一百七十六　列传第六十四　商辂　刘定之

商辂，字弘载，淳安人。举乡试第一。正统十年，会试、殿试皆第一。终明之世，三试第一者，辂一人而已。……郕王监国，以陈循、高谷荐入内阁，参机务。徐珵倡南迁议，辂力沮之。其冬，进侍读。景泰元年遣迎上皇于居庸，进学士。……仁寿太后庄户与民争田，帝欲徙民塞外。辂曰："天子以天下为家，安用皇庄为？"事遂寝。

刘定之，字主静，永新人。……景帝即位，复上言十事，曰：自古如晋怀、愍、宋徽、钦，皆因边塞外破，藩镇内溃，救援不集，驯致播迁。未有若今日以天下之大，数十万之师，奉上皇于漠北，委以与寇者也。……紫荆、居庸二关，名为关塞，实则坦途。今宜增兵士，缮亭障，塞蹊隧。陆则纵横掘堑，名曰地网。水则潴泉令深，名曰水柜。或多植榆柳，以制奔突，或多招乡勇，以助官军。此皆古所尝为，已有明效。……书奏，帝优诏答之。

卷一百七十七　列传第六十五　王竑

王竑，字公度，其先江夏人。……英宗北狩，郕王摄朝午门……王即帝位，也先犯京师，命竑与王通、杨善守御京城，擢右金都御史，督毛福寿、高礼军。寇退，诏偕都指挥夏忠等镇守居庸。竑至，简士马，缮厄塞，劾将帅不职者，壁垒一新。

叶盛，字与中，昆山人。……郕王即位，例有赏赉，盛以君父蒙尘辞。不许。也先迫都城，请罢内府军匠备征操。……寇退，进都给事中。……大臣陈循等议召还镇守居庸都御史罗通，并留宣府都督杨洪掌京营。盛言：“今日之事，边关为急。往者独石、马营不弃，驾何以陷土木？紫荆、白羊不破，寇何以薄都城？今紫荆、倒马诸关，寇退几及一月，尚未设守御。宣府为大同应援，居庸切近京师，守之尤不可非人。洪等既留，必求如洪者代之，然后可以副重寄而集大功。”帝是之。

卷一百八十四　列传第七十二　吴俨

吴俨，字克温，宜兴人。……（正德）十二年，武宗北巡，俨抗疏切谏。明年复偕诸大臣上疏曰：“臣等初闻驾幸昌平，曾具疏极论，不蒙采纳。既闻出居庸，幸宣、大，宰辅不及知，群臣不及从，三军之士不及卫，京师内外人心动摇。徐、淮以南，荒馑千里，去冬雨雪为灾，民无衣食，安保其不为盗。所御之寇尚远隔阴山，而不虞之祸或猝起于肘腋，臣所大惧也。”不报。

卷一百八十五　列传第七十三　丛兰

丛兰，字廷秀，文登人。……（正德七年）大同有警，命巡视居庸、龙泉诸关。寻兼督宣、大军饷，进右都御史，总制宣、大、山东军务。令内地皆筑堡，寇至收保如塞下。

卷一百八十七 列传第七十五 洪钟

洪钟，字宣之，钱塘人。……（弘治）十一年擢右副都御史，巡抚顺天。整饬蓟州边备，建议增筑塞垣。自山海关西北至密云古北口、黄花镇直抵居庸，延亘千余里，缮复城堡二百七十所，悉城缘边诸县，因奏减防秋兵六千人，岁省挽输犒赍费数万计。所部潮河川去京师二百里，居两山间，广百余丈，水涨成巨浸，水退则坦然平陆，寇得长驱直入。钟言："关以东三里许，其山外高内庳，约余二丈，可凿为两渠，分杀水势，而于口外斜筑石堰以束水。置关堰内，守以百人，使寇不得驰突，可免京师北顾忧，且得屯种河壖地。"兵部尚书马文升等请从之。比兴工，凿山，山石崩，压死者数百人。御史弋福、给事中马予聪等劾钟。巡抚张烜等请罢役，不听。未几，工成，侍郎张达偕司礼中官往视。还言石洞仅泄小水，地近边垣多沙石，不利耕种。给事中屈伸等劾钟欺妄三罪，诸言官及兵部皆请逮钟。帝以钟为国缮边，不当罪，停俸三月。

卷一百八十八 列传第七十六 董相 张钦

董相，嵩县人。正德六年进士。官御史，巡视居庸诸关。……

张钦，字敬之，顺天通州人。正德六年进士。由行人授御史，巡视居庸诸关。十二年七月，帝听江彬言，将出关幸宣府。钦上疏谏曰："臣闻明主不恶切直之言以纳忠，烈士不惮死亡之诛以极谏。比者，人言纷纷，谓车驾欲度居庸，远游边塞。臣度陛下非漫游，盖欲亲征北寇也。不知北寇猖獗，但可遣将徂征，岂宜亲劳万乘？英宗不听大臣言，六师远驾，遂成己巳之变。且匹夫犹不自轻，陛下奈何以宗庙社稷之身蹈不测之险。

今内无亲王监国，又无太子临朝。外之甘肃有土番之患，江右有皣贼之扰，淮南有漕运之艰，巴蜀有采办之困；京畿诸郡夏麦少收，秋潦为沴。而陛下不虞祸变，欲纵辔长驱，观兵绝塞，臣窃危已。"已，闻朝臣切谏皆不纳，复疏言："臣愚以为乘舆不可出者有三：人心摇动，供亿浩繁，一也；远涉险阻，两宫悬念，二也；北寇方张，难与之角，三也。臣职居言路，奉诏巡关，分当效死，不敢爱身以负陛下。"疏入，不报。八月朔，帝微行至昌平，传报出关甚急。钦命指挥孙玺闭关，纳门钥藏之。分守中官刘嵩欲诣昌平朝谒，钦止之曰："车驾将出关，是我与君今日死生之会也。关不开，车驾不得出，违天子命，当死。关开，车驾得出，天下事不可知。万一有如土木，我与君亦死。宁坐不开关死，死且不朽。"顷之，帝召玺。玺曰："御史在，臣不敢擅离。"乃更召嵩。嵩谓钦曰："吾主上家奴也，敢不赴。"钦因负敕印手剑坐关门下曰："敢言开关者，斩。"夜草疏曰："臣闻天子将有亲征之事，必先期下诏廷臣集议。其行也，六军翼卫，百官扈从，而后有车马之音，羽旄之美。今寂然一不闻，辄云'车驾即日过关'，此必有假陛下名出边勾贼者。臣请捕其人，明正典刑。若陛下果欲出关，必两宫用宝，臣乃敢开。不然万死不奉诏。"奏未达，使者复来。钦拔剑叱之曰："此诈也。"使者惧而返，为帝言"张御史几杀臣"。帝大怒，顾朱宁："为我趣捕杀御史。"会梁储、蒋冕等追至沙河，请帝归京师。帝徘徊未决，而钦疏亦至，廷臣又多谏者，帝不得已乃自昌平还，意怏怏未已。又二十余日，钦巡白羊口。帝微服自德胜门出，夜宿羊房民舍，遂疾驰出关，数问"御史安在"？钦闻，追之，已不及。欲再疏谏，而帝使中官谷大用守关，禁毋得出一人。钦感愤，西望痛哭。于是京师盛传"张御史闭关三疏"云。明年，帝从宣府还。至关，笑曰前御史阻我，我今已归矣，然亦不之罪也。

卷一百九十　列传第七十八　杨廷和　梁储　石玠

杨廷和，字介夫，新都人。……（正德十二年）帝方猎宣府，使使赐廷和羊酒、银币。廷和疏谢,因请回銮,不报。复与大学士蒋冕驰至居庸,欲身出塞请。帝令谷大用扼关门,乃归。帝命回銮日群臣各制旗帐迎,廷和曰:"此里俗以施之亲旧耳。天子至尊,不敢渎献。"帝再使使谕意,执不从,乃已。

梁储,字叔厚,广东顺德人。……帝好微行,尝出西安门,经宿返。储等谏,不听,然犹虑外廷知。(正德十二年)是春,从近幸言召百官至左顺门,明告以郊祀毕幸南海子观猎。储等暨廷臣谏,皆不纳。八月朔,微服从数十骑幸昌平。次日,储、(蒋)冕、(毛)纪始觉,追至沙河不及,连疏请回銮。越十有三日乃旋。储等以国无储副,而帝盘游不息,中外危疑,力申建储之请,亦不报。九月,帝驰出居庸关,幸宣府,命谷大用守关,无纵廷臣出。遂由宣府抵大同,遇寇于应州,几殆。储等忧惧,请回銮益急。章十余上,帝不为动,岁除竟驻宣府。……十三年七月,帝从江彬言,将遍游塞上。托言边关多警,命总督军务、威武大将军、总兵官朱寿统六师往征,令内阁草敕。阁臣不可,帝复集百官左顺门面谕。廷和、冕在告,储、纪泣谏,众亦泣,帝意不可回。已而纪亦引疾。储独廷争累日,帝竟不听。逾月,帝以"大将军寿"肃清边境,令加封"镇国公"。储、纪上言:"公虽贵,人臣耳。陛下承祖宗业,为天下君,奈何谬自贬损。既封国公,则将授以诰券,追封三代。祖宗在天之灵亦肯如陛下贬损否?况铁券必有免死之文,陛下寿福无疆,何甘自菲薄,蒙此不祥之辞。名既不正,言自不顺。臣等断不敢阿意苟从,取他日戮身亡家之祸也。"不报。帝遂历宣府、大同,直抵延绥。储等疏数十上,悉置不省。

(石珤兄)玠,字邦秀。……(正德)十年拜户部尚书。……帝初出居庸,玠切谏。及在宣府,需银百万两,玠持不可。帝弗从,乃进其半。

卷一百九十一　列传第七十九　毛澄

毛澄，字宪清，昆山人。……（正德）十二年六月拜尚书。其年八月朔，帝微行。澄率侍郎王瓒、顾清等疏请还宫。既又出居庸，幸宣府，久留不返。澄等频疏谏，悉不报。明年正月，驾旋，命百官戎服郊迎。澄等请用常服，不许。七月，帝自称威武大将军朱寿，统六师巡边。遂幸宣府，抵大同，历山西至榆林。澄等屡疏驰谏。至十二月，复偕廷臣上疏曰："去岁正月以来，銮舆数驾，不遑宁居。今兹之行，又已半岁。宗庙、社稷享祀之礼并系摄行，万寿、正旦、冬至朝贺之仪悉从简略。腊朔省牲，阙而不行，遂二年矣。岁律将周，郊禋已卜。皇祖之训曰：'凡祀天地，精诚则感格，怠慢则祸生。'今六龙遐骋，旋轸无日。万一冰雪阻违，道途梗塞，元正上日不及躬执玉帛于上帝前，陛下何以自安？且边地荒寒，隆冬尤甚。臣等处重城，食厚禄，仰思圣体劳顿，根本空虚，遥望清尘，忧心如醉。伏祈趣驾速还，躬亲祼享，宗社臣民幸甚。"不报。

卷一百九十二　列传第八十　杨慎

杨慎，字用修，新都人，少师廷和子也。……（正德）十二年八月，武宗微行，始出居庸关，慎抗疏切谏。寻移疾归。

卷一百九十五　列传第八十三　王守仁

王守仁，字伯安，余姚人。……年十五，访客居庸、山海关。时阑出塞，纵观山川形胜。弱冠举乡试，学大进。顾益好言兵，且善射。

卷一百九十八　列传第八十六　彭泽　翁万达

彭泽，字济物，兰州人。……初，正德时，廷臣建白戎务奉俞旨者，多废格。泽请胪列成书，次第修举。又请敕九边守臣，策防御方略，毋画境自保。镇、巡居中调度，毋相牵制。诸边各以农隙筑墙浚濠，修墩台，饬屯堡，为经久计。内地盗甫息，敕守臣练卒伍，立保甲，惩匿盗不举者。且抚西南诸苗蛮，申海禁，汰京军老弱。帝咸嘉纳。诏遣中官杨金、郑斌、安川更代镇守，复令张弼、刘瑶守凉州、居庸。泽持不可，罢弗遣。四川巡抚胡世宁劾分守中官赵钦，泽因请尽罢诸镇守。时虽不从，其后镇守竟罢。

翁万达，字仁夫，揭阳人。……（嘉靖）二十三年，擢右副都御史，巡抚陕西。寻进兵部右侍郎兼右佥都御史，代翟鹏总督宣、大、山西、保定军务。……会宣、大、山西镇巡官议上边防修守事宜，其略曰：

山西起保德州黄河岸，历偏头，抵老营二百五十四里。大同西路起丫角山，历中北二路，东抵东阳河镇口台六百四十七里。宣府起西阳河，历中北二路，东抵永宁四海冶千二十三里。凡千九百二十四里，皆逼巨寇，险在外，所谓极边也。山西老营堡转南而东，历宁武、雁门，至平刑关八百里。又转南而东，历龙泉、倒马、紫荆之吴王口、插箭岭、浮图峪，至沿河口千七十余里。又东北，历高崖、白羊，至居庸关一百八十余里。凡二千五十余里，皆峻山层冈，险在内，所谓次边也。外边，大同最难守，次宣府，次山西之偏、老。大同最难守者，北路。宣府最难守者，西路。山西偏关以西百五十里，恃河为险；偏关以东百有四里，略与大同西路等。内边，紫荆、宁武、雁门为要，次则居庸、倒马、龙泉、平刑。迩年寇犯山西，必自大同；犯紫荆，必自宣府。

先年山西防秋，止守外边偏、老一带，岁发班军六千人备御，大同仍置兵，宁、雁为声援。比弃极冲，守次边，非守要之意。宣府亦专备西、中二路，而北路空虚。且连年三镇防秋，征调辽、陕兵马，糜粮赏不訾，恐难持久。并守之议，实为善经。外边四时皆防，城堡兵各有分地，冬春徂夏，不必参错征发。若泥往事临时调遣，近者数十里，远者百余里，首尾不相应。万一如往年溃墙而入，越关而南，京师震骇，方始征调，何益事机？摆边之兵，未可遽罢。

《易》曰："王公设险以守其国。""设"之云者，筑垣乘障、资人力之谓也。山川之险，险与彼共。垣堑之险，险为我专。百人之堡，非千人不能攻，以有垣堑可凭也。修边之役，必当再举。

夫定规画，度工费，二者修边之事；慎防秋，并兵力，重责成，量征调，实边堡，明出塞，计供亿，节财用，八者守边之事。

因条十事上之，帝悉报许。乃请帑银六十万两，修大同西路、宣府东路边墙，凡八百里。工成，予一子官。万达精心计，善钩校，墙堞近远，濠堑深广，曲尽其宜。寇乃不敢轻犯。墙内戍者得以暇耕牧，边费亦日省。

卷一百九十九 列传第八十七 范鏓

范鏓，字平甫，其先江西乐平人，迁沈阳。……（嘉靖）二十年擢右副都御史……居数年，引疾归。起故官，抚河南。寻召为兵部右侍郎，转左。尚书王以旂出督三边，鏓署部事。顷之，奉诏总理边关厄隘。奏上经略潮河川、居庸关诸处事宜，请于古道门外蜂窝岭增墩台一为外屏，浚濠设桥，以防冲突。川西南两山对处，各设敌台，以控中流，分戍兵番直守要害。又蓟镇五里垛、划车、冗连口、慕田谷等地，宜设墩台。恶谷、红土谷、香炉石等地，宜斩崖堑。居庸关外诸口，在宣府为内地，在居庸则为边藩，宜敕东中路文武臣修筑。加潮河川提督为守备，增副将居庸关，领天寿山、黄花镇。设横岭守备，塞怀来路，增置新军二千余人，资团练。又议紫荆、倒马、龙泉等关及山海关、古北口经略事宜，……又言："诸路缓急，以密云之分守为最。各关要害，以密云之迤西为最。若燕河之冷口，马兰之黄崖，太平之榆木岭、擦崖子，皆所急也。宜敕抚镇督诸将领分各营士马，兼侧近按伏之兵，迭为战守。"兵部言："军戍久，恋土。猝移置，恐他变。莫若山海关增置能将一员，募军三千屯驻，听蓟、辽抚臣调度，援燕河。"余如鏓言，下守臣议。

卷二百　列传第八十八　郭宗皋

郭宗皋，字君弼，福山人。……（嘉靖）二十三年十月，寇入万全右卫，抵广昌，列营四十里。顺天巡抚朱方下狱，擢宗皋右佥都御史代之，寇已去。宗皋言："密云最要害，宜宿重兵。乞敕马兰、太平、燕河三屯岁发千人，以五月赴密云，有警则总兵官自将赴援。居庸、白杨，地要兵弱，遇警必待部奏，不能及事。请预拟借调之法，令建昌三屯军，平时则协助密云，遇警则移驻居庸。"俱报可。久之，宗皋闻敌骑四十万欲分道入，奏调京营、山东、河南兵为援。已竟无实，坐夺俸一年。故事，京营岁发五军诣蓟镇防秋。宗皋请罢三军，以其犒军银充本镇募兵费。又请发修边余银，增筑燕河营、古北口。帝疑有侵冒，令罢归听勘。既而事得白。起故官，巡抚大同，与宣府巡抚李仁易镇。寻进兵部右侍郎，总督宣、大、山西军务。

卷二百二　列传第九十　屠侨

屠侨，字安卿，吏部尚书滽再从子也。正德六年进士。授御史。巡视居庸诸关。武宗遣中官李嵩等捕虎豹，侨力言不可。世宗时，历左都御史。卒，赠少保，谥简肃。

卷二百三　列传第九十一　孙懋

孙懋，字德夫，慈溪人。正德六年进士。……江彬导帝巡幸。懋言："彬枭桀憸邪，挟至尊出居庸，无大臣保护，独处沙漠将半载。两宫违养，郊庙不亲，四方灾异迭见，盗贼蜂起。留彬一日，为宗社一日忧，乞立置重典。"时中外章奏，帝率不省视。

卷二百四　列传第九十二　孙继鲁　丁汝夔　杨选

　　孙继鲁，字道甫，云南右卫人。……（嘉靖）二十六年擢右副都御史，代杨守谦巡抚山西。……总督都御史翁万达议撤山西内边兵，并力守大同外边，帝报可。继鲁抗章争，言："紫荆、居庸、山海诸关，东枕溟渤；雁门、宁武、偏头诸关，西据黄河。天设重险，以藩卫国家，岂可聚师旷野，洞开重门以延敌。……近年寇不敢犯山西内郡者，以三关备严故也。使三关将士远离堡戍，欲其不侵犯难矣。全师在外，强寇内侵，即紫荆、倒马诸关，不迁徙守哉！"

　　丁汝夔，字大章，沾化人。……嘉靖二十八年十月拜兵部尚书兼督团营。条上边务十事，皆报可。当是时，俺答岁寇边，羽书叠至。……其明年八月甲子，俺答犯宣府，诸将拒之不得入。汝夔即上言："寇不得志于宣府，必东趋辽、蓟。请敕诸将严为备。潮河川乃陵京门户，宜调辽东一军赴白马关，保定一军赴古北口。"从之。寇果引而东，驻大兴州，去古北口百七十里。大同总兵官仇鸾知之，率所部驰至居庸南。顺天巡抚王汝孝驻蓟州，误听谍者谓寇向西北。汝夔信之，请令鸾还大同勿东，诏俟后报。及兴州报至，命鸾壁居庸，汝孝守蓟州。未几，寇循潮河川南下至古北口，薄关城。总兵官罗希韩、卢铖不能却，汝孝师大溃。寇遂由石匣营达密云，转掠怀柔，围顺义城。闻保定兵驻城内，乃解而南，至通州。阻白河不得渡，驻河东孤山，分剽昌平、三河，犯诸帝陵，杀掠不可胜纪。京师戒严，召各镇勤王。……寇游骑四出，去都城三十里。及辛巳，遂自通州渡河而西，前锋七百骑驻安定门外教场。明日，大营薄都城。分掠西山、黄村、沙河、大小榆河，畿甸大震。……寇纵横内地八日，诸军不敢发一矢。寇本无意攻城，且所掠过望，乃整辎重，从容趋白羊口而去。

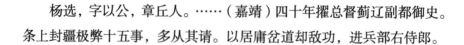

杨选，字以公，章丘人。……（嘉靖）四十年擢总督蓟辽副都御史。条上封疆极弊十五事，多从其请。以居庸岔道却敌功，进兵部右侍郎。

卷二百九　列传第九十七　沈炼

沈炼，字纯甫，会稽人。嘉靖十七年进士。……会俺答犯京师，致书乞贡，多嫚语。……炼愤国无人，致寇猖狂，疏请以万骑护陵寝，万骑护通州军储，而合勤王师十余万人，击其惰归，可大得志。帝弗省。……谪佃保安……塞外人素戆直，又谂知（严）嵩恶，争詈嵩以快炼。炼亦大喜，日相与詈嵩父子为常。且缚草为人，象李林甫、秦桧及嵩，醉则聚子弟攒射之。或蹲骑居庸关口，南向戟手詈嵩，复痛哭乃归。语稍稍闻京师，嵩大恨，思有以报炼。……斩炼宣府市，戍子襄极边。

卷二百十一　列传第九十九　赵国忠

赵国忠，字伯进，锦州卫人，嗣指挥职。嘉靖八年举武会试，进都指挥佥事，守备援阳。……俺答大举犯宣府，总兵官赵卿不任战，命国忠代之。至岔道，寇已为周尚文所败，东走。国忠命参将孙勇率精卒逆击于大溥沱，败之。与尚文分道击，寇尽走，以功受赉。复坐寇入，降俸二等。俺答薄京师，国忠趋入卫，壁沙河北。已，移护诸陵。寇骑至天寿山，见国忠阵红门前，不敢入。……国忠善战，射穿札，为将有威严。历两镇，缮亭障，练士马，边防赖之。

卷二百十二　列传第一百　戚继光

戚继光，字元敬，世登州卫指挥佥事。……（隆庆）二年五月命以都督同知总理蓟州、昌平、保定三镇练兵事，总兵官以下悉受节制。至镇，上疏言：

蓟门之兵，虽多亦少。其原有七。营军不习戎事，而好末技，壮者役将门，老弱仅充伍，一也。边塞逖迒，绝鲜邮置，使客络释，日事将迎，参游为驿使，营垒皆传舍，二也。寇至，则调遣无法，远道赴期，卒毙马僵，三也。守塞之卒约束不明，行伍不整，四也。临阵马军不用马，而反用步，五也。家丁盛而军心离，六也。乘障卒不择冲缓，备多力分，七也。七害不除，边备曷修。

而又有士卒不练之失六，虽练无益之弊四。何谓不练？夫边所藉惟兵，兵所借惟将；今恩威号令不足服其心，分数形名不足齐其力，缓急难使，一也。有火器不能用，二也。弃土著不练，三也。诸镇入卫之兵，嫌非统属，漫无纪律，四也。班军民兵数盈四万，人各一心，五也。练兵之要在先练将。今注意武科，多方保举似矣，但此选将之事，非练将之道，六也。何谓虽练无益？今一营之卒，为炮手者常十也。不知兵法五兵迭用，当长以卫短，短以救长，一也。三军之士各专其艺，金鼓旗帜，何所不蓄？今皆置不用，二也。弓矢之力不强于寇，而欲借以制胜，三也。教练之法，自有正门。美观则不实用，实用则不美观，而今悉无其实，四也。

臣又闻兵形象水，水因地而制流，兵因地而制胜。蓟之地有三。平原广陌，内地百里以南之形也。半险半易，近边之形也。山谷仄隘，林薄翁翳，边外之形也。寇入平原，利车战。在近边，利马战。在边外，利步战。三者迭用，乃可制胜。今边兵惟习马耳，未娴山战、林战、谷战之道也，惟浙兵能之。愿更予臣浙东杀手、炮手各三千，再募西北壮士，足马军五枝，步军十枝，专听臣训练，军中所需，随宜取给，臣不胜至愿。

……

自嘉靖以来，边墙虽修，墩台未建。继光巡行塞上，议建敌台。略言："蓟镇边垣，延袤二千里，一瑕则百坚皆瑕。比来岁修岁圮，徒费无益。请跨墙为台，睥睨四达。台高五丈，虚中为三层，台宿百人，铠仗糗粮具备。令戍卒画地受工，先建千二百座。然边卒木强，律以军法将不堪，请募浙人为一军，用倡勇敢。”督抚上其议，许之。浙兵三千至，陈郊外。天大雨，自朝至日昃，植立不动。边军大骇，自是始知军令。五年秋，台功成。精坚雄壮，二千里声势联接。……自嘉靖庚戌俺答犯京师，边防独重蓟。增兵益饷，骚动天下。复置昌平镇，设大将，与蓟相唇齿。

卷二百十三　列传第一百一　徐阶

徐阶，字子升，松江华亭人。……嘉靖中叶，南北用兵。……倭躏东南，帝数以问阶，阶力主发兵。阶又念边卒苦饥，请收畿内麦数十万石，自居庸输宣府，紫荆输大同。帝悦，密传谕行之。

卷二百十四　列传第一百二　杨博

杨博，字惟约，蒲州人。……（嘉靖）二十五年，超拜右佥都御史……寻迁总督蓟、辽、保定军务。博以蓟逼京师，护畿甸陵寝为大，分布诸将，画地为防。……帝以大同右卫围急，改博总督宣、大、山西军务。博墨缞驰出关。……寇引去。……博以边人不习车战，寇入辄不支，请造偏箱车百辆；有警则右卫车东，左卫车西，使相声援。又以大同墙圮，缮治为急；次则塞银钗、驿马诸岭，以绝窥紫荆路；备居庸南山，以绝窥陵寝畿甸路；修阳神地诸墙堑，以绝入山西路。……帝忧边甚……博上言：“今九边，蓟镇为重。请敕边臣逐大同寇，使不得近蓟，宣、大诸将从独石侦情形，预备黄花、古北诸要害，使一骑不得入关，即首功也。”帝是之。……隆庆改元……诏以吏部尚书理兵部事。陈蓟、昌战守方略，谓：“议者以守墙为怯，言可听，实无少效。墙外邀击，害七利三；墙内格斗，利一害九。夫因墙守，所谓先处战地而待敌。名守，实战也。臣为总督，尝拒打来孙十万众，以为当守墙无疑。”因陈明应援、申驻守、处京营、谕属夷、修内治诸事，帝悉从之。

卷二百二十二　列传第一百十　谭纶　方逢时

谭纶，字子理，宜黄人。……隆庆元年……纶上疏曰：蓟、昌卒不满十万，而老弱居半，分属诸将，散二千里间。敌聚攻，我分守，众寡强弱不侔，故言者亟请练兵。然四难不去，兵终不可练。夫敌之长技在骑，非召募三万人勤习车战，不足以制敌。计三万人月饷，岁五十四万，此一难也。燕、赵之士锐气尽于防边，非募吴、越习战卒万二千人杂教之，事必无成。臣与继光召之可立至，议者以为不可。信任之不专，此二难也。军事尚严，而燕、赵士素骄，骤见军法，必大震骇。且去京师近，流言易生，徒令忠智之士掣肘废功，更酿他患，此三难也。我兵素未当敌，战而胜之，彼不心服。能再破，乃终身创，而忌嫉易生；欲再举，祸已先至。此四难也。以今之计，请调蓟镇、真定、大名、井陉及督抚标兵三万，分为三营，令总兵参游分将之，而授继光以总理练兵之职。春秋两防，三营兵各移近边。至则遏之边外，入则决死边内。二者不效，臣无所逃罪。又练兵非旦夕可期，今秋防已近，请速调浙兵三千，以济缓急。三年后，边军既练遣还。诏悉如所请，仍令纶、继光议分立三营事宜。……是岁秋，蓟、昌无警。异时调陕西、河间、正定兵防秋，至是悉罢。纶初至，按行塞上，谓将佐曰："秣马厉兵，角胜负呼吸者，宜于南；坚壁清野，坐制侵轶者，宜于北。"遂与继光图上方略，筑敌台三千，起居庸至山海，控守要害。纶召入为右都御史兼兵部左侍郎，协理戎政。会台工成，益募浙兵九千余守之。边备大饬，敌不敢入犯。

方逢时，字行之，嘉鱼人。……万历初，起故官，总督宣、大、山西军务。始逢时与崇古共决大计，而贡市之议崇古独成之。逢时复代崇古，乃申明约信。两人首尾共济，边境遂安。逢时分巡口北，时亲行塞外，自龙门盘道墩以东至靖湖堡山梁一百余里，形势联络，叹曰："此山天险。若修凿，北可达独石，南可援南山，诚陵京一藩篱也。"及赴阳和，道居庸，出关见边务修举，欲并遂前计。上疏曰："独石在宣府北，三面邻敌，势极孤悬。怀、永与陵寝止限一山，所系尤重。其地本相属，而经行之路尚在塞外，以故声援不便。若设盘道之险，舍迁就径，自龙门黑峪以达宁远，经行三十里，南山、独石皆可朝发夕至，不惟拓地百里，亦可渐资屯牧，于战守皆利。"遂与巡抚吴兑经营修筑，设兵戍守。

卷二百五十二　列传第一百四十　杨嗣昌

杨嗣昌，字文弱，武陵人。……（崇祯十二年）二月，大清兵北旋……亡七十余城……当戒严时，廷臣多请练边兵。嗣昌因定议：……辽东、蓟镇兵二十四万有奇，五总兵各练万，总督练五万，外自锦州，内抵居庸，东西策应。余授镇监、巡抚以下分练。汰通州、昌平督治二侍郎，设保定一总督，合畿辅、山东、河北兵，得十五万七千有奇，四总兵各练二万，总督练三万，北自昌平，南抵河北，闻警策应。余授巡抚以下分练。又以畿辅重地，议增监司四人。……议上，帝悉从之。

卷二百六十六　列传第一百五十四　申佳胤

申佳胤，字孔嘉。永年人。崇祯四年进士。……久之，迁大理评事，进太仆丞。阅马近畿。闻李自成破居庸，叹曰："京师不守矣！君父有难，焉逃死？"驰入都，遍谒大臣为画战守策，皆不省。……京师陷，冠带辞母……遂死，年四十二。

卷二百六十八　列传第一百五十六　周遇吉

周遇吉，锦州卫人。……（崇祯）十七年……围代州……官军力尽，城遂陷。遇吉……阖家尽死。自成集众计曰："宁武虽破，吾将士死伤多。自此达京师，历大同、阳和、宣府、居庸，皆有重兵。倘尽如宁武，吾部下宁有孑遗哉！不如还秦休息，图后举。"刻期将遁，而大同总兵姜瓖降表至，自成大喜。方宴其使者，宣府总兵王承荫表亦至，自成益喜。遂决策长驱，历大同、宣府抵居庸。太监杜之秩、总兵唐通复开门延之，京师遂不守矣。

卷二百六十九　列传第一百五十七　尤世威

尤世威，榆林卫人。……崇祯二年擢总兵官，镇守居庸、昌平。其冬，京师戒严，命提兵五千防顺义。俄命还镇，防护诸陵。

卷二百七十二　列传第一百六十

（唐）通，口辩无勇略。既败归，仍镇密云。……（崇祯十六年）十月，关外有警，命率师赴援，以银牌二百为赏功用。事定，复移镇西协。帝顾通厚，有蟒衣玉带之赐，召见称卿而不名，锡之宴，奖劳备至。明年，贼逼宣府，命移守居庸，封定西伯。无何，贼犯关，即偕中官杜之秩迎降，京师遂陷。

卷二百九十一　列传第一百七十九　忠义三

王肇坤，字亦资，兰溪人。……初，流贼破凤阳，疏言兵骄将悍之弊，请假督抚重权，大将犯军令者，便宜行戮。得旨申饬而已。出巡山海、居庸二关。九年七月，大清兵入喜峰口，肇坤激众往御，不敌，退保昌平。被围，与守陵太监王希忠，总兵官巢丕昌，户部主事王一桂、赵悦，摄知州事保定通判王禹佐分门守。有降丁二千为内应，城遂破，肇坤被四矢两刃而死。丕昌出降。一桂、悦、禹佐、希忠及判官胡惟忠、吏目郭永、学正解怀亮、训导常时光、守备咸贞吉皆死之。禹佐子亦从父死。

一桂，黄冈举人，督饷昌平，以南城最冲，身往扼之。俄西城失守，

被执死。妻妾子女暨家众二十七人悉赴井死。悦以公事赴昌平，遂遇难。

卷三百七　列传第一百九十五　佞幸

江彬，宣府人。……欲导帝巡幸远（钱）宁。因数言宣府乐工多美妇人，且可观边衅，瞬息驰千里，何郁郁居大内，为廷臣所制。帝然之。十二年八月，急装微服出幸昌平，至居庸关，为御史张钦所遮，乃还。数日，复夜出。先令太监谷大用代钦，止廷臣追谏者。因度居庸，幸宣府。彬为建镇国府第，悉辇豹房珍玩、女御实其中。彬从帝，数夜入人家，索妇女。帝大乐之，忘归，称曰家里。……十三年正月还京，数念宣府。彬复导帝往，因幸大同。闻太皇太后崩，乃还京发丧。将葬，如昌平，祭告诸陵，遂幸黄花、密云。

卷三百九　列传第一百九十七　流贼

李自成，米脂人，世居怀远堡李继迁寨。……（崇祯十七年）二月……遂犯阳和，由柳沟逼居庸，总兵官唐通、太监杜之秩迎降。三月十三日，焚昌平，总兵官李守镰死。始，贼欲侦京师虚实，往往阴遣人辇重货，贾贩都市，又令充部院诸掾吏，探刺机密。朝廷有谋议，数千里立驰报。及抵昌平，兵部发骑探贼，贼辄勾之降，无一还者。贼游骑至平则门，京师犹不知也。

卷三百二十七　列传第二百十五　外国八　鞑靼

鞑靼，即蒙古，故元后也。太祖洪武元年，大将军徐达率师取元，元主自北平遁出塞，居开平，数遣其将也速等扰北边。……三年春，以徐达为大将军，使出西安捣定西；李文忠为左副将军，冯胜为右副将军，使出居庸捣应昌。……五年春，命大将军徐达、左副将军李文忠、征西将军冯胜率师三道征之。……文忠东出居庸至口温，元将弃营遁……明年春，遣达、文忠等备西北边。……（正德）十一年秋，小王子以七万骑分道入，与总兵潘浩战于贾家湾。浩再战再败，裨将朱春、王唐死之。张永遇于老营坡，被创走居庸。敌遂犯宣府，凡攻破城堡二十，杀掠人畜数万。……（嘉靖）二十九年……秋，（俺答）大掠怀柔，围顺义，抵通州，分兵四掠，焚湖渠马房。畿甸大震。敌大众犯京师，大同总兵咸宁侯仇鸾、巡抚保定都御史杨守谦等，各以勤王兵至。帝拜鸾为大将军，使护诸军。鸾与守谦皆慑懦不敢战，兵部尚书丁汝夔惶扰不知所为，闭门守。敌焚掠三日夜，引去。帝诛汝夔及守谦。敌将出白羊口，鸾尾之。敌猝东返，鸾出不意，兵溃，死伤千余人。敌乃徐由古北口出塞。……三十九年，敌聚众喜峰口外，窥犯蓟镇。……是岁，寇大同、延绥、蓟、辽边无虚日。明年春，敌自河西踏冰入寇，守备王世臣、千户李虎战死。秋，犯宣府及居庸。……（隆庆）四年……冬，俺答有孙曰把汉那吉者……率其属阿力哥等十人来降。大同巡抚方逢时受之，以告总督王崇古。……崇古因上言："朝廷若允俺答封贡，诸边有数年之安，可乘时修备。设敌背盟，吾以数年蓄养之财力，从事战守，愈于终岁奔命，自救不暇者矣。"复条八事以请：……（其三）议贡期、贡道。以春月及万寿圣节四方来同之会，使人马匹及表文自大同左卫验入，给犒赏。驻边者，分送各城抚镇验赏。入京者，押送自居庸关入。……疏入，下廷臣议。帝终从崇古言，诏封俺答为顺义王……自是约束诸部无入犯，岁来贡市，西塞以宁。

卷三百二十八 列传第二百十六 外国九 瓦剌

瓦剌，蒙古部落也，在鞑靼西。……（正统）十四年七月，遂诱胁诸番，分道大举入寇。脱脱不花以兀良哈寇辽东，阿剌知院寇宣府，围赤城，又遣别骑寇甘州，也先自寇大同。……太监王振挟帝亲征……至土木……六军大溃，死伤数十万。……九月，郕王自监国即皇帝位，尊帝为太上皇帝。也先诡称奉上皇还，由大同、阳和抵紫荆关，攻入之，直前犯京师。兵部尚书于谦督武清伯石亨、都督孙镗等御之。……都督杨洪复大破其余众于居庸，也先仍以上皇北行。……景泰元年，也先复奉上皇至大同，郭登不纳，仍谋欲夺上皇，也先觉之，引去。初，也先有轻中国心，及犯京师，见中国兵强，城池固，始大沮。

大明会典①

《大明会典》，简称《明会典》，为明代记载国家典章制度、以行政法规为主的官修书。始纂于弘治年间，正德时刊行。后于嘉靖万历时多经增订，终成重修本二百二十八卷。汇集百司之籍册，凡《明史》所未载者，多有述录。

卷七　吏部六　吏员

◇在京衙门

顺天府

……蓟州、昌平、通州各镇守总兵官、掾史各一名。天寿山、居庸关二处守备官、令史各一名。黄花镇守备官、典吏一名。……

卷十四　户部一　十三司职掌

◇福建清吏司

分管福建布政司、福建都司、福建行都司。带管在京衙门并各仓，及直隶府州都司卫所并各仓。……渤海守御千户所、居庸关千户所、宽

---

① 〔明〕李东阳撰，〔明〕申时行修：《大明会典》，新文丰出版有限公司，1976年版。

河守御千户所、紫荆关千户所、倒马关千户所……

◇广东清吏司

分管广东布政司、广东都司。带管在京各卫所、各仓。……旧有显武营、五军千二营。嘉靖二十九年，并五军营内。神机营左掖，并神机营。旧管保定府、大名府、延庆卫、茂山卫、居庸关、紫荆关。万历三年，归福建司。……坝上仓、黄土仓、郑家庄马房仓，归广西司。……

◇云南清吏司

分管云南布政司、云南都司、漕运。带管在京衙门、各仓，及在外各仓。……泰陵卫、虎贲左卫……泰陵卫仓、虎贲左卫仓……旧有花园草场，弘治九年革。旧有五军营右掖、敢勇营。嘉靖二十九年，并五军营内。旧管顺天府古北口仓、山口仓、永盈仓、居庸仓、延庆仓、蓟州仓、蓟州卫、镇朔卫、遵化卫、武清卫、东胜右卫、兴州前屯卫、兴州左屯卫、兴州右屯卫、兴州中屯卫、密云中卫、忠义中卫、涿鹿卫、涿鹿左卫、涿鹿中卫、天津卫、天津左卫、天津右卫、密云后卫、梁城守御千户所、通济库。万历三年，归福建司。……

◇贵州清吏司

分管贵州布政司、贵州都司。带管在京各衙门、各仓，及各边镇钞关。……蓟州镇、永平镇、密云镇、昌平镇、易州镇以上边镇，俱万历三年归本司……

卷二十一 仓庾一 两直隶府州县都司卫仓

◇顺天府

昌平州：居庸仓、黄花镇仓、延庆仓、渤海仓、白羊仓、奠靖仓、镇边仓、广济仓、横岭仓。

……

凡管粮专官。……（弘治）十八年……又题准紫荆、倒马等关，照原差主事监督，其密云、居庸等处，仍差主事二员，整理粮储。裁革添设通判三员。……（嘉靖）十八年，取回北路居庸关、东路古北口、西路紫荆关等处仓场户部分管委官。将附近蓟州地方、密云、古北口、石匣堡等处仓场，分为东路，属蓟州郎中管理。居庸、紫荆、倒马等关，并腹里保定、唐县、易州、涿州、良乡等处，分为西路，委户部郎中一员，前去易州提督前项仓场。……四十四年，复设昌平主事，管理三路兵马钱粮。其管粮通判，仍驻居庸，并理三区关事。密云郎中，仍专理密云粮饷。万历二年，给昌平管粮通判关防，令兼理居庸关商税。……

卷二十五　户部十二　税粮二

◇草料

凡支给草料。……（正统）十四年，令各处马房上直骑操，并起取等项马草，每一束，折支银二分。又令居庸关骑操马，自十月十五日起，至次年四月半止，每马一匹，日支草一束。……景泰元年，奏准长陵等三陵、神宫监、长随内使，领到御马监马驴，行令昌平县，每马一匹，日支料三升，草一束；驴一头，日支料一升，草半束。每年十月初一日起，三月终止。如有事故，截日住支。……（嘉靖）七年，奏准马匹草束，每年照旧支三个月本色。其料豆、存操马，每年十二个月，听征马，除下场六个月，俱本折间月关支。又奏准，委官主事将榆河、居庸、榆林、土木四驿，查照先年定例，每年自十月初一日起，按季关支料九斗，草三十束，夏秋住支，听其照旧打采青草喂养。其榆河、居庸二驿，冬春仍关支本色。榆林、土木二驿，冬春马草准改支折色。每草一束，给银二分。……

秋青草

……（景泰）元年……又令陕西、宁夏、甘肃、延绥、山西、大同，并偏头、雁门二关、辽东万全都司所属，及直隶山海、永平、密云、紫荆、倒马、居庸一带沿边关口，及山东备倭处所马草、总兵镇守，及管粮郎中、布按二司等官，于秋草长茂之时，量起军夫，趁时采取。每束重一十五斤，设法堆积，委官看守，以备支用。……（嘉靖）三十二年，令居庸、榆河、榆林、土木四驿马匹，冬春照旧给与料草。夏秋牧放，仍派秋青草八十束，责令采打赴场交收支给。

卷二十七　户部十四　会计三

◇漕运

兑运

嘉靖二十九年，命拨漕粮二十万六千余石，接济密云、昌平兵马。……三十四年，题准密云主客粮米内，量改六万石，给昌平支用。三十五年，减免密云、昌平原拨漕粮五万石。三十九年，题准令运官将漕粮运密云镇七万石、昌平镇三万石，并行粮一十四万四千三石三斗，径运该镇，岁以为常。……（隆庆）六年……又令巩华城官军月粮，并先额漕粮四万石，俱由通河运至奠靖仓。将蓟镇永、巩、昌、标四营军粮，九个月本色，并长陵等八卫别项官军月粮，俱由奠靖仓就近关支。万历九年，题准奠靖仓原拨漕粮十五万石，内将二万石自沙子营陆运，改拨居庸仓收贮。辏放居庸、黄花、横岭三路官军月粮，以免召（商）〔商〕劳费。其搬运脚价，奠靖仓每石银四分，今每石加一分，共加银二百两，责令殷实商役领运。……

卷二十八　户部十五　会计四

◇边粮

凡拨运本色。……（嘉靖）三十三年，议准隆庆等卫所主客官军月粮，于三十四年原派密云镇主兵粮内，改六万石，给运昌平镇。内四万

石准作主兵，二万石准作客兵，随宜支用。其车驮搬运，自张家湾至奠靖所，查照密云，每十里给银一分二厘，就于随粮轻赍，及主兵银两内动支。三十七年，令长陵等八卫军士于巩华城，另建仓廒，岁拨漕粮给散。

凡解运折色。……（嘉靖）三十七年，令镇边、横岭、长峪三城边军，比古北、石塘事例，于下半年折色内扣给。……

凡京运年例。……（嘉靖）四十五年，令宣、大、山西，除民屯盐引外，每年主兵发银一十二万两，客兵一十三万五千两。……昌平镇银一万两。……隆庆元年，议准昌平镇主客兵该银一万两。永安、巩华四营军士，防秋三个月，月粮银该一万六千二百两，增入会计之数。……

凡收掌支放。……（嘉靖）三十八年，令裁革昌平、密云二处管粮主事，改设郎中一员，总理粮饷。换给敕书关防，协同兵备行事。总兵以下，悉听参奏拿问。其一应钱粮文移，悉并贵州司掌行。……四十四年，复设昌平主事，管理三路兵马钱粮。其管粮通判仍驻居庸，并理三区关事。密云郎中仍专理密云粮饷。……（隆庆）五年，令永平、蓟州、密云、昌平兵备道，协同管粮郎中主事，将各镇主客兵马数目，核实细开应支钱粮，年终将放过数目，造册送部查考。其解到漕粮，并援例米石，俱编立字号，另廒收贮，以备日后支放。……

昌平

原饷额

屯粮三千二百三十二石五斗五升，民运粮一万三千石，漕粮二万石。

见饷额

主兵：屯粮折色银二千四百二十八两四钱六分八厘，地亩银五百五十七两六钱九分五厘五毫，秋青草折银一百二十八两八分。国初，止隆庆一卫屯地八百四十七顷，粮三千二百三十余石。嘉靖四十一年，丈勘实征粮地五百九十八顷四十亩，米豆三千二百二石五斗。又徵银地二百三十九顷六十九亩二分，并勘出地三十六顷六十三亩五分。共徵银四百一十四两四钱九分。万历元年，议拨营州左屯卫屯粮四百五十四石。今计二卫粮银，并新增榆河驿地亩银，共有此数。九陵卫屯粮折色银二千七十二两七钱八分，本色豆三千九石五斗六升二合，不与。民运银二万七百四两九钱一厘。景泰四年，议派广平二府粟米一万三千石，给防秋官军。以后会派山东、河南、顺天等府米、麦、布、花、豆、草不等。嘉靖十五年，米、麦、布、花、豆、草本折中半，后尽改折色。今总计顺天等府，岁运银共有此数。其山东、河南民运银一十一万三千七百四十六两五钱零。万历元年，改解太仓转发。漕粮三万九千二百七十二石五斗，隆庆六年添拨一十五万石。旧赴京仓关支，景泰二年，轮拨各关口官军，各运米二万石备用，遂为它运之始。嘉靖三十年以来，始议岁运，而它运间有之，增减不一。又议班军行粮，及各陵卫官军月粮，俱于漕粮内拨运。万历二年定议，由通州水运、至沙子营陆运、至巩华城上纳，各军就近关支。其十五万石运赴莫靖仓内，将十三万石放给各陵卫所官军月粮。京运年例银九万六千三百七十三两五钱四分二厘七毫。自成化二十六年，始发银八千两，以后俱未发。正德、嘉靖间，增发不等。隆庆元年以来，议添永安、巩华四营军士月粮、人马行粮，增银主客通融兼支，俱以该镇岁入各项银两扣算，补足额饷二十二万六千八百五十两七钱之数。

客兵：京运年例银四万七千六十六两四分。弘治十八年，发银一万两，后不发。正德、嘉靖间，增发不等。隆庆元年以来，增银至七万九千一百六十七两二钱七分。万历八年，以罢免宁夏入卫兵，扣解蓟镇银三万二千一百一两二钱三分。今止发此数。

卷三十五　广部二十二　课程四

◇钞关

税课数

凡收税。……（嘉靖）三十二年，题准居庸关南口委官抽税商货。除在京宣课司税过有票放行外，其从东西别路径趋宣、大，未经抽税之

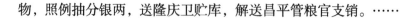

物，照例抽分银两，送隆庆卫贮库，解送昌平管粮官支销。……

卷四十 户部二十七 经费一

◇赏赐

国朝赏赐用钞锭、胡椒、苏木、铜钱，并银两、衣服等项。其系礼兵掌行者，具见二部。惟岁给军士冬衣布花等项，沿革则例不一，系户部掌行。备载于此。

……（洪武）六年，又定给赏则例，北平军士、永平、居庸、古北口为一等，密云、蓟州为一等，北平在城为一等，通州真定为一等。二十六年定，凡在京赏赐该用钞锭，户部查数具奏，于内府关支。

卷四十一 户部二十八 经费二

◇月粮

洪熙元年，令大同、宣府操备官军月支粮四斗。又令天寿山营造人匠有家小者，月添米三斗。……（宣德）九年，令各都司卫所旗军月粮文书到日，过三月不支者，折支钞锭。十年……又令居庸等驿甲军，照军士例支月粮。……（正统）三年……又令各边夜不收军士，每月添支口粮二斗。……八年……又令天寿山上工官军，每月行粮四斗外，添支口粮二斗。……（景泰）四年……又题准将延庆卫、白羊口，及在京拨去守备，并居庸等四驿官军俸粮、行粮、廪给，著令来京仓关支。愿支银者，每粟米一石，折银三钱，不愿者支粮。……天顺元年，令各边军人，不分马步，俱支米一石。又令各处土兵秋冬操练，支口粮。春夏住支。……（成化）九年，令各边民夜不收，月粮添为五斗。……十二年，又令长陵等卫洒扫宝山做工旗军，月支粮一石。……二十二年，令各边守瞭，及为事问发各边墩台囚徒，月支米一石者，减为四斗。……正德元年，令在京在外各卫所坐委放粮官，遇勘合到仓，即便率令军赴仓关给。如有故意推调，以致违限四十五日之外者，将委官及本卫掌印金书、首领官吏应支俸粮，查照违限日期，扣除入官。各该官军月粮，仍令本卫另委的当官员监放。若各该军士果有延捱情弊，照例一体扣除。……又题准，白羊口新添舍余通取回卫，食粮五斗。……十六年，令长陵等卫正军月粮，照京城九门撞门军事例，关支本色。……（嘉靖）三年……奏准，各边有警按伏兵马，支过粮料，照旧免扣月粮。……十年，题准各边军士月粮，除常岁各照旧例折放外，若年荒米贵，将各仓库收储，并各该民屯应征料粮，分别本折色，及军士月支数目，通查奏请议处。……十七年，题准各边官军该关折色月分，不必拘定六钱之例，务随时损益，以济贫军。其该关本色月分，如在仓粮米数少，照依时估，放银两三个月。存留仓粮，以备客兵支用。……三十一年，题准永安、巩华营，并守护陵寝官军月粮，防秋时月，一体于昌平关支。其余月分，并洒扫守陵官军照旧。……三十八年，议准蓟州、密云、昌平主兵月粮，不拘常例，本折随宜支放。谷贵则给本色，谷贱则给折色。防秋之日，将冬季马料借支一月。石门寨等区赴蓟仓关粮，路远不便，全改折色。……四十三年……又议准，昌平游兵月粮，防秋三个月，照旧将该镇民运等银给放。……（隆庆）二年，题准昌平镇永、巩、昌、标四营军士月粮，春防有警，就昌平、居庸二仓关支；无警，同夏冬二季赴京仓关领。其蓟州等镇月粮，酌量丰歉，米贵给以本色，米贱给以折色。通算一军一年，不失本折各半成规。三屯营、太平寨路远地方，务要多买米石，就近给放。……五年，题准各边营通丁查系投降真夷，月粮之外，再加五斗，于临仓扣除军粮银内支给。其军余投充，不许一概滥加。又题准，各边营管事官员粮俸，俱在原卫造支，不许随营随路关支。但各官身处边关者，折价照在边例支给。其标下存操，募车军粮布花，查原系某镇项下者，即各另自造册，赴本管兵备道挂号，送管粮郎中坐支，不许仍前借名代造。……六年……又题准，神木、黑窑二厂军夫，每名准支月粮四斗、口粮二斗。上林苑监、南海子不分京卫外卫，一例在京支粮四斗。其冬衣布花，俱照京卫事例，在京支给。仍行蓟、永、密、昌四镇，但有卫所册籍，关载二厂、苑、海等军名色，尽数开除。

卷五十三　礼部十一

◇巡狩

成祖未定鼎时，以北京为行在，岁常巡幸。至肃皇巡承天，谒献皇陵，礼详载大狩录，各朝俱不行。永乐六年，定诏告天下诸司，及各处镇守总兵官知会。

一礼部预行各处，凡有重事并四夷来朝，俱达行在所，仍具本启闻。其余事务奏启，俱达京师，启闻施行。事有疑碍者，在京合该衙门具奏，取自上裁。凡进拜表文达行在所，笺文达京师。

……

一驾发，出正阳中门。……简命武职重臣二员留守京城。兵部尚书一员参赞机务，各请敕行事。以文职大臣一员总督整饬宣大等处军务；一员提督蓟州、山海关等处地方边备。文职重臣一员充行边使，往辽东、蓟州、宣大、雁门、固原等九边，阅视边备。户部赍银随去劳赏官军，各请敕行事。……仍选委坐营官，及各提督把总等官，昼夜巡捕安定、德胜门、各土城门外，及郑村坝、大黄庄、居庸关、白羊口六处地方。该营拣选有马官军，每处一千员名，分为两班，轮流下营防守。安定、德胜门、土城各用东西官厅，听征总兵官一员。其余各用参将一员，统领下营。……

卷一百七　礼部六十五　朝贡三

◇北狄

迤北小王子　瓦剌三王

……弘治初，把秃猛可死，弟伯颜猛可立，及其酋长与瓦剌皆贡马。伯颜猛可与火筛相攻，小王子益衰。虏自天顺成化以来，更立数王，然皆称小王子，自是频年入贡。元年，贡使六千余人，准放一千五百余人。三年，三千五百人，准放一千五百人。四年，五千人，准放一千七百余人。九年，三千人，准放一千人。十年，六千人，准放二千人。至京者，以五百人为率，贡道皆由大同入居庸。正德中，瓦剌西徙，与土鲁番相仇杀，小王子复强。……嘉靖间，犯边无宁岁，遂绝其贡。至隆庆中，复款贡为顺义王。

卷一百二十　兵部三　铨选三

◇武职袭替

武官世职，殁者承袭，老疾者替，载在职掌。累朝以来，事例益繁，武官多故绝，以旁枝继。……

凡功次减革。……正统十四年至景泰元二三年，大同、东岳庙、雷公山、黑峪口、石佛寺、宣府、东南二小门、洋河桥、居庸关、山西偏头关、代州、北直隶、文安、霸州、紫荆关、西直门、德胜门、彰义门……等处，当先被伤，并杀贼有功，越升职级，照嘉靖元年例，准袭。其召募升职，及当先又越升者，仍不准袭。……

卷一百二十四　兵部七　城隍一

◇都司卫所
亲军卫

......

长陵卫旧为南京羽林右卫，永乐二十二年改。

献陵卫旧为武成左卫，宣德元年改。

景陵卫旧为武成右卫，宣德十年改。

裕陵卫旧为武成前卫，天顺八年改。

茂陵卫旧为武成后卫，成化二十三年改。

泰陵卫旧为忠义左卫，弘治十八年改。

康陵卫旧为义勇中卫，正德十六年改。

永陵卫旧为义勇左卫，嘉靖二十七年改。

昭陵卫旧为神武后卫，隆庆六年改。

奠靖千户所嘉靖二十一年设。

牺牲千户所属太常寺辖。

旧制止上十二卫。后添设金吾左卫以下十卫。俱称亲军指挥使司，不属五府。又添腾骧等四卫，亦系亲军。并武功、永清、彭城及长陵等十五卫、二所。俱不属府。

后军都督府

在京旧有蒙古左卫、蒙古右卫，后革。又有神武后卫，后改昭陵卫⋯⋯

在外：直隶旧为北平都司、有北平三护卫、后俱为亲军。其不系北平旧卫者，俱永乐以后添设⋯⋯延庆卫旧为北平都司居庸关千户所，后改隆庆卫，后又改今名⋯⋯白羊口千户所、渤海千户所、宽河千户所、镇边城千户所⋯⋯万全都司宣德五年，分直隶及山西等处卫所添设⋯⋯延庆左卫旧为大宁左卫，又为营州左护卫，属北平行都司、延庆右卫旧为大宁右卫，又为营州右护卫，属北平行都司⋯⋯

卷一百二十六　兵部九　镇戍一

◇将领上

昌平镇

镇守一员：镇守总兵旧有副总兵，又有武臣提督。嘉靖三十八年，裁副总兵，以提督改为镇守总兵，驻昌平城，听总督节制。其天寿山、巩华城、黄花镇、居庸关一带参游守备，西自镇边城，东至渤海所各关隘，俱属统领。今各镇边军入卫不干与。

分守三员：居庸关参将旧系分守。嘉靖四十三年，改参府。所属石峡峪、灰岭口、八达营三守备、黄花镇参将旧设。嘉靖间，令移驻渤海所防御。其渤海所守备，照旧移驻黄花镇，与内守备同城居住。黄花镇边务，仍听参将督理。所属慕田谷提调、黄花镇守备、横岭口参将嘉靖三十二年添设，驻镇边城。嘉靖四十五年，移驻横岭口。所属镇边城、白羊口二守备。

游击将军二员：总兵标下嘉靖四十二年设、右骑营原系巩华城游击，万历四年改，驻昌平，统马兵。

坐营官三员：左车营万历十年，以永安营游击改，驻昌平、右车营万历十年，以白羊口游击改，仍驻本处、昌平总兵下嘉靖四十三年，设永安营坐营。万历二年，改总兵下中军，传宣号令。

守备十员：巩华城万历元年，设昌平管河把总。四年改为守备，令不妨原务，兼守城池、天寿山旧设、涿州城旧设、怀柔隆庆二年设、黄花镇旧设、灰岭口隆庆五年设、白羊口旧设、镇边城原设驻横岭口。嘉靖四十五年，移驻镇边城、石峡峪隆庆二年添设、八达岭旧系把总，驻居庸关。嘉靖四十三年，改为守备，移驻八达岭。

提调官一员旧有长峪城，万历八年革：慕口峪关旧名渤海所，万历四年改设。

卷一百二十八　兵部十一　镇戍三

◇督抚兵备

国初，兵事专任武臣，后常以文臣监督。文臣重者曰总督，次曰巡抚。总督旧称军门，而巡抚近皆赞理军务或提督，详载都察院。其按察司官整饬兵备者，或副使，或佥事，或以他官兼副使佥事。沿海者，称海防道，兼分巡者，称分巡道。兼管粮者，称兵粮道。今具载之，而仍以所辖督抚领其首。

……

昌平兵备一员。管理黄花镇、居庸关、横岭城三路，监督副参等官。

分管昌平州、怀柔县、顺义县、长陵等九陵卫，及延庆、营州左屯二卫，
奠靖、镇边、渤海、白羊四所兵马钱粮，兼屯田。

卷一百二十九　兵部十二　镇戍四

◇各镇分例一

蓟镇

国初，设大宁都司、营州等卫，与辽东、宣府，东西并建为外边。
又起古北口至山海关，增修关隘，为内边。……嘉靖中，虏入古北口，
径薄京城，蓟始为重镇。增设总督将领，调各镇兵入卫，修筑墙台，春
秋防守，视他边特严云。

一城堡台墙。本镇见存城堡二百八十五座，空心敌台一千二百四十
座，潮河川大桥一座。昌平城堡二十八座，空心敌台二百五十余座，守
边墩台一百六十九座。嘉靖三十四年，议准居庸里口，如横岭、镇边、
大石岭、唐儿巷等处，或原无边墙，或有墙不固者，皆令修筑防守。隆
庆二年，题准蓟昌二镇，分为十二路。将边墙稍加厚，二面皆设垛口，
七八十垛间，下穿小门，曲突而上。其缓者计百步，冲者五十步或三十步，
即筑一墩台。视边墙高一倍，广十二丈，内容五十人。共筑一千五百座，
令边军哨守。万历元年，题准滦河以东，居庸以西，及松棚诸路，再增
台二百座。又议准，曹家寨将军台地，跨山横筑内城，守以七台。四年，
题准蓟昌二镇应修边墙九十余里，添筑墩台五百座。

一兵马。……昌平原额官军一万四千二百九十五员名，见额
一万九千三十九员名。原额马三千一十五匹，见额马驴五千六百二十五匹头。

一入卫兵。嘉靖二十九年，虏犯京辅，议徵各镇精兵入卫。……隆
庆三年，题准长陵等卫防守黄花镇官军一千名，今后秋班八月初一日上
边，至次年四月终下班。春班二月初一日上边，至本年十月终下班。每
年上边九个月，休息三个月。……

一募调兵。嘉靖三十七年，题准蓟镇自于密云、昌平、永平、遵化、

通州，募兵一万五千。河南民兵，悉免入卫。止解银七万五千两，赴蓟州给各兵安家。又议准，将昌平一枝随卫食粮，革安家银。……

一防守。嘉靖二十九年……又题准，发永宁参将兵马一枝，移驻四海冶。镇城副总兵人马一枝，移驻永宁城，以防山后大、小红门。白羊口游击兵马一枝，有事移驻镇城，据险把守。居庸参游官挑井蓄水，以待防秋兵马食用。……三十四年，题准居庸口自怀来大山口，逶迤起伏，至隆永，抵四海冶、黄花镇接界镇南墩止，俱陵京屏蔽。令蓟兵镇守内口，宣兵谨守外口。又议准，怀来有警，总督移驻昌平。四十年，题准京营春秋二防，各选兵四枝赴居庸防守。每枝三千人，马兵三百，步兵二千七百。春防以正月十五日行，三月终旬回营。秋防七月十五日行，九月终旬回营。每防用参将二员、佐击二员。将官到彼，听总督、巡抚节制。四十二年，议准各路兵马东自山海关起，西至镇边城止，二千一百十四里，分为十路。第一路石门寨、第二路燕河营、第三路太平寨、第四路马兰谷、第五路墙子岭、第六路古北口、第七路石塘岭，以上七路，副参游佐提调分守，而以蓟镇总兵领之。第八路黄花镇、第九路居庸关、第十路镇边城，以上三路亦副参游佐提调分守，而以昌镇总兵领之。……万历二年，题准蓟昌二镇分布兵马十二路，属各兵备道整饬，总兵、总督往来调度。

一车营。隆庆三年，题准二镇练兵车七营，每营用重车一百五十六辆，轻车二百五十六辆，步兵四千，骑兵三千，驾轻车马二百五十六匹。……以西路副总兵一营，合总督标下一营，驻石匣、密云。以蓟镇总兵二营驻三屯，昌平总兵一营驻昌平。万历元年，议准……昌平三路，共立一车营，每营驻骑步兵各一枝。……三年，议准昌镇置车营。

一抚夷。嘉靖三十八年，议准令参将游击二员喜峰口验放入贡属夷，不许潜带北虏入关。又令凡属夷到边，务宣谕朝廷恩威，方行抚赏。如敢扑捉，即便发兵剿杀，不许姑息。

保定

国初，自紫荆西抵故关，修筑以备虏。……

一防守。嘉靖四十年，题准紫荆关之盘石烟董厓、居庸之小岭向闸，原设防守内口官军，移浮图峪、八达岭外口防御。……

卷一百三十　兵部十三　镇戍五

◇各镇分例二

宣府

国初，逐虏漠北，即元上都，设开平卫守之。置八驿，东接大宁，西接独石，边境无事。后以大宁界虏，兴和亦废，开平孤立难守。宣德中，乃移卫于独石。土木之变，独石八城皆破，旋亦收复。虽地势险狭，旧称易守。然去京师不四百里，迫近陵寝，实肩背重地。近年以虏款，边境稍宁。兵马墩墙始渐次整饬云。

一入卫兵。本镇官军，每年二千五百员名入卫防守。嘉靖三十年，题准今后防秋之期，总督领标兵驻宣府东路，不拘保安、怀来，总摄诸军。巡抚领标兵、车兵、游兵，督同兵备副使驻岔道或隆庆，以防南窥陵京。总兵官统领镇兵，仍在镇城。防东西有警，以便策应。奇兵驻顺圣川东城，以防蔚州等处南下紫荆之路。三十四年，题准行宣大总督，如贼犯居庸、紫荆，则宣大兵追蹑于外，蓟辽兵拒于内。贼犯古北口，则倚墙拒守。

卷一百三十二　兵部十五　镇戍七

◇各镇通例

凡烽堠。洪武二十六年，定边方去处，合设烟墩，并看守堠夫，务必时加提调整点，广积秆草，昼夜轮流看望。遇有警急，昼则举烟，夜则举火，接递通报，毋致损坏有误军机声息。永乐十一年，令筑烟墩，高五丈有奇，四围城一丈五尺。开濠堑、钓桥、门道，上置水柜，暖月盛水，寒月盛冰。墩置官军守瞭，以绳梯上下。天顺二年，令墩上设悬楼、礌木、塌窖、赚坑。成化二年，令边墩举放烽炮，若见虏一二人至百余人，举放一烽一炮；五百人，二烽二炮；千人以上，三烽三炮；五千人以上，四烽四炮；万人以上，五烽五炮。传报得宜，致剿敌者准奇功，违者处以军法。正德八年，题准各卫新增墩台，务要摘拨相应卫所正军前去瞭守。如无军，就金余丁充守，一例与正军关支粮赏。仍将别处老疾军人拣退，省下粮赏，以补前费。

凡声息。洪武年定，各边飞报一应声息，具奏行移隄备。其有重大贼情，应出师征剿。及地方军马数少，应调兵策应，奏请定夺。嘉靖八年，议准今后各镇将官，须要选委的当夜不收，远为哨探，具实奏报。或有重大声息，失于飞报，致误事机。或本无声息，虚传妄报，空劳士马，虚费钱粮者，听兵部查考参究。

凡墙堡。景泰元年，令各边每岁四月、八月，遣官军修葺边墙墩堡，增筑草场封堆，时加巡察。如有越塞耕种、移徙界至者，治罪。嘉靖三十三年，题准今后各边修理墙垣墩台，兵部酌量缓急应否，并实费多少，及该镇处办有无足欠，奏行户部查议。除备给京边紧急支费外，以十分为率，动支七分五，兵部二分五。近例户部七分，兵部三分。

凡操练。成化二十一年，令各边每年自九月起，至明年三月止，俱常川操练。四月初，具操过军马，并大风大雪免操日期奏报。正德十三年，奏准通行天下各府与卫同在一城，各州县与守御所同在一城者，听各掌印官，每月二次赴军卫教场，将原选民壮机兵，会合官军操练。分巡分守等官按临之日，亦要不时点闸。嘉靖八年，议准各边镇巡官严督各该将领，将见操官军，逐一简阅。挑选膂力骁勇、弓马熟闲者，定为头拨。膂力弓马稍称者，定为次拨。其有衰老懦弱庸钝者，即便退黜，别选精壮，以饬武备。

凡班军。成化四年，令沿边备操官军一年一班，每班以十月初到，明年十月满，复留与次班守冬。至后年正月放还，以后班次皆然。弘治十三年，令各边备御官军失班不到者，拿获问罪。免其纳钞的决，解送各边镇巡官查审。军一班不到者，在原备边处罚班五个月。军两班、官一班不到者，改拨沿边城堡，罚班八个月。军三班、官两班以上不到者，极边城堡，罚班一年。其补班月日，各另扣算。若来迟，不曾失班者，止补来迟月日。嘉靖二十六年，题准河南防御宣大官军各该卫所，务选精壮，补足原数。春班者，改于五月初一日上班，十月终放回。秋班者，改于六月初一日上班，十一月终放回。

凡战守。正统六年，令出境剿贼，镇守总兵官参将内止遣一二员，仍留一二员居守，以备不虞。嘉靖八年，题准山西三关军马数少，各镇非有十分紧急，不许轻调。其宣大两镇，遇有贼情紧急，彼此依期发兵，互相应援。若敢偏私执拗，自分彼此，失机误事者，参究重治。二十一年，议准今后贼果深入，声势猖獗，方许合兵捣巢制其内顾。若寻常无事之时，止照旧例施行。隆庆五年，题准今后虏犯南山，责成本山副总兵，督率主兵，并入卫官军，拒堵于内。东路援兵、游兵，攻战于外。该镇正奇游兵，遏剿于左。军门标兵，并调山大正兵、北楼援兵，冲击于右。如南山无警，而虏窥宣大，则宣府正奇游兵，一体调遣。不得借口南山，自分彼此，坐失事机。虏或东西分犯，仍当以南山为重。总督亲率标兵，相机策应，而山大二镇，听各巡抚径自调度战守。若犯蓟东，山大辽东兵马，暂免入援。或犯蓟西，则山大兵马，仍当星驰策应。仍留各镇守兵，分投捣巢，牵彼内顾，以求全胜。

凡防御。正统十四年，令每岁七月，兵部请敕各边遣官军往虏人出没之地，三五百里外，乘风纵火，焚烧野草，以绝胡马，名曰烧荒。事毕，将拨过官军烧过地方，造册奏缴。又令每年十月，兵部请敕各边镇守总兵巡抚官，遇冬年节，不许宴乐，仍转行分守守备官，一体遵守。

凡巡阅。宣德七年，令居庸、山海关、荆子村、黑峪口，北抵独石，西抵天城，每三月差武官二员、御史二员点视。成化二十二年，令各边军马数目，远边一年一报，近边半年一报。兵部每三年一次具题，差文武大臣各一员，同行阅实。每年一次具体，差御史二员，分行巡视。有设置未备，器械未精，军伍不足，守卒年久未更代者，逐一查理。……
隆庆五年，题准虏众内附，边患稍宁。严饬各边督抚将领整顿边事，将
积钱粮、修险隘、练兵马、整器械、开屯田、理盐法、收胡马、散逆党
等八事，从实举行。……

凡边臣职守。正统六年，题准总兵官及各参将不许管理官民词讼。
弘治十三年，令在外军民词讼，除叛逆机密重事，许镇守总兵参将守备
等官受理外，其余不许滥受，辄行军卫有司问理。十七年，令各边将官
有包纳粮草、兴贩马匹等弊，巡按御史访实参治。嘉靖十年，议准今后
各边巡抚、总兵、主将、偏裨，务要遵守协同事宜节制旧例，如有奸徒，
不务协同供职，左道阻挠，摇撼人心，及抗违节制，巡抚官指实奏闻。
被劾人员，不许驾捏别项事情，撅拾诬辩。如事干军机，副参以下故意
阻挠主将号令者，虽未败事，亦以违令究治罢黜。敢有挟制奏讦者，原
词立案不行，若总兵官挟私凌虐偏将，抚按官指实弹劾究治。十四年，
议准今后总制巡抚总兵提督等官，如遇升迁、降革、养病等项事故，例
应去位者，俱要守候交代，方许离任。十五年，议准各镇守备官但有诧
疾避难擅离信地者，改调极边卫分，带俸差操。三年之后，果能改过自
新，收回原卫。……十九年，令与边境相连地方有司官员，但系军前应
备事宜，务要悉心干理，若自分彼此，致误军机，听本管上司参奏治罪。

凡边臣奏请。所司俱要五日内议覆，不许停阁阻挠，致失机宜。隆
庆六年，题准各边镇督抚等官，但系军机，俱要密封完固题奏，不得预
先漏泄。……

凡参随伴役。成化二十年，令官舍随任者，镇守官许五人，分守许三人。
其军伴，镇守官二十名，分守十五名，守备十名。弘治十三年，奏准凡
各处镇守总兵官，跟随军伴二十四名，协守副总兵二十名，游击将军与
分守官十八名，守备官十二名，俱不许额外役占，及卖放军人、办纳月粮，
违者，许巡抚巡按官查照军职役占卖放事例上请。其巡按御史，年终仍
将各官有无多占卖放缘由具奏。嘉靖十四年，令凡提督军务有违例奏带
并要求者，兵科执奏参覆，从重治罪。仍行各该边方镇巡等官，通行查革，

不许容情隐护。二十二年，令各处参随，止是镇守将官准带五名，分守总兵带三名，俱系在京受命者方许。若到边年久者，不许奏讨。

凡边境田土。……（嘉靖）二十五年，题准各边荒地任民尽力开垦，永不起科。其旧曾起科，今荒芜者，召民一体开垦，应纳子粒，准蠲免十年，不许徵扰。待有成熟，奏来定夺。边臣敢有变乱者，巡按御史参奏拿来重治。……

凡招降夷人。嘉靖二十二年，议准凡虏中有智谋出众，率其党类归附者，计其众寡，除犒赏外，仍加升级，如十人即与小旗，百人与百户。有能斩其酋首来献者，赏银一千两，仍升都指挥职衔，以示优异。二十五年，令凡妄杀降人者，照故杀律抵死。各边将领部下收回降人一千名以上者升二级，五百名者升一级，其余递赏。……隆庆四年，题准凡将领收夷人为家丁者，有斩获战功，止许从厚给赏，不得滥议升用。

凡逃回人口。嘉靖十九年诏，各边走回人口，有被边将藏匿杀死，以图报功升赏者，抚按官举奏得实，照杀降抵死。二十二年，议准各边有自虏中逃回者，审其乡贯来历，愿归者给文遣归，倍加存恤。不愿归者收作通事，给与月粮。带来一应马匹衣服等项，尽数给与，虽有藏匿，悉置不问，仍审其进边日期，及有无掳掠，以凭查究。二十四年，题准提墩官督同墩军，遇有虏中逃回人口，即便伴送入境。每名给银二两，免其差徭，随带马匹衣物，尽数给与。提墩官赏银二两，墩军赏银五钱，二名以上倍给。如传报事体得实，一体加赏。……

凡边禁。洪武二十二年，令守御边塞官军，不得与外夷交通。如有假公事出境交通，及私市易者，全家坐罪。弘治十三年，令各边将官并管军头目，私役军民及军民私出外境，钓豹捕鹿、砍木掘鼠等项，并把守之人知情故纵，该管里老官旗军吏扶同隐蔽。若夜不收出境哨探而与夷人交易者，除真犯死罪外，其余俱调发烟瘴地面。民人里老为民军丁充军，官旗军吏带俸食粮差操。……十四年，议准缘边关塞及腹里地面，盘获奸细，走回人口，所在镇巡等官，务须先究来历根因。如果干碍接引起谋，并经该关隘守把人员应提问者，依律问拟；应参究者，具实参奏。若有归复乡土，偶被逻获者，照例起送，毋致冤抑。又题准，北房离边五十里，方许驻扎。但有逼近边墙，传箭答话者，即系犯边达贼，就便捕杀，不在袭杀诱杀之例。……

凡防边功罪。成化九年，令边军遇贼，如曾率众对敌，及众寡不敌者，虽失利不罪。其闭门坐视，见贼先退者，乃坐失机。弘治六年，奏准主将副参等官，统军杀贼，不能料敌制胜，轻率寡谋，致有损折军马，失误事机，则罪坐各官。而内臣都御史，不曾与行者，各轻其罚，兵部临时奏请定夺。若各该分守守备等官，不行设备，被贼入境，抢掳人畜，或生事贪功，损折军马，即系镇巡总兵官平昔威令不行所致，当均受其罚。若互相隐匿，不行实报，许巡按御史、科道官并兵部，访实奏劾，治以重罪。十三年，令凡失误军机除有正条者，议拟监候奏请外，若贼拥大众入寇，官军卒遇交锋，损伤被房数十人之上，不曾亏折大众；或被贼众入境，房杀军民数十人之上，不曾房去大众；或被贼白昼夤夜，突入境内，抢掠头畜衣粮数多，不曾杀房军民者，俱问守备不设，被贼侵入境内，房掠人民者律，发边远充军。若是交锋入境，损伤房杀四五人，抢去头畜衣粮不多者，亦问前罪。数内情轻律重，有碍发落者，仍备由奏请处置。其有被房入境，将爪探夜不收，及飞报声息等项公差官军人等，一时杀伤捉去，事出不测者，俱问不应杖罪，还职。如境外被贼杀房爪探夜不收，非智力所能防范者，免其问罪。凡各边及腹里地方，遇贼入境，若是杀房男妇十名口以上，牲畜三十头只以上，不行开报者，军民职官问罪降一级，加前数一倍者降二级，加二倍者降三级，甚者罢职。其上司及总兵等官，知情扶同，事发参究治罪。

卷一百三十四 兵部十七 营操

◇京营
营政通例

凡轮操。……成化十二年，令轮操官军有违限一个月之上者，参问。

其拨补逃故等项，违两个月之上者，解人连坐。若军士一班不到者，罚班六个月。军两班、官一班不到者，发居庸、密云、山海关，罚班六个月。军三班、官两班不到者，发大同、宣府边卫，罚班一年。官三班不到者发边卫，罚班一年半。其补班月日，各另扣算，俱先送法司问罪。毕日，免其纳钞杖断，送回兵部发遣。自首者，止问越关等罪，照例补操罚班，免发边卫。若见操在逃，一次至三次，应罚操者，比前例递减一等。前项自首，及该班不到，并承批管解，捏故军职，俱不必参奏，径自送问。

卷一百三十六　兵部十九　巡捕

在京

凡京城巡捕。……嘉靖元年，题准添设城外巡捕把总指挥一员，及添拨官军一千员名。城内分东边、西边，城外分西南、东南、东北，共把总指挥五员，官军五千余名。南至海子，北至居庸关，西至芦沟桥，东至通州，分投巡捕。又于内拣选精锐五百员名，立为尖哨，加给行粮，每名月大、米四斗五升，月小、米四斗三升五合，俱自置盔甲什物，遇警调用。

卷一百五十一　兵部三十四　马政二

◇牧马草场
各边草场

洪武三十年，定北边牧马草场，自东胜以西至宁夏、河西、察罕脑儿，东胜以东至大同、宣府、开平，又东南至大宁，又东至辽东，又东至鸭绿江，又北去不知几千里，而南至各卫分守地。又自雁门关外，西抵黄河，渡河至察罕脑儿，又东至紫荆关，又东至居庸关及古北口，又东至山海卫，凡军民屯田地，不许牧放。其荒闲平地及山场腹里，诸王、驸马及军民，听其牧放樵采，在边所封之王，不得占为已场，妨害军民。

卷一百五十二 兵部三十五 马政三

◇关换

官军骑操听征，例应关拨马匹。其事故及不能养者，则令转兑。如征操缺马数多，则于寄养等马内调兑。又有关领马价，自行收买者，例各不同。

……

凡调兑马匹。如在各营、在外各边官军缺马骑操，总镇等官具奏关领，兵部议拟题准，行移太仆寺，于顺天府所属寄养本色马内，选取给领。兵部定限，调军候兑，京营于太仆寺委司官会同少卿兑给。宣府于居庸关，大同于紫荆关，蓟州、保定于适中地方，委司官会同寺丞前去兑给。其余各边入卫，在蓟准讨补本色，余俱不准。

卷一百五十四 兵部三十七 军政一

◇根捕

军士脱逃，例应根捉正身，拘户丁补伍。旧典合根捕、勾补为一，今分类附载。凡系逃军事例，俱隶此。

凡根捕逃军。……正德八年……又题准凡辽东等卫所，经由山海者，行守关主事，严加盘诘，按月将经过解卫。原逃户丁，一一开揭，具由呈部。其居庸等关守备等官，一体遵照施行。

卷一百五十六 兵部三十九

◇勘合

勘合惟兵部最重。中有调军、勾军，及出关之号。……永乐七年，令紫荆、居庸、古北、喜峰、董家、山海等六关，各给勘合一百道，以礼乐射御书数字为号。北京留守行后军都督府、行在兵部，皆用印钤记。兵部底簿并勘合送内府，都督府底簿付关口，各边公差者必得内府勘合照验，方许出关。无者，从守关官执奏。各边调军勘合，以勇敢锋锐神奇精壮强毅克胜英雄威猛十六字为号，并底簿留内府，给号簿一本与边将，遇有制敕调军，比对勘合字号相同，方许奏行。如有制敕而无勘合，有勘合而比号不同者，皆为诈伪。

◇柴炭

旧隶后府，隆庆六年改隶本司。嘉靖四十一年，题准将在京武成中等一十八卫，应征柴炭等项银两，行令各卫掌印官，照旧按月办纳。在外保定左通州左等六十八卫所，移咨顺天、保定巡抚都御史，各另催督。……隆庆六年，题准年例供用柴炭银两，专委武库司郎中管理，应征解者，设法如期征解。应上纳者，督令及时上纳。各卫所解送到部，即与查收。商人上纳，取有惜薪司实收，即与给价。每遇年终，将收放过数目，备造青册，会同巡视科道类查一次。堂官仍总领大纲，禁革奸蠹。内外官吏人等，如敢作弊害商，听兵部并巡视科道指名参治。其在外卫所银两，如果拖欠，兵部查照原奉钦依事理，移咨顺天、保定二处巡抚都御史，速催完解。……

顺天巡抚所属

昌平兵备

怀柔守备

营州左屯卫：柴二万九百二十斤八两，价银八十三两六钱八分二厘。炭二万三千七百五十五斤四两，价银一百九十两四分二厘。

居庸分守

延庆卫：柴四千七百九十七斤八两，价银二十九两九钱九分。炭一万七千一百三十斤四两，价银一百三十七两五分。荆条四千斤，价银二十八两。

卷一百六十七　刑部九　律例八（兵律二）

◇关津

私越冒度关津

凡无文引，私度关津者，杖八十。若关不由门，津不由渡而越度者，杖九十。若越度缘边关塞者，杖一百，徒三年。因而出外境者，绞。守把之人，知而故纵者，同罪。失于盘诘者，各减三等，罪止杖一百，军兵又减一等，并罪坐直日者余条准此。若有文引，冒名度关津者，杖八十。家人相冒者，罪坐家长。守把之人知情，与同罪。不知者不坐。其将马骡私度冒度关津者，杖六十。越度，杖七十私度，谓人有引、马骡无引者。冒度，谓马骡冒他人引上马骡毛色齿岁者。越度，谓人由关津，马骡不由关津而度者。

一官吏旗校舍余军民人等，有因为事问发为民充军，或罢职冠带闲住，与降调出外，各来京潜住者，问拟明白。除充军并口外为民，照逃例改发外，文官降调者，革职冠带闲住。闲住者，发原籍为民。为民者，改发口外为民。武官带俸者，革职随舍余食粮差操。原随舍余食粮差操者，发边卫差操。其知情容留潜住之人，各治以罪。

一居庸、山海等关隘，引送口外边卫逃军过关，并守把盘诘之人卖放者，俱问发边卫充军。

卷一百七十五　刑部十七　罪名三

◇充军

按律充军凡四十六款，而诸司职掌内二十二款，则洪武年间例，皆律所不载者。其嘉靖二十九年，奏定条例内充军凡二百十三款，与今所奏定，大略相同，诸例已附载各律之下，永为遵守。今仍类次于后，其职掌所载仍列于前，以备参考。

......

嘉靖二十九年定

……大同三路民舍人等，将不堪马匹收买俵与军士，作弊多支官银者。……西山一带地方，内外官豪之家，私自开窑卖煤、凿山卖石、立厂烧灰者。……沿边军民那移盗耕营堡草场，及越出边墙种田者。……各边召商上纳粮草，势要家人诡名占窝，转卖取利者。……守备等官，将备边壮勇卖放者。……居庸、山海等关，引送口外边卫逃军过关，并守把盘诘卖放者。……盗砍山陵树株，为从者。……各处镇总官额外余军，号主文干预书办者。极边官吏军民人等，问发为民。来京潜住者，发京外各边。将领、私役军及军私出境外，钓豹捕鹿，砍木掘鼠等项者。与知情故纵、扶同隐蔽者，俱调烟瘴地面军丁充军。各边夜不收出境探贼，与夷人私易货物者。……

卷一百七十六　刑部十八　五刑赎罪

按赎法有二。有律得收赎者，有例得纳赎者。律赎无敢损益，而纳赎之例则因时权宜，先后互异。嘉靖中重修条例，奏定在京则做工、纳米、运灰、运砖、运炭、运石六等。在外则有力、稍有力二等。轻重适中，至今遵守。万历十三年，复题准申明，详见律例。……

凡纳运米谷。……正统十四年，令通州运米至京仓，杂犯死罪，三百六十石。三流并杖一百、徒三年者，二百八十石。余四等，递减四十石。杖，每一十，八石。笞，每一十，四石。通州运至居庸关、隆庆卫等仓，杂犯死罪，九十石。三流并杖一百、徒三年，七十石。余四等，递减十石。杖，每一十，二石。笞，每一十，一石。

卷一百九十三　工部十三　军器军装二

◇火器

凡查盘军器。景泰二年，奏准各卫所季造军器，令巡按御史同按察司官，五年一次吊卷查盘。成化二年，令天下卫所，照依原定则例，督匠按季成造军器。……弘治十三年，令各处巡按御史、三司守巡官，查盘军器。若卫所官旗人等，侵欺物料，那前补后，开报虚数，及三年不行造册奏缴者，官降一级带俸差操。旗军人等发边卫充军。其各该都司并守巡官，怠慢误事者，参究治罪。……

凡关领军器。……弘治元年，题准上直官旗将军、原领盔甲瓜刀等件，例该三年。茜红毡袄等件，例该六年。义刀，例该十二年。行兵仗局照数兑领。

……

十二年一次

出征官军所部参随头目人等，各一把莲明铁盔、青紵丝齐腰甲、青绵布吊线甲、倭腰刀、黑漆弓、真皮撒袋、矛枪、行兵仗局关领。兵部应付，装载前去。事宁交还。

亲祀山陵扈从官军，盔、甲、刀、枪、毛马、响铃、顿项、臂手等件，行兵仗局关领，毕日交收。

凡各边奏讨军器。旧例，天下卫所，岁造军器。在边镇者，留本处给军。在腹里者，解戊字库，专备京营官军领用，并无别项供应边讨之费。正德四年，以宣府当虏要冲，奏准给熟铁二十万斤。嘉靖十七年，议准工部先咨取各边合用名色，行局成造。每遇造完，即开数目送部，委官查验候给。二十二年，准发银四千两。后令每五年，行甲字库，止关熟铁十五万斤。四十一年，题准各边不许违例奏讨。

◇军装

洪武九年，令将作局造绵花战衣，用红紫青黄四色。江西等处造战袄，表里异色，使将士变更服之，以新军号，谓之鸳鸯战袄。宣德十年，定例每袄长四尺六寸，装绵花绒二斤，裤装绵花绒半斤。鞋鞋长九寸五分，至一尺或一尺二分。今例，造胖袄裤，用细密阔白绵布，染青红绿三色，俱要身袖宽长，实以真正绵花绒。鞋鞋亦要密衲坚完。衣里开写提调辨验官吏、缝造匠作姓名，并价直宽长尺寸斤重裙幅数目。用印钤盖，限每年七月以前解到。

凡折徵。……嘉靖中，天下各司府岁办胖袄裤鞋。自六年至十五年止，俱折徵银一两五钱解部。自十六年至二十年止，各以十分为率，五分折徵，五分本色。隆庆六年，亦准折徵。……弘治二年，奏准守墩架炮夜不收人等，胖袄三年一次给赏。……嘉靖二十一年，奏准大同房中来降人口，常例月粮花布外，岁加布二疋、花二斤。仍比照墩军，三年一给胖袄裤鞋。

各边三年一次关领

石门寨七千五百八十四副、墙子岭三千七百三十五副、居庸关三百五十八副、镇边城四百十六副、黄花镇八十九副、渤海所五百四十九副、大同二万六千一百二十七副、辽东一万三千一百一副、宣府二万五千七百十九副。

卷一百九十四　工部十四

◇窑冶

窑冶旧有砖瓦石灰，今归营缮司。其烧造铸造诸器物，皆官府取用。制钱与钞，兼行民间，故详载焉。凿石取煤，具有禁令，今例于后。

……正德元年，议准浑河山场与皇陵京师相近，恐伤风水，申严禁约，不许勋戚势要之家，凿石取煤。嘉靖七年，以居庸关官军，无处樵采，白羊口镇煤窑，准照旧开取。

卷二百九　都察院一　督抚建置

◇建置

国初，遣尚书、侍郎、都御史、少卿等官，巡抚各处地方，事毕复命，或即停遣。初名巡抚，或名镇守，后以镇守侍郎与巡按御史，不相统属。又文移往来，亦多窒碍，定为都御史巡抚。兼军务者，加提督。有总兵地方，加赞理。管粮饷者，加总督兼理。他如整饬边备、提督边关，及抚治流民、总理河道等项，皆因事特设，今具列焉。其边境以尚书、侍郎、任总督军务者，皆兼都御史，以便行事。

……

总督蓟辽保定等处军务兼理粮饷一员。先年蓟辽有警，间遣重臣巡视，或称提督。嘉靖二十九年，以虏患，始改为总督蓟州保定辽东军务，镇巡以下，悉听节制。三十三年，以密云咫尺陵京，接连黄花、渤海，去石塘岭、古北口、墙子岭各不满百里，移总督驻密云，巡抚驻蓟州。防秋之日，改驻昌平，而总督遂定设不革。万历九年，加兼巡抚顺天等府地方。十一年，除巡抚如旧。

总督宣大山西等处地方军务兼理粮饷一员。正统元年，始遣都御史巡抚宣大。景泰二年，宣大各设巡抚，而遣尚书总理宣大军务。成化弘治间，有警则遣，无事则止。正德八年，设总制一员，镇巡以下并管粮郎中，俱听节制。嘉靖间，命总督官兼督偏保及理粮饷，时设时革。至二十九年，始定设。去偏保，改山西。三十八年，令防秋日总督领标兵，驻宣府东路。巡抚领标兵、车兵、游兵驻岔道。四十三年，命宣大山西总督，移驻怀来，以备南山一带。宣府镇巡官，移驻延庆。山西镇巡官，移驻广昌。隆庆四年，令总督移驻阳和。六年，命防秋毕日，各兵备副参以下文武官，悉听总督官，查核功罪举劾。

整饬蓟州等处边备兼巡抚顺天等府地方一员。永乐十九年，命侍郎等官，巡行畿甸。正统十四年，命都御史提督军务，总督粮储，兼巡抚顺天、永平二府，紫荆、倒马二关，然未有专设。成化二年，始设都御史赞理军务，巡抚顺、永二府，后兼抚河间、真、保定，凡五府。七年，兼理八府。八年，以畿辅地广，从居庸关中分为二巡抚。其东，为整饬蓟州等处边备，巡抚顺、永二府都御史，以居庸等关隶之，驻遵化，遂定设。嘉靖二十九年，增设通州、昌平、易州三都御史，旋议革，惟蓟州仍旧。万历九年，革。十一年，复设。

巡抚保定等府提督紫荆等关兼管河道一员。正统十年，命侍郎巡抚保定等处，未有专设。成化八年，始从居庸关中分为二巡抚，遂专设都御史，巡抚保定、真定、河间、顺德、大名、广平六府，提督倒马、紫荆、龙泉等关，驻真定。万历七年，加兼管河道。

巡抚宣府地方赞理军务一员。正统元年，命都御史出巡塞北，凡兵粮边备，并听厘正，巡抚之设自此始。然或兼理大同，不专一镇。至成化十四年，始定设，后加赞理军务。

……

以上俱见在督抚。

经略居庸山海东西二路关一员。

北直隶地方督理屯政一员。

驻守昌平州地方一员。

山西宣大等处行边侍郎一员。

蓟辽保定等处行边侍郎一员。

……

以上俱嘉靖十九年以后，因事题设，事毕住补。

◇各道分隶

国初，设十二道监察御史，照刷卷宗，衙门各有分属，具载诸司职掌。后定为十三道，各理本布政司，及带管内府监局、在京各衙门、直隶府州卫所、刑名等事。……

浙江道
中军都督府
茂陵卫、留守中卫、府军左卫……
江西道
前军都督府
……燕山左卫、永清卫……

福建道

……献陵卫、景陵卫、裕陵卫、泰陵卫……

陕西道

后军都督府

康陵卫、昭陵卫、府军后卫、义勇右卫……

云南道

……直隶延庆卫、延庆左卫、延庆右卫、山海卫、永平卫……居庸关黄花镇千户所……

广西道

……燕山前卫、燕山右卫……紫荆关、倒马关……长陵卫……直隶隆庆州今改延庆州……

卷二百十　都察院二　奏请点差

◇屯田

嘉靖八年，题准在京并直隶各卫所屯种，照南直隶事例差御史一员，领敕清查，三年一替。其原设屯田佥事，裁革。后以屯田牧地，岁久法弛，设都御史专一查理。后复罢之。三十九年，奏差监察御史二员，一往山西、宣大、雁门等处，一往陕西、甘肃、延宁等处查理，其昌、蓟等州，责之直隶管屯御史。隆庆三年，题准北直隶屯田，归并印马御史，兼领二敕，三年更代，准作大差。

◇巡关

宣德七年，令居庸关直抵龙泉关一带，山海关直抵古北口一带，每年各差监察御史一员，请敕前去，公同各该分守守备等项内外官员，巡视关口，点闸军士，整饬器械，操演武艺，并受理守关人等一应词讼，就彼发落，不许军卫有司，擅便拘提，有误守把。如守备等官，有疲软疾弱、不堪任事之人，指实具奏替换。成化十九年，奏准山海等关镇巡等官，捉获逃军逃囚，每半年开奏，以稽勤惰。其怠惰者，听巡按巡关御史纠举。若非应捕人役，捉获军囚者，给赏。嘉靖三十七年，差御史一员，阅视蓟镇边墙。隆庆三年，革东西巡关御史，行巡按御史带管。六年复差，寻革。万历十一年，复差一员巡视山海、居庸、紫荆。其西关，仍属巡按御史带管。

卷二百二十五　上林苑监

◇林衡署

凡牧养栽种地。东至白河，西至西山，南至武清，北至居庸，西南至浑河。永乐十四年，奉旨一应人不许于内围猎。有犯禁者，每人罚马九匹、鞍九副、鹰九连、狗九只、银一百两、钞一万贯，仍治罪。虽亲王勋戚犯者，亦同。

卷二百二十七　五军都督府

◇五军都督府

国初，置统军大元帅府，后改枢密院，又改为大都督府。秩正一品，设左右都督、都督同知、都督佥事等官。洪武十三年，始分中、左、右、前、后、五军都督府。各府都督，初间以公侯伯为之，参与军国大事。后率以公侯伯署府事，同知、佥事则参赞军事。永乐元年，建行都督府于北京。后仍分五府，称行在某都督府。十八年，定都北京，除行在字、在应天者，称南京某府。洪熙元年，复称行在。宣德三年，革行都督府。正统六年，复建五府。其职分领都司卫所，掌一应从驾仪卫、诸武职替袭优给等项。所属悉上之府，府为转送兵部请选。其他若武臣诰敕、水陆操练、俸粮屯种、军情声息、清勾替补、薪炭荆苇诸事，各分移所司而综理之。盖职专军旅，其任特重云。

……

后军都督府

所属卫所见兵部职方司。本府原额所属京卫二十四卫，内神武后卫等七卫，今改守备昭陵等陵。见在止十七卫。

凡军民人等，过山海、居庸等关公文，俱于本府挂号验放。

凡居庸等关口，本府每季奏差舍人二名，轮流守把，按季更替。

凡本府所辖盘石、秀岭、石匣等驿，分委卫属官一员，前去管理军士，传递警报。……

北平录①

《北平录》一卷，著者姓名不详。此书记载明洪武三年（1370年）徐达、李文忠分道出塞，追王保保及袭破应昌府事，纪录颇为简略。

洪武元年秋七月，征虏大将军徐达、副将军常遇春会诸将于临清，率马步舟师进至通州。元主闻报，大惧，集三宫后妃、太子同议避兵北行。诏淮王帖木儿不花监国，庆童为左丞相，同守京城。夜半，开建德门，出奔上都。……冬十月，捷至，诏改大都为北平府。……三年春正月，复命徐达为征虏大将军，李文忠为左副将军，冯国胜为右副将军，及邓愈、汤和等征沙漠。上问诸将曰："元主迟留塞外，王保保近以孤军犯我兰州，其志欲侥幸尺寸之利，不灭不已。今命卿等出师，则当何先？"诸将皆曰："王保保之寇边者，以元主犹在也。若以师直取元主，则保保失势，可不战而降也。"上曰："王保保方以兵临边，今舍彼而取元主，是忘近而趋远，失缓急之宜，非计之善者。吾意欲分兵为二道：一令大将军自潼关出，捣定西，以取王保保；一令左副将军出居庸，入沙漠，以追元主。使其彼此自救，不暇应援。况元主远去沙漠，不意吾师

---

① 〔明〕佚名撰：《北平录》，景明刻本。

之至，取之必矣。事有一举两得者，此是也。"诸将皆悦服，受命。

北征记①

《北征记》载永乐二十二年（1424 年）明成祖朱棣北征之事。作者杨荣，福建建安（今福建南平建瓯县）人。靖难之役后，入直内阁，历官工部尚书，兼谨身殿大学士。该记编排月日，叙述颇详，与《明史》符合。

永乐二十二年春正月甲申，大同、开平守将并奏虏寇阿鲁台所部侵掠边境。初，忠勇王金忠来归，屡言阿鲁台弑主虐人，违天逆命，数为边患，请发兵讨之，愿身为前锋自效。……上可其奏，即日敕缘边诸将整兵以俟。丙戌，敕山西、山东、河南、陕西、辽东五都司各选马步兵，择将统领，以三月至北京。山西行都司兵命都督李谦统领，以三月至宣府，必士马精强，兵甲坚利。不如令者诛。……三月丁丑朔，大阅。命安远侯柳升领中军，遂安伯陈英副之；英国公张辅领左掖，成国公朱勇副之；成山侯王通领右掖，兴安伯徐亨副之；武安伯郑亨领左哨，保定侯孟瑛副之；阳武侯薛禄领右哨，新宁伯谭忠副之；宁阳侯陈懋、忠勇王金忠率壮士为前锋，安顺伯薛贵、〔恭〕顺伯吴克忠、都督李谦等各领兵从。四月戊申，以亲征胡寇告天地、宗庙、社稷，遣官祭旗纛、山川等神，诏皇太子监国。己酉，车驾发北京，次唐家岭。癸丑，发唐家岭，次龙虎台。遣太常寺臣祭告居庸山川。乙卯，发龙虎台、居庸关，次岔道。丙辰，次怀来。丁巳，次土木。……（七月）庚寅，次榆木川。上大渐，召英国公张辅受遗命，传位皇太子，且云丧服礼仪，一遵太祖

---

① 〔明〕杨荣撰：《北征记》，景明刻本历代小史二十八。

皇帝遗制。辛卯，上崩。内臣马荣、孟聘等以六师在远外秘不发丧。……（八月）己酉，次雕鹗。皇太孙奉皇太子命至自北京哭迎，军中始发丧，六军号痛，声彻天地。庚戌，次怀来。辛亥，入居庸关，文武百官衰服，军民耆老僧道人皆素服哭迎。丙子，及郊，皇太子、亲王以下素服哭迎。至宫中，奉于仁智殿加敛，奉纳梓宫。

革除遗事①

《革除遗事》为明代黄佐所撰纪传体史书，载靖难之役史迹，共六卷。黄佐，岭南香山人，正德十六年（1521年）进士，官至少詹事。黄佐自序称："是编也，本莆田宋君端仪革除录、清江张君芹备遗录，旁采诸家传记，稍增饬之。"

卷一 列传 宋忠

宋忠者，始为凤阳卫指挥使，以智勇闻。……（建文）元年七月甲戌，（谢）贵与张昺败露，见执。靖难兵起。忠守怀来，大将俞瑱守居庸关，相为声援。己卯，靖难将指挥徐安等败瑱，拔其城。瑱走依忠，而居庸为燕将所守。太宗尝与诸将曰："（守）〔宋〕忠拥兵怀来，则居庸有必争之理。伺其未至，可先击之。"诸将皆曰："敌众我寡，难与争锋，击之未便，宜固守以待之其至。"太宗曰："此非尔等所知，当以智胜，难以力论，论力则不足，以智则有余。彼众新集，其心不一。宋忠轻躁寡谋，狠愎自用。乘其未定，击之必破矣。"癸未，太宗率马云、徐祥等马步精锐八千，卷甲倍道而进。甲午，至怀来。……及战，忠余众仓惶，列阵未成，而太宗麾师渡河，鼓噪直冲其阵，忠大败，奔

---

① 〔明〕黄佐撰：《革除遗事》，明钞佚名国朝典故本。

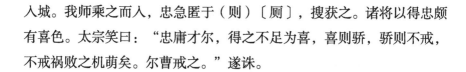

入城。我师乘之而入，忠急匿于（则）〔厕〕，搜获之。诸将以得忠颇有喜色。太宗笑曰："忠庸才尔，得之不足为喜，喜则骄，骄则不戒，不戒祸败之机萌矣。尔曹戒之。"遂诛。

卷六　列传　胡广

胡广字光大，吉水人……庚辰擢进士第一，赐名靖，除翰林修撰，擢侍〔读〕①。归附太宗，复名广，拜翰林学士兼左春坊大学士。……上巡北虏，出居庸关，入沙漠，王师所至，功烈炳耀，皆广记述之。十一年春，上幸北京，再扈从出塞，灭虏还。……卒年四十九，累赠少师，谥文穆。

革除逸史②

《革除逸史》，又称《逊国记》，载建文帝一朝事迹，以编年述之。作者朱睦㮮，明宗室、藏书家、学者，安徽休宁人。

卷一

洪武三十有二年即建文元年春正月庚辰，有事于南郊。……秋七月壬申……文皇即日上书自陈，不报。乃遵祖训帅兵靖难以指挥张玉、朱能、丘福俱为都指挥佥事。兵将出，右布政使郭资、按察使墨麟、都指挥使李濬、陈恭，宛平知县贺寅皆从之。即命资等视事如故。时都指挥俞琐闻靖难兵起，守居庸，马宣守蓟州，宋忠守怀来。宣与镇抚曾濬以

---

① 据金声玉振集本补。
② 〔明〕朱睦㮮撰：《革除逸史》，清钦定四库全书本。

蓟州兵攻北平不克，俱死之，蓟州遂降。甲戌，靖难兵破居庸，复破怀
来，都指挥彭聚、孙泰战死，宋忠、俞瑱俱被执。自是遵化、密云、开平、
龙门守将皆归附。忠、瑱既败死，宣府震惊。……洪武三十有三年（即
建文二年）春正月丙寅，靖难兵攻蔚州，守将王忠、李远以城降。……
二月……辛丑，靖难兵由居庸还北平。

马政纪①

《马政纪》十二卷，明杨时乔撰，上起洪武元年（1368 年），下
至万历二十三年（1595 年），为明代马政专书。杨时乔，江西上饶人，
累官吏部左侍郎。

卷六　兑马六

◇调兑京营马

关换会典一官军骑操听征，例应关拨马匹，其事故及不能养者，则
令转兑，如征操缺马数多，则于寄养等马内调兑，又有关领马价，自行
收买，例各不同。

……

凡调兑马匹天顺元年，题准如在各营、在外各边官军缺马骑操总镇
等官具奏，关领兵部议拟行移太仆寺于顺天府所属寄养本色马内选取给
领，兵部定限调军候兑京营于太仆寺，委司官会同少卿兑给宣府于居庸
关、大同于紫荆关、蓟州保定于适中地方，委司官会同寺丞前去兑给，
其余各边入卫，在蓟准讨补本色，余俱不准。

---

① 〔明〕杨时乔撰：《马政纪》，清钦定四库全书本。

◇各镇奏讨马

历考太仆寺马，嘉靖以前无奏讨者。嘉靖二十九年边骑犯顺，拥入都城，而昌平镇以重陵寝、蓟镇以入卫补给，此皆为入卫应援勤王之用，暂给之，其后遂以为例。万历二十二年，东西征讨，命将出师，以是为请，亦给辽东以征边徵马数损多亦补给，此正为奉命征讨之用，亦暂给之，其后乃遂欲以为例。则彼巍然重镇，安得全赖京师，京师亦安得能分生民膏腴、京营备用者而与之哉！事在诸疏，可以为案据矣。

昌平镇嘉靖四十年，以本镇为护陵重地，永安营马仅二百余，准照巩华营例，调取寄养马八百匹。四十一年，又议准选补军二百名，给马一百匹，以把总统领两班巡。隆庆四年，又增补前马共二百匹。是年，又给天寿山巡逻官军马三十匹。

卷七　挤乳御用上陵出府并附给驿马七

◇给驿马

嘉靖九年，太仆寺卿杨廷仪题准五年一次将顺天、保定等府寄养马，有年老骨瘦不堪兑俵者，所属州县不敢擅自变卖，乞敕兵部委官与本寺分巡少卿，亲诣拣选，病老者卖之，其余存者，或发驿作下等马，或发州县作甲首马，每马一匹征银十两，以备买马支用。十三年，发太仆寺寄养八十匹给树河驿、一百匹给蓟州三河守备。时兵役渐繁，马政久废，不复拘五年一给之例。隆庆五年，兵部为冲要边驿急缺马匹，恳乞天恩照数补给，以便传报军情等事。议于府州县寄养马内，取一百二十匹兑给土木、榆林、居庸等驿缺马站军领养。

卷十　政例十

◇印俵

种马起俵差官印烙，其后专委本寺同印马御史，此皆种马时事。若印烙解俵在州县者,印烙营卫在本寺及会同科道兵部司属者,此皆今日见行者。

……

凡京营巡视马匹该本寺题巡视京营、巡视边关一款,前议者以边方骑操马匹不甚惜倒死不行赔偿,镇巡大臣阔略文法,把总等官干没货利,府库有限,边方请求无限,屡议照旧以卿寺巡视。隆庆四年,奏专敕如宣大各城堡,并居庸、密云、古北、永平、山海等处官军马匹例,该巡历照原拟依期前去逐一点闸,官军敢有玩法不遵,怠事作弊等项,即便指实参究。

卷十一 草场十一

◇各边草场

洪武三十年,定北边牧马草场,自东胜以西至宁夏、河西、察罕诺尔,东胜以东至大同、宣府、开平,又东南至大宁,又东至辽东,又东至鸭绿江,又北去不知几千里。而南至各卫分守地,又自雁门关外西抵黄河,渡河至察罕诺尔,又东至紫荆关,又东至居庸关及古北口,又东至山海卫,凡军民屯田地,不许牧放。其荒闲平地及山场腹里,诸王驸马及军民听其牧放樵采,在边所封之王,不得占为己场,妨害军民。

否泰录①

《否泰录》,名取"否极泰来"之意,载明英宗朱祁镇被瓦剌军俘虏始末。作者刘定之,江西永新人,以翰林学士入直文渊阁,历官工部右侍郎、礼部左侍郎等职。

---

① 〔明〕刘定之撰:《否泰录》,景明刻本。

今皇帝即位以来，也先每年冬遣人贡马，朝廷厚答金帛，过元旦郊祀始去。然久之渐桀骜不恭，往来通使等变诈反复，告以中国虚实。也先求以其子结姻于帝室，通使皆私许也。先进马为聘仪，朝廷不知也，答诏无许姻意。也先愧怒，以正统十四年七月初八日入寇。塞外城堡多陷没，边报日至。遣驸马都尉井源等四将各率兵万人出御之。源等既行，司礼监太监王振复劝上亲征。命太师、英国公张辅，太保、成国公朱勇等治兵。朝臣奏疏请留，不允。十七日，驾行。命郕王居守。……其从驾行者，尚书王佐、邝埜，学士曹鼐等。官军私属共五十余万人，出居庸关抵宣府。……八月十三日，至狼山。虏追及，遣朱勇等三万骑逆战，皆败死，无只骑回。……二十九日，皇太后命郕王早正大位，以安天下。……（九月）初六日，王即皇帝位，遥尊上为太上皇。……已而命罗通、孙祥为副都御史，守居庸、紫荆关；石亨为武清伯，总摄京师兵马。……时四方兵渐集，虏夜遁，从居庸关出，遗所掠牛羊、人口于路，以缓追兵。……二十二日，遣杨洪、孙堂、范广等率兵二万击虏之未去者。……十一月初八日，以虏既退，京师解严，降诏抚安天下。……十三日，杨洪等旋师入见。……既奏捷，以洪为昌平侯，与副都御史罗通练兵于东教场，石亨练兵于西教场。……二十九日冬至，免朝贺。每年是日，遣官祭长陵、（孝）〔献〕陵、景陵。至是以胡寇近在山外，陵旁宫宇、祭器皆被焚掠，守陵官军死亡、逃窜，暂辍祭礼。……景泰元年庚午正月初一日，受朝，免贺。初七日，太上书至，索大臣来迎。命公卿集议推举旧任老成当行者。初十日，大祀天地于南郊，庆成，贺宴如常年。十八日，遣都督范广等率兵巡居庸等关，以虏入辽东、宁夏，皆有报至也。

殊域周咨录①

《殊域周咨录》二十四卷，以明朝为中心，分别记载其东、南、西、北四方海陆各国和地区的道里、山川、民族、风俗、物产等，以供官员出使时参考。作者严从简，浙江嘉禾（今浙江嘉兴）人，曾任扬州同知、刑科右给事中。

卷十六　北狄　鞑靼

鞑靼，北胡也。东自兀良哈，西抵瓦剌，种类不一。……与宋为敌国，后灭于女真，别建国曰西辽。后复灭于蒙古。别部小者曰泰赤乌，曰塔塔儿，曰克列，各据分地，俱为蒙古所并，遂入中国代宋，称号曰元。八传而天下大乱。

……

国朝受命，肃清江南，传檄中原，命大将军徐达、常遇春等北伐。凡齐鲁河洛悉还中国。洪武元年八月，我兵至通州取元都。元主率三宫、后妃、太子开建德门北奔开平。达自齐化门入，执其监国宗室淮王帖木儿等戮之，获玉印二、玉玺二。封其宫殿及府库图籍宝物，遗使献捷，奉宫人妃主，令其宦寺护侍，奉《平胡表》至京。

……

元主之北奔也，命扩廓帖木儿犯燕京。至是扩廓出雁门，欲寇保安，攻居庸。时大将军达将发北平，定太原。人或止之。达曰："扩廓远出，太原必虚。我乘其不备，直倾巢穴。所谓批吭捣虚也。彼若还救，则已为我牵制，进退失利，无不成禽。且彼悬军远道虽至北平，孙都督足能

---

①　〔明〕严从简撰：《殊域周咨录》，故宫博物院图书馆印行，1930年版。

御之矣。"诸将曰："善。"遂引兵进。扩廓闻之，遁还。后为大将军所破。孙都督名兴祖，时守北平。

……

初，元主北奔，命脱列伯、孔兴以重兵攻大同，规恢复，及是脱列伯就禽，孔兴走绥德，为其下斩以降。元主知事不济，乃绝意北窜。都督汪兴祖时守大同，而兴和诸处俱未下，元孽时出没，兴祖乃以大同兵来取兴和。三年春二月，参政华云龙率诸将廖美、孙恭攻云州。万户谭济出居庸夹击之，取其城，获元平章火儿忽答、右丞哈海。……故元将王保保即扩廓帖木儿知大军南还，自定西引兵围兰州，指挥张温坚守不与战，以待援兵。……上问诸将曰："王保保为患，今欲出师往沙漠，当何先？"诸将曰："保保寇边以元主在。若出师直取元主，则保保失势，不战而可降也。"上曰："忘近而取远，失缓急之宜。吾意欲分兵为二道：一令大将军达出潼关，自安定捣定西以擒王保保；一令副将军文忠出居庸，入沙漠，以追元主。使其彼此自救，不暇应援，取之必矣。"诸将皆曰："善。"受命而行。

卷十七　鞑靼

（永乐）二年，移万全右卫于德胜口。三年，置镇守总兵官佩镇朔将军印。驻宣府，专总兵事。于是宣府称镇。……七年……九月，遣书谕皇太子曰："比遣丘福等率兵北征，皆没于虏。辱国如此，若不再举殄灭之，边祸未已。来春决意亲征，凡国家之事尔当慎重，不可忽也。"时太子留守南京。上亲征虏酋本雅失里。诏告天下，命湖广杨荣、金幼孜扈从。命夏原吉辅皇长孙留守北京。车驾发北京。

……

十二年，议亲征瓦剌。……三月，设隆庆州，并永安县隶北京行部。隆庆，古缙云氏所都之地。金置缙山县；元仁宗生于县东，改为隆庆州。国初移其民入关内，州遂废。至是以其路当要冲，土宜稼穑，改为隆庆州。又设永宁县棣焉,以有罪当迁谪者实之。庚寅,车驾发北京,皇太孙从行。

……

二十年,阿鲁台数寇边。时议北伐,廷臣方宾等以为宜先养民,宾复言粮储不支,遂召问。户部尚书夏原吉对曰:"仅及将士之费,不足以供大军。"即命原吉至开平稽视军饷。至则具奏与宾同。且言圣体多疾,不宜出塞。上怒,急召原吉还。宾惧自杀。原吉系内官监,籍其家。大理寺丞邹师颜尝署户部,并系之。命英国公张辅等同六部官议北征馈运。……亲征之议遂决。告于天地宗庙社稷,遣官祭旗纛、太岁风云雷雨等神,及祭居庸山川。辛巳,驻跸鸡鸣山。虏闻亲征,遂夜遁。

……

(正统)十四年秋七月,北虏寇独石马营。杨洪之子俊为独石马营守备,惧不敢战,乃弃城而遁。虏遂陷其营。按天顺多事,昌平驰驱,然而土木之变根于此路之不守。由于杨俊之失机,故杨氏有余诛也。……(也先)合诸部大举。及陷独石,势益急。王振擅命,跋扈岁久,至此不复与大臣议,挟天子亲征。廷臣大小上章论利害,恳留。不从。次日即行,扈从臣僚皆忙迫失措,人情汹汹。驾出居庸关,连日风雨。……既而令下入紫荆……车驾至狼山土墓……虏四面薄击……上与亲兵乘马突围不得出,虏拥以去。……京师戒严。先是太监喜宁者,胡种也。少给事掖庭,性惠黠,得上皇心。及北狩,宁随之,降于也先。尽以中国虚实告之,为彼向导。……虏焚长陵、献陵、景陵,喜宁嗾也。……也先复以上皇北去。也先出居庸,伯颜帖木儿营上皇出紫荆关。……言者谓宜急发京军往援。于谦料虏不能持久,奏上方略。密授朱谦等仍令各营设伏兵为遥援,先声侍报,虏果出境。

卷十八 鞑靼

景泰元年正月朔,上皇在虏营写表祝天行礼。也先迎上皇幸其帐,宰马设宴。……先是独石等八城为虏所据，边将皆走还京。亦有被征入卫者。及虏自居庸关出，京师解严，被征者当遣还。大臣有奏留边将守京师者。兵科给事中叶盛言："今日之事，边关为急。往者独石、马营不弃，则六师何以陷土木？紫荆、白羊不破，则虏骑何以薄都城？即此而观，边关不固，京师虽守不过仅保九门无事而已，其如陵寝何！其如郊社坛址何！其如田野之民荼毒何！宜急遣回边将，固守宣府、居庸为便。"朝廷从之。命昌平侯杨洪至宣府行理障塞。

……

时上皇在虏，音问不通者一载。也先以下见上皇皆行臣礼，每二日供一羊、七日供一牛为御膳。荐女弟侍寝，上皇不纳。实、绮往，首至伯颜帖木儿营，见上皇。次见也先，与议迎复，也先许之。

……

上皇至怀来，将抵居庸，群臣同礼部议迎复仪注。王文忽厉声曰："黠虏岂诚真，彼不索金帛，必索土地，有许多事！"众素畏文，皆相顾无复有言者。胡濙独具仪注送内阁。上皇至唐家岭，遣使回京，诏谕避位。百官迎于安定门。

……

冬十二月杨洪至宣府。上言独石八城俱宜修复，然须责委任事之臣，专督其事。事下会议。礼部尚书王宁以为宜且弃置，以俟余日专力永宁、怀来，以通宣大。少保谦抗疏曰："独石诸城外为边境之藩篱，内为京师之屏蔽，不可自委以资仇敌，尺寸进退之极，安危治乱之所系也。且当干戈扰攘之时，尚宜慎守封疆，况于平居无事之际，而可自蹙土地耶！"上意大决。乃诏都督董斌提督独石、马营、云州、雕鹗、赤城、龙门、长安，领李家庄诸城工役。

……

三年……以右佥都御史李秉参赞宣府军务，总督边储。……城白阳、常峪、青边、张家口。李秉上议曰："独石诸城可以无患。白阳、青边诸处内近宣府，外通沿河十八村，实为要地，宜增筑城堡。"总兵官纪广坚执以为非宜。诏责让广，从秉议。于是悉城。……秋七月，谪罪人来实独石。少保谦议发罪囚充军者于独石诸城。逃者觉察之。并罪居庸、紫荆提督官。

……

天顺元年，户部郎中分诣各镇督饷，兼理屯田。自是郎中督饷遂为定制。……二年夏四月，复置巡抚都御史。上召大学士李贤谕曰："各边自革巡抚，军官纵肆，士卒疲惫。朕初即位，此皆奉迎之人纷然变更，不出朕意。今大知其缪，卿与吏部王翱举才能者用之。"于是贤、翱荐白圭、王守等六人备各边巡抚。

……

（弘治）十四年，虏酋火筛复拥大众寇榆林。……时虏逼塞下，中官苗逵力请出兵。刘大夏议不可。上曰："永乐间，频年出塞破虏，今何不可？"对曰："皇上圣武固同于太宗，奈今将士远有不逮。不若且令各边料敌战守。"上曰："朕几为人所误。"事乃寝。

卷十九 鞑靼

初，成化、弘治间，胡虏远遁，粮饷及时，二镇颇称富庶。后饥馑荐臻，寇复数拥，又值武宗巡边，贼臣乘机科索，军马往来，支费无纪，边储日耗。正德十六年……宣大走回人口张小儿、王成俱正德七年被小王子部下达贼抢去报称，达贼在于西北住牧，要来边上抢杀。宣府巡抚李铎疏言："所报虏贼众多，必须调取主客兵马，分布紧要城堡，按伏防虞。……"

吏科给事中杨秉义奉敕往宣大等处散赏，还朝，复上疏曰："臣等比出居庸，过岔道，但见去关渐远人烟渐疏，以为沙漠之区……伏望将内库户部收贮银两内更发三四十万，选委廉能部属官于居庸、紫荆、雁门等处，分投招买粮米。令二镇就于附近拨人宅运，则此可省脚价，彼可多致米。无事则可给官军月粮，有事则可以应客兵支用。可为经久至

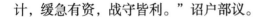

计，缓急有资，战守皆利。"诏户部议。

卷二十一　鞑靼

初，偏头关置副总兵官，宁武隶焉。论者以偏头数警，副总兵权轻，改总兵官。时山西抚臣虞于内突又请移驻宁武，以便援应宁、雁。从之。铸印建节，于是三关称镇，峙于宣大矣。尹耕曰："夫国初之经略边镇也，以宣大、偏头为极边。是故宣大置总兵，偏头置副总兵，所谓重之也。以雁门、宁武、平刑为内边，故但设守御所守备官，视彼为稍缓焉。宁武之数扰，则大同之失守为之也。而乃移偏头之兵将于宁武，斯不为全算矣。于戏！京东之外镇，营、蓟、辽阳也；京西之外镇，宣大、偏头也。京东之内险，山海也；京西之内险，居庸、白羊、紫荆、倒马、雁门、宁武、平刑、龙泉也。外镇以屯重兵，进与之战；内边以严隘塞，退为我守。斯其画一之论乎！"

……

（嘉靖二十五年）十月，初议并守。国初以宣大为重边，建将屯兵，号曰两镇。自十九年之寇，大同失防，太原告急，始添置太原、宁、雁、汾、潞兵将，缮紫荆、倒马、平刑、宁、雁边隘。至秋征兵，防戍如宣大，号内边。由是山西无宁日，而北直隶、山东、河南之间摇动不已。总督侍郎万达恒曰："宣大宜以战为守，腹里宜以守代战。"……山西巡抚都御史杨守谦议曰："……今以六万兵既守外边，复守内边，两不获固。请与大同共守外边。……"督府得之大喜曰："与吾共事者杨君也。"于是具奏曰："山西起保德州逶迤而东，历偏关，抵老营堡尽境；大同起丫角山逶迤而北，东抵阳和镇口台；宣府起西阳和逶迤而东，北抵永宁四海冶，为塞千九百里，皆逼临胡虏，险在外者，旧所有外边也。山西老营堡转南而东，历宁武、雁门、北楼至平刑关，又转南向东，为保定府界，历龙泉、倒马、紫荆至沿河口，又东北历顺天、高崖、白羊至居庸关，为地一千余里，皆峻山层冈，险在内者，新所增内边也。外边西连延绥，东距蓟州，势相犄角，屏蔽京师；内边惟紫荆、宁、雁通虏，次居庸、倒马，余称腹里矣。外之不御，内安可支？故论者有唇齿之喻；又有门户堂奥之喻。贼窥堂奥，必始门户；唇不危，则齿不寒。理所易晓也。……宜罢征兵于内省，分镇兵于外藩，外备既严，则内境无患。其内关额设兵马，照额存照，以复旧制。"诏从之。于是外边戍守布置愈密，所省供费岁计六十万余。

卷二十三　北狄　兀良哈

兀良哈，本春秋时山戎地。……本朝洪武二十年，既城会州，建大宁部指挥使司，为重镇，在宣府、辽东之间，宿重兵。二十二年，故元宗室辽王阿里失礼及朵颜元帅等各部遣人入奏，愿内附为外藩，诏以地居之，在大宁之北境，立三卫焉。自锦义历广宁至辽河，曰泰宁卫；自黄泥洼逾沈阳铁岭至开原，曰福余卫；自全宁抵喜峰近宣府，曰朵颜卫。……各领所部以安畜牧。按观此则长陵未许此虏时，而山后诸州先皆为其属矣，况复与之耶。此亦当时之失计。故居庸之外所恃为藩篱者，止宣府耳。而辽阳一带不可通也。

甲申传信录①

《甲申传信录》十卷，记述甲申事变始末。作者钱士馨，明末清初浙江平湖人，工古文，兼精书画。晚年入京师，亲历李自成军破京城事，乃搜集见闻及有关著述，于清顺治十年（1653 年）撰成此书。

---

① 〔清〕钱龥撰：《甲申传信录》，神州国光社，1946 年版。

卷一 睿谟留憾

（崇祯十七年甲申）三月……昌平兵变，官衙民舍，焚却殆尽。抚臣何谦捕斩乱首，抚之。初二日，榆林陷告，廷议调宁远总兵吴三桂，道远未进。刘泽清不奉诏。……初五日，李建泰以病告，兵士逃亡略尽。上时发内帑数万，调宣府太监杜勋、山海关总兵唐通协守居庸关。……十三日增各门兵，饷益不给，人止给钱百余。是日，贼至居庸，唐通、杜勋叛，尽献帑饷。抚臣何谦带罪协守居庸，逃去。贼遂入关，乘势席卷，人心震惧。……十四日，居庸关陷告。起用旧司礼太监曹化淳，督守彰义门。……十六日，贼由红门川突攻昌平州。总兵李守鏿及监军太监并逃去。十六日，贼犯十二陵，焚享殿，伐松柏。自西山连营达沙河，无隙地，直犯阜城门。终夜焚掠，火光烛天。

卷三 武臣

原任昌平守御任之华，字中华，顺天大兴人，丙戌武进士，任心源侍御之次子也。豪放不羁，家中竟落，顿悔前行，肄业力武，中进士，除昌平守御。未久，即告归。甲申寇入，喟然长叹，告诸同列曰："我世受国恩，义不与贼共天日！"遂投缳堂右。弟之翰解之，复苏，家人守护之，垂泪无语。至暮，复逾墙自缢于邻舍空屋。

卷四 六部

户部尚书张缙彦，河南新郑人，辛未进士，官兵部尚书。闯破宁武，缙彦上疏请带学士衔，调唐通、方大犹等，守居庸关。惟以兵少为幸。缙彦尝历户部，故惧在靡饷也。上不听。缙彦居兵部时，保无遇变。逾半月，贼且至，绝无一卒。十九日，闯入，下令各官，以二十一日朝见。

至日，承天门闭，众皆露坐以待。旁午，太监王德化自中左门入，左右从者十余人。见缙彦询曰："老先生尚在此耶？明朝江山都是你与魏阁老坏了事。"遂呼从人掌其面而去。缙彦语塞，垂涕而而已。寻被执，入赃，刑酷而死。

卷六 李闯始末

十七年正月初一日，闯贼僭位西安，僭国号大顺，纪年永昌，造甲申伪历。……三月，北攻宁武，总兵周遇吉战甚力，杀贼过当。而兵少无援，贼兵蜂拥，遂陷宁武。初七日，兵至大同，总兵姜瓖先出降，遂入大同，定之。自成既入，缚瓖数其卖国之罪，命斩之。贼将张天林劝释之，不僇。初八日，瓖为前驱，至阳和将士悉降。初九日，至宣府，破之。十三日，兵至居庸关。总兵唐通、太监杜勋悉降，遂入居庸。十五日，攻昌平，破之。十二陵伐木焚殿，连营进逼京师。十六日，炮声不绝，如万雷轰烈，天地震慑。十八日，破外城。是夜，各门以木枝梯城而上，东直门首降。十九日平明，德胜等等门一时俱开语具载眷误留憾内。

野记①

《野记》是明代祝允明撰写的一部小品文集，共四卷。祝允明，江苏吴县人，号枝山，与唐寅、文徵明、徐祯卿并称"吴中四才子"。

卷二

己巳之变，郭忠武登守大同，极效劳烈。自是年秋至明年夏，与寇

---

① 〔明〕祝允明撰：《野记》，景明刻本。

相拒，大小数十百战，未尝挫衄，斩获无算。初，西宁侯宋瑛、武进伯宋冕全军覆没，上班师将旋驾。郭欲有陈论，不能自达，乃告学士曹鼐、张益宜从紫荆关返。鼐、益曰然。即当入奏。既而行营果入紫荆，郭以为得请矣。俄复折而东，才四十余里耳，盖竟从居庸也，未入而蒙尘矣。

菽园杂记①

《菽园杂记》是明代陆容编撰的史料笔记，共十五卷，所载朝野掌故，多有可与正史相参证，并补史文之阙者。陆容，江苏太仓人，官至浙江右参政。其以博学著称，与张泰、陆釴并称"娄东三凤"。

卷一

居庸关外抵宣府驿递官，皆百户为之，陕西环县以北抵宁夏亦然，盖其地无府、州、县故也。然居庸以北，水甘美，谷菜皆多；环县之北皆碱地，其水味苦，饮之或至泄利。驿官于冬月取雪实窖中，化水以供上官。寻常使客，罕能得也。

卷四

南京洪武门、朝阳门、通济门、旱西门皆不许出丧。北京正阳门无敢出丧者，余皆不禁。大明门前，虽空棺亦不许过，各门空棺亦不许异入。尝有不知此禁者，文臣家住阙西，买棺阙东，已而不得过，乃从北上门过，绕宫墙而至其家。亦有带寿椁上京，知有禁，寄门外而止。古

---

① 〔明〕陆容撰：《菽园杂记》，清钦定四库全书本。

人入国问禁，良有以也。外京城则无禁，以为禁者，军卫索赂之术也。如仕辽东故者，返枢必由山海城入。仕陕西故者，返枢必由潼关城入。仕口外故者，必由居庸等关入。此外无他途矣。

见闻杂记①

《见闻杂记》，《四库全书》将其列入"小说家类存目"，该书《提要》说："是书前二卷全录董氏《古今粹言》及郑晓《今言》，后二卷乃自记所见所闻，凡一百八十六条。"作者李乐，浙江桐乡人，历福建佥事、广西参议等职。

卷一

刘文安公陈十事，其八言赏罚曰："石亨、于谦等将兵御敌，未闻摧陷虏廷，迎回銮辂，但迭为胜负，互相杀伤而已。虽不足罚，亦未足赏。今亨自伯爵，升为侯爵，谦由二品升为一品，天下之人未闻其功，而但见其赏，岂不怠忠臣义士之心乎？今宜使亨等但居旧职，勿授新升，以崇廉耻之节，以作敌忾之气。夫既与而不忍夺者，姑息之政也。既进而不肯退者，患失之心也。上不行姑息之政，下不怀患失之心，则治平可计日而望矣。时罗通亦以为言，然自德胜之役之后，也先再不敢窥我居庸、紫荆者，谁之力也。"

大同古云中，宣府古上谷。敌入大同塞，必犯紫荆、倒马；入宣府塞，则犯白羊、居庸。自独石边外顺潮河川南下，则古北口、黄花镇不能御矣。大同、宣府有重兵，古北口、黄花镇兵最弱。

① 〔明〕李乐撰：《见闻杂记》，清代稿钞本。

卷十一

左都御史屠侨，浙鄞县人。公按居庸等关，武皇北狩，命所在擒生虎，使者日再促，公抗疏："虎恶兽也，欲生致之，必有撄其爪牙者，奈何忍不惜民命，以供一时之玩乎！"语甚切，事遂止。

水东日记①

《水东日记》是明人叶盛的笔记代表作，详述明代前期典章制度、军政粮储、墩台设备、边陲地理、置备设防等。叶盛，江苏昆山人，官至两广、宣府等处巡抚，擢吏部左侍郎。

卷一

驾将旋，礼部累有会奏言迎复事，上多以敌情多诈为言。将抵居庸，一奏始得旨，群臣同礼部议迎复仪注，兵部总戎议防变方略，舆情甚欣慰。朝下，多官集会议所，都御史王文忽厉声曰："来，孰以为来耶？黠敌岂诚真？彼不索金帛，必索土地。有许多事在，孰以为来耶？"众素畏文，闻此皆相顾莫敢言，武弁有趑出门去者矣。既而少保于公言："防变方略则在我与总戎。"如是而退。

卷二

居庸以北，俗择葬地以验蛇盘兔为上，昌平侯杨洪赤城葬母处亦然。意者，地气温暖，二物皆穴焉。偶相值而相持，亦适然耳。昧者至争地盗葬，积讼连年，惑哉！

---

① 〔明〕叶盛撰：《水东日记》，清钦定四库全书本。

卷十六

己巳冬，边方骚动，兵部郎中罗通守居庸，复以给事中孙祥守紫荆，廷议皆授金都御史。时殿下方御极，面命吏部，误云副都御史，遂因之云。

卷三十四

宣府在居庸西北，其东自永宁卫南口起，迤西至西阳河南土山台、大同天城卫界止，一千九百七十三里三百二十六步，沿边腹里墩台隘口八百二十二座处，有镇守、镇朔将军、总兵官、副总兵、左右参将、参将，所统万全都指挥使司为卫所者十有九，为城为宿兵墙堡者共三十二。盖中军，宣府前、左、右（一）〔三〕卫，兴和守御所，城一，赵川、大小白阳、葛峪、常峪、青边口堡六。北路，口外开平卫在独石城……东路，怀来、永宁、隆庆左右、保安五卫……西路，万全左右、怀安、保安右四卫……南路蔚州卫，广昌守御所，二城。又有顺圣川东城，旧弘州西城，而直隶隆庆卫在居庸，粮刍亦属宣府。

卷三十五

往年在京师读周伯温近光集，颇知胜国时北出道里风土之详。近见张耀卿参议纪行、王学士仲谋中堂事记，皆吾徒今日所不可不知者。纪行录全文，事记则节取有关于道里风土者耳。

王曰："中统二年二月五日丙寅未刻，发自燕京，是夕宿通玄北郭。六日丁卯午憩海店，距京城廿里。是晚宿南口新店，距海店七十里。七日戊辰卯刻，入居庸关。世传始皇北筑时居庸徒于此，故名。两山巉绝，中若铁峡。少陵云'峡形藏堂隍，壁色立积铁'者，盖写真也。控扼南北，实为古今巨防。午憩姚家店。是夜宿北口军营，距南口姚店三十里而远。八日己巳辰刻，度八达岭，于山两间俯望燕城，殆井藏然。出北口，午憩棒槌店，天容日气与山南绝异，以暄凉较之，争逾月矣。午饭榆林驿，其地大山北环，举目已莽苍沙碛，盖古妫川地也。是夜宿怀来县，南距北口五十三里。……"

张曰："岁丁未夏六月初吉赴召北上……经良乡，度泸沟桥，以达于燕。居旬日而行，北过双塔堡、新店驿，入南口，度居庸关。出关之北口则西行，经榆林驿、雷家店，及于怀来县。……"

北山游记①

王嘉谟，字伯俞，顺天府（今北京市）人。万历十四年（1586年）进士，历任刑科左给事中、陕西参议、河南副使、四川右布政使等职。该文载于其所著《蓟丘集》，《春明梦余录》《天下郡国利病书》亦有收录。

自高梁桥水度至白浮、瓮山，出蓟县境。瓮山斜界百望。是山也，南阻西湖，神皋兰若皆萃焉。北通燕平，丛丛碨碨，背而去者，百里犹见其峰焉。……又北十里为灌石，驻跸山在焉。……自驻跸而北，皆崇山也，连缀匼匝，又砂砾延缘岩间，白石崭崭。春夏雨潦，则成巨浸，樵采不达。又北二十里许，乃从西折斜入南谷，有聚焉。是名漆园。园之南，有山焉，是名雅思。是山也，幽晦多雾，富有果蓏。山陷而为坎，有池焉，浚洌如露，是名露池。有比丘一人，土人敬事之。自园而出，再由走集西十里许为高崖。崖下有众泉绕其聚，四面皆山，蔚洞森萧，圹如也。又西北十里许为清水洞。是洞也，两山如门。行可二十里，山皆奇峭巃嵸，山中飞泉澌洒，或决地，或分流，淙汨树木之间，推激岩崖之穴，青如乱鬟，白如吹絮。仰视重峰，时有孤石之揭揭，沉黯迷离，

---

① 〔清〕顾炎武撰：《天下郡国利病书》第一册《北直隶上》，四部丛刊影印本。〔清〕孙承泽撰：《春明梦余录》（下册）第1319~1322页，北京古籍出版社，1992年版。

天气自曛。崖间百合、忍冬、棠杜、牛妳、相思、郁葜、黄精、唐求之属，渗味扶芳，烁红陨翠，飞沫击枝，坠而复起，新实含濡，落而不变；奇禽异羽，嘤嘤满耳，鸟窠雉囮，遍其岩穴。山鹿之麑，豪猪之毛，丰茸随风，溯流而行，高高莫极。有岭焉，名曰鳌鱼。又西里许，山益峻，有兰若二焉：上曰松阳，下曰金鹰。其上独多松，合抱而数丈者有三，朴遬者万计。登之而望，则大山屏张，雪然斜开，则金鹰在焉。金鹰下控大岩，岩吐百穴，汇而为湖，决而东流，是为清水之源。迤逦以东，下山折坂而南，蓊然红絤，仿佛有光。有陉焉，曰六十，屈折污邪黄芦、白沙之间，可六十折。再由走集，又西有陉，曰十八盘，息壤如金，郁勃而立，狭可容人，可十八折。登顾徘徊，西则植立夹持，不暇停足，俯视斜柯洪枝，匝藤萝而舞鹍雀者，深深莫极。旁睨则北山蠱蠱，一阴一阳，闪倏孤日，含濡云彩。山之上平衍，西五里有岭焉，是曰长城。苍黯高竦，下视前坂，其颠瓦砾纵横，微有雉堞，剥蚀沉莽，是曰秦皇之址。有泉出焉，是曰马跑，苞粮覆之，将瞀矣。又西二里有台焉，是曰了思。衡可二亩，高可数仞，莎苹匝之，楸、檀、柏、柏之木，宛宛相构。登之，可望四方，斗绝有足怀者。下台而西，又十里，皆峻岭也。判为中路，岩之两间，如榭如障，如层构深藏，如旨莒盘互，花实齐秀，风泉并响，远闻伐木，嶷嶷留滞。有岭焉，是曰灰岭，险特倍于长城，石如蛤粉，无树木，大石磋磋，吹籁扬尘，则纷溶而起，百里可见，了了如雪。路口如甑瓶甄，一綖孤露，莹照通川，下山有城焉，是曰镇边之废邑。又西八里许，有城焉，是曰镇边。两旁皆山围之，其南曰碧驾之山，曰通明之山，其北曰鹰扬之山，曰滂洛之山。有湖焉，小而深，在碧驾之岩，圈结不见，每多异草，中有赤鲤盈尺。春夏之交，山水增流，则湖益清可鉴，是曰合抱之湖。镇边，岩邑也，居人仅可百数，地寒不能五谷，五畜劳羸不甘，兵杂其间，狡猾难治。西十里有墩，曰唐耳，背据大山，下视怀来，烟液杳袅，足为天险。楼堞固，沟洫浚，军械精，睨横岭而斜界居庸，可甲燕平镇边废邑。其南皆山也，中为衢路。其东曰六华之岩，其西曰小神之山，曰青利之山，岩分形如六华，其第四岩有洞焉，最深窈，土人夜登之，取宿鸟，忽有双鹤飞鸣，是为鸣皋之洞。南可十里，有聚焉，曰长峪。又西五里，有岩曰德胜，又曰凤凰，上有兰若焉。是山也，崴纡距绝，抵此而穷。四面环匝，山可三十丈，磴道半之。登之，每顾，则山形变，兰若已圯，然蟠结秀竦，下视三山，侧侧欲合。东望长峪，蔚然开阳。其左岩崟尤峻，石稍拥出。山下有泉焉，源源可二十里，达于浑河。照映萧瑟，町畦滉然。据岩而立，终日无人。山之上，奇树新实，甘香飈飀，背秋涉冬，空冗消然，万碧俱立。山之上，有台焉，登之而望，则靆然两山兰若闭藏，不可俯见，是曰隐鹭之台。山之西，有洞焉，小而隘，可容数人。门有古松蔽之，坐其中，以瞻西峰，有如指掌。中壁刻观世音大士像，镌刻甚深，是曰观音之洞，又曰孤松之岩。兰若讲堂中有苹婆三株，大可合抱，翠叶多子，团圞数丈，真可奇也。山之南，有岭焉，曰西峪。可以入沿河。山之下，有碑，不可辨。自长峪而东，可二十里，有聚焉，曰菩提。堑有祠焉，是祀菩提。盖古人有乞者，众食之，俄而怒焉，乃杀之，剖而食，犹故，民神之，是为祠也。有兰若焉，曰白驳。是山也，险倍灰岭，不通行者，幽阻凄霭，萧然可诧。有坛焉，幢设于上，皆紫英之石，烂若丹霞。有银杏二树，大可盈抱，芬盛多子。出山而北，有山焉，是曰白鹤。其峰岫缭绕，不易诘也。其中有白色曜然状如鹤，著于石上。又折而东，则走高崖。北山自高梁至德胜，共百八十里，小山至众，记者二十。鸟有红鸦、沙鸡、文雉、半翅，兽有虎、豹、奇狸、狼、野干、白驳、豪猪、兔、狍，草树多奇。土人每言二月之交，有山曰青华，下可万丈，西通四方，每有瑰形奇物，且飞且走，衔乳而西，猎人莫敢近也；又言三伏每雨，群山出流，大石浮浮，马奔磨至，有如雷霆。仰视碧驾、鹰扬之山，半在云雾，戍楼昼晦，飞云积烟，片片入户，连月不霁，实神京之奥区，山川之都会也。汉之边在北，长安去朔方千余里。唐边在西，去吐蕃亦几千里。今京师北抵居庸，东抵古北口，西南抵紫荆关，近者百里，远不过三百里。居庸则吾之背也，紫荆则吾之喉也。卒有急则搤吾之喉而拊吾之背。燕之山石块垒，危峰雄特，水冽土厚，风高气寒，其草木皆强干而丰本，虫鸟之化亦劲踔蠡毳，而瞿瞿然迅飞也。以故圆矩之粹，蒸为贤豪上之，人文唯沉鸷，而不狃于俗，感时触事，则悲歌慷慨之念生焉，其犹然燕丹遗烈哉！以至闾巷佣贩之夫，亦莫不坚悍不屈，砎然以急人为务，无阘茸皆窳之习，此其善也。然而风会之趋，人情之化，始未尝不朴茂，而后渐以漓，其流益甚焉。

长安客话①

《长安客话》八卷，是记述明代北京历史和地理沿革的重要文献。作者蒋一葵，江苏常州人，历官灵川知县、京师西城指挥使。在京期间，其四处访问古迹，并一一记录。有书斋曰"尧山堂"。

卷七　关镇杂记

边关

山西起保德州黄河岸，逶迤而东，历偏关，抵老营尽境。大同起西路丫角山，逶迤而北，历北中二路抵东路之东阳河镇口台。宣府起西路西阳河，逶迤而东，北历中北二路，抵东路之永宁四海冶，皆偪临胡虏，险在外者也。山西老营堡转南而东，历宁武、雁门、北楼至平型关尽境，又转南而东为保定界，历龙泉、倒马、紫荆之吴王口、插箭岭、浮图峪至沿河口，又东北为顺天界，历高崖、白羊至居庸关，皆峻山崇岗，险在内者也。

京东之外镇，营、蓟、辽阳也。京西之外镇，宣、大、偏头也。京东之内险，山海也。京西之内险，居庸、白羊、紫荆、倒马、雁门、宁武、平型、龙泉也。外镇以屯重兵，进与之战，内险以严隘塞，退为我

---

① 〔明〕蒋一葵撰：《长安客话》，北京古籍出版社，1982年版。

守，斯画一之论也。

三关

国家建都幽朔，毋论山川崎灌，险甲寰区，而紫荆扼蜚狐之吭，居庸拊上谷之背，山海掣玄菟之肘，其因地利而尽人谋，可谓千古石画。

汉唐都关中，去边几千余里。今京都北抵居庸，东北抵古北口，西南抵紫荆关，近者百里，远不过三百里。居庸则吾之背也，紫荆则吾之吭也。元人进金史表："劲卒捣居庸关，北拊其背；大军出紫荆口，南扼其吭。"此古今都燕者防患之明鉴也。

昌镇

蓟、昌先本一镇。嘉靖三十年，始分为二，设提督都督一员，护视陵寝，防守边关，遂为昌镇。先年有专守都御史，无何罢不设，以归之蓟辽总督云。

昌镇东接蓟镇，大水谷，下并连口地方，西接保镇沿河口下浑河地方，幅员不逾五百里内。居庸关、黄花镇、镇边城、暮田峪、灰岭口俱系冲地，虽宣、蓟为之屏蔽，紫荆借以身援，然外而扼控要害，内而拥护京陵，干系至重。

昌拥九陵而护神京，蓟在左腋之间，绵亘二千里，带甲十万，文武将吏画地而守。垣而外三卫牧其中，向背靡测。逆则要结酋虏，而用为乡。虏如闯关而入，蹂躏郊圻，震惊达于内。故要害视诸镇称至剧。辽悬山海之外，三面当虏，将士拥盾而食，奄忽突至，跃马横戈，虞去复如故。盖必战之国，物力钝利亦略相当。保据紫荆之险，外扼云中，与辽为左右辅，利害差缓。然啮肘及腹，联络捍卫，固东西两冯翊云。

蓟昌建在畿辅，实为腹心，东西辽保则左右臂也。要之，论国势重轻则蓟昌为最，保镇次之，辽镇又次之。论夷情缓急，则蓟辽为甚，昌镇次之，保镇又次之，此其大较也。

居庸关

《淮南子》："天下有九塞，居庸其一焉。"即今居庸关。按《图经》：太行山南起山西泽州，迤逦北出数百里，山脉不断。自麓至脊，皆陡峻不可登越。独有八处粗通微径，名之曰陉。居庸关是最北之第八陉也。

居庸岩险闻于今古，两山夹峙，一水旁流，其隘如线，其侧如倾，艰折万状，车马难行，称曰百二重关不虚也。冯琢庵琦有诗："群山如带界中原，南控京华国势尊。万雉不教残地脉，千峰直欲倚天阊。烟封鸟道云难度，风起西沙日易昏。谷口汤泉今在否，乘槎无意问河源。"又"岩岫中开小径悬，巨灵高劈不知年。乍临万壑疑无地，才度重门别有天。壮士弓刀常带雪，将军帷帐迥浮烟。书生不请长缨去，剑气犹堪照斗边"。又"居庸近接军都地，四塞雄图入望开。襟带千峰常北折，梯航万国尽东来。云横远岫疑生雨，风落长关欲作雷。定鼎只应歌祖烈，清时不数勒铭才"。又"五年不出居庸道，今日重来感旧游。紫气遥瞻龙虎地，青山近接凤凰楼。平临星斗三千尺，下瞰烟云十六州。但使此关长镇静，不烦仗策取封侯"。

李卓吾赞《晚过居庸》诗："重门天险设居庸，百二山河势转雄。关吏不闻占紫气，行人或共说非熊。湾环出水马蹄涩，回复穿云月露融。燕市即今休感慨，汉家封事已从容。"又张元芳《居庸叠翠》诗："重关百二接燕台，万叠芙蓉晓色开。地拥峨眉连北险，天随铜马自东回。秋深千嶂苍烟合，日暮诸陵王气来。塞上胡儿休牧马，汉家今日有雄才。"

居庸关西城去山不十丈，而山高于城数倍。冈坡漫衍，可容万骑。虏若据山，则我师不敢登城。又北门外即阅武场，登场而望，举城中无遁情，均不可不虑者。世庙初虏屡窥此。空同李梦阳诗："天设居庸百二关，祁连更隔万重山。不知谁放呼延入，昨日杨河大战还。"

弹琴峡

峡在居庸关中，水流石罅，声若弹琴。元陈孚诗："月作金徽风作弦，清声岂待指中弹？伯牙别有高山调，写在松风乱石间。"本朝杨士奇诗："峡石记弹琴，泠泠流水音。不知行路者，谁有听琴心？"顿锐诗："高山流水谱鸣琴，怨入龙荒白草深。满耳胡笳与羌笛，此生何处觅知音？"

仙人枕

居庸关内道旁一大石，其形似枕，俗呼仙人枕。元陈孚诗："居庸万马绕山前，未许苍苔睡晏然。见说华山风日好，何如移伴白云眠？"本朝顿锐诗："一觉黄粱人已仙，尚遗睡石傍风泉。高真日待金门漏，那复空山枕此眠？"

明季遗闻①

《明季遗闻》是清代顺治年邹漪创作的一部私家史书，共四卷，记载明朝末年李自成起义军攻克北京、崇祯自杀等历史事件，及南明政权始末。邹漪，江苏无锡人，文学家吴伟业弟子。

卷一 北都

甲申（崇祯十七年）……二月十六日……上集府部九卿、翰林、科道等官，会议御寇措饷长策，令各书单进呈。……逾日，又召对。……（李）明睿曰："太子少不更事，禀命则不威，专命则不敬，不如皇上亲行为便。"于召对后，即继以疏，大略谓："今日所最急者，无如亲征一事。……夫亲征之举，以号召忠义，皇上倡之，不必皇上自为之也。……臣又闻

---

① 〔明〕邹漪撰：《明季遗闻》，清续修四库全书本。

居庸一带无兵把守，昌平一路无人控扼，奸人从旁窥伺，中官妄意绸缪，实非完善一策。伏乞即日调度诸将，从皇陵山外，绕巩华城，俱宿重兵；命东宫居守，入则监国，出则抚军，此皇太子之职。……"疏入，上深许之，下部速议。……三月朔己丑，昌平兵变，京师戒严。……癸巳，发内帑十万，遣太监杜之秩、总兵官唐通协守居庸关；封疆重犯，俱许蠲赎。……甲午，封唐通定西伯、吴三桂平西伯、黄得功靖南伯、左良玉宁南伯、刘泽清东平伯。……己亥，至居庸，杜之秩、唐通降，巡抚何谦遁。随破昌平，总兵李守（锜）〔鑅〕自杀。……甲辰日晡，贼犯十二陵，焚享庙，伐松柏。是夜，贼自沙河直犯平（子）〔则〕门。

皇明九边考[①]

《皇明九边考》，又名《九边图考》。明代为巩固北防，先后设辽东、宣府、大同、延绥、宁夏、甘肃、蓟州、偏头、固原九镇，亦称九边，各边皆驻重兵守御。全书共十卷，详叙九边建制沿革、战守防御及各民族部落内情。作者魏焕，湖南长沙人，历兵部员外郎、四川佥事等职。

卷三 蓟州镇

◇疆域考

蓟州一边，拱卫京师，密迩陵寝，比之他边尤重。三屯营居中，为本边重镇，东至山海关三百五十里，西至黄花镇四百五十里。我太祖高皇帝驱逐胡元，乃即古会州地设大宁都司、营中等卫，外山连络，与辽东、宣府东西并列为外边，命魏国公徐达于内，西自古北口，东至山海关，增修关隘一道为内边，神谋远矣。永乐初，因兀良哈三卫部落内附，乃徙大宁都司于保定，置营屯等卫于顺天，以大宁全地与之。今止守内

---

① 〔明〕魏焕撰：《皇明九边考》，国立北平图书馆善本丛书本。

边。边人谓外边山势连亘千里，山外撒江环绕，诚自然之险也，北虏不敢内侵三卫者以此。今弃此而守内边，失地险矣。

会同馆六十里至。顺义县七十里至。密云卫六十里至。石匣堡六十里至。

古北口

会同馆九十里至怀柔县。会同馆八十里至昌平州。会同馆五十里至。榆河驿五十里至。

居庸关

会同馆四十里至。	通州潞河驿七十里至。
三河县七十里至。	蓟州渔阳驿六十里至。
阳樊驿二十里至。	玉田县四十里至。
永济驿四十里至。	丰润县三十里至。
义丰驿七十里至。	七家岭驿六十里。
永平滦河驿六十里至。	芦峰口驿六十里至。
抚宁榆关驿六十里至。	山海关。
喜峰口。	

◇保障考

东至山海关，西至黄花镇。为关寨者二百一十二，为营堡者四十四，为卫二十二，为守御所三。设分守参将五于燕河营、太平寨、马兰谷、密云县、黄花镇以管摄营堡，谓之关。设守备都指挥五于山海、永平、遵化、蓟州、山河以管摄卫所，谓之营。设总兵官一员于三屯营以总镇焉。关设于外所以防守，营立于内所以应援，本相须也。后关独当其害，营但肆为观望。嘉靖十八年，巡抚都御史戴金题后，该本部复，仍如旧制，更相防守。

◇责任考

巡抚都御史一员，驻札蓟州城。坐名敕书。

责任：与辽东同。

镇守总兵官一员，驻扎三屯营城。坐名敕书。

责任：务在操练军马，督修边城，内防奸宄外御贼寇。凡事须与镇守内臣并巡抚都御史计议停当而行，不许偏执己见。三路分守、守备等官悉听节制，尤须廉秉公图，副重任。

巡按山海关监察御史一员，坐名敕书。

责任：该兵部题准都察院差御史二员，东路自山海关起至古北口止，西路自居庸关起至龙泉关止，各另请敕，分投前去。往来公同该关口镇守、守备等项内外官员巡视，点闸官军，修理墩台，筹划边务。如遇守关旗军人等告讦事情，就彼问理。其军卫有司遇有词讼干碍守关旗军，应合提对者，通行解送巡关御史处问理，明白发落，不许擅自拘提，有碍守把关隘，若干问军职，径自具奏区处。差去御史一年一替。又，该本院奏准巡关御史及内外镇守等官，遇有关城边墙低薄，即便督令官军上紧如法修砌，务要经久坚完。军器损坏，随即照数修补，鲜明锋利。此外另有防守长策，亦从设法增置。候一年满日，会同镇守、守备官员尽图贴说，各另具奏及呈本院，仍仰继差御史查究。中间若有苟延岁月、虚应故事、不行着实修理奏补者，不拘内外镇守、守备等官，虽有升调，通行指实参奏定夺。果有公勤干济尽心边务者，备开功绩，具名上陈，量为旌擢。

……

天寿山太监一员，坐名敕书。

责任：天寿山系祖宗陵寝所在，今命尔与都指挥，共管领各卫官军在于本山守备，操练军马，保障地方，固守城池，务在器械锋利，盔甲鲜明。遇有贼寇，相机剿捕，毋或纤毫怠忽。尔仍提督内外官员人等，一体照护陵寝，常川洒扫洁净，巡视山林树木，仍照榜例禁约，毋得纵人砍伐，遇有墙垣损坏，随即修理；树木枯槁之处，务要以时补栽。仍躬自往来看验，恒加敬慎。不许假此科扰克害，及侵占军士，防废兵备。如违，责有所归。

……

守备天寿山官一员，驻扎昌平州城。不坐名敕书。

责任：保障山陵，固守关隘，操练军马，修理城池，防御贼寇。一应合行事宜，须与提督山陵太监计议停当而行。尤须持廉秉公，正己率下，毋得贪黩害人，自干宪典。

◇经略考

一、自来论蓟州边者，皆谓外边山河并险，内边城堡疏夷；外边直而近，内边曲而远。从国初长久之计，惟在驱三卫，复旧制，以守外边。若事势难为，仍守内边。必从边人长计，据险要，修墙堡，增墩军，益边粮，以严防守，其庶几矣。

……

一、内边山虽断续，险处亦多，但山外扳缘易上。山空水道处所每年虽修垒二次，皆碎石干砌，遇水则冲，虏过即平，其何以守？近年，都御史戴金出边巡视，欲将山外可攀援之处堑崖削壁，山顶以内严令禁长林木岑郁，仍烧砖补砌山口水道，使连亘如城，险不可逾，亦如陕西各边之制，更添墩堡以备防守。此亦至计。

一、查东边墩军，每堡多者不过数十人，少者仅得二三人。军士单弱，莫此为甚，欲拨补加增。查得各卫官军除通、涿、武清等卫额有就班差操，其余卫分各已选补边堡。在卫守门者多系老幼，操守者止存余丁，所留正军不过局匠数人而已。况宣大各边在墩官军之粮倍于在卫，惟此边墩军之粮与守卫者无异。安土者人情之常，既无鼓舞之利，谁肯弃父母妻子而乐为守边哉！

足边粮。查得弘治间坐派本处边仓支放，官军甚便。今各仓废坏，俱赴蓟州、密云、昌平等处支粮，或一二百里，或三四百里，守候往返，动经数日，每遇支粮，寨堡一空，偶有边警，其何以御？况蓟州仓每岁所入仅足终岁之用，而密云、昌平二仓尤为空乏，各军有至三四月不得支粮者。至于官俸，百户上半年每月止折银四钱二分，下半年每月止折银三钱二分，递加至指挥使，上半年每月一两三钱一分，下半年每月八

钱八分。按月支给犹为不足，必持半年之后加利揭借。所得几何？欲其不削军士，固守边圉，胡可得哉！见《巡抚张汉疏》

……

一、国家设六边以驭胡，惟开元历兴中、大宁，抱红缧，跨独石以达诸宣府，自宣大迤西直抵甘肃，势如率然，首尾相援，天设之险，而创造之艰也。永乐初，有渡江之役，兀良哈效顺，遂以兴中、大宁与之，掣大宁都司于保定，于是红缧、白云之北因而失险，退守锦义、宁前、喜峰、三屯、密云、白羊以达居庸。自是宣府左臂受冲，卢龙后皆伛偻，辽之嚓呎倾硬，诸陵亦时警严烽候矣。夫不复兴中、大宁，则宁前一扼地耳。自潮河川、喜峰口以窥卢龙，则滦平骚然矣，自黄花、白羊则诸陵震惊矣，宣府之外，藩圉之日析也。言而至此，未尝不叹其失之之易，而惜其复之之难也。当是镇者其尚念哉！

卷四 宣府镇

◇疆域考

宣府古冀州之域。秦为上谷郡，汉以下或为县或为州，五代石晋时入金，辽为宣德、宣化州，元改名宣宁，寻为宣德府。沦没于夷狄异域者，盖四百余年。我太祖高皇帝驱胡元而一天下，尽徙其民于关内，号其地为宣府，置万全都司。其地东据黑山，南距紫荆关，西据枳儿岭，北据西高山，东南距居庸关，西南尽顺圣川，西北跨德胜口距野狐岭，东北据独石。广四百七十里，袤八百六十五里。

居庸关三十里至。岔道二十里至。榆林驿三十里至。怀来卫三十里至。土木驿四十里至。保安卫二十里至。鸡鸣驿六十里至。宣府城六十里至。万全左卫六十里至。怀安卫六十里至。天城卫六十里至。阳和城。

宣府西北八十里至万全右卫。西南二百五十里至蔚州。迤东一百里至独石城。东北二百里至龙门关。东南二百里至隆庆州。

居庸关五十里至隆庆州。八十里至永宁卫。一百四十里至四海冶。

一百六十里至保安州。

卷六　三关镇

◇保障考

黄河东北旧有东胜城，与大同大边兴和、开平相联通，外狭内宽，复设偏头、宁武、雁门三关十八隘口于内，以为重险。往年东胜、开平能守，三关未为要害。正统以来，东胜、开平俱失，三关独当其冲，时无住牧之虏，防守尚易。弘治十四年以后，虏住套中，地势平漫。偏头关逼近黄河，焦家坪、娘娘滩、羊圈子地方皆套虏渡口，往来蹂践，岁无虚日，保障为难。今三关要害虽同，偏头尤急；十八隘口虽同，胡峪口、阳方口、石碛口尤急；河岸渡口虽同，娘娘滩、太子滩尤急。先年以山西巡抚住扎雁门关内，代州总兵住扎偏头关，又各设守备一员以备调度。嘉靖十九年，胡虏充斥，三关不能御。近议于朔、代之间设重臣一员，总督宣、大、三关，亦如陕西固原之制。

又按，三关东十八隘口，又东紫荆关，又东居庸关，山势连亘，实天设之险，为京师近藩。往年紫荆、居庸可逾，而今不可逾者，以其增筑修凿之工多，而其险备也。使今之三关亦如紫荆、居庸，胡马敢深入乎？故今之急务，惟在备三关之险，择将帅，觅壮勇，积刍粮，以整深入之门户。庶山西定而畿辅之地无警矣。

正统北狩事迹①

《正统北狩事迹》一卷，记述明代土木之变英宗被俘事。作者不详，一说为杨铭，不确。

杨铭初名哈铭，正统中与其父随指挥吴良同使瓦剌。……十月，也先杀马大宴，复立上为天子，行贺礼，将奉还京。至大同东门，无出迎者。至阳和城驿，守备赍羊酒米面来进。时，也先将从紫荆关入，命其下无房掠，不能禁。铭侍不离左右，山路险恶，鼻血交流。比至关，夜宿空山中。……也先奉驾至德胜门之土城，景帝升吴良等官，以鸿胪卿赵荣来见。……赵荣等还，也先怒，即奉驾北去。是夕，驾宿猪房。喜宁随也先去。……又命铭召喜宁议事。宁与伯颜帖木儿见，言曰："太师奉驾至城门，尔弟称帝不顾，臣宰忘恩不来认，不来接。"因言："太师言阳和城当自居庸关入，愿宽心勿忧也。"至阳和，其下房掠，宁言于也先之弟曰："太师欲奉驾自居庸关入，令下人房掠如此，如何可入？"忠勇伯曰："此中送去，是轻天子也。须待中国使臣来迎乃可。"益往西北。……上欲遣使入京，求使臣来迎。铭自请行。时也先于九十九海子放鹰，铭与伯颜帖木儿同往见之。也先曰："事当如何？"帖木儿与阿剌知院言，亦欲遣使与铭同往。铭言："中国万万，入贡所遣得人，成那颜万世之名；不得人，坏那颜之名。"乃遣哈谈等二人曰："是尝招安儿即哈二卫者也。"至居庸关，人疑，欲杀之。时脱脱不花王使臣亦来贡，朝遣通事马政迎之，乃得同赴京。七月……初九日，至野狐岭，遣铭夜呼万全城。……至宣府……至怀来，亦为帐殿，参将杨信统兵来见。至居庸关上，御史王洪来见。十五日，至唐家岭，学士商辂等见……

---

① 〔明〕佚名撰：《正统北狩事迹》，景明刻本。

至德胜门土城，总兵石亨、张四、杨洪，少保于谦朝见。

全辽志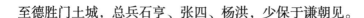①

《全辽志》为《辽东志》一次续修本。嘉靖四十四年（1565 年），李辅见旧志舛讹脱落，遂开馆修志，历六月而成。全书六卷，删冗补缺，较旧志精严，记载今东北地区地理、历史、风俗等，为东北地区现存最早方志之一。

卷四

宦业志
国朝

赵国忠，字伯进，锦州人，由开原备御中。……（嘉靖）戊申，取提督京营东官厅。寻镇守宣府，出居庸，仓卒遇贼，战伤左臂，猛气愈盛，贼后至者，识为辽东赵太师，解去，事闻，钦赏银一百两纻丝二表里。至镇，厘宿弊，倡勇敢；罢摆边之役，以息军费；严夷人互市，使不得与镇民相争；补筑一镇边垣，详载三关志。庚戌，虏犯畿辅，援至榆林新店，斩获功多，追夺人畜以万计，赐敕褒奖。再命镇守辽东，虏大举入犯前屯，追斩七十余级，钦赏银四十两。修筑沿边台圈，居民赖之，去任，卒翰林检讨。上谷孙世芳为国忠撰墓碑，论其为将，历京镇近三十年，有威严。

人物志·贤行
金

李英，字子贤，辽阳人，由进士历监察御史，乃上书高琪曰：“中

---

① 〔明〕李辅等修，陈绛等纂：《全辽志》，嘉靖四十五年修清初抄本。

都之有居庸，犹秦之崤函，蜀之剑门也，迩者撤居庸兵，我势遂孤。"高琪奏其书，即充都提控，居庸等关隘悉隶焉。迁翰林待制，因献十策，大概谓居中以镇四方，亲贤以守中都，立蕃以固关隘，集力以防不虞，养马以助军威，爱稼以结民心，明赏罚以劝百官，选守令以复郡县，并州县以省民力，颇施行之。英自清州督粮救中都，与元兵遇于霸州，大败，尽失运粮，英死之。赠通奉大夫，谥刚贞。

国朝

李恭，字思敬，定辽左卫人，登成化己丑进士，授无锡县知县。……以政绩卓异，起赴京，擢大仆寺丞。奉命俵马宣府路，出居庸。有张指挥者，怀金送数十里外，请屏左右，跪道傍为嗫嚅状。恭察其意，正色拒之曰："剥膏脂于民身以厌当道者之口，仁者固如是乎？"张俯伏汗颜，愧谢而去，乡人称，实录焉。

西关志①

《西关志》为明代记述长城关塞的方志书，主要记载了居庸、紫荆、倒马、故关四关塞的地理环境、历史沿革、风俗物产等。作者王士翘，江西安福人，嘉靖二十六年（1547年）出任巡按西关御史，巡察居庸诸关，期间广集数据，造册画图，编纂此书。

居庸图论

居庸两山壁立，岩险闻于今古，盖指关而言。愚谓居庸之险不在关城，而在八达岭。是岭，关山最高者。凭高以拒下，其险在我，失此不

---

① 〔明〕王士翘撰：《西关志》，北京古籍出版社，1990年版。

能守，是无关矣。逾岭数百步即岔道堡，实关北藩篱，守岔道所以守八达岭，守八达岭所以守关也。由八达岭南下关城，真所谓降若趋井者。关北门外即阅武场，登场而望，举城中无遁物，虚实易觇。况往来通衢，道路日辟，虽并车可驰，故曰：险不在关城也。关东灰岭诸隘，外接黄花镇，内环寝陵，更为重地，经画犹或未详。关西白羊口，号称要害。城西门外去山不十丈，而山高于城数倍，冈坡平漫，可容万骑，虏若据山，则我师不敢登城。拓城以跨山，今之急务也。长峪、横领近通怀来，均之可虑，而横领尤孤悬外界，山高泉涸，军士苦之。镇边城虽云腹里，亦喉舌地。川原平旷，无险阻之固，雨霆溪涨，淹没频仍，越此而南即长驱莫遏矣。是故镇边之当守，其形难察也。此固一关险夷，然去京师咸仅百余里耳，门户之险甚于潼、剑。设大将，屯重兵，未雨彻桑之谋，其可一日不讲哉。

居庸卷一

◇沿革

居庸关，古禹贡冀州之域。陶唐属幽都，有虞属幽州。夏商省幽入冀。周职方仍属幽州。春秋、战国俱属燕。秦属上谷云中郡。汉初属燕国，后改属幽州。晋属范阳国。隋属涿郡。唐属幽州总管府。后唐清泰三年，石晋割幽蓟十六州以赂辽，居庸在内。辽属幽都府。宋属燕山府。金属燕京。元初属燕京，后改属大都路。国朝洪武元年既定燕京，遂城居庸关，五年设守御千户所。三十二年所废，改设隆庆卫指挥使司。永乐元年，添设隆庆左、右卫，凡三卫，俱直隶京师。宣德四年，尚书赵羾建议调左卫于永宁，右卫于怀来。今止隆庆一卫，领五千户所及镇边所。按，居庸关名称自秦始，秦以上不可考。汉仍名居庸，亦名军都关者。关东南二十里有高山，汉于山下设军都县以屯兵，即今昌平旧城，因以军都名山，亦以名关。山前后即古幽、易、妫、檀等地，西连太行，东亘辽海，狼居胥山为襟带。关南至北，路绕两崖，艰折万状，故《淮南子》曰："天下有九塞，居庸其一焉。"关东二百里有古北口，即古虎北口，本契丹之所，今朵颜三卫地也。西北三百里外，有开平兴和城，即元之上都。国初万全路，今元裔小王子部落住牧地也。其地三代时为獯鬻，为猃狁；秦汉后为匈奴，为乌桓，为鲜卑；后魏北齐时为柔然，为蠕蠕；隋唐时为突厥；五代及宋时为契丹，后又为蒙古，既而兼并诸部入主中国，为元。世居上谷、云中塞外，与居庸相表里，故罗壁《识遗》曰："燕北百里外有居庸关，关东名虎北口，即古上谷郡。"《汉地志》曰："云中郡有居庸。"岳武穆曰："燕、蓟，有居庸。"《括地志》曰："居庸在幽州昌平县西北四十里。"《契丹国志》曰："自幽州西北入居庸关，明日，西北入石门关，又三日至可汗州。"自神农化至幽都，黄帝造涿鹿，披山通道，破蚩尤、逐獯鬻，而此关已属中国。周武王封帝尧之后于蓟，封召公奭于燕，世邻胡狄。至战国时，破胡却地筑长城，自造阳至襄平，置上谷、渔阳等郡以备之，而关遂固。自后匈奴日强，渐为边患。秦始皇二十五年，灭燕国，巡北边，遣将军蒙恬斥逐之，筑长城，制险塞，起临洮至辽东。汉时，寇上谷，武帝命将军卫青击走之，修故塞，筑城障。至东汉，乌桓尤为陆梁，边陲一空，光武遣马援分筑堡塞，招还人民。后魏又发幽冀人筑畿上塞围，起上谷至河南。北齐筑长城，自幽州至恒州，而此关益为中国重矣。东晋以后沦于北朝几三百年。宋元嘉二十九年，文帝欲谋北伐，青州刺史刘兴祖谓"宜长驱中山，据其关要，西拒太行，北塞军都"，即其处也。隋唐以后，突厥为患，太宗贞观四年，降颉利，分置种落，东自幽州。中宗嗣圣间，武氏称制，仍寇妫、檀。玄宗开元二年，诏置幽州节度，经略幽、易、妫、檀等州，卒任蕃夷为制将，竟失河北，而此关非唐有矣。安史之后，卢龙岁乱，但曰存抚，使捍北狄，于是雄武军使张仲武遣吏表请曰：幽州粮皆在妫州，据居庸关，绝其粮道，幽州自困。此武宗会昌元年也。又五年，五台僧亡奔幽州，仲武乃封二刀于居庸关曰：游僧入境则斩之。自后沙陀朱氏治兵相攻，而契丹亦岁寇。昭宗乾宁元年，晋王克用欲取幽州，李匡筹发兵居庸，晋王使精骑攻克，于是卢龙所属皆入于晋。后石敬塘叛唐求援，割幽、易、妫、檀等州以赂契丹，而自立为帝，此关遂入夷狄而为辽有。历汉、周暨宋，竟不能复，故曰：河北以居庸为要关。李泰亦以幽蓟不复，则中国之险移于夷狄，河北不固，河南不得高枕而卧，此万世不易之论也。徽宗宣和四年，童贯伐燕，不克，乃约女直攻辽。辽以劲兵守居庸，金兵至关，崖石崩，压戍卒，辽兵不战而溃，遂定燕京。于是金人议归燕、檀、涿、易等州，宋以郭药师同知燕山府事，未几，药师叛降金。金主大营宫室，迁，都之，改燕京为中都大兴府，而此关为金有矣。金贞元元年，宋高宗绍兴二十三年也。宁宗嘉定四年，金西北昌平、怀来诸州皆降蒙古，金兵御之，败绩，蒙古遂入居庸，大掠而去。六年，兵至怀来，金元帅右监军（水）〔术〕虎高琪拒之，又败。蒙古主乘胜至古北口，金兵保居庸，不能入。遂趋紫荆关，败金兵于五回岭，拔涿、易，命遮别将兵反自南攻居庸，又破之。七年三月，金主求和，蒙古主引归，出居庸。五月，金主徙汴。秋七月，复围燕。八年，金兵救之不利，夏五月，蒙古破燕京。理宗景定五年，入，都之，改中都为大都路，而此关为元有，世祖至元元年也。故曰：劲卒捣居庸关，北扼其背；大军出紫荆口，南扼其吭。李璮谋叛，姚枢亦曰：濒海捣燕，闭关居庸，是为上策，而险在胜国亦知为要。自后泰定陨没，燕帖木儿谋迎怀王，是为文宗。王禅兵袭破居庸，燕帖木儿与战，连败之。后脱脱木儿与辽军战蓟州，又调河南蒙古军五万守京师，而居庸叠石以为固。顺帝至正二十四年，孛罗帖木儿举兵犯阙，入居庸，扩廓帖木儿讨之。孛罗帖木儿复犯阙，入居庸，太子亲御于清河。二十七年丁未冬十月，我太祖高皇帝命大将军徐达、副将军常遇春北定之。明年戊申，克燕京，元主开建德门北遁，出居庸，遂改大都为北平府，而此关复还中国，为我大明洪武元年云。

◇疆域

居庸关，东至西水峪口黄花镇界九十里，西至坚子峪口紫荆关界一首二十里，南至榆河驿宛平县界六十里，北至土木驿新保安界一百二十里，南至京师一百二十里。

◇形胜

南环凤阙，北枕龙沙，东连军都之雄，西界桑干之浚。其隘如线，其侧如倾，升若扪参，降若趋井。翠屏吐秀，金柜吞奇，跨四十里之横岗，据八达岭之要害。诚天造地设之险，内夏外夷之防云。

◇星野

谈者谓：天有九星，地有九野，野有封域，观于分星以察祲祥灾异。《周礼》曰保章氏"以星土辨九州之地所封，封域皆有分星"。此为郡国言，居庸、紫荆、倒马、故关，一山谷耳，何所附隶？先儒或言：渭水北为燕分，南为赵分。则是居庸、紫荆为幽州境，古燕都也；倒马、故关为冀州境，古赵地也。《史记》："尾箕幽州，（昂）〔昴〕毕冀州。"《晋书》云："自尾十度至南斗十一度为析木，于辰在寅，燕之分野，属幽州。""自尾（十）〔七〕度至毕十一度为大梁，于辰在酉，赵之分野，属冀州。"幽、冀既判，分星可观矣。按《志》：北自山海，南尽顺德，在《禹贡》均为冀州之域，又将安取衷哉？天之高也，星辰之远也，天下万国之多也，广谷大川不可数计，尺地寸土而析之，其失也凿。求其故而不通其失也泥。泥与凿，浅乎其知天文者矣。故特存是附于居庸，以备参考，其他三关虽略之可也。

◇山川

翠屏山在关城东，山以其翠郁如屏，故云。金柜山在关城西，山以形如金柜，故云。汤峪山在关西南八里，有温泉，山中有奉福寺。幽都山古谓幽州因此山而得名。叠翠山在关东南五里，为金台八景之一。虎峪山在关东南一十五里，即居庸八景之一。白马山在关东南五里。柏龄山在关东七里。五龟山在关北十六里，因山势如五龟相聚，故名。罗汉山在关东南五里，叠翠山内。驻跸山在关西南二十五里，山石刻"驻跸"二字。银山在关东南五十里。马山在关北二十里。玉带山在关东三十五里。白浮山在关东南四十里。永安山在关西北一里。转轮山在关北二十里。红门山在关北三十里。棒槌峪山在关北四十里。凤凰山在关西南九十里。丫髻山在关西南五里。青龙山在关北二十里。羊头山在关北三十里，其山昂若羊头，故名。石佛山在关北一十六里，路傍寺内凿石为佛，故名。回回驼山在关南二里，即居庸八景之一，曰"驼山香雾"。石缝山在关西南一十里，其山高峻。马鞍山在关西南白羊口。羊儿驼山在关西南白羊口。鹤顶山在关西南白羊口。狼山在关北九十里。牛心山在关西南上常峪口。尖山在关西南白羊口。笔架山在镇边城西北街口山傍，三峰峙立，形如笔架，故名。金城山在白瀑口迤西，离镇边三十里。阴阳山在镇边迤东。八达岭在关北二十五里，有城，为居庸要害地。黄土岭在关北五里。南小岭在关西南八十里。横岭在西南一百二十里。摸天岭在关西南九十里。蘑苑岭在关西南四里。长城岭在马跑泉西，相传秦始皇所筑，离镇边一十五里。大梯岭、小梯岭俱在镇边城外，傍路口西。因其陡峻如登梯，故云。抢风崖在白羊口城外。双泉河在关东城外，即东城之池。一源在上，一源在下，其源在本关东北皂角峪山，为双泉，南流入双塔河。两河在关西城之外，即本关西城之池，乃汤峪川上流也。三道河在关西北二十里，即汤峪川之源。青龙河在关北二十里，即永安河上流。龙湾河在关北七十里，其源自山下流出，渐入隆庆州，入河合口。蔷薇川在关东山四十里，其川多出蔷薇，故名。河台川在关西北一百二十里，与桑干、燕尾、妫川、西山四河水俱至河合口迤北地名闫家庄合流，出沿河口。桑干河在关西一百三十里，即沿河口，上流为桑干，下即芦沟桥，又名浑河，可通木筏客货。汤峪河即汤峪川，在关西南八里，其源出自棒槌峪，为三岔，一自石缝山下流出，佛岩寺山下为两河，流汤峪川，故名。入双塔河。榆河在关南六十里。石瓮湖在阙城北门外西山。鸭儿湖在傍路口西。张家石湖在坚子口南。龙潭在关西南八里。玉蟒潭在关东南二里。红沙潭在关东南一里。黑龙潭在关西南白羊堡。向闸潭在关西七里。富家潭在关东二里。东山龙潭在长峪北四里。乾石涧在关西南五十五里。水涧在关西南六十里。绿矾涧在关西南六十里。沙涧在关西南六十里白虎涧在关西南六十里。永液泉在关城内翠屏山下。濯缨泉在关城内。长济泉在关城内东南隅。大泉在关城内东隅。一亩泉在关西南六十里。双溪泉在关南二里。广涧泉在关南二里。普济泉在关外东北隅。永清泉在关外东南隅。玉宝泉在关西北佛岩寺下。叠翠泉在关叠翠山下。温泉在关西南八里汤峪山下。马跑泉在关西南八十里。乱泉在关西南六十五里长城岭下，其源乱出，极清，故名。凉水泉在关西南白羊堡，一名清泉。李公泉在镇边城，深一十八丈，有碑亭。福应泉在镇边城内，深一十八丈，有碑亭。涌泉在镇边城内，深一十八丈，有碑亭。清甘泉在镇边城南门外，深一十七丈，有碑亭。常涌泉在镇边城东北街口，深二十四丈，有碑亭。德胜泉在本城南常峪口西，德胜寺山下，流出溪河。

◇关隘

居庸关所辖隘口

中路隘口一十二处，隶本关，委官一员管之。

双泉口西南至关五里，隆庆卫地方。里口稍缓。贺伯口南至关六里，隆庆卫地方。里口稍缓。陈友良口西南至关五里，隆庆卫地方。里口稍缓。黄土岭口南至关六里，隆庆卫地方。里口稍缓。石佛寺口南至关十八里，隆庆卫地方。外口紧要。青龙桥东口南至关二十五里，隆庆卫地方。外口紧要。青龙桥西口南至关二十五里，隆庆卫地方。里口稍缓。小岭口东北至关二里，隆庆卫地方。里口稍缓。西水关北至关五里，隆庆卫地方。里口稍缓。向闸口东至关六里，隆庆卫地方。里口稍缓。两河口东南至关二十里，隆庆卫地方。外口紧要。石缝山口东至关二十一里，隆庆卫地方。外口紧要。

北路隘口六处，隶本关，委官一员管之。

化木梁口东南至关二十五里，隆庆卫地方，隆庆州界。外口紧要。

于家冲口南至关三十五里，隆庆卫地方，隆庆州界。外口紧要。花家窑口东南至关五十里，隆庆卫地方，隆庆州界。外口紧要。石峡峪口东南至关五十一里，隆庆卫地方，隆庆州界。外口紧要。糜子峪口东南至关五十五里，隆庆卫地方，隆庆州界。外口紧要。河合口东南至关一百二十里，隆庆卫地方，保安州界。外口紧要。

南路隘口一十二处，隶本关，委官一员管之。

晏磨峪口东北至关十七里，隆庆卫地方，昌平州界。里口紧要。大峪口东北至关十八里，隆庆卫地方，昌平州界。里口稍缓。汤峪口东北至关二十里，隆庆卫地方，昌平州界。里口稍缓。水峪口东北至关二十一里，隆庆卫地方，昌平州界。里口稍缓。长水峪口东北至关二十四里，隆庆卫地方，昌平州界。里口稍缓。谭峪口东北至关二十六里，隆庆卫地方，昌平州界。里口稍缓。小峪口东北至关二十八里，隆庆卫地方，昌平州界。里口稍缓。苏林口东北至关三十三里，隆庆卫地方，昌平州界。里口稍缓。鹿角湾口东北至关四十里，隆庆卫地方，昌平州界。里口稍缓。黑浙涧口东北至关三十五里，隆庆卫地方，昌平州界。里口稍缓。小枯将口东北至关三十七里，隆庆卫地方，昌平州界。里口稍缓。大枯将口东北至关三十八里，隆庆卫地方，昌平州界。里口稍缓。

东路隘口一十四处，把总一员统之。

灰岭口西至关六十里，东至黄花镇四十里，北至永宁红门八十里。把总驻扎于此。隆庆卫地方，昌平州界。里口紧要。养马峪口西北至关一十五里，隆庆卫地方，昌平州界。里口稍缓。虎峪口西北至关二十里，隆庆卫地方，昌平州界。里口稍缓。德胜口西北至关四十里，隆庆卫地方，昌平州界。里口稍缓。锥石口西至关五十里，隆庆卫地方，昌平州界。里口稍缓。雁门口西北至关四十五里，隆庆卫地方，昌平州界。里口稍缓。贤庄口西至关五十七里，隆庆卫地方，昌平州界。里口稍缓。门家峪口西至关六十三里，隆庆卫地方，昌平州界。里口稍缓。枣园寨西至关七十里，隆庆卫地方，昌平州界。里口稍缓。石城峪口西至关七十五里，隆庆卫地方，昌平州界。里口稍缓。西水峪口西至关九十里，隆庆卫地方，昌平州界。外口紧要。石湖峪口西至关九十里，隆庆卫地方，昌平州界。外口紧要。撞道口西至关一百里，隆庆卫地方，昌平州界。外口紧要。鹞子峪口西至关一百五里，隆庆卫地方，昌平州界。外口紧要。

西路隘口

白羊口隘口一十处，守备一员统之。兼制长峪、横岭、镇边三城。

白羊口堡东北至关四十里，隆庆卫地方，昌平州界。外口紧要。清泉口东南至关四十五里，隆庆卫地方，昌平州界。里口稍缓。老姚城东南至关五十里，隆庆卫地方，昌平州界。里口稍缓。松湖片口东南至关六十里，隆庆卫地方，昌平州界。外口紧要。泥窝口东南至关七十里，隆庆卫地方，昌平州界。外口紧要。卧子头口东南至关八十里，隆庆卫地方，昌平州界。外口紧要。桑木沟口东南至关一百二十里，隆庆卫地方，昌平州界。外口紧要。牛腊沟口东南至关一百六十里，隆庆卫地方，昌平州界。外口紧要。石板冲口东南至关一百六十五里，隆庆卫地方，昌平州界。里口稍缓。西山庵口东南至关一百七十里，隆庆卫地方，昌平州界。里口稍缓。

长峪城隘口一十六处，把总一员统之。

长峪城东北至居庸关一百里，隆庆卫地方，怀来界。外口紧要。柞子沟口东北至关一百二十里，隆庆卫地方，怀来界。里口稍缓。上常峪口东北至关一百二十里，隆庆卫地方，怀来界。里口稍缓。幡杆峪口东北至关一百二十五里，隆庆卫地方，怀来界。里口稍缓。立石口东北至关一百五里，隆庆卫地方，怀来界。外口紧要。柏峪口东北至关四十五里，隆庆卫地方，昌平界。里口稍缓。双石沟口东北至关四十五里，隆庆卫地方，怀来界。里口稍缓。水峪台口东北至关四十六里，隆庆卫地方，昌平界。里口稍缓。胜仙峪口东北至关四十八里，隆庆卫地方，昌平界。里口稍缓。大水峪口东北至关五十里，隆庆卫地方，昌平界。里口稍缓。小水峪口东北至关五十二里，隆庆卫地方，昌平界。里口稍缓。石涧口东北至关五十里，隆庆卫地方，昌平界。里口稍缓。跳稍口东北至关五十六里，隆庆卫地方，昌平界。里口稍缓。水涧口东北至关六十里，隆庆卫地方，昌平界。里口稍缓。鳌鱼口东北至关六十五里，隆庆卫地方，昌平界。里口稍缓。溜石港口东北至关六十六里，隆庆卫地方，昌平界。里口稍缓。

横岭隘口一十四处，把总一员统之。

横岭口东北至关一百二十里，隆庆卫地方，怀来界。外口紧要。北港口东北至关一百二十里，隆庆卫地方，怀来界。外口紧要。小山口东北至关一百一十七里，隆庆卫地方，怀来界。外口紧要。陡岭口东北至关一百一十八里，隆庆卫地方，怀来界。外口紧要。火石岭口东北至关一百二十里，隆庆卫地方，怀来界。外口紧要。倒撞口东北至关一百三十里，隆庆卫地方，怀来界。外口紧要。东凉水泉口东北至关一百里，隆庆卫地方，怀来界。外口紧要。西凉水泉口东北至关一百里，隆庆卫地方，怀来界。外口紧要。寺儿梁口东北至关一百一十里，隆庆卫地方，怀来界。外口紧要。东核桃冲口东北至关一百三里，隆庆卫地方，怀来界。外口紧要。西核桃冲口东北至关一百三里，隆庆卫地方，怀来界。外口紧要。大石沟口东北至关一百一十里，隆庆卫地方，怀来界。外口紧要。倒翻冲口东北至关一百二十里，隆庆卫地方，怀来界。外口紧要。庙儿梁口东北至关一百二十里，隆庆卫地方，怀来界。外口紧要。

镇边城隘口二十三处，把总一员统之。

镇边城东北至关一百二十里，隆庆卫地方，宛平县界。外口紧要。白崖子口东北至关一百二十五里，隆庆卫地方，宛平县界。外口紧要。牛膝峪口东北至关一百二十七里，隆庆卫地方，宛平县界。外口紧要。堂儿庵口东北至关一百一十二里，隆庆卫地方，宛平县界。外口紧要。熊儿峪口东北至关一百二十八里，隆庆卫地方，宛平县界。外口紧要。东北街口东北至关一百二十八里，隆庆卫地方，宛平县界。里口稍缓。西北街口东北至关一百三十里，隆庆卫地方，宛平县界。外口紧要。柳树沟口东北至关一百二十里，隆庆卫地方，宛平县界。里口稍缓。长城口东北至关一百一十八里，隆庆卫地方，宛平县界。里口稍缓。北石羊口东北至关一百二十五里，隆庆卫地方，宛平县界。里口稍缓。

南石羊口东北至关一百二十五里，隆庆卫地方，宛平县界。里口稍缓。
傍路口东北至关一百二十五里，隆庆卫地方，宛平县界。里口稍缓。
坚子口东北至关一百四十五里，隆庆卫地方，宛平县界。里口稍缓。
常峪西口东北至关一百三十里，隆庆卫地方，宛平县界。里口稍缓。
常峪口东北至关一百一十里，隆庆卫地方，宛平县界。里口稍缓。方良
口东北至关一百二十五里，隆庆卫地方，宛平县界。里口稍缓。小凌峪
口东北至关一百二十五里，隆庆卫地方，宛平县界。里口稍缓。高崖口
东北至关七十五里，隆庆卫地方，昌平州界。里口稍缓。新开口东北至
关七十里，隆庆卫地方，昌平州界。里口稍缓。灰关口东北至关六十八
里，隆庆卫地方，昌平州界。里口稍缓。乾石洞口东至关八十里，隆庆
卫地方，宛平县界。里口稍缓。白瀑口东至关一百里，隆庆卫地方，宛
平县界。里口稍缓。董家口东至关一百七里，隆庆卫地方，宛平县界。
里口稍缓。

　　按：居庸关系洪武元年建立，郡县未布，关已先设，故诸隘口多
系本关地方，而州县不与。是故关内山地，计亩起科，征收银米，扣作
官军折俸月粮，余解户曹督粮衙门，以备边饷数目见后，其视他关不同云。

◇城池

　　按：居庸城垣，前代无考。洪武元年，徐达、常遇春北伐燕京，
元主夜出居庸关北遁，二公遂于此规画建立关城，以为华夷之限。周围
一十三里有半二十八步有奇。东筑于翠屏山，西筑于金柜山，南北二面
筑于两山之下，各高四丈二尺，厚二丈五尺。南北各设券城，重门二座，
城楼各五间，券城楼各三间，水门各二空，南城西水门闸楼三间，四面
敌楼一十五座，共城楼五十七间。关城外，南北山险处，共筑护城墩六
座，东南、西南各一座，东北二座，西北二座。烽堠墩一十八座。隆庆
卫地方。

　　南口门在关城南一十五里。其城上跨东西两山，下当两山之冲，为
堡城。周围二百丈五尺，南北城门城楼二座，敌楼一座，偏左为东西水

门，各一空。护城东山墩一座，西山墩三座，烽堠九座。隆庆卫地方。里口紧要。上关门在关城北门外八里。其城上跨东西两山，下当两山之冲，为堡城。周围二百八十五丈，南北城门城楼二座，敌楼一座，偏左为东西水门，各一空。护城墩东山二座，西山二座，烽堠一十二座。隆庆卫地方。里口紧要。八达岭在关北三十里。其城上跨东西两山，下当两山之冲。高二丈五尺，厚一丈，长六百八十丈。南北城门城楼二座，敌楼二座，城铺二间，护城东山平胡墩一座，西山御戎墩一座。弘治甲子秋七月，经略边务大理寺右少卿吴一贯规画创立，逾年告成。至今每遇春秋，守关者率兵于城外挑掘偏坡、壕堑，以防虏寇。隆庆卫地方。外口尤为紧要，失此不守，则居庸不可保矣。

中路隘口

双泉口正城一道，水门一空。贺伯口正城一道，过门一空。陈友良口正城一道，水门一空。黄土岭口正城一道。石佛寺口正城一道，水门一空。青龙桥东口正城一道，水门一空。青龙桥西口正城一道，水门一空。拦马墙一道。小岭口正城一道，过门一空。西水关正城一道，水门二空。向闸口正城一道，水过门二空。两河口正城一道，水门三空。堡城一座。过门一空。石缝山口正城一道，水门一空。

北路隘口

化木梁口正城一道，敌台四座。东山边城一道，西稍墙一道。于家冲口正城一道，水门一空。东山边城一道，稍城一道。花家窑口正城一道，水门一空。敌台三座，东西山边城三道。石峡峪口正城一道，水门一空。东稍墙一道，拦马墙三道，东西山边城三道，敌台六座。有险可据。糜子峪口正城一道，水门一空。东南西山边城三道，敌台四座。河合口正城一道，过门一空，稍墙二道。

南路隘口

晏磨峪口正城一道。大峪口正城一道。汤峪口正城一道，水门一空。水峪口正城一道，水门一空。长水峪口正城一道，水门一空。谭峪口正城一道，水门一空。小峪口正城一道，水门一空。苏林口正城一道，水门一空。鹿角湾口正城一道，水门一空。黑浙涧口正城一道，水门一空。小枯将口正城一道，水门一空。大枯将口正城一道，水门一空。

东路隘口

灰岭口永乐年间建立旧城一道。嘉靖十六年，驾幸其地，因其密迩陵寝，特命重修正城一道，城楼一座，圈城重门一座，水门一空。养马峪口正城一道。虎峪口正城一道，水门一空。拦马墙一道。德胜口正城一道，水门一空。拦马墙一道。锥石口正城一道，水门一空。雁门口正城一道，水门一空。贤庄口正城一道，水门一空。门家峪口正城一道，水门一空。枣园寨墩一座。石城峪口正城一道，拦马墙一道。西水峪口正城一道，水门二空。堡城一座，城铺一间，过门一空，拦马墙一道。石湖峪口正城一道，水门一空，城铺一间。撞道口正城一道，堡城一座，过门一空。鹞子峪口正城一道，城楼一间，水门二空。梢墙二道，敌台二座。

西路隘口

白羊口堡城原设旧城，景泰元年重建。堡城一座，上跨南北两山，下当两山之冲。城高二丈五尺，厚一丈二尺，周围七百六十一丈五尺。东西城门楼二座，东月城门一空，敌楼四座，水旱门五空，城铺一十五间，护城墩一十二座。按：西城外有一山坡逼近城门，高峻宽平，可容千人。虏若据此，则一夫不敢登城，而西门不可守矣。为今之计，必拓筑西城，雄跨山坡，庶几险在我也。次村杨公作紫荆考，以白羊为虑，殆有见于是乎。清泉口正城一道，水门一空。梢墙二道，拦马墙二道。老姚城拦马墙一道。松湖片口正城一道，过门一空。泥窝口正城一道。卧子头口正城一道。桑木沟口正城一道，梢城二道，敌台二座。牛腊沟口正城一道。石板冲口正城一道。西山庵口敌台一座。

长峪城正德十五年创立。堡城一座，东西跨山。其城上盘两山，下据两山之冲，为堡城。高一丈八尺，周围三百五十四丈。城门二座，水门二空，敌台二座，角楼一座，城铺十间，边城四道，护城墩六座。柞子沟口正城一道。上常峪口正城一道，水门一空。幡杆峪口正城一道，水门一空。立石口正城一道，水门一空。柏峪口正城一道，水门三空，闸楼二间，过门二空。双石沟口正城一道，水门一空。水峪台口正城一道，水门一空。胜仙峪口正城一道，水门一空。大水峪口正城一道，水门一空。小水峪口正城一道，水门一空。石洞口正城一道，水门一空。跳稍口正城一道。水涧口正城一道，水门一空。鳌鱼口正城一道，水门一空。溜石港口正城一道，水门一空。

横岭口城弘治十八年建立北城一道。正德八年添修南城一道。共为堡城一座。东西跨山，南北当两山之冲。长五百二十丈，铁门三座，水门二空，敌楼二座，闸楼一间，吊桥一座，护城墩二座。北港口正城一道，水门一空。小山口正城一道，水门一空。陡岭口正城一道，水门一空。火石岭口正城一道，水门一空。倒撞口正城一道，水门一空。东凉水泉口正城一道。 西凉水泉口正城一道。寺儿梁口正城一道。东核桃冲口正城一道。西核桃冲口正城一道。大石沟口正城一道。倒翻冲口正城一道。庙儿梁口正城一道。

镇边城正德十五年创立。堡城一座，东西跨山，高厚不等，而下据东口之冲。堡城高一丈八尺，周围六百八十一丈。城门楼二座，角楼二座，水门二空，城铺一十三间。白崖子口正城一道，拦马墙一道。牛膝峪口正城一道，水门一空，拦马墙二道。堂儿庵口正城一道，水门一空，水堤一道。熊儿峪口正城一道，拦马墙一道。东北街口正城一道，水门一空，拦马墙三道。西北街口正城一道，水门一空，拦马墙二道。柳树沟口正城一道。长城口正城一道，过门一空，拦马墙一道。北石羊口正城一道。南石羊口正城一道，拦马墙一道。傍路口正城一道，过门一空。坚子口正城一道。西至浑河二里，即紫荆关界。常峪西口正城一道，拦马墙一道。常峪口正城一道，过门一空。方良口正城一道，过门一空。小凌峪口正城一道，拦马墙一道。高崖口正城一道，过门一空，水门一空。新开口正城一道，水门一空。灰关口正城一道，水门一空。乾石涧口正城一道，拦马墙一道。白瀑沟口正城一道，拦马墙一道。董家口正城一道，拦马墙一道。榆林驿堡城一座，洪武二十七年设立。土木驿堡城一座，洪武二十七年设立。榆河驿城无。洪武二十七年设立。居庸驿一名灰岭驿。城无。洪武二十七年设立。

居庸卷二

◇军马

隆庆卫原额旗军凡一万四千二百四十六名，先年逃绝一万五百四十一名，实在三千七百五〔十〕名，内操守旗军一千八百一名，各项杂差军五百三十一名，居庸等四驿走递甲军一千三百七十三名细数开后。马操左司旗军居二百四十一名。马操右司旗军二百二十五名。步操左司旗军二百九名。步操右司旗军二百八十五名。中军营鼓手并火药匠军六十名。口外各墩架炮、出哨、夜不收一百五十三名。守城军一百六名，内左所军二十四名，右所军二十六名，中所军一十六名，前所军二十名，后所军二十名。防军三十七名。卫门役二名。察院厨子二名。本卫直厅军牢十二名。本卫看守仪器军二名。本卫贴写军一十名。卫经历司写字一名。镇抚司军禁一十六名。零队军六名。杂造局军四十一名。卫库役九名。各官军伴二十九名。看守罗公祠堂二名。儒学军三十六名。太医院医士下军四名。文武社学军四名。户部分司门役二名。递送公文军五名。阴阳生三名。预备仓军八名。砖窑军三十五名。巡山军三十名。仓斗军十九名。草场军十名。巡逻军十名。老疾军五十二名。纪绿军七十七名。京操军十名。兵杖局军四十七名。神宫监御果园军二名。

南、北、南口三门守把军一百二十二名。内南门军四十八名，北门军五十名，南口门军二十四名。

上关、八达岭守把军八十三名。内上关门军三十名，八达岭军五十三名。

中路隘口一十二处，守把军七十七名。内双泉口军五名，贺伯口军三名，陈友良口军三名，黄土岭口军四名，石佛寺口军十二名，青龙桥东口军七名，青龙桥西口军四名，小岭口军四名，西水关口军六名，向闸口军三名，两河口军十七名，石缝山口军九名。

北路隘口六处，守把军一百二十五名。内化木梁口军十四名，于家冲口军十名，花家窑口军十九名，石峡峪口军二十六名，糜子峪军二十六名，河合口军三十七名。

南路隘口一十二处，守把军七十六名。内晏磨峪口军三名，大峪口军四名，汤峪口军八名，水峪口军三名，长峪口口军六名，谭峪口军三名，小峪口军四名，苏林口军十五名，鹿角湾口军十三名，黑浙洞口军八名，小枯将口军五名，大枯将口军四名。

东路隘口一十四处，守把军三百五十五名。内养马峪口军三名，虎峪口军十一名，德胜口军二十四名，雁门口军四名，锥石口军十四名，贤庄口军三十一名，灰岭口军一百三十九名，门家峪口军四名，枣园寨军二名，石城峪口军九名，西水峪口军二十名，石湖峪口军五名，撞道口军十四名，鹞子峪口军三十名。

白羊城军八百一十四名：马队旗军八十二名，步队旗军四百一十一名，鼓手军六十五名，火药匠军八名，夜不收军六十五名，东门守把军一十五名，西门守把军十五名，仓草场军二十四名，神器库军十名，砖灰窑军十九名，清泉口军十四名，松湖片口军八名，守城军四十一名，护城墩军七名，看监军禁六名，看铺陈库子一名，老弱军二十三名。

长峪城军四百四十五名：马军二十名，步军一百三十名，鼓手四十八名，夜不收军四十一名，杂差军五十名，砖窑军十二名，斗级军七名，神机库一名，老弱幼小八十二名，上常峪口军八名，幡杆峪口军一名，立石口军二十三名，柏峪口军一十八名，可乐驼墩夜不收军四名，水峪台口军六名，胜仙峪口军七名，大水峪口军十九名，小水峪口军八名，石涧口军九名，跳稍口军十四名，水涧口军三十名，鳌鱼口军七名，溜石港口军五名。

横岭口军原额三百三十三名，并新募共五百八名：马军二十名，步军三百三十八名，鼓手军四十六名，夜不收四十四名，杂差军二十八名，北港口军六名，陡岭口军五名，火石岭口军九名，倒撞口军十二名。

镇边城军五百一十名：马军二十二名，步军一百八十五名，鼓手军四十名，夜不收三十名，杂差军六十五名，守门军三十二名，窑军十二名，斗级十二名，看神机库五名，井匠二名，阴阳生一名，军吏一名，老弱十五名，白崖子口军二十名，牛膝峪口军二十名，熊儿峪口军十六名，东北街口军十九名，西北街口军十三名，长城口军四名，北石羊口军二名，南石羊口军二名，傍路口军二名，坚子口军二名，常峪西口军四名，常峪口军十一名，方良口军十名，小凌峪口军二名，高崖口军二十一名，灰关口军三名，新开口军三名，乾石洞口军四名，白瀑口军二名，董家口军一名。

居庸关等四驿，原额走递甲军一千三百七十三名：居庸驿马站甲军一百二十名，步站甲军三百八名，榆林驿甲军四百二十一名，榆河驿甲军一百六十二名，土木驿甲军三百六十二名。

永宁城备御军二百五十名：

宣德九年，以黑峪有警，拨指军一员、把总千户五员管队，率领军五百名往彼备御。犹有春秋两班。成化九年，以二百五十名移属永宁，惟管总管队官则三年一换而已。按：永宁城设立两卫，官军八千员名，亦已多矣，何赖于隆庆数卒？其初，一时有警，权宜摘拨，既而事宁，理应掣回，因其隔属互相牵制，遂为定规。今若以前项官军改于岔道，则居庸获藩篱之固，而缓急可调，永宁亦不失备御之利。夫居庸首关，密迩北门，操守之军仅一千八百余名，而老弱者半焉，可为寒心也哉。

本关原额马五百二十一匹。

白羊口堡原额马八十九匹。

长峪城原额马二十一匹。

横岭口新添马二十匹。

镇边城原额马二十一匹。

居庸关驿原额走递马一百二十匹，驴五十头。

榆林驿原额走递马一百二十匹，驴六十头。

土木驿原额走递马一百二十匹，驴六十头。

榆河驿原额走递马一百二十匹，驴五十头。

◇墩台

居庸关总接墩冲要。相连关城。夜不收九名。上关墩冲要。离关八里。夜不收九名。转轮山墩冲要。离关二十四里。夜不收八名。泥河墩冲要。离关四十里。夜不收七名。高庙墩离关五十里。夜不收七名。老君堂墩冲要。离关六十里。夜不收八名。岔道墩冲要。离关三十里。夜不收九名。黄土梁墩冲要。离关三十七里。夜不收六名。棒槌峪墩冲要。离关四十五里。夜不收七名。交良口墩冲要。离关六十里。夜不收七名。花园墩冲要。离关四十里。夜不收八名。榛子岭墩冲要。离关二十五里。夜不收六名。两河口墩冲要。离关一十五里。夜不收七名。

南路：晏磨峪口东山墩僻静。离关一十七里。夜不收一名。大峪口东山墩僻静。离关一十九里。夜不收一名。汤峪口东西山瞭望墩、护城墩二座冲要。离关二十里。夜不收一名。水峪口东山墩僻静。离关二十四里。夜不收一名。长水峪口东山墩僻静。离关二十六里。夜不收一名。谭峪口东山墩僻静。离关二十八里。夜不收一名。小峪口东山墩僻静。离关三十里。夜不收一名。苏林口西山墩冲要。离关三十一里。夜不收一名。鹿角湾口西山墩僻静。离关四十里。夜不收一名。黑浙涧口东山墩僻静。离关三十四里。夜不收一名。小枯将口西山墩僻静。离关三十六里。夜不收一名。大枯将口西山墩僻静。离关三十八里。夜不收一名。

中路：双泉口东西山墩二座僻静。离关八里。夜不收一名。贺伯口西北山墩冲要。离关四里。夜不收一名。陈友良口北山墩僻静。离关五里。夜不收一名。黄土岭口无墩离关六里。夜不收一名。石佛寺口西北山墩冲要。离关一十四里。夜不收一名。青龙桥东口北山墩冲要。离关二十里。夜不收一名。青龙桥西口北山墩冲要。离关十八里。夜不收一名。小岭口无墩离关一里。夜不收一名。西水关口西山墩僻静。离关四里。夜不收一名。向闸口无墩离关五里。夜不收一名。两河口西山瞭望台墩、护城墩二座冲要。离关二十五里。夜不收一名。石缝山口无墩僻静。离关二十八里。夜不收一名。

北路：化木梁敌墩四座冲要。离关二十五里。夜不收二名。于家冲口东山墩离关三十八里。夜不收二名。孤石山顶墩冲要。离关四十二里。夜不收二名。花家窑口东山墩冲要。离关五十里。夜不收二名。石峡峪口西山墩冲要。离关五十里。夜不收二名。糜子峪口西山墩冲要。离关五十五里。夜不收二名。陈家坟墩冲要。离关五十八里。夜不收二名。河合口西山墩僻静。离关五百二十里。夜不收二名。

八达岭东山墩冲要。离关二十五里。夜不收二名。西山墩冲要。离关二十五里。夜不收二名。

东路：养马峪口北山墩僻静。离关一十四里。夜不收二名。虎峪口东山墩僻静。离关二十里。夜不收二名。德胜口东、西山墩二座僻静。离关四十里。夜不收二名。雁门口东山墩僻静。离关四十五里。夜不收二名。锥石口西山墩僻静。离关五十里。夜不收二名。贤庄口西山墩僻静。离关六十里。夜不收二名。灰岭口东、西山墩二座僻静。离关六十二里。夜不收二名。门家峪口无墩离关六十五里。夜不收二名。枣园寨北山墩僻静。离关七十里。夜不收一名。石城峪口西山墩僻静。离关七十五里。夜不收二名。西水峪口东、西山墩二座冲要。离关九十五里。夜不收二名。石湖峪口东山墩僻静。离关九十八里。夜不收一名。撞道口西山墩冲要。离关一百里。夜不收二名。鹞子峪口西山墩冲要。离关一百一十里。夜不收四名。白羊口堡羊头墩冲要。离关四十三里。夜不收五名。鹤顶墩冲要。离关四十五里，夜不收五名。尖山墩冲要。离关四十七里。夜不收五名。天桥墩冲要。离关五十五里。夜不收五名。偏傸崖墩冲要。离关六十五里。夜不收五名。茶芽驼墩冲要。离关八十五里。夜不收五名。羊儿岭墩冲要。离关八十二里。夜不收五名。榆树驼墩冲要。离关七十里。夜不收五名。茱萸驼墩冲要。离关七十六里。夜不收五名。

长峪城：本城西山墩僻静。离关一百里。夜不收十名。本城东山墩僻静。离关一百里。夜不收十名。分水岭墩冲要。离关八十五里。夜不能收十名。二架炮墩冲要。离关七十五里。夜不收十名。

西路：横岭口东、西山墩二座僻静。离关一百二十里。夜不收二名。夹山墩僻静。离关九十二里。夜不收四名。立石口东山墩冲要。离关一百五里。无军。牛心山墩冲要。离关九十八里。夜不收八名。东凉水泉东山墩冲要。离关一百里，夜不收四名。西凉水泉东山墩冲要。一百里。无军。火石岭东山墩冲要。离关一百里。军四名。寺儿梁口西山墩冲要。离关一百一里。无军。寺儿梁架炮墩冲要。离关一百二里。夜不收六名。东核桃冲新添墩冲要。离关一百三里。无军。西核桃冲新添墩冲要。离关一百三里。无军。大石沟新添东山墩冲要。离关一百一十里。无军。大石驼墩冲要。离关一百一十里。夜不收六名。莺窝驼墩冲要。离关一百一十三里。夜不收六名。小山口东山墩冲要。离关一百一十七里。夜不收四名。倒翻冲新添墩冲要。离关一百二十里。无军。桲椤驼墩冲要。离关一百二十里。夜不收五名。

柏峪等口：可乐驼墩僻静。离关六十里。夜不收四名。柏峪口西山墩僻静。离关四十五里。夜不收一名。水峪台口西山墩僻静。离关四十八里。夜不收一名。胜仙峪口西山墩僻静。离关五十八里。夜不收一名。大水峪口西山墩僻静。离关五十二里。夜不收一名。小水峪口西山墩僻静。离关五十五里。夜不收一名。石涧口西山墩僻静。离关五十一里。夜不收一名。跳稍口西山墩僻静。离关五十九里。夜不收一名。水涧口东山墩僻静。离关六十四里。夜不收一名。鳌鱼口南山墩僻静。离关六十九里。夜不收一名。溜石港口西山墩僻静。离关七十一里。夜不收一名。

镇边城。本城东山墩僻静。离关一百二十里。夜不收四名。

西路外口：白崖子口北山墩冲要。离关一百一十里。军四名。牛膝峪口东山墩冲要。离关一百一十二里。军四名。塘儿庵北山墩冲要。离关一百一十三里。军四名。熊儿峪口西山墩冲要。离关一百一十五里。军四名。东北街口西山墩僻静。离关一百里。军四名。西北街北山墩冲要。离关一百一里。军四名。

长城等口：长城口西山墩僻静。离关九十里。军一名。北石羊口西山墩僻静。离关九十七里。夜不收一名。南石羊口东山墩僻静。离关九十五里。夜不收一名。傍路口北山墩僻静。离关一百里。夜不收一名。坚子口北山墩僻静。离关一百二十里。夜不收一名。常峪西口东山墩僻静。离关一百里。夜不收一名。常峪口西山墩僻静。离关九十八里。夜不收一名。方良口东山墩僻静。离关九十六里。夜不收一名。小陵峪口西山墩僻静。离关九十六里。夜不收一名。高崖口南山墩僻静。离关六十里。夜不收一名。新开口西山墩僻静。离关六十五里。夜不收一名。灰关口西山墩僻静。离关七十里。夜不收一名。乾石洞口东山墩僻静。离关七十五里。夜不收一名。白瀑口南山墩僻静。离关七十里。夜不收一名。董家口东山墩僻静。离关六十五里。夜不收一名。

◇边情

本关外路，东北通永宁、隆庆州，正北通独石、马营、龙门、赤城一带，西北通宣府、大同一带。虏骑若从大同入，必犯倒马关迤后地方；若从宣府入，必犯紫荆关迤后地方；若从永宁入，可犯居庸；若犯独石，只在本处地方，因有隆庆州后大山及长安岭堵截；若从宣府中路葛峪堡所辖大、小白羊入，可犯保安。

万全右卫边膳房堡、东西马营，往南四十里至万全左卫川，又迤南六十里至深井，又七十里至东、西城，又九十里至蔚州，又六十里至广灵，又一百二十里至广昌、灵丘，又一百四十里至雁门关，又迤西一百八十里至偏头关，又二百八十里至山西岢岚州、石州。

独石往南三十里至马营，又三十里至云州，又四十五里至赤城，又五十里至龙门，又六十里至长安岭，又五十里至土木驿，又八十里至怀来。

宣府与大同接界边方扺儿岭，六十里至屹塔头，又六十里至应州，又五十里至山阴，又三十里至马邑县，又三十五里至朔州，又九十里至宁武关，又八十里圣宁化所，又六十里至静乐县，又六十里至蓝县，又六十里西至石突、英城驿，又六十里至河西驿，黄河岸过陕西地方。

中路葛峪大、小白羊往南四十里至赵川堡，又四十里至贾家营湾，又六十里至保安新、旧城。又迤南六十里至蔚州美峪关，又迤南六十里至黄米市姬家庄。又迤西八十里至蔚州，又一百二十里至广昌县。

◇摆拨

八达岭迤北系怀来城摆拨马、军士。其本关摆拨军士，自本关八达岭起，南至京城兵部门前止，东至灰岭昌平州止，共一十一拨。督查官一员，军二十四名，马二十五匹。每半月一换，轮流传报。

白羊口三拨军士六名。

居庸卷三

◇仓场

居庸关仓场在关城内之西，金柜山之麓，南环城垣，北枕关王庙，其东俯临泰安寺。洪武年间设立隆庆卫，永乐元年添设左、右凡三卫：隆庆卫则永丰仓，左卫则丰裕仓，右卫则广积仓。宣德四年，左右二卫调去永宁、怀来，其丰裕、广积二仓犹在关中。弘治十年并为一处，凡一十三座。预备仓场一所在永丰仓南。白羊口仓场一所在城内南山坡。长峪城仓场一所在城内东山坡。横岭口仓场一所在城内东北山坡。镇边城仓场一所在城内东山坡。榆河驿仓场一所在本驿南路东冈下。

◇草场

居庸草场在关城南门外偏左、永安河东，即旧教场地。周遭俱有墙垣。白羊口草场在本城东门外山坡。长峪城草场在本关南门外西山坡。横岭口草场在本城内东南山坡。镇边城草场在本城内西山坡。

◇库房

居庸关银库一座凡五间，在永丰仓内。然有仓而又有银库者，盖粮为本色，取便于军也；银为折色，取便于民也。其立法之意，盖如此。库藏三间在卫衙门内。一应上司及本卫赃罚、徒工、均徭、票银、诸色折纳物料，供于本库收贮。委千户一员掌管。居庸关神机库一所在北关券城内。正统十四年建立。神枪、神铳等件悉贮于库，故名曰神机库。军器俱在神器库内收贮。白羊口神机库一所计九间。长峪城军器无库在城楼收贮。横岭口军器无库在察院寄放。镇边城神机库三间在城内西山坡上。

　　军器：明盔三千五百六十六顶。甲三千五百六十六副。长枪九百七十四杆。圆木挨牌一千五十一面。长木牌一百七十三面。斩马刀一千一百十九把。撒袋一千九百四十五副。弓二千六百二十六张。弦二千六百二十六条。箭六万七千五十八枝。攒竹长枪一千八百一十八根。腰刀三千二百七十五把。

　　神器：神枪九百三十三杆。大将军铁炮二个。二将军铁炮十四个。大将军铜炮九个。小将军铜炮五十六个。神铳八百把。大铜佛朗机一百四十七副。神炮七百七十八个。飞炮一百八十四个。铜铳一千三十八杆。铁铳三百杆。马上铜佛朗机六百三十九副。神箭二万六千六百枝。铁宣风炮三十个。缨子炮二十三个。铁佛朗机八百八十九个。铁三起炮二十一杆。虎尾炮四百九十个。碗口炮七十个。小神炮一百六十八个。火药七百一十七斤。药线一千九百二十五条。铁蒺藜五千六百五十个。

◇教场

　　居庸关教场旧在关北城门外护城墩北。以兵者阴象，故置于此。正统己巳，为戎马所踩。景泰初，改移关南。正德十一年，因草场不便，仍改教场于北城外故地。将台一座。演武厅三间，扁曰"观兵"。后厅三间，扁曰"鞍射"。公余射埒一座，大门三间。马步操管总厅各三间。把总厅三间。白羊口堡教场在本城西南门外。演武厅二间。将台一座。长峪城教场在本城南门外。演武厅三间。横岭口教场在本城南门外路西。

演武厅三间。镇边城教场在本城南门外迤西。演武厅三间。将台一座。

◇屯堡

井家庄在关东北七十里。古城屯在关东北九十里。红寺屯在关西北四十里。小店屯在关北五十二里。蚕房堡在关北九十里。奚官人营在关东北六十里。上井家庄在关东北六十里。河南老君堂屯在关东北七十里。河北老君堂在关东北七十里。房老营在关东北八十里。神树屯在关东北八十里。孔画营在关东北八十里。屠家营在关东北八十里。新房屯在关东北八十里。车房屯在关东北八十里。百老屯在关东北八十里。常家营在关北八十里。大榆树屯在关北四十里。旧堡子屯在关东北七十里。曹官人营在关东北六十里。八里店在关东北五十五里。广积屯在关东北五十里。王全营在关东北五十里。狮子营在关东北五十里。张家营在关西北六十里。卓家营在关西北六十里。黑龙庙在关西北六十里。五里营在关西北七十里。东门营在关西北八十里。集贤屯在关西北七十里。大柳树屯在关西北七十里。纸房屯在关西北七十里。刘浩营在关西北七十里。苗家庄在关西北六十里。滹沱屯在关西北四十里。棒槌峪屯在关西北五十里。新榆林屯在关西北六十里。旧榆林屯在关西北六十里。土木屯在关西北一百二十里。上石河在关西北一百一十里。草庙屯在关西北一百三十里。红站屯在关西北一百二十里。马官人营在关西北一百二十里。岔道堡在关北三十里。新庄屯在关东北五十里。盛家营在关东北九十里。花园屯在关西北八十里。红门屯在关东北五十里。桑园屯在关正北四十五里。史家营在关东北八十里。石河营在关东北五十里。养鹅池在关西北五十里。以上各屯俱在关北,本卫舍余屯种。白虎涧在关西南五十里沙涧屯在关西南五十里。官庄在关正南三十五里。榆河屯在关正南六十里。白浮屯在关东南六十里。葫芦河在关东南九十里。沙岭屯在关东南五十里。崔庄在关东南八十里。北邵屯在关东南五十里。孟祖屯在关东南六十里。各屯俱在关南,本卫舍余屯种。

◇征徭

地亩：原额地五百七十二顷四十三亩八分。各征粮不等，共二千八百六十一石五斗九升六合七勺，除兑扣官军月粮一千七百石外，该征折色粮一千一百六十一石五斗九升六合七勺。每石折银六钱五分，共该银七百五十五两三分七厘八毫五丝五忽。

屯地：二十七顷五十亩，各征米豆不等，共三百三十石。内粟米一百六十五石，每石折银六钱五分；黑豆一百六十五石，每石折银四钱五分。各折银不等，共一百八十一两五钱。

新增地：二百四十五顷四十九亩八分。每亩征银一分五厘，共征银三百六十八两二钱四分七厘。秋青马草五千束，每束征银二分，共征银一百两，即系票银数内征解。以前四项，除兑扣官军月粮外，实该征银一千四百四两七钱八分四厘八毫五丝五忽。本卫官吏旗役一百四十九员名，各支不等，共该支折色俸银九百七十三两七钱五分六厘三毫五丝七忽。

余剩银四百三十一两二分八厘四毫九丝八忽，岁解户部督粮主事衙门，凑给官军月粮支用。

均徭银：每年于余丁名下编派，春秋二季，各征银一百八十二两六钱，共银三百六十五两二钱。

票银：每年于正军有月粮者，每名征银一钱六分，共银六百三十两。

◇岁用

每年起解后府，交纳年例，供应柴、炭、荆条等银共二百四两七钱四分。差官一员，管解内柴七千四百九十七斤八两，每柴一百斤，征价银四钱，共银二十九两九钱九分。炭一万七千一百三十一斤四两，每炭一百斤，征价银八钱，共该银一百三十七两五分。荆条四千斤，征价银二十八两，看白银七两二钱。芦苇军夫二名半，每名银一两，共银二两五钱。

本关儒学，春秋祭丁，共银三十两。清明、七月十五日、十月初一日祭，无祀坛。每一祭合用猪羊祭品，旧于官仓支米四石，置买猪一口，羊一只，不足则用前银补凑，共银三两。秋青马草银一百两。罗公祠春秋祭祀银四两。军器料价银二百三两六钱五分。春秋开操祭祀银五两二钱。儒学教官二员斋夫银二十四两，共四十八两。经历二员，每员皂隶银二十四两，共四十八两。岁贡生员盘缠银三十五两，每年该二十三两五钱。会试举人盘缠银二十两。乡饮酒礼二次，共银三十二两。三年文武科举生员，每名盘缠花红酒席银六两，大约六十两，每年该二十两。分守隆庆卫四次进表笺，共银二十两五钱四分。写表共银六两。新岁门神银一两。刷卷银二两。生员四季考试卷答应共银四两。分守纸札银二十两四钱。本关把总纸札银六两。东路把总纸札银六两。文武社学教书生员二名，每名银七两二钱，共十四两四钱。榆河、榆林、土木三驿教书生员三名，各银三两六钱，共十两八钱。分守三年一次造议事册银二两，每年六钱七分。本卫三年一次造贴黄亲供册银六两，每年二两。其余每年香烛、（灸）〔炙〕砚炭、坐定盘缠等项及三年五年一次用者，大约不过二十五两。差人投文盘缠难以定数，大约不过三十两。以上共该用银六百九十四两有零。

以一年为则，均徭、票银共该征银九百九十五两二钱。内除岁用六百九十四两外，余银三百两，每月计银二十五两，以充上司按临及使客过往供亿之需，俱隆庆卫收贮支用，循环稽查。白羊口、长峪城、横岭口、镇边城，以上四城，均徭银俱在本卫征收。每军一名止征票银一钱二分，贮库以备纸札、盘缠等项公用，循环稽查。白羊口守备纸札银十二两，千户所纸札银六两，管操官纸札银三两六钱，教书生员银七两二钱。长峪城把总纸札银六两，管操官纸札银三两六钱，教书生员银八两四钱。横岭口把总纸札银六两，管操官纸札银三两六钱，教书生员银六两。镇边城把总纸札银六两，千户所纸札银六两，教书生员银八两四钱。东路军士俱在隆庆卫食粮，不征均徭、票银，岁用纸札于本卫支用。

按：居庸正军有票银之征，余丁有均徭之征，取尽锱铢矣。而用犹不足，何也？设险屯兵所以守国，顾乃责以往来供亿之需，其不堪命，甚矣！国初，本卫军士一万四千二百余名，今多逃亡，存者惟三千七百余名，而征敛无已，若之何能保其不去者哉。居庸路通宣、大，地当冲要，向非有以处之，则军日亡，而城日空虚，可虑也夫！

◇公廨

居庸关北察院一所，在北门内，原设镇守内臣衙门，嘉靖十年裁革，改为察院。南察院一所，在关中街西巷内，系旧察院。分守衙门一所，在城内街东，洪武三十二年设。北总衙门一所，北察院后，嘉靖十一年设。监督粮储分司一所，景泰三年建，弘治十四年重修，正德九年改于旧署之南。左右卫衙门，久废。隆庆卫衙门一所，原在关城西北隅，洪武五年设，为守御千户所，三十一年，废所为卫。天顺元年，复改为大监廨宇，卫废。成化二十一年，掌印指挥张溥，改卫于街西澄清巷内。弘治、正德间，掌印指挥张柏、王钦相继增修，卫治始备。二门外东厅为经历司，西厅为镇抚司，官库在卫堂后仓。经历公廨一所、儒学一所、祀学二所、杂造局一所，在城东翠屏山南，永安河东。永乐初年立，嘉靖元年重修。本卫军政指挥提督军匠七名，成造军器。监房一所，旌善亭一所，申明亭一所。白羊口察院二所，守备公廨一所、千户所一所。峪城察院一所。把总官公廨一所。管操官公廨一所。横岭口察院一所。把总官公廨一所。管操官公廨一所。镇边城察院一所。把总官公廨一所。千户所一所。灰岭口把总官公廨一所。德胜口守口官公廨一所。撞道口守口官公廨一所。鹞子峪口守口官公廨一所。

◇学校

居庸关南门外，儒学一所，正统四年建立，十四年遭虏患，毁于兵火，天顺七年重修，规制益弘。文庙正殿五间，两庑各五间，戟门三间，棂星门一座，扁曰"泮宫"。明伦堂五间，博文斋五间，约礼斋五间。教官私宅东西二所，二门三间，大门一座。敬一箴亭一座，嘉靖十一年建。文社学一所，在儒学左，嘉靖七年巡关衙门建立。正堂三间，左右书馆各三间，大门一空。武社学一所，在儒学右，嘉靖十年巡关衙门建立。正堂三间，左右书馆各三间，后房三间，前大门三间。叠翠书馆一所，在泰安寺后，嘉靖二十年御史萧祥曜改立，有石碑见存，书籍藏焉。

白羊口社学一所。长峪城社学一所。

横岭口社学一所。镇边城社学一所。

榆河驿社学一所。土木驿社学一所。

榆林驿社学一所。灰岭口社学一所。

以上八所，每所请卫学生员一人训蒙，月各给银有差，各拨军二名看守。

附

旌善亭，在本关城南门外。嘉靖五年巡关御史穆相创建。

养济院，在居庸驿后。

居庸卷五

◇制敕

皇帝敕谕：金都御史孙应奎，今特命尔前往蓟州、永平、山海、密云、居庸关、白羊口等处整饬边备，兼巡抚顺天、永平二府地方。操练军马，修理城池、关隘，防御贼寇，抚安军民，督理粮储，禁革奸弊，扶植善良，摧抑强暴。遇有一应词讼及官吏人等酷害旗军，私役军余，占种田土，并不公不法等事，除军职及五品以上文职，奏闻区处，其余就便□□，或发巡按、巡关御史究治。如有权豪势要之人，侵欺盗卖粮草及砍伐边关树木、沮挠军务等项者，体访得实，具奏处治。凡一应军情边务，悉与镇守等官从长计议而行，不许偏执误事。其余有益于边务及便于军民者，听尔从宜处置。分守、守备等官，俱听节制。尔为宪臣，须持廉秉公，正己率下，使官吏畏威，军民怀惠，庶副委托。若背公向私，行事乖方，致人嗟怨，责有所归。又朵颜等卫夷人离边不远，尤为严督所属，用心堤备。遇有声息，相机战守，毋或怠惰，至有疏虞，尔其敬之慎之。故谕。

敕监察御史王士翘：今命尔往居庸关直抵龙泉关一带往来，公同各该分守、守备等项内外官员，巡视关口，点闸军士，整饬器械，操演武艺。守关旗军人等一应词讼，听尔就彼问拟、发落。所在大小关隘，逐一躬亲踏勘，何处墙垣低薄，当增为高厚；何处关口损坏，当修筑坚完；何处山坡平漫，当铲削令其陡峻；何处蹊径通行，当垒塞令其坚固，务在修理完备，不可苟且虚应故事。其沿边树木，尤宜严加禁约，不许官军人等采柴烧灰，图利肥己，致成空旷，引惹贼寇。或已经砍伐者，督令趁时补种，务要林木稠密，以资障蔽。大抵守关官军，御敌之日少，空闲之日多，尔须公同该管官员清出见数，编成班次，选委廉干头目管领，督令烧造、采（辨）〔办〕合用砖灰木石等料应用。至尔交代之日，须明白画图贴说，开报已修、未修关口，及用过人工、物料数目，以凭差人通行查究，如或不实，罪有所归。其守关官军，或投托买闲不服调遣，尔即拿问，如律应奏请者，具奏拿问。若分守、守备等官，有背公徇私，阻碍行事，及罢软疾弱、不堪任事者，听尔指实奏闻处治。近该兵部议覆，顺德所属北自锦绣堂口起，南至数道岭止，真定府所属龙泉、故关等口修筑关隘事务，相应一体听尔巡视查理。尔受兹委托，必须持廉秉公，正己率下，使边关巩固，武备修举，斯尔之能，不然必罪不宥，尔其勉之慎之。故敕。

皇帝敕谕：都指挥佥事张元勋，居庸关系京都北门紧要之地，今特命尔分守并提调白羊等口，操练军马，整备器械，修固城池，申严号令。遇有贼寇，相机剿杀。凡有往来之人，须要仔细关防，若非奉明文擅自出关、入关者，盘诘得出当拿解者，就便拿解赴京；其不当拿解及不服盘诘者，随即差人具奏处治；如赍捧敕旨者，亦须审验明白放行。其沿边树木，尤宜严加禁约，不许官军人等采柴烧炭，图利肥己，致成空旷，引惹贼寇。或已经砍伐者，督令趁时补种，务要林木稠密，使贼寇不得通行，遇警易于守备。毋得偏私执拗，有误事机。仍听整饬边备都御史节制。尤须持廉秉公，守法尽职，以副委任。如或贪图财利，科克害人，役占军士，致妨操守，罪不轻恕，尔其慎之。故谕。

居庸卷六

◇章疏

紧急声息疏正德八年五月 日

巡按直隶监察御史臣丁楷谨题，为紧急声息事：

臣奉敕令："命尔往居庸关直抵龙泉关一带，公同各该分守、守备等项内外官员，巡视关口，点闸军士，整饬器械，操演武艺。钦此。"除钦遵外，臣巡历各关，近于四月二十八日，自龙泉关复回至浮图峪。本月二十九日，该镇守大同总兵官叶□□、千户原赟奏事经过该峪，赴臣禀说达贼四五万骑侵犯大同，势甚猖獗等因。到臣。案照先奉都察院巡按直隶庸字七百八十号勘合札付，"为紧急重大声息等事"，准兵部咨。该本部题，职方清吏司案呈，奉本部送内府抄出，镇守山西地方兼提督雁门等关御马监太监孙清题前事，内开：倒马、紫荆、居庸、古北口一带沿边关隘，比常须十分加紧防守、盘诘等因。备札到臣。除遵照钦依内事理通行外，今该前因，臣会同钦差巡视西路居庸关等处地方、户部右侍郎兼都察院右佥都御史丛兰议得：居庸、紫荆、倒马三关隘口，密迩大同，万一虏贼深入，各关兵力寡少，战守不敷。查得弘治十八年，达贼犯边，该兵部题奉钦依，选拨附近卫所京营下班官军二千员名，及委的当官二员，分领前来紫荆、倒马二关各一千名，与同原守官军协守。及查分守保定参将桂勇原奉敕内，其"紫荆等三关，有事仍呈巡抚官处议定，调拨策应。钦此"。钦遵。今照桂勇已调浙江等处杀贼，其本官所领官军见有都指挥王详、王京分领。以今紧急之际，乞敕兵部计议，合无比照前例，转行巡抚都御史林廷玉，将京营下班官军选拨。保定等卫：一千名于紫荆关，五百名于浮图峪。真定等卫：五百名于倒马关，五百名于龙泉关，五百名于插箭岭。其居庸关亦须查拨相应卫所官军一千名，白羊口五百名。择骁勇都指挥、指挥共七员管领，各分隘口，协同战守。仍行都指挥王详等，用心操练人马，整饬器械，一遇警急，听臣等调遣杀贼。如此，庶各关隘不至误事。

豫议添兵以防虏患疏正德十一年五月　日

巡按直隶监察御史臣屠侨谨题，为豫议添兵以防虏患事：

案照正德十一年四月十八日奉都察院巡按直隶庸字八百九十三号勘合札付"为传奉事"，准兵部咨。该本部题，内开：整饬蓟州等处边备兼巡抚顺天等府地方、都察院右佥都御史李瓒奏称：古北口、居庸关、黄花镇、白羊口，俱系京辅重地，而黄花镇逼近祖宗陵寝，实与宣府、四海冶、怀来一带边境相邻，相应添调别处官军把截。伏望皇上轸念地方，乞敕兵部，查照正德九年达贼分路入境事例，俱于团营内挑选精锐官军，古北口量拨二千员名，居庸关一千员名，黄花镇、白羊口各五百员名，各令将官二员督发前来，分投防守。仍待报启行，实为便益等因。奉圣旨："兵部看了来说。钦此。"钦遵。查得居庸关造报正德十年冬季分册内，见在官军四千三百六员名。案呈到部。看得整饬蓟州等处边备右佥都御史李瓒奏，要团营内挑选精锐官军，古北口二千员名，居庸关一千员名，黄花镇、白羊口各五百员名，各令将官一员，分投防守，待报启行一节。查得居庸关关口险隘，本处见在官军四千员名，足勾守把。合无本部行令分守本关指挥同知孙玺，将原有官军整点齐备，用心防守，不许卖放离关歇役。如果本处军少，听令具奏定夺。其古北口等处道路颇阔，有警恐难独当。合无本部行团营提督内外官，拣选精锐官军，古北口二千员名，黄花镇、白羊口各五百员名。臣等推举得署都督金事傅铠、署都指挥金事张安，俱堪防守古北口；指挥福英、韩奈俱堪防守黄花镇；指挥马忠、高泽俱堪防守白羊口。伏望圣明于内各简命一员，照例请敕。操练仍听团营提督内外官提督，待报启行前去，各照地方督同彼处官军防守，事宁照旧等因。奉圣旨："是。傅铠、福英、马忠，各依拟防守地方，待报启行。钦此。"钦遵。合咨前去，烦为转行巡关御史，照依本部题奉钦依内事理，钦遵知会施行等因，备札到臣。

照得内惟白羊口属居庸关地方，系臣管辖。除奉钦依选拨团营官军五百员名、指挥马忠待报启行防守、钦遵知会外，看得居庸关该都御史李瓒奏要添兵一千员名，兵部题称，查得"本关见在官军四千员名，足勾防守"，禾经议拨。近该臣巡历本关，阅视隘口，点阅人马。查得隆庆卫旗军实有四千三百五十六名，但其伍籍虽盈而差占不一，名数若足而应用则缺。盖本卫有榆河、居庸、榆林、土木四驿，马步走递甲军共一千一百八十六名，本关东西中三路各该关口守把旗军共九百六十五名，杂差、守城、巡逻、局匠、仓库、烧造军吏等项正军并老疾共五百九十六名，此皆分拨已定，各有责守，有事不可复为转移策应者。又投充在京各监局匠、兽医军人共一百九十七名，此又夤缘躲避，无从查考。止余操备旗军一千二百八十七名，一遇有警，欲添贴各口，分投策应，实不足用。况今虏患未宁，为备不可不豫见。于本年五月十一日，据分守指挥孙玺禀称，永宁报到：独石、虞台等处达贼下营，声息紧急。此与本关正为表里地方，不可不速为计处。如蒙皇上俯念重地，乞敕该部查议，相应仍于团营内拣选精锐官军一千员名，推举练达将官一员，在营操练，待报前来防守，深为便益。

处置边关重要地方疏 正德十一年六月 日

巡按直隶监察御史臣屠侨谨题，为处置边关重要地方事：

近该臣巡历各关，据分守居庸关等处指挥同知孙玺禀称，本关东路撞道口、西水峪口，离关城往返二百三十余里，有警传报、策应两离。切近黄花镇不过三五里之隔，议欲乞处将二口归并本镇，听从彼处呈行上司拨军防守，将旧军撃回原卫。又据白羊口堡守备指挥丘泰禀称，本堡西北外临怀来等处地方，所据沿边横岭、上常峪二口正紧要通行处所。见在官军，横岭五十员名，上常峪二十余员名，无事亦见势轻，有事实难防守。乞要添处备御官军等因，各禀到臣。

看得居庸关东路撞道、西水峪二口，先该臣曾亲经按视，各口地里相邻，内外山势险恶卒急，人马难行。又经于二口中间，地名石湖峪，新设城墙一带，敌台二座，增筑堡城一所，若□足为凭据矣。今该分守官孙玺禀议前来，其归并掣军之说，似为纷扰，不可易行，惟应照旧增军防御。合无著令本官，将隆庆卫守城、杂差等项军人数内，每口各与选添二十名，其新设墩城军人量为拨补，俱就彼住守。但其地系干祖宗陵寝藩篱，委之守口千户一员带管，不无太为泛略，即须责委本路管总指挥常川在彼住扎，精严号令，提督一路。然既与黄花镇切邻，则均为拱护重地，有事仍要彼此相为应援，不许即分尔西我东，坐视误事。

　　其本关西路白羊口堡所属上常峪与横岭二口，臣亦尝亲勘，固皆为临边隘口。然上常峪山隘屏蔽稍促，而横岭外通怀来漫野，尤为总括要路，虽其城垒坚完，所嫌兵力寡薄，诚有如守备丘泰所虑者。且其地方宽广，可容兵众屯驻，相应增置官军常住备御。但本关军士出之隆庆卫者，有限而无多余，本堡虽有一所官军，自有本地方操备差占，近亦多名存而实亡矣。欲计于腹里卫分调取，则又地里窎远，事势生难，不堪轻处。而边方要务，亦岂堪闻言而不究其成耶！查得隆庆卫杂差项内，榆林驿甲军三百八十九名，土木驿甲军二百七十一名，即近经臣到彼逐一点视，数皆确实。彼其地方虽有冲要走递之名，实少百十冗差之日，坐縻粮饷，相率空闲，且余丁生齿日繁，不患用有不给，可于二驿量取一百名。又各该地里与横岭等处相去不远，移置甚易，及审在卫各军余丁有情愿以身易食者，与以一军粮饷可得五六十名，并其旧在口者，共得军二百有零，就于内分添上常峪口二十名或三十名。仍各官为修建营房，查画以本口无碍地土住种，人情宜无不堪，不久自亦乐业。另选本卫廉干指挥一员，委以常川备御，责令横岭住扎，总管二口。原设守口千户如故。有无声息缓急，仍俱听白羊口守备官约束。

　　如此计处，东西庶为有备。如蒙皇上深惟边计，俯察愚言，乞敕该部查议，相应准行增处，不以刍荛之见等于泛常，委之寝格，则地方幸甚，地方幸甚！

念民生以安边境以安天下疏正德十二年七月 日

巡按直隶监察御史臣张钦谨题，为念民生以安边境以安天下事：

前日，上自卿辅之臣、下至耳目之官，皆不避死亡，苦谏陛下不往居庸关者。但风闻人言之纷纷，未真见人心之惊疑也。臣正德十二年七月十九日领敕往本关，亲见沿路一带军民皆言陛下欲出城过关，一切钱粮如何措办，东西奔走，大小不宁。臣恐地方不安，即令该管官员严加禁约。未几，又言陛下或欲往天寿山打围，或欲由西湖顺往居庸关，人心愈加惊疑，地方愈加扰攘，臣通行禁约，亦不能止。

切思自古以来，为天子者，未有不以安民为重也。今边关地方淫雨连旬，山水泛涨，民舍多有倒塌，田禾多有淹没，钱粮浩繁，军民困苦。陛下为天之子，当安以抚之以固国本，而顾以不急之务，使之动摇，此于安民之道有不可往也。且圣王以孝治天下，天寿山乃祖宗陵寝所在，神灵在上，鬼神呵护，陛下当至谨至敬，而不可忽也。今欲来打围，是以可乐之事而冒渎严敬之地，恐非仁人孝子之至，此于格祖之诚有不可往也。夫居庸关两山夹峙，一水旁流，其隘如线，其侧如倾，艰折万状，车马难行，乃人人之所酸鼻寒心者也。陛下宜安居深宫以耀前皇，而乃以万乘之尊，远涉险恶之地，山岚触冒，障气熏蒸，陛下固不自爱，两宫□不挂虑乎！此于孝亲之道有不可往也。且北虏耐其饥渴，习于弓矢，利则进，不利则退，以汉高祖且有白登之围，唐太宗且有白马之盟，我英宗且有土木之变，孝宗亦有鱼台岭之失。观之往代，视之当今，无有不受亏于此贼也。陛下虽圣神文武，而财赋不富，兵力不强，边备之事废驰殆尽，谨以守之尚不能保，而欲往与之角，轻身挺出，恐非万全，此于御夷狄之道有不可往也。且江山，祖宗所传之江山也；社稷，祖宗所传之社稷也。陛下不念祖宗江山社稷之重，而轻与夷狄欲争一日之长，胜之不武，不胜为忧，此于继统之重有不可往也。夫凡事慎于初则易，悔于终则难。我英宗决于过关而竟以北狩者，以其不听人言也，后虽痛悔，无及于事。尚赖祖宗在天之灵，民心天意之顺，复登太宝，至今故老言之犹为寒心。陛下但知其往而不知其止，但以出关为可乐而不以遇贼为可忧，不信大臣之言，不听左右之谏，亦非策之上也。

臣以御史职在言路，未敢隐默，奉敕巡关，分当效死，陛下即加斧钺之诛，臣亦不能避也。若不一早言之，一死言之，恐异日或有意外之虞，以致山陵之惊，天下之危，臣虽阖门寸斩，亦无补于万一也，是以不避忌讳，冒昧上陈。伏愿皇上念皇天眷顾之隆，祖宗开创之难，两宫付托之重，四海仰赖之至，慎之于始，无悔于终，俯念民生，寝此行幸，则天下幸甚，社稷幸甚！

防不虞以保社稷疏正德十二年八月 日

巡按直隶监察御史臣张钦谨题，为防不虞，以保社稷事：

臣巡视居庸等关，八月初一日酉时，忽有人报，圣上带领人马已到昌平州，即时来居庸关，过往宣大等处。臣闻天子一动，所系不小，或欲往征虏贼，必先有诏下廷臣会议，某日出师；有百官之扈从，有锦衣卫之随侍，择日而行。今不闻朝廷之旨，不见廷臣之会议，又无百官之扈从，又无锦衣卫之随侍，此必有人借陛下之名，欲过边关，勾引胡贼，图危社稷。此天下安危所系，臣当万死不敢放。伏望皇上敕下锦衣卫，将此借名之人拿送法司，明正典刑，以防奸弊，以杜后患。如果朝廷欲过关，除有两宫有宝敕旨，不然臣虽万死不敢放过，以失祖宗之江山也。臣冒渎天威，罪当万死，不胜戴罪之至。

寝游幸以保天下疏正德十二年八月 日

巡按直隶监察御史臣张钦谨题，为寝游幸，以保天下事：

臣出巡到白羊口堡，未时分，忽有人报，皇上人马已到居庸关南口，欲过关游幸。臣思前日皇上到昌平州，意欲过关，闻门禁严密，遂自回宫，亦不见臣等万世之罪。此盖皇上圣明，虽虞舜之明目达聪、光武之明见万里，不是过也。今日又领人马到关，未知真伪。如果皇上欲出关游幸，臣思北虏达贼多有按伏山后，皇上一过，拥众而来，战之不胜，退之不能，必有意外之患，以致山陵之惊。此盖朝廷安危之机，非特一时利害之小也。伏望皇上回其銮舆，寝此游幸，庶人心以安，天下可保。臣冒渎天威，罪当万死，不胜战栗待罪之至。

添设墩堡疏 正德十六年八月 日

巡按直隶监察御史臣孙元谨题，为添设墩堡事：

奉都察院勘合札付前事，准兵部咨。该本部题，职方清吏司案呈，奉本部送兵科抄出，经略东西二路边关、都察院左副都御史李瓒题，准兵部咨，奉钦依，议得居庸关东西二路，外通宣府、怀来等处，最为紧要。今欲添立墩堡，拨军防守，必须专差大臣一员，亲诣地方勘处等因。题奉武宗皇帝圣旨："著李瓒去居庸、山海关东西二路，直抵京师并北直隶，有空缺、宽远地方添设墩堡。写敕与他。钦此。"钦遵。臣领敕前到居庸关，督同分守、守备等官亲诣前项地方，勘得本关西路高崖口，内通横岭，地名灰岭、上常峪，外接怀来，所辖隘口共一十二处，平川旷野，万马可容，曾经达贼往来出没，正系空缺、宽远地方，应该添设堡城，可以抗扼虏患。其合用钱粮、铁料、做工军人口粮等项，节该题奉钦依，臣当调集本关所属军士与同京营旗军行委指挥、通判等官李时节等四十八员管领兴工。灰岭城用过夫役二十八万五千四百四十工，支过口粮二千五百七十一石二斗五升。修完城堡一座，周围六百八十丈，高一丈八尺，阔一丈六尺，垛口俱全。穿完井四眼，深各一十八丈。起盖过城楼、铺舍、营房共四百三十一间。上常峪城用过夫役一十一万一千五百六十工，支过口粮一千六百七十二石四斗。修完堡城一座，周围三百八十丈，高一丈八尺，阔一丈六尺，垛口俱全。穿完井二眼，深各五丈五尺。起盖过城楼、铺舍、营房，共一百三十七间。护城堡二座。将灰岭口所筑城名为镇边城，上常峪所筑城名为上常峪城。及查居庸关中、东、西三路，各有官军防守，中东二路仍旧，其西路除白羊、横岭二口官军不动外，高崖等二十七口官军尽数掣入上常峪城，如或不足，就于本关拨补。灰岭城防守官军无从摘拨，有情愿投当者，陆续召募，收充军役。食粮仍各给与子粒、牛具银五两，营房一间。仍于直隶隆庆卫中千户所摘拨千、百户前来,名为隆庆卫守御中千户所。合用印信、官吏,照例定夺。再行刑部、都察院等衙门,但有充军人犯,俱编发灰岭城充军。及将守备指挥王驻移在灰岭城住扎,管领本堡并白羊口、上常峪二堡及高崖等二十七口。官军照旧守备内白羊口、上常峪二堡。将隆庆卫指挥同知王堂、佥事张奇、把总,各统领本处官军。该卫中千户所副千户张翼,委掌守御中千户所印信,王堂、张奇各给与札付一道,与王驻俱在各口住扎,仍听居庸关内外分守官节制。又差知县等官关祺等踏勘过高崖等口空闲山地共一百七十余顷,将前地土分派灰岭、上常峪二堡并横岭口军人,每名拨与三十亩耕种,其守备、指挥、千、百户等官,亦各量拨养廉。合用盔甲什物并神枪、铳炮,乞敕工部查给。又查得居庸关三路军人,每名每月行粮里口四斗、外口三斗,相应查革,以为新收军人月粮之用。前项召军银两,就于修边余剩银内支给。一应事宜,行巡关御史查照督理,禁革奸弊,事完之日,具奏查考等因。奏,奉武宗皇帝圣旨:"该部看了来说。钦此。"钦遵。抄出送司,案呈到部。

看得都御史李瓒修筑城堡已完,议处停当。伏乞圣裁,定立灰岭口并上常峪二处城名,候命下之日,将前项议奏事宜,悉依所拟施行。惟设立守御千户所,要将千户张翼掌印一节,本部查有潮河川千户所事例,另于京卫相应官内推奏铨注。再照先年差官修边工完,多蒙升俸给赏,前项侍(即)〔郎〕陈玉等修边工完,已蒙升俸加赏,今都御史李瓒修完堡城二座,营房五百六十余间,穿井六眼,区画有方,工成费省,近京关口足资保障,劳迹可录。再行巡关御史,将本官修过工程、行过事迹逐一阅视具奏,本部查例奏请,应否升俸给赏,取自上裁等因。题奉圣旨:"是。二处城名并议奏事宜,都依拟行。钦此。"钦遵。移咨备札到臣。臣奉命巡关,各关边隘俱尝巡历,灰岭、上常峪二处,内通横岭,外接怀来,实为紧要。都御史李瓒深知边务,议建堡城,区画精详,经理周密,财不多费而事有成,军不久劳而工就绪。设官皆仍旧额,不至大有更张;募军即减行粮,未尝浪为支给。法多稳便,事甚调停,内以保障军民，外以御防虏患，一劳久逸，暂费永宁。且远涉边关，久阅寒暑，可谓尽心边事，不负简命者也。臣奉前因遵依，到于居庸关，亲诣镇边城、上常峪城二处阅视，得都御史李瓒修过城堡、营房、穿井工程及召军给地等项事宜，委的完固周详，事堪经久，劳实可录。乞敕该部查议，将都御史李瓒或升以俸级，或加以锡赏，则尽心边事者亦知有所劝矣。

计处边军月粮苏困苦以保重地疏正德十六年八月 日

巡按直隶监察御史臣孙元谨题，为计处边军月粮苏困苦，以保重地事：

据直隶隆庆卫左等千户所旗军王济阳等连名状告，本关山多地少，路要差繁，军士别无供给，止靠月粮。先年俱在本卫仓按月关支，后因仓粮不敷，上半年支本色，下半年折色，已为不便。近年边储缺乏，将上半年粮米改拨京仓，下半年虽在本卫，又本、折色相兼，折色每石止与银四钱五分，米价高贵，亦不充直。本关去京往返二百五十里，土木、榆林并东西隘口近者三四百里，远者五六百里，到京又要守候，除盘缠、脚价外，回家止得米四五斗。见今七月已尽，四月、五月、六月粮米俱未关支，十分穷困。乞照先年按月关支本色或折色，免赴京仓，庶贫军不至饥饿逃亡等因，具告到臣。又据守御白羊口千户所旗军刘刚等亦告前因。臣时巡历地方，亲见军士困窘，情实可悯。窃惟粮饷军士所恃以为命者，与以全支犹不能给，况本色之少而折色之多，折色之入不充本色之直，远赴京仓过期不得者乎！困苦之情，不待智者而后知也。虽其势不能尽奠于饱暖之域，而其事不可不处于凋弊之余。居庸，切近宣、大，实为重地，所恃以为守者惟此军士，而皆不足于食，岂有食不足而能守者乎！尝闻兵之所屯食最为急，若无储蓄，是弃封疆。隆庆等仓先年俱有坐派，顷因缺乏，久未转输，官攒终岁，徒守空仓，曾无颗粒之入，委官每月旋为补凑，粟米不足则以黑豆继之，豆以饲马而以食人，军士亦欲之而不可得，穷困至此，不可不为之计处也。京仓谓之京储，自未有以之给边者，权宜之法不可久行也。近冗食革除，国计稍裕，非若曩时之诎，亦可以处矣，不特居庸、紫荆、倒马等关例皆缺供。伏望皇上念边城关系之重，悯军士困苦之深，乞敕该部从长计议，先将见缺月粮通与本色或兼折色，以救目前之急。仍将各关边仓先年额数通行坐派，虽不能有数年之积，使军士按月得沾实惠，不至过期，则困苦可苏，而重地可保无虞矣。

查点骑操马匹疏嘉靖元年三月 日

巡按直隶监察御史臣杨谷谨题，为查点骑操马匹事：

据分守居庸关等处指挥佥事申大节揭帖呈开，据直隶隆庆卫申，蒙巡关杨御史案验前事，近该本院巡历居庸关，亲临教场阅视。看得马队原额马五百二十一匹，今止见存马一百八十五匹，仅有三分之一，其间存者亦多（嬴）〔羸〕瘦不堪。目今边报紧急，何以为备？仰行分守官申大节，即查前项马匹俱于何年关领，缘何见在止有此数，其间倒死者例该何人陪补，缘何不行追买？见今达贼寇掠边方，声息紧急，有军无马，军将何用？其间有侵欺盗卖及各官私占骑坐情弊，务要备查明白，开具揭帖回报等因，备蒙转呈到职。

行据把总指挥佥事秦震呈，遵依督同管总指挥佥事郭永审，据何海等连名供，系直隶隆庆卫左等所军，见在马队操备有本关原额骑操马五百二十一匹，自先年关领以来，因本关北通宣大，南接京师，爪探传报，络绎不绝，陆续累死数多。告蒙巡抚衙门，准令概卫军士，每年各出朋桩银一钱，着落领马倒死旗军，陪补价银一二两或三四两，帮凑买补。至正德十二年九月内，恭遇先帝圣驾北巡经过木关，官军骑驮递运，陆续倒死，不足原额。军士困苦，追补不前，具告去任分守官指挥同知孙玺，呈蒙兵部题准，给马一百四十匹。至正德十三年七月内，又恭遇圣驾巡幸经过，官军骑坐，走伤倒死数多，具告内外分守太监李嵩等，奏行兵部题准，给马二百二十九匹。比因先帝在北，内外大小官员往还及旗校火牌人等到关，俱要骑驮马匹，不分昼夜，随到随差，稍有迟滞，官员被其拴锁，军士（若）〔苦〕于拷掠。南送到京一百二十余里，北送怀来等城九十余里，及被势要人员强骑三五程，动经五七日，方才跟寻回关。以此骑伤饿损，陆续倒死三百三十六匹，止存一百八十五匹。各军该出朋桩银两，为因路要差繁，连年困苦，及蒙分拨镇边、长峪二城修建城堡做工，俱各无力出办前银，并无侵欺盗卖、私占骑坐情弊。今蒙拘审，所供是实等情，备呈到职。开具揭帖回报。本院蒙批，边军贫苦，因往还接递烦多，以致马匹倒损，似亦可信。但恐奸猾官旗借此为辞，以肆侵盗，亦或有之。仰卫仍行本官，再行从公查勘明白，回报施行等因。蒙此，依蒙重复查勘前情是实，具结转呈到臣。

案照先为前事，已经行查及驳勘去后。今据前因，看得居庸关四面皆山，高崖峻壁，绝涧深溪，并无地土可以耕耨。且为京师、宣大喉吭，华夷限隔出口，人员往还必由于此。各军操备传报之余，扛抬驮递之苦，委的烦多。又遇先帝巡幸，往还三次，骑操马匹以之接应；权奸、贵阉、旗校、火牌人等势如狼虎，拴锁绑打，强占骑坐，不论程期，因而倒死亦是实事。即今欲令追并朋桩银两买补，臣目击边军财弹力尽，止靠月粮一石度日，尚关黑豆五斗；其半年折色，每月止得银四钱五分，衣甲旗枪又令自备，嬴形鬼面，号令不扬，垂首丧气，亦可怜悯，前项银两，委的一时追并不前。见今达贼住牧边方，四五月间草青马肥，少加驰骤，直抵三关，可为深虑。各军无马骑坐，何以支吾？诚恐有误防御大事。如蒙陛下轸念边军贫苦，乞敕兵部，从宜区处，将相应马匹暂行补足前数，给发各军骑操，以为御房之备。以后年分照旧追收朋桩前银，旋倒旋补，庶不至积逋累损贫军，亦不有误国家防守重务矣。

查处重镇武备以防不测疏 嘉靖七年六月 日

巡按直隶监察御史臣胡效才谨题，为查处重镇武备以防不测事：

臣伏见昌平州天寿山一带地方，乃祖宗陵寝之所在，而畿辅要害之最先也。虽东西夹乎居庸、山海两关之间，有足凭恃焉者，而玄武逼邻外境，远者不满百里，近者才数十里。其前则皆平沙旷野，昔人所谓开门延敌之地，非有长溪峻岭以为之限隔也。故其武备，比之他镇为尤不可不严，而其将领之选，比之他镇为尤不可不精也。累朝增置长陵等七卫官军，每卫无虑数千员名，而又专设内外守备各一员以居守之，岂徒使其苟延岁月，坐縻廪食，上慢而下残哉！无亦望其申严号令，振扬威武，有备而无患也。

臣顷巡关，先入其境，时方四月，尚未开操。查问其见在官军数目，凡两日，而官之来见者，陆续尚不及三分之一。军余之所可见者，止有守门、巡捕数十名而已，又皆老羸狼疾之甚。至于鞍马、金鼓、旗帜、器械等项，俱无一物鲜明锋利。其余营操旗军，则更无一人应命者矣。守备而下，展转支吾，或曰在京打卯，或曰出差未回，或曰巡山不在，访其实，则半皆役占买闲，半皆纵放歇役也。夫以畿辅重镇所赖以障内而捍外者，而武备之废驰一至于此，不知内外守备官员平日所干何事！倘万分一黠虏毁墙而突入，群盗乘虚而肆起，不知仓卒何以御之！天启圣明，安不忘危，博采辅臣台谏之议，屡下所司作新戎务，申挑选教练之法，严科刻役占之条，通行中外，罔不遵守。难莫难于祛革团营之积弊，幸赖皇上独任老成，力排邪议，闻今已渐复旧规矣。至于东西两路一切边防事宜，臣等巡关御史仰仗天威，严行所属，虽不敢自谓皆已修举，然亦稍稍就绪矣。惟独该镇内外官员视为泛常，非惟不能整饬一二以塞明诏，而反因仍欺蔽，愈加废驰，若不及今速为查处，是此方武备终无修复时也。

臣每推究其所以废驰之故，大抵纠察不专而人心怠玩，奸弊日滋而法守不立之所致也。盖天寿一山，既适当两关之中，而长陵七卫，又俱自京营而出。东关御史点视之，则曰我自属西关；西关御史点视之，则又曰我还属东关也。本兵职方钤束之，则又曰我还是京军也。纠察不专则人心怠玩，人心怠玩则奸弊日滋，奸弊日滋则法守不立，亦势使然也。为今之计，莫若专官以肃其观听，委任而考其成功。抚按虽有地方之责，然庶务尚繁，恐于兵马之事不能专理；职方虽为戎政之本，然衙门在内，恐于外卫之官终难遥制；巡关御史虽职专整饬边备，然两关俱相统摄，犹为事权不一，人难遵守也。

臣又思之，任法不如任人。该镇武备当此大坏极敝之余，其守备官员，诚得谋勇廉干、素为人望所属者一人，使之言听计从，综理数年，庶几其能振拔有为，缓急得济。访得见任守备天寿山等处署都指挥佥事时立中，赋性优柔而见机迟钝，防闲疏阔而处事乖张，虽无显著之恶，原非超越之才，又况自到任以来，受制于内守备太监刘岑，一事莫能展布。若使久于其任，臣恐委靡扶同，日甚一日，虽有数巡关御史终岁坐临其地，犹为无补于戎政也。如蒙敕下该部，再加查访，如果臣言有据，合无今后天寿山一带武备事宜，于巡视东西两关御史定拟一员常川往来，专一督察，及将时立中照依才力不及事例，量调简僻地方。作急惟选练达知兵、实心干事将官一员，前去接管守备。更望天语丁宁戒饬太监刘岑，自今伊始，务要恪遵敕旨及见行事例，留心戎政，痛改前非。其山陵后面撞道、红门等口，逼近四海冶虏贼出没去处，边墙、林木尤宜加谨堤备，多方保护。事干地方军马应行、应革重务，俱与外守备官从长计议而行。如再偏私执拗，懈惰不职，听臣等抚按官指实奏闻，上请罢黜。如此，则人存政举，法行自近，转移之间，岂惟叫以尽革累年之积弊，而亦可以渐复先朝之旧章。边境安而陵寝安，陵寝安而九重无北顾之忧矣。

比例设所派粮以壮关隘疏 嘉靖七年七月 日

巡按直隶监察御史臣胡效才谨题，为比例设所派粮以壮关隘事：

据分守居庸关等处署都指挥佥事郭昶呈，该臣批呈前事，依蒙勘，议得镇边城有仓无粮，长峪城无所无仓，官军俸粮俱在昌平州居庸仓关领，委俱险远，下情艰苦，相应俯从传达，设所派粮缘由，到臣。据此，案照先据守备白羊口堡以都指挥体统行事指挥使薛昂呈，据镇边城把总指挥欧纲呈，本城虽有仓廒一所，原无坐派民粮，旗军月支本色俱赴居庸仓关领，往返山行二百余里，若再守候，便得数日。关米一石，除盘缠脚价外，所剩不上六七斗，非惟不沾实惠，抑且久空城池。乞为转达，比照紫荆关、大龙门口、倒马关、插箭岭等处事例，每岁坐派民粮二三千石，或召商籴买，发仓收贮等因。及据长峪城把总指挥赵鉴呈，本城亦系新建，至今未蒙设立所分、官吏，又无印信、仓厫。旗军月支本色，亦赴昌平州居庸仓关领，往回险远劳费，十分不便。乞为转达，比照镇边城设所铸印、选官拔吏、坐派仓粮、抚恤军士，尤所仗赖等因，备由开呈到臣。缘系创行重大事理，已经批行本官勘议，详报去后。

今据前因，臣惟强兵必资于足食，纲举尤贵于目张。镇边、长峪俱系居庸关，白羊口第一要害重地，先年虏贼犯顺，往来必经于此。至正德十四年，该经略李都御史奏请建筑二城，召募军士，多寡不等；而又专设把总指挥各一员，以提调之。规模大较亦既洪且远矣。后缘本官升任太速，地方幸无他虞，前项设所派粮诸事，上下因循，至于今日，或略而付之不问，或议而未究施行。臣愚以为有军而不派粮，使其扶携老幼，终年仰给于险危数百里之外，平时既已人情嗟怨，万一边圉有警，不知欲令此辈顾守城以御寇乎，将委城以关粮乎？苟无积蓄，是弃封疆，此其不可不深长虑者也。有军而不设所，往往不免移委隔别卫所官员以羁縻之，官无专任，军无常主，统纪不严而人心涣散。正使腹里富庶之邦，犹将不能久而无变，而况于苦寒绝塞之外乎！地利不如人和，此尤不可不深长虑者也。所据各官呈要设所派粮一节，委俱前人经略之所未备，今日当务之所最急。况查有例，似应俯从速处，以壮关隘。如蒙敕下兵部，详议准行，合无将长峪城新设所分请名为长峪城守御千户所，量于邻近卫所改调空闲可用千、百户各一二员，铨注本城军政掌印字样，令其领凭前去，到任管事。起盖官厅、公廨、监房、仓库，悉仿镇边城守御千户所规模间数。派拨人工物料，选委管工头目等项，俱许臣督行该关分守、守备等官从长计议而行。遇有动支钱粮，就于臣见在有行赃罚随宜取用。敢有指倚科派、侵渔冒破者，访实拿间，参究治罪。一面咨行礼部，铸造长峪城守御千户所印信一颗，听候奏请关给；一面咨行户部，会计每岁坐派长峪、镇边二城民粮各二三千石，以备官军月支俸粮及有警接济之用。此外合用吏典斗级人役，仍行臣会同巡按御史通行军卫有司照例施行。如此则仓廪既实而武备可以渐修，综理益详而人心翕然称便矣。

照例添设把总官员杜私弊以实行伍疏嘉靖七年闰十月 日

巡按直隶监察御史臣赵铠谨题，为照例添设把总官员杜私弊以实行伍事：

窃惟兵马以操习为本，而尤以把总为要，行伍之有把总，犹人之有头目、鸟之有羽翼也。一得其人，则戎务振举，废者兴，弊者革矣。臣顷因奉命巡视天寿山，操演武艺，阅视人马，行据守备秦震造完见操马步队官舍旗军共一千七百五十七员名文册，开呈到臣。随至教场看操，见其队无□人皆非素练，不知坐作进退之方，多无弓矢刀枪之器，且又太多老弱，不堪戎务，可谓十分狼狈者也。除遵照敕谕内事理，公同内外守备官以次责限整理外，臣随询其故，皆曰把总之官原无专设，更换无常。访得本处把总，皆由内外守备衙门自行差委，一遇替换，众人争先谋干，有钱者虽愚而必用，无钱者虽贤而弃置。借债打点，加息偿还，故未任把总之时，而已先为取钱之地矣。是以一得到手，更不知操演为何事，公然求索，全无忌惮，科敛卖放，任其所为。戎务废弛，职此由也。恭惟皇上安不忘危，注意武备，如团营等营专官整理，一切役占等弊悉革除之，武备以渐而举，实宗社无疆之休也。为照天寿山系祖宗陵寝所在，其设有七卫，正欲修举武备以保障拱护之，安可以承平而遂不加之急耶！臣查得居庸、紫荆、倒马等关，分守、守备而下俱设有把总官一员，专一提调营务，操演人马，所以事有责成，人无轻易，故其戎务亦略可观。天寿山比之各关，虽在腹里，然东通黄花镇，西居庸关，迤北逼近胡虏，其骑鞍、撞道等口俱系紧要去处，实亦与各关无异。

伏望圣明轸念陵寝重地，神灵所依，乞敕兵部详议，合无照依居庸等关有行事例，命下之日，许令臣会同巡抚衙门，公同查访附近卫所指挥等官，查有节年考语贤能、弓马闲习者二员，疏名上请，简用一员，令其前去到任管事。专一操演人马，整搠器械，仍听内外守备衙门约束。将见责任既专，事自易举，而前项所谓谋干之私，将不久而自绝之矣。

居庸卷七

◇章疏

大虏压境计处防御疏嘉靖十二年七月日

巡按直隶监察御史臣方一桂谨题，为大虏压境计处防御事：

行据分守居庸关等处署都指挥佥事张翼呈查，议得本关城该用佛朗机铳一十副，所辖紧要城堡、口隘共一十四处，八达岭门该用佛朗机铳五副，东路德胜、锥石、西水峪等口该用佛朗机铳共六副，中路两河、苏林、汤峪、石峡峪、河合等口该用佛朗机铳共一十二副，口外榆林、土木等驿该用佛朗机铳共一十副，白羊口堡该用佛朗机铳一十副，镇边城该用佛朗机铳一十副，长峪城该用佛朗机铳一十副，通共该用铳七十三副。又据整饬易州等处兵备、山西按察司副使徐景嵩呈称，该巡抚保定等府地方兼提督紫荆等关、都察院右佥都御史许宗鲁据守备茂镇李泰等呈报，佛朗机铳数目已经具题，该工部覆题，奉钦依，准给紫荆、倒马等关佛朗机铳共一百二十二副讫，各备查数目缘由，呈报到臣。据此，案照先奉都察院札付为前事，准兵部咨。职方清吏司案呈，奉本部送兵科抄出，太子太保吏部尚书汪鋐等奏内开：先任广东副使夺获佛朗机铳，借是以剿灭山海之寇，屡有微效。乞敕该部，如式打造前铳，给发各边，严守墩堡，则虏寇虽众，自不能入。仍乞敕兵部，行各边相勘墩堡，铳器有无完全足用，具由奏报，务使缺则补完之，少则增给之等因。奉圣旨："是。览奏具见卿等体国防边至意。各边墩堡车铳，兵部行抚按官查勘，具奏补给。钦此。"钦遵，备札到臣。

臣即备行按属居庸、紫荆、倒马等关各分守、守备官查报去后。今据前因，为照佛郎机铳自古所无，由尚书汪鋐先年持宪广东而始夺获，传于中国，以屡献圣明，输效边塞。臣近巡历边关，询访将弁武卒，佥谓此铳御敌制胜，势莫敢撄，用得其法，蜂屯蚁聚之虏可一击而溃，诚为兵之至要，在关塞城堡尤不可缺者也。所据紫荆、倒马二关，该巡抚都御史许宗鲁已行题准给领，不敢烦渎再请外，惟居庸关所辖城堡、口隘，外连宣大，内拱京畿，实为要害之地，寻常器械率皆整饬，独缺前铳耳。臣又闻此铳之为力甚大，然或铸造不如法，失其制度，则亦无所庸其功焉。伏望皇上敕下该部，将前项佛朗机铳委官监督，如法铸造，照彼居庸关分守官呈报数目，通行降给发领，分布防御，庶边塞有赖而虏患无虞矣。

纠劾不职官员议处边关月粮以肃官守以苏军困疏嘉靖二十年六月 日

巡按直隶监察御史臣萧祥曜谨题，为纠劾不职官员议处边关月粮以肃官守，以苏军困事：

臣闻守边御戎莫重于兵，而养兵畜锐莫急于食。臣每见各边军士月粮不敷，抚按官员屡形奏疏，恳为请乞，所以重军储、慎边防也。乃若居庸等关，养军有粮，管粮有官，而任事之臣，玩愒苟且，为弊多端，致使军士冒虚名而鲜实惠，怨嗟愁苦，充斥道路，苟有见闻，岂容缄默。

先该臣巡历居庸等处，该指挥周世官禀称，本年二月，本官赴户部分司钟主事处领银四千两，少数八十二两，随即入禀，大肆叱怒。既而鏊凿已完，复要送进验兑，本官惧其兑少，益激其怒，当日从亲识王贵贷银九十两，添入送验，方免罪责。并各项打点，大约少银百两之数，只得从军粮扣除等因。臣时闻之，不知其何故也。续访得榆河驿商人郭政，上米二千石，十分粗烂不堪，管粮官严并委官，星夜支放。有军士不愿领者，要行告讦郭政挟云户部分司每放银千两，要回奉银百两，又少发银七十余两，只得从军粮扣减等因。臣继闻之，不知其何说也。续该军人李仲良等告称，积年在关揽头褚纪、冯相等，每月粮一石，分司领银一两二钱；至其所运之米值价不止七钱，又多搀秕谷，过月不放。即今地方荒歉，张口待哺，管粮官员若罔闻知。臣反复询究，又求其说而不得也。盖缘户部管粮主事钟恕，职司会计，心存贪婪，视军士如土苴，与商人为市贩，托腹心于高外郎，凭过送于宋继祖，此为人臣无行谊之尤者也。伏乞圣明察恕奉职不谨，或革去职任，或姑容降调，庶使内外臣匿有所惩戒。

臣再照钱谷、甲兵，国家重务，而崇关天险，尤诸边所恃以为固也。矧虏患莫测，边警不时，诸军终岁勤劬，仅仰给于月粮而已。但沿袭既久，奸弊百端，使及今不一救正之，诚恐弊日滋而军日困，边务亦日以大坏矣。臣推原弊端，其实有四：管粮之臣奉部檄而专司，既无纠正，漫莫稽考。使诚得勤诚体国者以任之，无所不可矣，万一间以匪人如恕焉者，又何望哉！其弊一也。又利之所在，人所竞趋，积年惯熟之徒，充斥公廨。凡可以乘间而诱之者，无不为之，使非确然不为所惑者，鲜有不堕其计中矣。其弊二也。又富商大贾，根盘蔓引，凭借权势，虽官法不之畏，狼吞虎噬，非一朝夕之故。任事之臣苟非其人，则相与为奸，虽有耿介之士，为其身谋，亦将徇情而曲处之矣。其弊三也。又管粮官员多便安逸而恶劳动，每遇放粮，不过委之一二下僚，既无名位以相如，又鲜志节以自持，夤缘附会，卒便利归于商而军受其害。其弊四也。四弊不去，官军终无受惠之日矣。伏乞敕下户部，从长计处，凡守关食粮，军士每年某月例该本色，某月例该折色，该银若干，酌为定制，垂之永久。凡遇支放，该司先期会同臣等，或亲临地方，或选委廉干官员，俱要及时给散，敢有朦胧作弊，听臣等指实参奏。通行各关，一体遵守。庶几奸猾知警而弊源可清，人心思奋而边关永固矣。

分调京军以固边关疏 嘉靖二十年八月 日

巡按直隶监察御史臣萧祥曜谨题，为分调京军以固边关事：

该兵部题，"为十分紧急声息事"。奉圣旨："是。这虏众径趋西南，定犯山西地方，依拟行保定副总兵周彻，带领所部人马前往紫荆、倒马等关防御、追剿。粮、料、军器、赏赐等项，照京营出征例，著都御史刘隅径自处给，不许迟误。仍将原选京营人马摘拨三千员名，着参将任风统领前去，会同周彻一体防御，俱听总督官节制。其余依拟行。

这边情紧急，还著京营内外提督官将团营人马用心操练，比常十分加谨，务要精锐锋利，以备调用，不许虚应故事。钦此。"钦遵。

　　缘臣奉命巡视居庸、紫荆、倒马等关，尝亲历险要。窃按居庸所辖白羊、镇边、长峪以达横岭，西通土木、怀来之地，南距紫荆、沿河等口仅三十里许，中多蹊间，可容往来。往年紫荆失守，寇由为此归路，则为虏情所谙熟明矣。今虽设有官军防守，顾多招募，实鲜精锐，无足恃者，不可不为之虑也。况紫荆、倒马等关旧有防秋余丁矣，其真、神、保定诸卫足以为之应援，其附近府、州、县壮丁足以驱之战伐。而居庸以逮横岭，数者无一赖焉。兵法曰：攻其无备，出其不意。可不慎哉！臣愚伏乞皇上轸念三关均为重屏，见发去官军三千员名，内将一千员名分布居庸、横岭等处，一体防御。其粮、料、军器、赏赐等项，行令顺天巡抚都御史处置，庶几事体周匝，声势联属，不至顾此失彼。仍乞天语叮咛差去统领官员，务要严加禁约，无俾扰害地方，如有纵容，约束欠严，听臣等指实参究。庶几军令严肃，边关巩固，宗社幸甚，愚臣幸甚。臣无任瞻天恳切祈望之至。

急缺把总及移守备官员疏嘉靖二十一年二月 日

巡按直隶监察御史臣桂荣谨题，为急缺把总及移守备官员事：

　　照得白羊口、长峪城把总指挥同知赵忠、镇边城把总指挥佥事陈诏，近该巡按监察御史萧祥曜参劾贪懦不职，该兵部题奉钦依，革任回卫去讫。为照前项二城，外通宣府、怀来城，内拱天寿山陵寝，先年两被虏患，俱由二城、横岭地方失事。近该兵部覆题奉钦依事理，要将白羊口防御事宜着臣等议处，除会议另行具奏外，缘添设把总，该会同巡抚顺天都御史查举。

　　今巡抚都御史徐锦，近奉钦依革任回籍，所有前项把总员缺已久，且地方近有警报声息，一时不可缺人堤备。随该臣会同巡按御史段承恩，看得地方要害，莫如二城之界，其横岭口山坡平漫，设守□□，使将领匪人，缓急何赖？

臣等访得隆庆卫指挥使张开气志骁勇，巡捕有声，年力精强，策用必效；裕陵卫指挥使杨淳政事多谙，胆略兼济。皆可备长峪城把总者也。保定后卫指挥佥事左灏，弓马既闲，有志不苟，事体且练，可望将来；茂山卫指挥佥事高辂知守官箴，致力戎务。皆可备镇边城把总者也。量于中间择取二员前去管领人马，则边关深为便益。为照白羊口堡所守在内，不据险要；长峪、镇边二城所守在傍，不切横岭。合无查照原奉钦依，白羊口新任守备王尚忠仍旧移守镇边城，兼领白羊、长峪；其长峪城新选把总合无移守横岭口，兼管长峪；其镇边城新选把总合无改守白羊口。所有横岭口旧城一座，守军百余，应添人马，修盖营房，俱候会议奏请定夺。已上量为更调官员，伏乞敕下兵部，先行酌处施行，万一有忽来猝至之警，可以免缓不及事之悔矣。

议处关外隘口以重屏蔽疏嘉靖二十一年十二月　日

巡按直隶监察御史臣郑芸谨题，为议处关外隘口以重屏蔽事：

臣窃惟关隘之设，因天地自然之险而补塞其空隙，大则关城，小则堡口，守之以官军，联之以墩台，遇有警报，各守其险，远近内外，势实相倚，防微杜渐，计甚严密。重关叠嶂，贼且望风而却，恐截其前，恐摄其后，而不敢深入。法之初立，至善也，亦至周也，使时修理以不失其险，慎防守而不失其初，互相屏蔽，不分彼此，又何外患之足虞！

夫何升平日久，玩愒政多，关隘内外，势绝不同。以居庸一关言之，自八达岭以南，该关管辖，臣所巡视之地；自岔道堡以北，俱隆庆、保安等州，永宁、怀来等卫，非臣所管地方也。臣于嘉靖二十一年十月内奉命前往该关巡视，自八达岭出岔道堡，经由怀来地方至火石岭而入，阅视横岭等口，由外以观内，历览其要害，则见其内外关隘，奚啻坱全之不同。八达、岔道势相联属，八达岭则修理完固，军人全备，营房、城垣无不可守。岔道则城栅军少，全不足恃。至于火石岭等口，有口之名，无口之迹，堆石不过数行，高厚不过二尺，军止三四名，器械无一件。随据居庸关分守官钱济民禀称，关外堡口不但岔道、火石岭等处坍坏如是而已，自白羊口山外怀来卫地方，原有瑞云观、棒椎峪、东棒椎峪、西羊儿岭、大山、小山及火石岭凡七口，居庸关东路山外永宁卫地方，原有大红门、小红门、柳沟、塔儿峪、西灰岭、东灰岭、火烧岭、井泉、韩家庄、谎炮沟、张家口凡十一口，俱各大瓌尽坍。正统、正德年间白羊等处失事，根因实在于彼。臣乃问之彼处来见各该守备等官，则曰关外各堡口旧规修理数处，会行钱粮无措，废驰日久矣。臣不胜惊骇。藩篱已撤，内关何恃？失今不处，临事莫支。但地方非臣该管，废弛又经年久，难便查究。

为今之计，宜照巡视居庸等关事例，专给敕一道付彼处巡按监察御史，或暂另差一员，严督各该官员、各该衙门，将关外各隘口通行修理，拨军守把。每口不过数十名，难以如法操演，量著照依内关守口军人遵依敕谕事理，分班采办石灰等料应用，及时修理墙垣等项，实为便益。其营房、廨舍，动支官钱起盖，以便防守。及照怀宁地方以南，紫荆、倒马关之西一带直至故关等处，关外各隘口不系臣巡视地方者，俱合查处，专敕彼处巡按御史兼管巡视。庶责成专而综理周密，外隘固而内关足恃矣。如蒙乞敕兵部，速议施行，边关幸甚，京畿幸甚。

议处添兵以足防守疏嘉靖二十二年三月 日

巡按直隶监察御史臣郑芸谨题，为议处添兵以足防守事：

行据总理紫荆等关保定等府地方兵备、山西提刑按察司副使郭宗皋呈开：居庸关地方西接沿河口，东抵黄花镇，延袤数百里，中间如镇边、长峪、横岭、白羊、灰岭等处通贼道路甚多。查得本关止有见在军二千七百有零，白羊口止有见在军七百七十有零，镇边城见在军四百二十有零，长峪城见在军三百六十有零。一遇有警，不敷分布，虽有险阻，乏人防守，何足为恃！及查得涿鹿等三卫并兴州中屯卫春秋两班京操旗军六千五百八十六名：涿鹿卫春班六百三十一名，秋班三百五十名；涿鹿左卫春班一千九百二十九名，秋班三百四十三名；涿鹿中卫春班一千三十九名，秋班二百五十八名；兴州中屯卫春班一千七百七十三名，秋班二百六十三名。若得通行存留，分拨各该关隘，给与行粮，协同防守，庶几有济。呈乞具奏，将前项各卫京操两班旗军通免上班，存留本处，添委能干谋勇官员，与原领操官员分领赴关，听分守官斟酌派拨，协同各该守口官员并力防御。若再有不足，或调别路兵马，或仍调涿鹿等四卫城操舍余，或起倩附近州县民兵，临时相机议处。仍行户部管粮衙门于昌平、居庸、镇边等处，多备粮料、草束，调来官军、舍余、民兵通给行粮，官每日三升，旗军、舍余、民兵每日一升五合，马匹依例料草。如此，庶兵力足而险愈壮，食不匮而守自固矣。再照春班官军不日上班，合候明示。秋班官军见今在家，合无先委涿鹿中卫指挥杨继武预行提调，点闸齐备。倘目下有警，本道即行调发该关，杨继武总领，各原领官分领，依限赴关，听分守官斟酌分拨防御等因，到臣。

案照已将防虏事宜案行本道勘议去后。今据前因，臣会同整饬蓟州等处边备兼巡抚顺天等府地方、都察院右副都御史侯纶议，照得居庸关隘拱护陵寝，屏障京畿，比之别关尤为紧要。地方广阔，军士数少，除分布守口及瞭望、爪探、杂差等项外，通合四处止有精壮操军二千三百余名，比之紫荆等关不及三分之一，万一有警，委实不敷。查得紫荆等关节经兵部题奉钦依，准留保定、真、神等卫京操两班官军在关操备，颇足分布，今照居庸关军少，亦合比例题请。如蒙乞敕户、兵二部，速行查议，将涿鹿三卫、兴州中屯卫春、秋两班军士六千五百八十六名俱各暂留一年，分拨操守，以补不足之数，仍各照例给与行粮。若再不足，听调别路兵马或涿鹿等卫城操舍余又附近民兵人等应用。仍合多备粮料、草束于昌平、居庸、镇边等处，听候添调官军人等给用，庶兵食不缺而防守无虞矣。臣无任激切恳乞之至。

添设把总官员疏嘉靖二十二年三月 日

巡按直隶监察御史臣郑芸谨题，为添设把总官员事：

奉都察院勘札，准兵部咨，该本部议题，居庸关东路十三口添设把总一员，巡抚都御史会同巡关御史作速推举二员前来，请旨简命等因，题奉钦依。除钦遵外，臣会同整饬蓟州等处边备兼巡抚顺天等地方、都察院右副都御史侯纶，查访得隆庆卫指挥同知吴宝、指挥佥事张奇，俱弓马闲熟，事体谙练，堪充前项把总。如蒙乞敕兵部，再行查议，如果可用，早为题覆，于内简命一员，令其专管居庸关东路十三口。庶防守严密，地方可保无虞。

固藩篱壮国威以保治安民疏嘉靖二十六年六月 日

巡按直隶监察御史臣王士翘谨题，为固藩篱壮国威以保治安民事：

臣奉命巡视居庸等关。顷者躬同兵备副使艾希淳遍诣居庸关隘，阅视八达岭城，四望郊原，人烟稀少，惟见关门之外不逾半里内有地名岔道堡，系隶隆庆州，民居凑集，大约千有余家，路通宣大，生意日盛，殷富颇多，足启戎心。往年虽建有土城而卑矮可逾，倾圮过半，虽设有巡检而弓兵不过二十余名，虽协守以壮夫而往来不常，缓急莫倚。设使胡虏犯顺深入，将欲窥伺居庸，必先首及岔道。岔道之民以守则无城，以御则无兵，不望风以奔必骈首而戮。虏既据此，则居民之居，食民之食，万一久为住牧之计，以恣其垂涎之欲，即居庸闭关以拒，而旷日持久，亦将坐受其困矣。臣愚以为，居庸密迩京师，实我国家门户之险，非他关可比，虏若敢造居庸，即门庭之寇，所当利御又非侵犯他境可方。是故居庸者京师之门户，岔道者居庸之藩篱，委岔道而不守，是弃藩篱以资寇盗，非长策也。然欲守此，非城不可，非兵不可。论者或曰修城之费财，又曰兵食之不足，臣愚于此亦虑之审矣。臣观各处关隘城堡，俱用山石修砌，甚是坚固。岔道近在山麓，登山采石尤为便易，即以本堡戍守弓兵、壮夫并役其居民而取之，所谓以佚道使民，虽劳不怨。因彼旧城量加增补，计其工匠、木料之费不满百金，是其财之所惜者小，而生灵之所保者大也。

臣又查得，永宁县城相去岔道四十余里，往年因其近边，特于本城建立两卫，又于居庸关内隆庆卫所轮拨指挥一员，千、百户五员，统率军士二百五十名以备御永宁。夫永宁蕞尔之城，既有两卫官军八千余员名，又有参将、守备等官驻扎本城，何守不固，何战不克，而犹必借于居庸区区数卒耶！所以然者，盖因先年黑峪有警，权调防守，其后年久，遂以为常。夫永宁、岔道，均之隆庆州赤子也，今若擐改备御永宁官军以备御岔道，亦均之保护隆庆州赤子也，岂可彼此异视乎？取彼无益之军，卫此有生之众，亦岂待加兵而后足乎？在岔道免荼毒之害，在居庸获藩篱之固，在京师有磐石泰山之安，财不甚费，兵不加增，一举而三利存焉，亦何为而不可哉！夫关门之外非臣巡历之处，而臣独有言，何也？《传》曰：唇亡则齿寒。岔道其唇，居庸其齿焉。臣本驽钝，待罪三关，唇齿之忧，诚不容已，犬马之念，其何敢忘。伏望皇上轸念首关重地，察臣愚衷，敕下兵部详议，转行顺天、宣府两处巡抚都御史，再加勘议。如（杲）〔果〕卫民、固关事体两便，乞将隆庆卫原拨备御永宁官军尽数擐改专守岔道，仍听永宁参将节制。一面行委隆庆州佐贰官一员，协同备御、指挥等官督率弓兵、壮夫、居民，量给食米，同采山石。至于工食、木料，另行委官估计，或动支赃罚无碍银两，随宜区处。所费不多，跨山修砌，刻期可完。如是而守，民有固志，仓卒遇警，即收敛人畜，坚壁清野，虏无所掠，自将远遁，必不能闭口枵腹以睥睨居庸。居庸既固，此京师万世之利也。虽皇上天威至重，神武不杀，素有远虑，当无近忧，顾未雨撤桑之谋，在圣贤尤所不废，而宗社生灵之福，于此举亦未必无小补也。

居庸卷九

◇艺文

游叠翠山赋本关人知县驼山张翱

我居庸之叠翠兮，壮一景于金台。崦缙绅之豪唫兮，每挥洒而骋才。如万朵之芙蓉兮，当深秋而烂开。信此景之奇特兮，冠东沧之蓬莱。忆西方有昆仑兮，乃屹乎其上峙。虽嵯峨而集噤兮，止礧礨而已矣。何如此山之层叠兮，峦嶂重重而莫拟。又南方有九嶷兮，亦岿然其拔起。草木荣而葱茜兮，何崚嶒之可指。孰与此山之苍翠兮，岑岩郁郁而无比。经四时具弗渝兮，镇长吞奇而吐秀。群芳繁而百卉殖兮，朗耀摛锦而堆绣。上有百尺之瀑布兮，喷石鳞而悬溜。且松风之时闻兮，忱山乐之迭奏。复鸟簧之闹杂兮，过于帝里之苑囿。值良辰际美景兮，策瘦骥而往游乐。履巉岩踞虎豹兮，费跻拔而忘倦。脚罗山毂阵野籔兮，憩翠微而飞觞酩。惟兹厚重之不迁兮，故尼父爱登其硗硝。□□□□□□□□，故谢老携妓以偿约。叠翠复叠翠兮，当雄乎五方之岳。

居庸卷十

◇艺文

皇明敕修居庸关碑记大学士泰和陈循

古者天子有道，守在四夷，而况圣明之世，仁声义闻洽于天下，天下之人爱戴归往，而向慕者远近为一，夫岂待乎关城之立、兵戎之戍而后为守哉！然观有虞、成周，南则三苗逆命，北则猃狁为患，似不可以无守。然卒不能累虞、周者，以有仁义为本，所谓守在四夷是也。我国家承元运衰绝，诞膺天眷，抚有万方，圣德虽隆而心愈下。是以如有虞之儆戒，游逸于四方无虞之时；如成周之制治，保邦于未乱未危之日。此关城之立、兵戎之戍，所为见于居庸关，岂非以是欤？《淮南子》曰：天下有九塞，居庸其一焉。盖其为关，南拱京师，北控朔漠，东延袤于山海，西接势于太行。道未方车而悬崖已压其势，人将列骑而峭壁已填乎膺，虽跨四十里之横冈，可却千万人之巨敌，诚天造地设之要险也。洪武元年，征虏大将军魏国公徐达，既定元都，遂城居庸而门其中，置兵守之。五年建守御千户所。三十二年所废。永乐元年，守以隆庆卫，及隆庆左右凡三卫指挥使司。既而只存隆庆，余悉他调。正统十四年，虏寇犯京师，攻围关城甚急，守臣今都知监左少监潘成辈，率官军御却之。明年，成乃奉敕督兵，增城其南，如旧者二，而通增其高厚，视旧加三之一，坚广过之。凡城所宜置者，皆备其有。可通人马之处，则又弘用工力，悉令险峻如崖穿焉。其西缺处通水，自北而南，名为两河口者，悉皆浚治。又令垒石为梁，以便东西往来而限南北之势，遂皆悬绝于边鄙矣。虏使过者，往往仰而望焉，咸举手加额曰：我辈得至于此，非荷天皇帝恩容纳，虽生羽翼，岂能飞度！其见惊异于远□也如此。岁之乙亥，成与都指挥佥事仲福等议曰：我等蒙恩镇守于此，关城之修缉，非得可信之言，刻石以传示于永久，曷以发后人继承之志哉！乃相与请于朝，诏以命臣循为撰文，臣谨再拜稽首而述。铭曰：于惟圣明，受天眷命。奄有万方，华夷悉定。东西之极，朔南而尽。声教所敷，远而无竞。奚必立埤，仁义为屏。萧散及武，（亟）〔函〕谷关秦。暨于成皋，伊阙孟津。所以关汉，洛阳攸珍。何如居庸，番夏由分。天造地设，上彻青云。巍巍神京，关实后峙。太行西峙，山海东秘。黄河南度，萦带千里。环抱外拱，天关中起。金汤之雄，孰愈于是。忆昨残虏，背义孤恩。尽率其旅，寇于关门。犬集豕合，蚁聚蜂屯。我戈不举，我矢不烦。坐困其劳，灰灭烟奔。自关内外，膏田广壤。女桑男耕，蒐狩牧放。寒者足衣，饥者足饷。鸡犬晏恬，牛羊繁壮。匪关曷恃，匪恃何养。孰其致此，赖我明皇。武定祸乱，文致太平。弭乱于治，防危以兵。不尽恃关，有关必城。城立虽坚，将选必精。铁石门户，德教区宇。国无北忧，虏绝南顾。物遂其生，民安厥所。边鄙肃清，敦非此故。况荷圣皇，恩威广布。抑闻大易，有关必先。自我太祖，应人顺天。太宗继体，肇迹于燕。圣子神孙，帝业相传。雄关作锁，于万斯年。

察院题名记学士四明张邦奇

京城西北百有二十里为居庸。层峦叠壁，横界北漠，而中断天门势不方轨。古所称天下九塞，此其一也。秦汉以来，率以兵戍。我太祖收复幽燕，始城居庸，置卫守之。文皇帝定鼎燕都，则居庸尤为要关，乃申令益兵，致严封守。英庙时始□命监察御史一人往来巡视，自居庸抵紫荆、龙泉诸关，隆庆卫及各守御所、小大隘口、城台、墩堡各数十处。自京师至涿州、房山、真定、保定、河间三郡地方，延袤数百里，自分守守备，以至郡守县令，大小诸司，合数十百人，其间官吏臧否，军民利病，得激劝而兴除之。稽部伍、饬器械、清讼狱、谨储蓄，与夫修圮增卑，弥罅塞充，凡修攘保障之事，皆属焉。是故得其人则夷狄畏而中国之势尊，不得其人反是，其责任固甚重也。顾自正统甲子，迄今百有岁余，而察院题名之石未立。平崖钱君君望奉命来兹，视为次事，按月经时，夙夜综画，金城肃如，胡马屏迹。乃于暇日旁披边志，得柳子华而下七十有八人，以其氏名乡贯，碑刻之。其不可考者虚之，将博访补列焉。而复虚其左方，以俟来者。予昔掌成均，君望尝卒业焉，相知为深，间以记来请。洪惟我祖宗肖德于天极，所覆帱悉归统驭，宜不问中外。然易除器于萃，防患于济，事贵克豫，警在无虞，自古然也。矧兹雄塞天造，近拱都邑，控驭所先，尤宜加慎。国家百数十年，四夷来庭，边陲靖谧，固惟列圣威灵，而后先宪臣绸缪督理之功，亦焉可诬？继自今深思戒备，益振弗衰，扬厉大烈于亿万斯年。则夫列名兹石，不亦重有光乎？且激扬之司，岂惟边关攸赖，将世道之隆污实系，而卿相事业亦往往于是乎！阶一懋不懋之间，而绩效之相悬远甚。名之在是，人将以之轩（轻）〔轾〕于无穷，可不畏哉！此固钱君立石之意，而予亦与有望焉。钱君详敏凝重，以进士历抚州、永平二郡节推，迁擢今职。所至克树声绩，盖其志恒存远大。题名之举，亦征其一节云。

重修隆庆卫儒学碑记 巡抚都御史孟春

隆庆卫学，在居庸关城南门外，卫在关内。洪武己卯开设，隶后军都督府。东连古北、辽海，西接上谷、云中，南通京师，北枕永宁，为京师之北门，乃天下第一关也。两山壁立，层峰叠翠。于山门最险处设关城以扼胡虏。永乐丁亥太宗文皇帝徙都北京，文教覃敷，密迩都城为首善之地。正统改元之初，诏诸戎卫各得设学。而隆庆卫学乃始建焉。沐浴圣化既久而人材彬彬。然拥衿佩而横诗书者，与郡县之学无异，匪须戎马之区而已耶。己巳之变，遂罹兵燹，废为丘墟。天顺癸未，镇守太监崔公保，推重斯文，奏请重建，仍因旧址而为之。立大成殿五间，两庑各五间。中绘以神像，余尚未备。其面东向者因山势而为之也。成化丁亥，崔公复取回京，时镇守武臣都指挥宋公瑛，亦知重文事。继建明伦堂五间，博文、约礼斋各五间。成化己巳，太监赵宽、都指挥朱瑾，来继分守。谒庙之余，与诸生谋曰：夫子为万世帝王之师，位向不可不正，明伦堂反背大成殿，此又君子所不取也。仅移厥堂为面南之制焉。弘治庚戌，巡按御史张公琏谒庙。视斋后有隙地，命有司起号房二连，各五间，以为诸生肄业之所。己未巡关御史李公良，复命有司立戟门、棂星门。至是而规制始备矣。厥后太监梁公嵩、都指挥张栢，又易棂星门以石，尤为壮丽永久。巡按御史臧公凤，又为置祭器若干。巡关御史周公伦，植松柏于殿前。岁久，殿宇颓圮。太监李公嵩，都指挥孙玺，乃为之葺理。嘉靖改元，分守都指挥申大节，又为之藻饰，焕然一新。大节因追念斯学兴废，其来远矣，乃具事状，申请于予为记。予惟学校乃风化之首，务戎卫之学尤为所急。盖古者出兵受成于学，及其振旅，释奠于学，而以讯馘告，乃示之先礼仪而后勇力也。其关系也大矣，岂徒教养生徒而已哉！考斯学爰自天顺癸未重修，迄今嘉靖癸未，复得完美，计六十余年矣。其亦艰哉？为有司者，当念前人缔造之难而时为之修整。为教官者，当严课诸生以期人材之成就。为生徒者，当互相砥砺，以求出身，而为国家梁栋之用。如此于学校庶几有光，亦无负诸公修学之意也。于戏勖哉。

跋居庸关集 大理卿龙湫王纪

张心斋守关之疏，争日月之光，于先皇出狩之时，畴昔仰之，耀钟鼎之懿，于今上垂拱之日，乃今见之。于乎，方迅雷之击，而为耳掩；偶崩山之压，而为卵支，势则岌岌，处之裕如，盖有以也。曰：刚大有气焉。曰仓促有才焉。曰经略有谋焉。曰：斡运有机焉。犹曰：笃爱之情主之中，实用之学发之外焉。当时法驾回，横邪敛，而心斋通显迄于今，烈烈未艾，天地鉴临，鬼神呵拐之矣。晋溪图为表之，心斋之忠也；群公述而歌之，晋溪之义也。心斋梓而寿之，不忘初也。龙湫窃而附之，不知量也。请聊书之后，俟明眼者。

跋居庸关集后 河内王旸

贤臣抗疏，返乘舆于既出之余；圣君知悔，罢游观于已诚之后。盖《蹇》之六二曰："王臣蹇蹇，匪躬之故。"心斋以之。《复》之初九曰："不远复，无祇悔，元吉。"武宗以之然。而微此疏，无以知忠贯金石之坚；惟此悔，而后可见量包天地之外。率是道也，唐虞君臣何加焉。惜乎晚年车辙马迹几半天下，所幸此疏与此悔不泯也。

叠翠书馆记 监察御史泰和萧祥曜

居庸旧有泰安寺，岁久圮壤弗葺。时余姚贡士孙汝贤，字允功，领诸生习业其中。予视事暇往课之，见无以蔽风雨，命分守张镐，即僧室之空者，稍加葺理。凡十六间。中为聚乐堂，以为朝夕会讲之所。余则师生分布以居。继发夫书籍五十四部，俾藏其中，以便诵览。叠翠峰则屏峙其前，龙嵷葱郁，望之若俨然不可及，挹之愈久而益可爱。乃因局为叠翠书馆云。予闻之，《传》曰：仁者乐山。夫叠翠为京都奇景，士生兹土，得于闻见旧矣，其果有能真知其胜而乐之者乎？如其未也，则固不得谓之仁矣。今人无故而加我以不仁之名，岂诸臣之所乐受哉。噫！此可以观本心矣。今以往凡藏修于斯者，苟能体予建馆之意，与其所以命名之义。久之，当自有触类而长之者，若经历徐沄、千户刘祚，咸与劳兹役，宜并记之。

重修户曹行署记 户部郎中魏廷楫

都城北百二十里，有关曰居庸。居庸山自太行迤里延袤而东，悬崖削壁，夹持争峙跨南北，为寰宇九塞之一。扼冲据要，匹夫莫敌，诚天险以限华夷。太宗文皇帝龙潜燕邸，以燕古天府国，形胜甲天下，及正大统遂定鼎。居庸密迩畿甸，又为都会藩屏，戍守视诸镇为要焉。良将精卒，坚甲利兵，草马刍粮之峙无专职而有专理，岁以司徒郎一员主之，于是有户曹行署之设。署在关隘西山之半，与叠翠峰对。《志》称：重峦层嶂，吞奇吐秀，为京师八景。而署适会其胜，使轺驿骑络绎边陲者，罔不驻节，纵观清心目。而吾部使从事其间，则又意广神怡，超然物外，而莫知案牍之劳也。正德甲戌，夏雨连月，暑日就暵。前部使丁君厚德以葺理请于部，部牒下而师君汝明代。时边镇守臣以警闻，今皇帝奋扬武烈，命将徂征，师出居庸，汝明周旋馈饷无宁日。明年乙亥春，乃班师。汝明经制久且备，群属集而进曰：行署之葺，劳费无几，但厄时艰，工兴复止者屡，今获暇，敢请。汝明曰：农作方殷，奈何？佥曰：木石有于山，采不烦费，力役有于场，劳不烦民，于农何与？汝明许之。乃分官属事，不日鸠工。中为厅，前为重门，后为寝室，左右为文移、吏胥、庖厩诸所，总若干楹。周缭以垣，规制宏丽，五阅月落成。汝明走币丐言碑诸石，并识执事者名氏于阴以传。廷楫固辞弗获，乃记其颠末如右。汝明，名皋，关内长安人。登乙丑榜进士。尝令固始，以循良著云。

重修庙学记吏部验封清吏司主事内阁办事崇德张文宪

居庸关城南，西山之麓，庙学在焉。庙以崇孔子之祠，学以施孔子之教。因学尊庙，由庙表学，制也。其创建、重修前故有记，不复赘。嘉靖丁亥冬十日，监察御史沭阳胡公效才奉。

四镇三关志①

《四镇三关志》是明代军事地理志书，全书十卷，分建置、形胜、军旅、粮饷、骑乘、经略、制疏、职官、才贤、夷部等十考，详载昌平、

---

① 〔明〕刘效祖撰，彭勇、崔继来校注：《四镇三关志》，中州古籍出版社，2018年版。

蓟州、保定、辽东四镇，及居庸、山海、紫荆三关的军事部署、兵器械具、堡城修筑等。明代边务志书有数十种，以此志最详。作者刘效祖，山东滨州人，累官陕西按察副使。

卷一 建置考 昌镇建置

◇沿革

轩辕为畿封都涿鹿，今宣府保安州，一说涿州。

颛顼为幽陵地。

帝喾属冀域。

唐属幽都。

虞属幽州舜分冀为十二州，置牧分理幽其一。

夏省幽入冀。

商因之。

周为燕国封召公。

燕昭王置上谷郡昌地俱属。

秦始皇二十二年并燕，仍属上谷郡。二世皇帝元年属韩广。楚义帝元年属臧荼。

汉高帝五年属卢绾灭荼以绾代。十三年，灭绾，定燕，仍置上谷郡。武帝元封元年，置居庸、昌平、军都三县俱昌平地。新莽改昌平县为长昌县。光武建武二十六年，改长昌县为昌平县，与居庸县属广阳郡今顺天。

献帝初平四年没于公孙瓒。建安四年没于袁绍，十年没于曹操。晋愍帝建兴二年属段匹磾。元帝大兴四年没于石勒。成帝咸康三年没于慕容燕。帝奕太和五年没于苻秦。孝武帝太元九年复没于慕容燕。安帝隆安三年没于拓跋魏。魏太和元年置昌平郡领昌平县。十八年革昌平郡，以昌平县属幽州。东魏武定八年没于高齐。齐承光元年没于宇文周。周建德四年复置昌平郡。隋开皇二年省昌平郡入涿郡。

唐太宗贞观五年置怀柔县。天宝元年改怀柔县为归化县，十四年没于安禄山。肃宗宝应元年改归化县为怀柔县。代宗大历十年改昌平县为望县。后唐庄宗同光二年改望县为燕平县，徙治曹村，再徙白浮图城。潞王清泰三年，改燕平县为昌平县，寻没于石晋。石晋天福元年，没于契丹。契丹以怀柔县属顺州。

宋徽宗宣和五年地归，六年没于金。金改怀柔县为温阳县。

元顺帝至元二十年省温阳入顺州。

皇明洪武元年，以昌平县隶北平府，建居庸关大将军徐达建。五年，建居庸守御千户所。十四年，置怀柔县割昌平、顺义、密云地，隶北平府。三十二年，改居庸守御千户所为隆庆卫，领五千户所。

永乐元年，改北平府为顺天府，属州五昌平、通、涿、霸、蓟，内昌、蓟近边。县二十二大兴、宛平、顺义、良乡、密云、怀柔、固安、永清、东安、香河、三河、武清、漷县、宝坻、房山、文安、大城、保定、玉田、丰润、遵化、平谷，内密云、怀柔、房山、遵化、平谷近边。二年，调营州左屯卫，领五千户所于顺义县原在大宁地。四年，调兴州中屯卫领五千户所于良乡县原在大宁地。七年，卜寿陵命山曰天寿，建涿鹿卫领五千户所。八年，建涿鹿左卫，领五千户所。十一年，建涿鹿中卫，领五千户所以上三涿鹿卫俱于涿州。二十二年，建寿陵命曰长陵，建长陵卫领五千户所。

洪熙元年，建献陵，建献陵卫，领五千户所。

宣德十年，建景陵，建景陵卫，领五千户所。

景泰二年，调涿鹿中卫后千户所守御白羊口。三年徙昌平县治永安城。四年建黄花镇城。

天顺八年，建裕陵，建裕陵卫，领五千户所。

成化二十三年，建茂陵，建茂陵卫，领五千户所。

弘治十六年，建渤海城。十八年建八达岭城、横岭城，本年建泰陵，建泰陵卫，领五千户所。

正德九年，改昌平县为昌平州，领县三怀柔、顺义、密云。十六年建康陵，建康陵卫，领五千户所，镇边城守御千户所。

嘉靖三十年，分蓟、昌为二镇，设提督都督一员，护视陵寝，防守边关，遂为昌镇云。三十九年，改提督为镇守总兵。四十五年建永陵，建永陵卫，领五千户所。

隆庆元年，改隆庆卫为延庆卫。六年建昭陵，建昭陵卫，领五千户所。

效祖曰："昌平为古上谷地，北际龙荒，不远百武，自黄帝逐獯鬻北遁，始入中国之幅员，其后世代沿革，倏忽靡常，至石晋甘予块之羞，而金元之季乃尽界之犬羊，嗟乎难言矣！我国家起而汛扫之。成祖御极，又毅然三犁其庭，以消剥肤之患，于是内地鼎新，翼翼称天府云。"

卷二　形胜考　昌镇形胜

◇疆域

东自慕田峪连石塘路蓟镇界，西抵居庸关镇边城，接紫荆关真保镇界，延袤四百六十里。

居庸关

东自西水峪口黄花镇界九十里，西至镇边城坚子峪口紫荆关界一百二十里，南至榆河驿宛平县界六十里，北至土木驿宣府界一百二十里。

居庸路

东自门家峪口，西至糜子峪口，延袤一百五十里。南至关石峡峪属下各隘口约五十里，八达岭属下各隘口约四十里，灰岭属下各隘口约远六十里，近二十里。北至永宁城宣府地各属下隘口约一百里。

黄花路

东自慕田峪，西至枣园寨，延袤一百八十里，南至昌平州黄花镇属下各隘口约八十里，渤海所属下各隘口约一百里，北至四海冶宣府地各属下隘口约五十里。

横岭路

东自软枣顶，西至挂枝庵，延袤一百三十里，南至居庸关镇边城属下临口约一百三十里，横岭属下临口约一百里，长峪属下临口约一百里，白羊口属下临口约一百五十里。北至怀来城宣府地各下各临口一百里。

效祖曰："昌镇疆宇，幅员不逾五百里，而居庸关突据其中，盖未有郡邑之先，已先设险于外户矣。然八达岭去关北三十里，墉垣渐崇，驱马而南，势若建瓴。故先年经略大臣创城置守于此，诚得扼险之要枢，非浅尠哉！"

◇乘障

居庸路临口一十八

居庸关城一座，跨两山，周十三里，高四丈二尺。建置年代见《沿革》。

灰岭下

养马峪嘉靖十五年建，缓。虎峪口嘉靖十五年建，缓。德胜口嘉靖十五年建，通大、小红并柳沟来骑，三十里外马蹄石，缓。雁门口嘉靖十五年建，本口窄险，缓。锥石口嘉靖十五年建，宽漫，三十里外阑①石稍险。迤南十里，西通郭家庄路，通单骑，冲。贤庄口嘉靖十五年建，通永宁、南山、塔儿来骑，东北通白龙潭，险。本口路窄，缓。灰岭口嘉靖十五年建，缓。门家峪口嘉靖十五年建，通白龙潭路来骑，极冲。以上二路临口尚多，内口不守者不载。边城二十六里嘉靖三十年建。附墙台七座。

八达岭下

于家冲永乐年建，水口正城迤东一空，通单骑，次冲。正关水口通大川，平漫，西山墩迤西至青石顶墩，通于家沟，俱通众骑，极冲。余通步，缓。化木梁永乐年建，平漫，中三墩空，通众骑，极冲。余缓。黑豆峪永乐年建，威靖墩至冲峪墩，通众骑，极冲。余通单骑，冲。八

---

① 原注：[校]阑，底本不清，据《天下郡国利病书》原编第一册《北直隶上》补。

达岭口弘治年建，自熊窝顶至门西敌楼，平漫。临大川，通众骑，极冲。余通步，缓。王瓜谷永乐年建，赵家驼墩三空，俱平漫，通众骑，极冲，水口宽敞。南北石门地高，冲。青龙桥东口永乐年建，东西顺青龙墩迤东、北山墩迤西俱平。通众骑，极冲。石佛寺口永乐年建，草花顶迤南，通步，缓。边城二十四里半嘉靖三十年建。附墙台四座嘉靖三十年建。空心敌台四十三座隆庆三年至万历元年节次建。

石峡峪下

糜子峪口永乐年建，正关水口并镇西墩至南山墩通陈家坟，俱平漫，通众骑，极冲。余通步，缓。石峡峪口永乐年建，城东头至石崖子口，通单骑，次冲。西山墩至镇房墩，平漫，通单骑，冲。花家窑永乐年建，龙芽菜沟通单骑，冲。城东头至西头水口，平漫，通众骑，极冲。边城一十六里嘉靖三十年建。附墙台十座嘉靖三十年建。空心敌台二十五座隆庆三年至万历元年节次建。

黄花路隘口一十有七

渤海所下

大榛峪口永乐年建，通四海冶。本口通步，缓。驴鞍岭口永乐二年建，通步，缓。磨石口永乐二年建，二道关并东山墩、空水口通众骑，极冲。擦石口嘉靖二十三年建，通步，缓。田仙峪寨永乐二年建，缓。贾儿岭口嘉靖十五年建。界碑石迤西，安宁台、大管仲渠两口安至德胜堂，通步，缓。慕田峪关永乐二年建，正关迤西王家驼至界碑石各墩空，俱平漫，临大川，通众骑，极冲。余通步，缓。边城八十一里半嘉靖三十年建。附墙台四座嘉靖三十年建。空心敌台四十四座隆庆三年至万历元年节次建。

黄花镇下

枣园寨口永乐年建，通步，缓。石城峪口永乐年建，通步，缓。西水峪口永乐年建，通永宁南山谎炮儿并韩家川，通众骑，极冲。石湖峪口正德八年建，缓。撞道口永乐二年建，内洼外阜，受敌，极冲。桃园东、西墩空，通步，缓。鹞子峪口嘉靖二十三年建，宽漫，通众骑，极冲。本镇口嘉靖十七年建，二道关通四海冶，来骑由三道关往西南，道路宽漫，通众骑，极冲。小长峪口永乐年建，通步，缓。大长峪口永乐年建，山险，通步，缓。南冶口永乐二年建，通步，缓。边城五十五里半嘉靖三十年建。附墙台二座嘉靖三十年建。空心敌台二十九座隆庆三年至万历元年节次建。战台四座查系陵寝重地，有警，屯驻战兵，故持设此四台云。

横岭路隘口三十九

白羊口下

西黄鹿院正城，嘉靖四十四年建，正安并西安俱平漫，通众骑，极冲。秋树洼嘉靖四十四年建，平漫，通众骑，极冲。东黄鹿院嘉靖四十四年建，平漫，通众骑，极冲。桑木顶嘉靖二十三年建，缓。西山安永乐年建，通步，缓。牛腊沟嘉靖二十三年建，通大川，平漫，通众骑，极冲。石板冲嘉靖二十三年建，缓。软枣顶永乐年建，缓。边城一十一里嘉靖三十年建，四十四年增修。附墙台三座。空心敌台一十九座隆庆三年至万历元年节次建。

长谷城下

轿子顶嘉靖二十五年建，平漫。东自银洞梁西墩至轿子顶墩，再迤西至黄石磋，通众骑，冲。银洞梁永乐年建，东墩至西墩山顶一道，通单骑，冲。分水岭永乐年建，东墩至西墩警门，平漫，通众骑，极冲。余通步，缓。镜儿谷永乐年建，通步，缓。窟窿山永乐年建，水口平漫，通骑，冲。余通步，缓。沙岭儿永乐年建，白茶芽驼墩至沙岭儿战台，东、西安俱平漫，通众骑，极冲。余缓。茶芽驼永乐年建，平漫，俱通众骑，极冲。边城一十五里嘉靖三十四年建，四十四年修。附墙台一座。空心敌台二十三座隆庆三年至万历元年节次建。

横岭下

庙儿梁永乐年建，平漫，通众骑，极冲。倒翻冲永乐年建，通川谷，平漫，通众骑，极冲。姜家梁永乐年建，平漫，通众骑，极冲。小山口永乐年建，沟谷通单骑，冲。莺窝驼永乐年建，缓。陡岭口永乐年建，通步，缓。大石沟永乐年建，平漫，通众骑，极冲。西核桃冲永乐年建，平漫，通众骑，极冲。东核桃冲永乐年建，平漫，通众骑，极冲。寺儿梁永乐年建，平漫，通众骑，极冲。火石岭永乐年建，平漫，通众骑，极冲。西凉水泉永乐年建，平漫，通众骑，极冲。东凉水泉永乐年建，水口迤西，平漫，通众骑，极冲。余通步，缓。黄石崖永乐年建，通单骑，冲。边城三十一里嘉靖三十四年建，四十四年修。附墙台三座。空心敌台一①十八座隆庆三年至万历元年节次建。

镇边城下

挂枝庵嘉靖三十八年建，通步，缓。秋树洼嘉靖三十年建，通步，缓。松树顶嘉靖三十年建，通步，缓。水门嘉靖三十年建，平漫，通众骑，极冲。南唐儿庵嘉靖三十年建，边外平漫，水口空阔，通众骑，极冲。北唐儿庵嘉靖三十年建，平漫，通众骑，极冲。尖山顶嘉靖三十年建，通步，缓。车头沟嘉靖三十年建，山险，通步，缓。黑冲峪嘉靖三十年建，平漫，通众骑，极冲。北梁通步，缓。柳树洼永乐年建，平漫，通众骑，极冲。边城二十一里嘉靖三十四年建，四十四年修。附墙台五座。空心敌台三十二座隆庆三年至万历元年节次建。

各路城堡

巩华城一座内有行宫，景泰元年建。镇边城一座。横岭城一座弘治十八年建。长峪城一座正德十五年建。白羊口堡一座景泰元年建。居庸上关城一座永乐二年建。八达岭城一座弘治十八年建。黄花镇城一座景泰四年建。渤海新、旧营城二座嘉靖二十七年建。南口门堡城一座永乐二年建。岔道堡城一座八达下，极冲，为居庸要害，隆庆五年建。

效祖曰："昌镇之险，诚天造地设者乎。元之破金，以居庸不能入，

---

① 原注：［校］一，底本不清，据民国间抄本补。

顾自紫荆内攻之。然在金时不设险尚不能攻。矧今日之乘障、陴倪日密日固，将不为万载之金汤哉？或曰居庸西有白羊诸口，庚戌大虏入犯，半自此归。《语》曰："千障之堤，以蚁穴而溃。"岂谓是哉？"

卷三　军旅考　昌镇军旅

◇版籍

主兵一万七千七百四十四名。除杂兵外。

国初，额设居庸兵一万四千二百四十六名，并历朝添设长、献、景、裕、茂、泰、康七陵卫兵八千余名。至嘉靖二十九年，居庸除逋绝、杂役外，止存操守兵七千名。是年，虏薄郊关，额兵不足戍守，遂于各原卫所照籍抽补，复广招募。三十年始增至一万四百一十六名，三十一年增至二万三千二百二十名，三十七年除逋绝外，止存一万三千二十五名，四十五年、隆庆六年添设永、昭二陵卫。万历元年，侍郎汪道昆经略定为额数。

客兵一万三千一百七十九名。原无额籍，嘉靖二十九年始征各边省军民等兵二万二千九百名入卫，至嘉靖四十二年，主兵渐增，各边省兵递撤。万历元年，侍郎汪道昆经略定为额数。

效祖曰："昌镇为陵寝重地，且当纳駬之扉，其列戍置兵，不专为庚戌之衅敌也，乃庚戌后日益增严。旧志称隆庆卫额军万四千有奇，比年逃绝十已七八。又称居庸抱关之卒数不逾二千，则频年何以称防守哉？所幸今当事者长顾却虑，使虎贲之士踜跼、贯颐者渐复故额，非复循故辙，而长此安穷矣！何患焉？何患焉？"

◇营伍

主兵

总兵标下

标兵营嘉靖四十二年设游击一员，领中军一员，哨总四员，把总四员。额兵一千九百五十名。

永安营嘉靖四十三年设坐营一员，领中军一员，千把总八员。额兵二千九百六十六名。

昌平营嘉靖三十七年设游击一员，领中军一员，哨把总六员。额兵一千六百五十名。以上三营俱昌平驻扎。

各路营

巩华营嘉靖三十九年设游击一员，领中军一员，哨把总五员。额兵一千七百八十九名。

黄花路营嘉靖三十年设参将一员，领中军二员，千把总四员。额兵一千七百三十八名。夜不收三百四十五名。

居庸路营洪武三十二年设参将一员，领中军一员，把总六员。额兵三千五百一十二名。夜不收二百四十名。

横岭路营嘉靖三十二年设参将一员，领中军一员，千把总九员。额兵三千三百五名。夜不收三百六十五名。

客兵

白羊游兵营嘉靖三十九年设良、涿上下二营班军游击一员，领中军一员，千把总十八员。额兵六千名春防三千，秋防三千，轮番驻扎横岭防守。

保定忠顺营都司一员，领中军一员，千把总四员。额兵一千四百九十四名每春防驻扎横岭路防守。

京军营隆庆四年设佐击。万历三年题改神机车兵练勇参将一员，领中军一员，千把总十四员。额兵三千名每秋防驻扎黄花路防守。

宁夏边军营游击一员，领中军一员，千把总七员。额兵二千五百九名春秋两防，俱派渤海所防守。

山东班军营隆庆二年请调京操都司一员，领中军一员，千把总九员。额兵二千九百八十七名春秋两防，轮班驻扎黄花路防守。

杂兵

延庆卫城操军二百一十二名。渤海所城操军九十九名。白羊口城操军五十八名。

镇边城操军五十八名。怀柔县捕盗军一百四十一名。

效祖曰："昌平营额，自庚戌后增益数多，镇固不加于蓟，然谭者并重焉！则以有诸陵在，所系非渺小也。然白羊诸口固亦要冲，岁额良、涿兵六千名，离次逾半。比闻游击何勋、周冕相继抽补，不避劳怨，今渐于旧额无亏矣。使募兵者皆若而人，营伍何患不充？此不可独责之二子，又岂独可施之白羊口已乎？"

◇器械

兵器

盔甲、腰刀、钩枪、铁枪、挨牌、圆牌、弓箭。以上俱旧置。

党钯、倭刀、长枪、狼筅、藤牌、木神箭、木棍。以上俱新置。

火器

大将军、二将军、三将军。以上俱钦颁。

快枪、神枪、大神炮、小神炮、大佛朗机、小佛朗机、三眼铳、四眼铳、十眼铳、百出先锋炮、夺门铳。以上俱旧置。

虎樽炮、鸟嘴铳、碗口铳、百子铳、连珠炮、石炮、炸炮、夹刀、九龙盘枪、铁鞭枪、火箭盘枪、子母炮、火箭。以上俱新置。

车

偏厢车骡驾。望车。元戎车骡驾。鼓车。

总兵标下

标兵营

盔甲一千三百五十七副。兵器三千一十件。火器一十三万七千七百九十件。

昌平营

盔甲二千四百一十一副。兵器三千五百一十六件。火器一十七万九千三百三十四件。

永安营

盔甲二千九百七十六副。兵器八千九百四十六件。火器三十一万三千三百三十五件。

各路营

巩华营

盔甲一千八百六十二副。兵器三千七百二件。火器一十二万九千四百五十六件。

居庸营

盔甲三千四百四十三副。兵器六千四百二十六件。火器五十六万四千八百五十一件。

黄花营

盔甲三千五百三十五副。兵器一万七千九百九十八件。火器三十万四千八百六十一件。

横岭营

盔甲三千八百九十六副。兵器五千四百七十四件。火器三十三万五千四百三十八件。

车议造未完。

效祖曰："庚戌岁，北虏入犯，韦鞲氅幕，纵横昌平道中。大司马奏遣营将陈灿率甲士三千人，驻东山口拥护陵寝。虏薄其营，灿遂奉首窜，其甲士亦争弃铠仗走。嗟乎！使临敌者皆若灿而人，则武库之储只为敌人资耳。彼揭竿斩木者之谓何？灿虽诣廷尉闻，今得不死。"

卷四　粮饷考　昌镇粮饷

◇**民运**

岁额银一十三万五千八百三两三钱专给主兵。山东布政司岁运银五万六千九百一十二两万历元年经略侍郎汪道昆改解太仓转发。河南布政司岁运银五万六千八百三十四两万历元年经略侍郎汪道昆改解太仓转发，二年户部仍改径解本镇。顺天府岁运银三千八百四十七两，保定府岁运银五千三百四十两，河间府岁运银二千二百六十七两，大名府岁运银四千六十五两三钱，顺德府岁运银二千四百七十八两，广平府岁运银八百两，真定府岁运银三千二百六十两。

效祖曰：昌平在四镇独渺小，其主客饷数不宜取盈，然所用岁运已至数十万矣。庚戌后，清勾抽掇有加无已，而频年地方刍藁田租不以淫溢免，则以销铄停。夫以有加之兵而待日逋之赋，嗷口枵腹，其能执干戈以毕戎事乎？陵寝关镇，密迩京师，今且如此，他何说焉？

◇京帑

年例银量缓急请发，少则六七万两，多则十一二万两。主客兼支，原无定额，大约客兵给多，主兵给少。

本色漕运米一十八万九千二百七十二石原米通运京仓上纳。嘉靖三十三年，请派拨三万九千二百七十二石有奇，陆运至镇给军。万历元年，总督刘应节因本镇卫军赴京支粮不便，增发一十五万石，抵巩华城莫靖仓收贮，是为京帑云，专给主兵。官运船二百只，水手四百名，挽夫六百名，每船运米四十五石，每石脚价五分。民船二百只，每运米同，每石脚价六分。原发陆运脚价六千二百八十三两有奇，今并增发漕运脚价共一千五百七十两。

效祖曰："京帑者，以外府之财而供京用，非为以内府而复挽之于外也。盖国初因则壤之上下以治赋，酌边镇之大小以定供，间以民运偶逋，或边事告棘，为之借助云耳。今岁既有常例，复有加增，即昌平一小镇所费京帑已若此，竭泽之渔，不于根本有肌忧乎？"

◇屯粮

屯田二千四百八十三顷三十六亩八分七厘，本色豆三千九石五斗六升二合，折色银四千九百八十六两九钱四分九厘。

效祖按：昌平原额屯田俱征本色，至近年垦辟者则折银，然皆以供自食也。独景陵一卫种豆得豆，而折色银则转输易州。至涿鹿、营州中屯等卫，复以折色拨解蓟州，不知其懋迁者何故。然则裒益通融，诚不宜执拘挛之故云。

延庆卫

田八百八十三顷二十二亩四分三厘内屯田二十七顷五十亩，各征米、豆不等，共米、豆三百三十石，各折银不等，共银一百八十一两五钱。屯地五百七十顷二十二亩六分，征粮二千八百二十九石二斗六升，每石折银六钱五分，共银一千八百四十五两五钱二分。新垦地二百八十八顷三十三亩七分，每亩征银一分五厘，共银四百三十二两五钱五厘。折色银二千四百五十九两五钱二分五厘。

营州左屯卫

屯地六十三顷七十二亩二分原额征本色米七百六十四石六斗六升四合，今改征折色。折色银四百五十四两六钱五分四厘。

长陵卫

屯地二十四顷三十六亩六分系陆续新垦。折色银三十六两五钱六分。

献陵卫

屯地一百二顷八亩内续垦地六十七顷五十一亩五分。本色豆三百二十一石二斗八升六合，折色银一百一两二钱七分。

景陵卫

屯地四百五十一顷五亩内续垦地二百八十八顷四十三亩。本色豆九百八十二石五斗，折色银四百七十四两七钱一厘解纳易州库，备官军月粮用。

裕陵卫

屯地一百一十七顷四十四亩六分四厘内续垦地四十九顷七十七亩四分。又牧马地四十三顷二十三亩六分四厘。本色豆二百八十二石八升，折色银一百七十两二钱一分六厘。

茂陵卫

屯地二百三十五顷四十六亩九分内续垦地一百八十九顷七十二亩五分。又牧马地四顷三十八亩九分。本色豆三百五十五石一升。折色银二百八十八两四钱五分。

泰陵卫

屯地一百八顷一十七亩内续垦地七十四顷一十四亩五分六厘。又牧马地二十四顷八十四亩九分。本色豆一百五石六斗一升，折色银二百一两三钱六分。

康陵卫

屯地一百二十一顷七十一亩五分六厘内续垦地八十九顷四十一亩三分六厘。又牧马地一十三顷七十六亩六分。本色豆二百二十石五斗五升，折色银一百七十五两四钱。

永陵卫

屯地一百六十八顷五十六亩五分四厘内续垦地九十八顷六亩九分。又牧马地二十三顷二亩六分四厘。本色豆四百六十石二斗四升六合，折色银二百四两二钱二分九厘。

昭陵卫

屯地二百七顷五十六亩内续垦地三十五顷七十一亩六分。又牧马地一百四十七顷三十八亩七分。本色豆二百八十二石二斗八升，折色银四百二十两五钱九分四厘。

效祖曰："昌平有民运，有京帑，又有屯田矣，而复挽漕粟者，以京北田亩硗瘠，米价常至腾踊，而关北上谷诸地，又时取给旧制。诸陵卫赴京支粮，往返颇称仆仆，乃者督抚请移漕粟以食之，惠至渥也。然闻先朝屡开罚谷输边，以非经久之规，寻复罢止，而权宜通变间一行之，倘于法无亏而于事少济，不犹愈于损海陵之正额乎？"

卷五　骑乘考　昌镇骑乘

◇**额设**

主兵额马骡四千二百二十五匹头。

总兵标下

标兵营，额马六百三十五匹。

昌平营，额马四百二十一匹。

永安营，额马一千六百五十六匹，骡二百头。

各路营

巩华营，额马六百一十匹。

居庸路营，额马二百七十一匹。

黄花路营，额马二百八十五匹。

横岭路营，额马一百四十七匹。

客兵额马三千三百三十六匹。

白羊游兵营，额马二百匹。

保定忠顺营，额马一百五十匹。

神机车兵营，额马一百匹。

宁夏边兵营，额马二千八百五十七匹。

山东班军营，额马二十九匹。

外杂马驴七百五十四匹头。

各陵监马二百五十六匹，驴一百七十三头。

昌平守备城操马一百二十二匹。

昌平巡逻马一百匹。

奠靖所巡捕马七十五匹。

怀柔捕盗马二十八匹。

效祖曰："昌镇主客兵马，视蓟门虽称末减，然且近八千矣。玄卢重地，职在典守，非驰逐游徼者可同语也。稍稍更为敛削，即所省刍秣之费，不可以充饩廪乎？人尝谓'养骑卒一不如养步卒二'，知言哉！"

◇**兑给**附胡马

本镇旧存马六百五十四匹。自嘉靖二十九年始，或增设营伍，或倒死不敷，递请兑给，岁无常数，或发太仆寺本色马匹，或发太仆寺折色价银，无常例。二十九年，巡抚副都御史王汝孝请兑给黄花镇、渤海所二营马本折共六百匹。三十年，总督侍郎何栋请兑给白羊口、永安营、巩华营本色马四千匹。三十二年，经略侍郎杨博请兑给永安营、巩华营本色马二千二百五十三匹。三十七年，总督侍郎王忬请兑给昌平营本色马一千匹。四十二年，总督侍郎刘焘请兑给标兵营本色马四千四百八十八匹。隆庆二年，总督侍郎曹邦辅请兑给巩华营本色马二百五十四。六年，总督刘应节、巡抚佥都御使杨兆请给折色价银三万两，每匹作价银一十二两，昌、蓟二镇自行收买，以补各缺马营路。万历元年，经略侍郎汪道昆请给昌、蓟二镇各标路并各车营马骡本色一千六百一十四匹头。

胡马本镇无互市。隆庆五年，总督刘应节、巡抚杨兆始议，以价就辽东、宣府、大同各镇收买胡马给各营路。

标兵营，胡马三十三匹。

巩华营，胡马七十六匹。

昌平营，胡马三十八匹。

永安营，胡马三匹。以上胡马俱系各营额马内数。

效祖曰："昌镇之防，视真保又差缓。独以陵寝所在，不得不有衿褵之忧，然只宜分卒据险，固不在多置骑也。然兑给之马，亦时时有之，不过资传瑞耳。今宜限以数，每营若干，止为羽檄之需，万一烝报有警，即请之掌厩信宿可如云矣。夫马所以便于兵也，今兵不愿有马者，岂可不求其故乎？"

◇赔补

本镇马匹，自建营伍兑给后，岁有倒死，俱责本军赔补。如十年以上，齿衰膘瘠，及对敌阵亡，逐北走伤，出哨倒死。或喂养善膘齿壮，忽生暴疾，医救不及者，预告查实，止追肉脏并椿银一两五钱。五年以上，原膘齿肥壮，喂养不善以致瘦死者，追肉脏外仍追椿银二两五钱。五年以下死者，追肉脏外仍追椿银三两。除追本军死马肉脏银外，余价每二月一次会计，通融其数，均摊于众，在各路通计一营，在各提调通计一提，在各标下通计各部。凡系马军公朋买补，每匹朋银十两，其诸朋银各军，除坐扣外，不足继取樵采，每日责价三分。

效祖曰："马自毛齿既具，仅足以供十年之用，即逾十年不死，然玄黄尪颓，已无益于戎伍间矣。故宜稽其年限而逐渐更之，不必待毙而后议赔补矣。然赔补之法必宜责之正军，间有非其罪者，稍从末减，至以其老而欲更之，则官为区画，更于军施激劝之令，则人之爱马甚于自爱矣，赔补不渐少哉？"

卷六　经略考　昌镇经略

◇杂防

一、铲偏坡。边外山坡平漫，势可驰骤，难于守者，随其高下，劚成濠堑以限虏马。

黄花路，西星口起，至亓连口止，土石偏坡一万六千三百九十八丈。

居庸路，灰岭口起，至软枣顶止，土石偏坡一万三千三百六丈。

横岭路，松湖口起，至高堂口止，土石偏坡一万八千六百八十一丈。

一、种树木。沿边墙内外虏马可通处，俱发本路主客兵种榆、柳、杂树以固边险。黄花、居庸、横岭三路栽过柳木等树六万三千六百六十二株。

一、塞隘口。沙岭口外设鹿角榨木三层。灰岭口外设鹿角榨木五层，猭头榨木南北一丈五尺，拗马品字浮石南北一百丈，水口顺河荆囤十层。门家峪一片石水口外鹿角榨木三层。贤庄口外鹿角榨木五层，猭头榨木南北一十四丈，荆囤五层，拗马品字浮石南北一十四丈。锥石口外鹿角榨木五层，水口外鹿角榨木四层，猭头榨木南北二十丈，荆囤五层，拗马品字浮石南北二十丈。德胜口外鹿角榨木十层，猭头榨木南北一十二丈，荆囤五层，拗马品字浮石南北一十二丈。嘉靖四十五年侍郎刘焘、巡抚副都御史耿随卿题建。

一、招降叛见蓟镇。

效祖曰："庚戌之变，虏骑稍稍薄甘泉，顾所驻皆旷野平川，即有欚惨枳橿者，掉头去不顾，盖恐我为伏匿而逡逡有惧心也。昌镇陵寝重地，兵卫如林，而诸凡制具亦备。矧祖宗在天有灵，自当震慑腥毡之狂狡，其何敢仗棰策而窥金狄哉！"

卷七　制疏考　昌镇制疏

◇诏敕

敕昌平兵备山东按察司佥事任彬①

今特命尔前去整饬昌平等处兵备，尔宜查照该部题准事理，管理黄花镇、居庸关、镇边城三路，监督副、参等官，分管昌平州、怀柔、顺义县并长陵等九卫及营州左屯等卫，奠靖、镇边、渤海、白羊各所，驻扎昌平。专一抚处夷情，听理词讼，修茸城池，操练人马，查处主客钱粮，督修关营墩墙，管理神器甲仗，修盖营房仓库。每年正月半、七月初上边，三月尽、九月尽下边。其守边之日，稽查奸弊，监督战守，下边之日，如遗有边工未就之绪，及简阅兵马诸务，仍选委州县才能官一员前去代理。及将所管该路主兵通行搜选，设法教练，一年之内练有成效，不次擢用，因循不振，从重黜罚。尔仍听总督巡抚官节制。近该户部覆议，将边内荒芜田土及官豪势要侵占，逐一查明，分给屯丁，量给牛种，严禁滥征。俟三年后，如果成熟，准令各军自食其力，免给月粮。若有多余田土，亦要设法招种，照前免科，俟三年之后，或令当军，或令出租，临时听从民愿。年终，通将开垦过田亩数目造册奏缴，青册送部查考。尔受兹委任，须持廉秉公，正己率下，悉心经理，以靖地方。如或因循怠事，罪将尔归。尔其钦哉。故敕。

---

① 任彬，山西蒲州（今山西运城永济市）人，嘉靖三十一年（1552年）举人，累官职陕西副使。

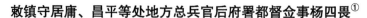

敕镇守居庸、昌平等处地方总兵官后府署都督佥事杨四畏①

今特命尔充总兵官，镇守居庸、昌平等处地方，总领黄花、居庸、镇边等路兵马，驻扎昌平地方。无事则从宜修守，有警则随方策应，其主客副、参、游、守及军卫有司等官俱听节制。应该收保等项有违调度者，许尔参究。其中军、千总等官系标下者，听尔公同该管参、游选取，系各区者会同巡抚选用，巡按、巡关、兵备俱不许干预。尔仍听总督军门节制，凡事与巡抚都御史会同计议而行。尔为武臣，受兹重寄，宜竭忠殚力，选练兵马，务期保护陵寝、奠安边镇，地方无虞，斯称委任。如或调度乖方，怠缓误事，及虐害下人，致生嗟怨，宪典具存，决不轻贷。尔其慎之，慎之。故谕。

敕居庸关参将贾斌

居庸关系京都北门紧要之地，今特命尔分守参将并提调白羊等口，遇有②贼寇，相机剿杀。凡有往来之人，须要仔细关防，若非奉明文擅自出关入关者，盘诘得出，当拿解者就便拿解赴京，其不当拿解及不服盘诘者，随即差人具奏处治。如赍捧敕旨者，亦须审验明白放行。其沿边树木，尤宜严加禁约，不许官军人等采柴烧炭，图利肥己，致成空旷，引惹贼寇。或已经砍伐者，督令趁时补种，务要林木稠密，使贼寇不得通行，遇警易于守备。毋得偏私执拗，有误事机，仍听整饬边备都御史节制。尤须持廉秉公，守法尽职，以副委任，如或贪图财利，科克害人，役占军士，致妨操守，罪不轻贷。尔其慎之。故谕。

---

① 杨四畏，字敬甫，其先安庆桐城人，一世祖兴武已从征官千户，子杨忠袭职，因功升指挥佥事。杨四畏袭指挥佥事世职，隆庆、万历之际历任昌平、蓟州、保定三镇总兵，屡建功勋。万历三十一年（1603年）八月二十一日卒。

② 原注：〔校〕遇有，底本、民国间抄本、南图本皆无，据上文《制谕署都督同知戚继光》补。

◇题奏

巡按御史杨谷录遗功以慰人心疏略嘉靖元年

臣近者按历居庸，见城内西畔山巅有祠堂一所，土人奉祀甚严，询之土人，乃正统间右副都御史罗通奉命专守本关，适当己巳之变，英皇北狩，各边将领所在溃师时，都指挥杨俊弃独石领败兵南走，通按剑叱曰：若南归，吾先斩尔。俊乃不敢，虏从紫荆关入攻城南门，七昼夜不克，土人至今犹能历历道之。臣会同巡抚都御史孟春议得，正统己巳之年，事变出于仓卒，罗通以一书生乃能提羸弱之兵，抗猖狂之虏，竭力坚守，卒杜关门。于时京师奠安，虽不出于通，而通障遏之功亦不可诬也。如蒙陛下追录遗功，俯从人愿，乞敕礼部查照事例，奏请明以庙额，颁降祭文，令本处卫官春秋祀享。如此，则不独慰居民之心，隆酬报之典，亦可以激劝于将来矣。

巡按御史王士翘固藩篱疏略嘉靖二十六年

臣同兵备副使艾希淳遍诣居庸关隘，阅视八达岭城，四望郊外，人烟稀少。半里内有地名岔道堡，系隶隆庆州，民居辏集，大约千有余家，路通宣大，往年虽建有土城，而卑矮可逾，倾圮过半。虽设有巡检而弓兵不过二十余名，虽协守以壮夫，而往来不常，缓急莫倚。臣愚以为：居庸，京师之门户；岔道，居庸之藩篱，委岔道而不守，是弃藩篱，然欲守此，非城不可，非兵不能。又查得永宁县城相去岔道四十余里，往年因其近边，特于本城建立两卫。又于居庸关内隆庆卫所轮拨指挥一员、千百户五员，统率军士二百五十名，备御永宁。夫永宁既有两卫官军，又有参将、守备等官驻扎，而犹必借于居庸区区数卒耶！盖因先年黑峪有警，权调防守，其后年久遂以为常。夫永宁、岔道均重，今若掣改备御永宁官军备御岔道，亦岂待如兵而后足乎？在岔道免荼蘼之害，在居庸护藩篱之固，在京师有盘石之安，财不甚费，兵不加增，一举而三利存矣。

巡按御史曾佩①请筑堡以固关隘疏略嘉靖二十八年

臣巡视居庸等关，顷以宣大传报声息，臣会同巡抚都御史孙应奎驻扎居庸关，以便调度策应。臣复自该关出八达岭外，前去巡访虏骑由来之路，第见八达岭外不一里许，有岔道堡者，乃该关军民杂居贸易，久而成聚，大约千有余家，生聚颇繁，畜产颇盛，四周虽罗以土墙，卑矮可逾，虏若登坡临下，虽贲育莫御，臣切忧之。盖岔道此堡适当八达岭之口，居庸关之藩篱，如欲虏之绝意于居庸，必先使之无垂涎于岔道，未有岔道危而八达无事，居庸不震惊者也。居庸震惊，则京师畿辅不卜可知。故臣深计岔道之地不可少忽。

巡按御史陈学夔②亟赐议处未尽事宜以足防守疏略嘉靖三十二年

臣巡视居庸等关，窃见渤海所则正关城、慕田峪、贾儿岭，黄花镇则本镇口鹞子峪、西水峪，居庸关则灰岭口、门家峪、青龙桥、石硖峪、化木梁、糜子峪，镇边横岭等城则立石口、窖子项、火石岭、大石沟、柳树洼、庙儿梁、堂儿庵，皆称要害。然镇边、横岭诸隘则系外口，尤为极冲者也。臣尝见其外通怀来，土坡平漫，原无重险为限。然外口虽多，内惟高崖一口，乃其必由总路，但高崖地形宽广，虽筑城驻兵，亦难堵截。惟其中有三要路，镇边城、东北街、马跑泉是也。盖虏贼由卧子头、河子涧，则可抵马跑泉。出北港口西北街，则可抵东北街，二路有警，则不必犯镇边，而已径达高崖，过此即长驱莫遏矣。今惟镇边城添设参将，展城募兵，而东北街止有军士一十八名，马跑泉向无议守。合无将召募军士内拨一千名，分布二路，各选指挥、千户统领防守，一面容臣会同巡抚委官估合工料，应增官军，另议题请。

---

① 曾佩，字德甫，江西临川县（今江西抚州市）人，嘉靖二十年（1541年）进士，授行人，擢山东道御史，曾巡视两关、巡按福建等。

② 陈学夔，号宜峰，广西宜山（今广西宜州市）人，嘉靖二十六年（1547年）进士，授江夏知县，擢监察御史，巡按陕西，累官至云南按察使。

巡按御史孙丕扬酌处居庸诸关事宜疏略嘉靖四十三年

今沿边诸官，地方之苦寒者，诡计以图去；扣减之败著者，先事以逃宫。甚至见属夷而匿于他所，遇告诘而径归本卫，视信地如邮舍，以逃匿为长策。臣愚以为莫若会推而严绳之。每岁终，抚按官会同大计各官，较量才力，酌为罢留，疏名上请，不必暂委，其有仍旧逃回，悉如文臣罢职不叙例坐之。其或虏自该口入犯，则亦必罪毋贷。此臣之所欲酌处乎将者，一也。

臣历视营操之兵，多有影射之弊，籍口罢拨则虚名徒寄，指称公遣则实数不存，以致尺籍徒凭，查点无据。故同一摆拨也，巩华营则四十七名，昌平营则一百一十二名。同一队数也，马水口之李仲良、王彦亨止于三十五、三十四名，紫荆关之何得全、赵来住止于十八与八名。其它关事故者，居庸则一百一十二，白羊则六十九，倒马则六十四。顾摆拨公差，事属难已，而占名纳空，弊所当革。莫若行该镇巡抚，量道里远近，定传报之数，酌地方冲僻，立分差之名，或关队尽用以防移借，或轮流供役以均劳逸，不许逐队乱抽，以致各伍缺人，果有逃亡者明开月日，以便清查。其有私扣月粮，肆索班价但二十名以上者，抚按官指名参治。此臣之欲酌处乎军者，二也。

臣阅居庸诸关之兵，多有积疏相悬之弊，是故镇边区东，马步诸箭鸟快诸枪中者十之八九。沿河之西，以放枪论之，沿河口五十名未中者四十一，倒马关一百名未中者八十三，至故关则五十无一中者，是火器不如东区也。以射艺论之，紫荆关一百名不中者三十九，浮图峪六十名不中者二十六，而龙泉关二十五名六箭者仅得一董忠耳，是弓矢不如东区也。臣欲照东十区例，缺者补之，各伍务期于充实；疏者练之，艺能必归于精善。每年春防完日，臣等即如东镇秋后视阅之法，以箭数为准，定各将之优劣；以火器相兼，稽诸军之勤怠。艺能果精者，不次优赏；骑射或疏者，痛加惩治。此臣之所欲酌处乎补练者，三也。

巡按御史宋纁①议守要害卫陵寝疏略嘉靖四十四年

臣巡历居庸关，见该关既设有隆庆一卫，又有一参将，复有钦依把总一员兼驻其中。查八达岭北去居庸关三十余里，第一紧关门户，而问其守把之官，止百户二员。况岭东黄花谷、青龙桥、石佛寺，西北化木梁、于家冲、花家窑、石硖谷、糜子谷俱房酋垂涎之地，皆居庸把总所辖地方也，乃使之内驻居庸计不左乎？及照居庸参将营，见有官军三千一百四员名，合无于内摘拨一百名，将居庸把总或量加守备职衔，或仍以把总名色移驻八达岭，使其与岔道守备表里相应。无事则盘诘奸细，严禁樵采，修葺墙垣，其春秋两防，听其就便往来督率。各该守口官军严加堤备，其把总官厅、军士营房，就于居庸南口商税银内听臣估议，给发修盖。

◇集议

都御史汪伦屏蔽京师论

略曰：黄花镇，正为京师北门，东则山海，西则居庸。居庸之外，虽有永宁，而兵力单弱。山以西，越贾儿岭，即为胡马之场矣。

丘文庄公濬论大都形势

略曰：汉、唐都关中，被山带河，四塞为固，所以扼天下之吭而拊其背也。今京都势大，被太行诸山，襟带大海，非汉、唐都关中比。然汉、唐去边几千余里，今京都北抵居庸，东北抵古北口，西南抵紫荆关，近者百里，远者不过三百里。所谓居庸，则吾之背也；紫荆，则吾之吭也。据关中者，将以扼中国之吭而拊其背；都幽燕者，切近于北狄，则又将使其反扼我之吭而拊我之背焉。所以防蔽之者尤加意可也。

---

① 宋纁，字伯敬，商丘人，嘉靖三十八年（1559 年）进士，授永平府推官，历御史，以右佥都御史巡抚保定等府，累官至南京户部侍郎、户部尚书、吏部尚书等。

巡关御史王土翘居庸论

居庸两山壁立，岩险闻于今古，盖指关而言。愚谓居庸之险不在关城，而在八达岭，是岭关山最高者，凭高者以拒下，其险在我。失此不能守，是无关矣。逾岭数百步，即岔道堡，实关北藩篱，守岔道所以守八达岭，守八达岭所以守关也。由八达岭南下关城，真所谓降若趋井者。关北门外，即阅武场，登场而望，举城中无遁情况。往来通衢，道路日辟，虽并车可驰，故曰险不在关城也。关东灰岭等诸隘口，外接黄花镇，内环陵寝，更为重地，经画犹或未详。关西白羊口号称要害，城西门外，去山不十丈，而山高于城数倍，冈坡城漫，可容万骑。虏若据山，则我师不敢登城，拓城以跨山，今之急务也。长峪、横岭通近怀来，均之可虑，而横岭尤孤悬外界，山高泉涸，军士苦之。镇边城虽云腹亦喉舌地，川原平旷，无险阻之固，雨淫溪涨，淹没频仍，越此而南，即长驱莫遏矣。是故镇边之当守，其形难察也。此固一关险夷，然去京师咸仅百余里耳。门户之险，甚于潼、剑，设大将，屯重兵，未雨彻桑之谋，其可一日不讲哉？

卷八　职官考　昌镇职官

◇武阶

居庸路参将洪武三十二年设，初为镇守。弘治元年改分守。正德四年改镇守。越一载，仍为分守。嘉靖四十四年，改参将一员，辖八达、石岭、灰岭三守备地方：吴玉延庆卫人，沈清，袁讷陕西人，高敌，李景延庆卫人，张镇通州卫人，杨俊开平卫人，政开平卫人，忠开平卫人，鲁宣开平卫人，仲福京卫人，李奇，宋瑛京卫人，柳春京卫人，朱瑾京卫人，杨能京卫人，王玺京卫人，王瑾京卫人，吴琦京卫人，^①罗杰京卫人，张栢延庆卫人，孙玺延庆卫人，申大节遵化卫人，杨升金吾右卫人，卢玺营州中屯卫人，

---

① 原注：〔校〕"吴琦"条本书未记，今补。

郭㫤镇朔卫人，李沫京卫人，徐珏涿鹿卫人，罗希韩营州中屯卫人，张镐京卫人，钱济民永宁卫人，张润开平中屯卫人，李深保定左卫人，毛绍忠密云后卫人，张元勋蓟州卫人，秦镇大同左卫人，史勋大同右卫人，王臣万全都司人，刘钦大同右卫人，吴守直真定卫人，王臣广宁卫人，福时济阳人，宋兰保定中卫人，林爵山西人，宋希郊保定左卫人，刘乔寿保定左卫人，傅廷勋辽东人，孙山金吾右卫人，刘戡①大同朔州卫人，贾斌振武卫人，沈思学宿州卫人。

卷十　夷部考　昌镇夷部

◇入犯

由独石境外大松林、明沙滩，南至天克力，或察汉川潮儿分路，西犯宣镇之龙门所滴水崖，入永宁川，犯黄花、居庸二路。自天克力南行，或东自汤河转西南过表厂，南至三角城分路，又西臭水坑入宣镇四海冶，犯擦石、磨石二口。自三角城分路，由椒园儿、沙岭西犯慕田、贾儿岭，南犯开连口。由四海冶城北入东山峪，东过皂角石，南犯大榛峪、驴鞍岭，由四海冶、南横岭②东南，犯雪山东庵③。俱渤海④所一带地方。

由永宁州东下四海冶，过西横岭东南曲莺嘴崖，南犯南冶口。正南至三岔口分路，东雪山东庵，西由草寺儿、大长峪⑤西行，过石垛子犯万涧口，过南横岭由西盘道、杏树台东入三道关犯黄花本镇口。由灰子塘亦犯⑥本镇口。由周四沟、南山、宋王驼南下，亦犯本镇口，由莺查

---

　　① 原注：〔校〕刘戡，原作"刘勘"。据《重修居庸关志》卷五《官司》、《明穆宗实录》卷六十六隆庆六年二月丙申条改。
　　② 原注：〔校〕横岭，二字底本不清，据民国间抄本补。
　　③ 原注：〔校〕犯雪山东庵，五字底本不清，据民国间抄本补。
　　④ 原注：〔校〕渤海，二字底本不清，据民国间抄本补。
　　⑤ 原注：〔校〕此处原记有"草寺儿"，与前文重复，故删除。
　　⑥ 原注：〔校〕犯，底本原无，据文意补。

儿犯西三道关，由韩家川、老长城犯鹞子峪。俱黄花镇一带地方。

由永宁南山谎炮儿、又石桥口迤东台子沟，南来至二道河分路，东南由韩家川、老长城犯黄花镇鹞子峪①。正南由白龙潭，东南由莺窝岭亦犯黄花镇。由砖庙儿岭南来犯门家峪、灰灰岭、贤庄、锥石。由莲花石正东过刺梅川通白龙潭，南犯德胜口。由麻地沟西通居庸关南口外双泉口，由郭家庄窠犯雁门石、锥石，俱山陵后地，为灰岭口一带地方。

由延庆州南山入张家口，西南犯青龙桥、石佛寺、正瓜峪，入大、小红山口，至柳沟，亦西犯前三口，南犯陈友良、黑豆峪、化木梁、岔道堡，至岔道八达岭为急。八达岭，居庸外户。俱八达岭一带地方。

由怀来南山越联墩土墙入棒槌峪、大川，东南犯花家窑、石峡峪、糜子峪。由东南榛子岭过响闸口分路，出汤峪、苏林并居庸南口犯昌平。俱石峡峪一带地方。

由怀来南山越联墩土墙入棒槌峪、大川，东南犯软枣顶、石板冲、西山庵、牛腊沟，南行犯桑木沟、黄鹿院、东西二庵、秋树洼。俱白羊一带地方。

由怀来南山越联墩土墙，东南由羊儿岭转正南瑞云观犯立石口分路，东南犯沙岭儿、东西二庵、窟窿山。俱长峪一带地方。

由怀来南山越联墩土墙，南过乾庄子，东南犯风胡卢沟，并东、西凉水泉，正南犯火石岭、寺儿梁，西南犯东、西核桃冲、大石沟、陡岭口，由小山口、十八家南来犯莺窝，由大山口东北犯姜家梁、倒翻冲、庙儿梁。俱横岭一带地方。

由怀来南山越联墩土墙，南入大山口分路，转东北柳树洼沟，犯于家冲、翻驴儿沟、双山顶分道南行犯黑冲谷、车头沟，由大山口正南行水头村分路，至后港口犯尖山顶、北唐庵、南唐儿庵、松树顶、秋树洼、挂枝庵。俱镇边一带地方。

① 原注：从引处"鹞子峪"以下，至"由怀来南山"前止，底本缺一页，据民国间抄本补。

正统十四年,西虏破紫荆关,犯都城,回略昌平^①,焚长、献、景三陵。出居庸关,复犯,都御史罗通遣官军御却之。

正德十一年,西虏犯长峪村、德胜寺,官军御却之。本年冬十月,虏掠白羊口。

嘉靖二十二年,西虏犯慕田关、贾儿岭地方,官军御却之。

二十七年,西虏犯岔道,攻八达岭,官军御却之^②,转犯石佛寺口、青龙桥东口,官军复御却之。

二十九年,西虏由古北口入,犯都城,回掠大^③石沟出境。

三十四年,西虏犯唐儿庵,官军御却之。

四十年,西虏犯岔道,攻八达岭,官军御却之。

效祖曰:"昌镇故无外夷,无外夷其有入犯者何? 曰:'西自紫荆,东自古北,内攻之也。'或曰:'金之攻辽,不尝至居庸乎? 何言无人也?'曰:'崖石自崩,天欲亡辽,非金之能攻,亦非辽之不能备也。'"

重修居庸关志^④

《重修居庸关志》六卷,明人张绍魁撰。绍魁,延庆卫(今北京市)人,万历三十八年(1610年)进士,生平事迹不详。

卷六

◇风俗

按居庸自圣祖驱逐胡元之后,建关置卫,设立官司,大抵皆出自功

---

① 原注:〔校〕回略昌平,四字缺失,据民国间抄本补。
② 原注:〔校〕之,底本原无,据文意补。
③ 原注:〔校〕大,原作"太",据上下文及民国间抄本改。
④ 〔明〕张绍魁撰:《重修居庸关志》,成文出版社,1968年版。

勋之裔，依氏荫袭，而在伍尺籍，亦往往自外充入，不多一二土著。其土尽堪屿险墟而少耕牧，其舍余军余又尽重去其乡不事商贾，居官者止岁俸，充伍者止月粮，故俗多简朴结轖，无骄奢姱靡之弊。语云：沃土之民，乐乐则思淫；瘠土之民，劳劳则思善。居庸密迩京师，而人心风尚，烦简通僿，若隔星渊，倘亦沃与瘠之异也。迩来山灵秘蓄之气，日渐郁勃。蕞尔胶庠，多好经术、喜功名，其士大夫敦尚风节，一二祀于其乡，有表见者。然弁缨子舍，率又意气相矜，各立町畦，或其见之不广，抑亦风气固然，尚有俟于司风者矣。大率婚娶不论财，丧葬崇尚佛事。惟士（夫）〔大〕夫家遵行家礼。端午，悬蒲艾于户上，以避沴气；用五色线系小儿手足，以避蛇蝎之毒；以苇叶裹糯米为角黍，亲族邻里，递相馈送。是日人多入山，采诸药蓄之。中元日，祭祖考及坟墓。重阳，荐糕采菊，携酒登高。下元日，具馔品，祭祖考，焚楮衣钱，谓之送寒衣。腊八日，人擂米粥，入各品果仁于内，谓之腊粥。祭灶，腊月二十四日，设酒果于灶前，礼之，名曰送灶神朝天。除日，置桃符，挂纸钱，贴春联、门神于门上，以压邪魅。除夜，人于是夜长幼相与燕饮，或半夜，或达旦，谓之守岁。

◇物产

谷类：粟、黍、稷、麦、稻、粟[①]、荳、菉、虹荳、莞豆、荞麦、芝蔴、胡蔴、苏子、稗子。

蔬类：蔓菁、芋、薯菜、蘑菇、白菜、芥、韭、蒜、葱、芹、苋、莙荙、萝葡、茄、菠薐、芫荽、香菜、茼蒿、匾豆、莴苣、罗裙带、荳[②]、葫萝葡、地陆、香椿、薤、树头菜、黄花菜、刺春头、笔管菜、荳芽菜、龙芽菜、山坡菜、管仲菜、野葱、野韭、野蒜、拳头菜、石花菜、天花板、猢狲头、猫耳朵、木耳、蕨菜。

瓜类：西瓜、冬瓜、甜瓜、王瓜、丝瓜、梢瓜、苦瓜、葫芦、瓠子、

① 重复，原文如此。
② 重复，原文如此。

香瓜、菜瓜。

果类：桃、梨、李、杏、栗、榛、红枣、羊枣、石榴、银杏、核桃、沙果、蒲萄、频婆、林檎、胡赖频、屡中杏、八达杏、无花果、樱桃、奈、匾桃、柿。

花类：梅花、地棠花、牡丹、芍药花、蔷薇、石竹、丁香、玉簪、荼蘼、蘡栗、菊葵、菊花、木槿、鸡冠、萱花、金盏、水红花、崧丹、碧桃花、八仙花、甲金连、滴滴金、凤耳花、转枝莲、马缨花、夜合金钱花、月季花、珠珍花、迎春花、六月。

草类：蒲草、茨菰、佛甲、虎须草、绣墩草、芰白、马兰、蘋萍、藻吉祥草。

木类：松、竹、柏、梧桐、椿、槐、榆、柳、杨、棠、杜、桑、楸、椵、桦、檀、楮、柘、黄檗、苦练、漆。

药类：地骨皮、天南星、半夏、瞿麦、麦门冬、款冬花、地丁、枸杞、商陆、艾、菖蒲、苍术、紫苏、薄荷、茴香、荆芥、黄精、瓜蒌、黄岑、桔梗、黄蘗、芍药、牵牛、人参、大黄、防风、知母、益母草、薏苡、郁李仁、车前子、菟丝子、马兜铃、五味子、麻黄、栢子、天仙子、甘草、乳香。

禽类：鹅、鸭、鸡、鸽、雁、鸦、鹊、燕、鹳、莺、鹞、黄鹂、斑鸠、鹭、鸂鸭、鹌鹑、青鸾、画眉、青翠、练雀、恨虎、石鸡、野鸡、啄木、布谷、红鸭、雉鸡、雕雀、白头公、鸳鸯、黎鸡、沙雉、鸢、鸥、叫天。

兽类：马、牛、骡、驴、猪、羊、犬、猫、虎、熊、豹、鹿、麞、麂、麠、獭、鼠、狐狸、豺狗、兔、野猪、青羊、山狐、猬、貉。

鳞类：鲤、鲫、鲒鱼、鳝鱼、蛤蜊、鳖、蟹、鳅、白鱼、虾。

介类：龟。

虫类：蜻蜓、蝴蝶、蜘蛛、蚯蚓、蝼蝈、蚭、蟻、蛇、蜥蜴、虾蚤、蝙蝠、螫毛、螳螂、蜉蝣、寒蝉、秋凉、蝎、蝎牛、蚰蜒、蝎虎。

货类：丝、麻、棉花、金、银、锡、铅、铜、铁、黄蜡、白蜡、蓝靛、石灰、玛瑙石。

◇**祠庙**附寺观

玉皇庙在关北教场西，正德间太监李嵩立。

真武庙在关北城内，洪熙年建。

旗纛庙在关城东北隅，洪武五年建。

关王庙三座一在城内西山之半，一在南月城内，一在居庸驿之上，各创立年岁不等，惟城内者有敕建赐额。

晏公庙在关城内，洪武中建。

城隍庙在关城内西南隅，洪武中建。

马神庙在关南门外，弘治十七年建。

火神庙在关北教场东，正德五年改设。

真武庙在南口门。

三官庙在城南门外东街巷内，乡人建。

龙王庙二所一在关外东巷内，一在关南四里巷内。

东岳庙在关城南，永乐初建。有莆阳余稷兴撰碑，以记其事。

白马山神庙在关南五里东山之麓，金承安年建。

泰山行宫庙在关南口门。

表忠祠在关内西南隅，为表罗公保障本关而设，春秋祀典，见忠义传。

刘谏议祠在关城东南三十里德胜口之前，昌平旧县之左，公事唐，直言对策，封谏议，邑人贤之，故立祠，元任黄缙有诗。

泰安寺元至正五年建，有四明冯益撰碑，以纪其事。

佛岩寺在关城西北二十五里，兴废无考，惟寺中石佛一尊刻开泰四年字迹，上有石洞刻明昌元年字迹，壁间又书大德十一年造字迹。约之创自辽金时也，其为古刹信矣。

奉福寺在关西南八里汤峪川，金承安年创立。元至正初，敕建奉福禅林。有莆阳余稷兴撰碑，以记其事。

普云寺在关城西南六里汤峪川，辽天庆间创立。

玉峰寺在关城北八里，时延祐间创立，山下石刻隶书"玉峰寺"三大字。

石佛寺在关北一十五里，因石岩以凿大悲像，永乐年间建。

兴善寺在关北六十里旧榆林堡外，元不花帖木儿司卿立，有断碑可识。

和平寺在关西南二十三里。成化戊子，本关太监崔保立有辽阳张升撰碑，以记其事。

王泉寺在关北四十里帮□峪内。

普门寺在关南一十五里，本关太监李嵩立。

普庆寺在关南五里，乡人立。

□京寺在关北二十五里，弘治间遗址尚存，后修八达岭尽废。

宝林寺在关□六十里，景泰年间乡人立。

无梁殿寺在关北十里即山岩下，凿石为佛像，覆椽瓦于岩上为架，因其无梁，名曰无梁殿寺。

白羊口城隍庙、真武庙、三官庙、二郎庙、龙泉寺、龙王庙、关王庙、承恩寺。

长峪城城隍庙、关王庙、玄帝庙、娘娘庙。

横岭口真武庙、龙王庙、山神庙。

镇边城旗纛庙、城隍庙、真武庙、关王庙、龙王庙、山神庙、圣母庙、德胜寺、白□寺、上方寺、朝阳庵。

东路灰岭口龙王庙、德胜口关王庙、真阳观、锥石口龙王庙、撞道口真武庙、西水峪口莲花寺、虎峪口鹤儿涧庵。

◇坛壝

卫厉坛一所，原设城南，今改城北三里，岁举祭如常仪。

◇陵墓

朱怀珪墓在关东南三十里积粟山下，尝为唐太尉，葬此。

刘秉忠墓在关西南竖子口之侧，亦唐人，袁廷玉有诗吊之，见后。

张孝、张礼墓在关东南贤庄口，后汉时流移于此，遇盗，兄弟相让就死。乡人贤之，后卒葬此。翁仲见存。

单御史墓在关外三十里，旧有石人、石羊、石虎、石华表，今皆倾敧损折，其世代无考。

回族墓在关东北二十五里，有冢无碑，惟二翁仲在，皆番像，故俗呼为回族墓云。

朱知县墓在关西北二十里即怀来城南，水泉乃其所浚，溉田甚广，墓碑被僧毁，今石羊犹存。

参将夏忠墓在关西北二十五里，官宣府镇守，卒，朝廷遣官谕祭，茔墓域葬之。

◇驿传

居庸驿在关南门外五里。榆林驿在关北六十里。土木驿在关北一百二十里。榆河驿按本关南三十里至新店站，又三十里至榆河驿，又二十里至唐家（林）〔岭〕站，又四十里至顺天府，共一百二十里。俱于洪武二十七年设立。今新店站、唐家岭站俱废，止榆河驿见存。

以上俱军驿，其城垣、职官、军马见前。

◇巡司

岔道堡巡检司距八达岭门外半里，为居庸藩篱，民居辏集。巡检一员，弓兵二十名，隆庆州编佥。

◇铺舍

居庸急递铺在城内。长坡店急递铺在关南五里。岔道急递铺在关北三十里。帮水急递铺在关西北四十里。花园急递铺在关西北七十里。

◇桥梁

迎恩桥在关城南一十二里，今废。永安桥在关北四里，今废。青龙桥在关北二十五里，今重修，倍于往昔，人甚便之。永福桥在关城南四十里，跨双塔河。桥虽尚存，而〔水不由故道矣〕。永通桥在关城南六十里，跨榆河。桥虽存，而水由别道。小石桥在本关迤北，道路曲折，水流旋绕，人多病涉。因架石为桥，以速往来。自北关至青龙桥，小石桥一十三座，皆无名，但以头桥、二桥挨次呼之。

◇窑冶

砖瓦窑一所在关西北八里。

灰窑一所在关城北一里。

以上各窑委千百户一员管理，摘拨军士采取柴石烧造，以备修理城垣、公廨之用。其各隘口军士，多处俱有窑座，烧积砖灰，循环稽查。

◇牌坊

迎恩坊在关城南门外，旧有坊牌一座，废后，太监姚政重立。

长宁坊在关城中，今废。

永安坊在关北门外，今废。

澄清坊在关城中街西巷口，今废。

掇英坊在城中，为举人朱嗣宗立，今废。

聚魁坊在城中，为举人朱嗣宗、陈澍、雷纲、雷宗、张翔立。

登科坊在城中，为举人叶增立。

国计坊在关城南门内，户部分司立。

三关伟绩坊在关城内西南隅，为罗公祠立，扁其内曰"两间正气"。

驱胡万里坊在关北八达岭门外。

烈女坊在关城内，为烈女周氏立。

节义坊在关城内，为烈妇王氏立。

将台坊在关北门外演武场。

◇古迹

天寿山一名军都山，即汉之军都，自古屯兵之所，在关东南二十里。后汉卢植隐此，立学舍，一时从游者自远而至。昭烈帝微时尝修弟子礼，师事之。我国家祖宗陵寝在，是山川形势之胜，天造地设，非偶然也。

居庸八景

玉关天堑按本关重冈峻岭，横亘西北。国初，因山修筑城池，以扼其冲，势若天堑，故名。

石阁云台按本关通衢，叠石为台，创自元时。四围栏杆旋绕，工巧壮丽，殿阁巍然，势耸霄汉，故名。

叠翠联峰按本关垂南有山，色苍翠而形崒嵂，远近观望，势若螺髻，为金台八景之一，故名。

双泉合璧按本关城东岩下，有双泉涌出，势若燕尾，顺下萦纡，既散复合，故名。

汤泉瑞霭按本关城西汤峪川有水一区，溶溶不竭，暖气熏蒸，冬夏如一，故名。

琴峡清音按本关城北五龟山悬崖之下，有水注滴，泠泠清音，宛若冰弦之状，故名。

驼山香雾按本关城南十二里有山，高下起伏，俨若驼形。阴雨云雾突起，气味馥郁，故名。

虎峪晴岚按本关东南二十五里有山，势若虎踞，远映晴辉，岚光耀目，习习谷风，时出其下，故名。

六郎城在关城北三十里棒槌峪内，相传杨六郎所筑。按宋真宗时，杨延昭知保德州，故边人呼为杨六郎城，今存。

龙镇卫在关北二十里青龙桥之东，元指挥使哲颜不花建，遗址尚存，有善政碑，断裂不可辨识。

仙枕石在关北七里上关道旁，其形颇大类枕，上刻隶书"仙枕"二字，旁刻吕贲书，世代莫考，俗呼以为仙枕石。上关城内官厅前有巨石，刻"玉峰寺"三字，疑亦吕贲所书也。元陈孚有诗。

养鹅池在关西北六十里，俗相传辽萧后游玩之所，基址尚存，池水则涸。

古居庸城在关北八里上关，其城东西跨山，敌楼、基址犹可辨识。

香水园在关北五十里，相传元仁宗曾诞于此，故名。

翠山寨在关南十里叠翠山上，由险道盘旋五里许方达其处，至则巨石俯仰，宛若屋宇之壮。其中可容百人，四壁寒流缀滴，凉气袭人，异草旋绕，左右涧谷深沉，莫敢下视，惜无字迹可考，亦奇境也。

观音泉在关北八里上关玉峰寺下，其水清冽寒凉，石刻"观音泉"三字，故名。

范阳荒石在关北八里上关下永安河边，有巨石，上刻一犬吠二凤之状，傍有"范阳荒石"四字。

水盆石在关北八里上关东山之巅，相传辽萧后梳洗之处。石下刻"燕窝"二字。

莲花池在关北五十里，相传辽萧后游幸之地，水池尚在。

统幕在关北一百二十里，相传辽主幸此地，设大幕于此，后传讹为土木，今因以为驿。

神山头在关南五十里，传闻金章宗游幸于此。帝以所饮酪浆散于背后石壁之上，至今白迹犹存。刻仰俯莲花圈，内有番字难辨，俗呼为神山头。

古夷城在关南一十五里南小口之西，相传辽萧后曾屯兵于此，故名。

驻跸山在关西南五十五里，山刻"驻跸"二字，金章宗曾驻跸于此，故名。

龙虎台在关东南二十里，元世祖尝有诗。

居庸石在关北八里，石长十丈余，阔四丈，厚三丈。环居庸皆石也，独此石为最，故名。

花园在关西北七十里，辽萧后所置，今遗址尚存。

漱玉井在关南四里，永乐初成祖文帝北狩至此，时欲饮，恶河马溅浑浊，遂凿井，不三四尺水出，故名。今涸。

鹁鹑石在关北九里，其形似鹁鹑之状，故名。

刀稜石在关东四十五里。

上路石在关东南二十里虎峪口下。

大悲岩在镇边城竖子口山顶，上有泉有庵，因大悲佛像，故名。

朝阳洞在镇边城南门外西山，岩洞门有庵，即朝阳庵，故名。

永镇堤在镇边城内及北门外一带。嘉靖二十年，巡关御史萧祥曜修筑，以遏水患。

◇矿洞

不老屯墩矿洞一处，猪窝屯墩矿洞一处，鹰窝驼矿洞一处，皆居庸所属。迤西横岭口地方，先因矿贼聚众窃发，至今官封看守，禁闭不开。

〔永乐〕顺天府志[①]

《〔永乐〕顺天府志》，实为《永乐大典·顺天府》之残卷，光绪十二年（1886 年），由缪荃孙自《永乐大典》四千六百五十卷顺天府七至十四卷抄出。缪荃孙，江苏江阴人，近代教育家、文献学家、金石学家、方志学家。

卷十四　昌平县

廨宇　急递铺八，每铺煌烟墩一座

在城铺，长坡铺，南口铺，双塔铺，皂角铺，榆河铺，唐家岭铺清河铺。

山川

军都山，《太平寰宇记》又名居庸山，在县西北十里。《后汉书》曰："尚书卢植隐居上谷军都山，立黉肆教授，好学者自远方而至。"《郡都县志》云："有纳款关，亦谓之居庸关，其北有防御军古阳夏川。"

---

① 〔清〕缪荃孙抄：《〔永乐〕顺天府志》，北京大学出版社，1982 年版。

《淮南子》云："天下九塞，居庸是其一也。"《舆地要览》："一名居庸，汉卢植隐此，刘玄德修弟子礼。"

关隘

居庸关，在县西北三十里，入深四十里，两山夹峙，一水傍流，骑通连驷，车行兼辆。按《淮南子》云："天下有九塞，居庸其一焉。其南即军都山。"又按《图册》云："先入南口，过关入北口，关中有峡曰弹琴，道傍有石曰仙枕，两崖峭壁刻石为佛像，皆作亭以覆之。"前先设隆镇卫于此，把截总治诸小隘口。自洪武元年内附以来，包筑石城，横跨东西两山，周围一千二百八十七丈，高一丈五尺，建南北二门，敌台一十二，窝铺四十四，仍立千户所以守御之。《太平寰宇记》：关在今县西北，北齐改为纳款，《淮南子》云：天下九塞，居庸是其一。《元一统志》：按《淮南子》曰天下有九塞，居庸其一焉。后汉光武使者入上谷，耿况迎于居庸关是也。南俯临军都，亦谓之军都山。《元和郡县志》：军都山在昌平县西北十里。后汉尚书卢植尝隐此山，刘玄德等皆修弟子之礼。今大都所上图册：居庸关在昌平县四十里，过者瞻仰焉。《析津志》：在西北四十里。天下山皆出昆仑，其高一千里，犹人之有顶也。上党为之脊，由上党而西则为北条、中条、南条，直入终南，陇蜀相接，牂牁越嶲入于南海。东则膺韩腹、赵喉、魏口，然跨辽东负绝汉，连亘数千里，入于三韩、肃慎、高句丽。居庸在直都城之北，中断而为关，南北三十里，古今夷夏之所共由定，天所以限南北也。每岁圣驾行幸上都，并由此涂，率以夜度关，跸止行人。到笼烛夹驰道而趋，南龙虎台，北棒捶店，皆有次舍，国言谓之纳钵关。置卫领之以司出入。至正二年，今上始命大丞相阿鲁图、左丞相别儿怯不花创建。过街塔在永明寺之南、花园之东，有穹碑二，朝京而立。车驾往回或驻跸于寺，有御榻在焉。其寺之壮丽，莫之与京。关之南北有三十里，两京扈从大驾春秋往复，多所题咏。今古名流并载于是。

〔万历〕顺天府志①

《〔万历〕顺天府志》六卷，由明沈应文、张元芳等修纂。初刻于万历二十一年（1593年）。该刻本为最早版本，分类细致，内容充实，是研究明代北京地情较为系统、完整的一部重要资料。沈应文，浙江余姚人，隆庆进士，历任顺天府尹、刑部尚书等职。张元芳，福建闽县人，曾任顺天府大兴县丞。

卷一　地理志

山川

笔架山：昌平州城北二十里，三峰并起，迥出诸山。成祖文皇帝玄宫在焉。

凤凰山：昌平州城南四里，至红门，两山相峙如凤翼。

蟒山：昌平州城东北数里，绵亘如蟒。

虎峪山：昌平州城西北数里，巍耸若虎踞。

照壁山：昌平州城西北十五里，为陵园南屏。

影山：在昌平州东，山以此为障。

小金山：昌平州西山口，日午金光射人。自笔架山、黄花镇、凤凰山、居庸关、苏家口皆皇陵护翼，有碑，禁人樵采。

军都山：昌平州西北二十里，后汉卢植隐此教授，昭烈微时修弟子礼。

幽都山：昌平州西北，古幽州。

狼山：昌平州西北四十里，东北有古阳夏川。

弹琴峡：居庸关中，水流石罅，声若琴。

---

① 〔明〕沈应文、张元芳纂修：《〔万历〕顺天府志》，齐鲁书社，1996年版。

菩萨崖：府西北百二十里，有三石佛。

湿余河：昌平州东南六十里，出军都山，折而东入潞河。

卷二 营建志

公署

昌平州：州治旧为昌平县，在永安城内，景泰三年升为州。申明亭在州大门左。旌善亭在州大门右。阴阳学、医学俱今废。僧正司在州治后瑞光寺。养济院在州治城外西关南。预备仓在旧四乡，今废。景泰三年，移置州西街南建仓。居庸仓在州城东门内。居庸草场在州城内西北隅。教场在州治小南门街东……总兵府、昌平道俱在州新城大街东第一巷内。通判衙门在谯楼东大街。

邮舍

昌平州：榆河驿旧在榆河店，去州治三十五里为巩华，嘉靖二十六年改设本州新城内大街西巷。州前铺。长坡铺。南口铺。双塔铺。皂角铺。榆河铺。清河铺。唐家岭铺。

〔隆庆〕昌平州志①

《〔隆庆〕昌平州志》八卷，是昌平现存第一部州志，隆庆刊本收藏于国家图书馆，宁波天一阁另藏有残本四至八卷。作者崔学履，昌平州（今北京市）人，生活于嘉靖、隆庆年间，曾任尚宝司少卿。

---

① 〔明〕崔学履撰：《〔隆庆〕昌平州志》，隆庆二年刊本。

卷一 地理志

山川

天寿山在州城东北一十八里东山口之内，俗呼东榨子。相传，我成祖卜陵时幸此祝寿，故名。其山不甚大，一登山上，远近在目中。水绕山麓，清奇可爱。嘉靖十五年，我世宗幸陵，偶经此山，览其胜概，在此山顶起建园亭，金碧辉煌。外用白玉石栏杆，周围砖砌旋梯十数级而上，宛然图画。提督太监钥之下官军看守，匾曰圣迹，御笔亲题。自是银钩飞白，圣人心画天成，玉玺流丹，帝王笔端神造允矣。昭代奇观，旷古盛事，凡得恭观，莫罄揄扬。

笔架山在州城二十里，三峰并起，迥出诸峰上，乃成祖文皇帝玄宫在于此。

凤凰山在州城南四里，至红门十里，两山相峙，其形如凤蓄然，故名。

蟒山在州城东北数里，其形绵亘舒长，如蟒之伏，居红门之左。

虎峪山在州城西北数里，其形巍耸雄壮，有虎踞之势，居红门右。

照壁山在州城西北十五里许，为陵园南屏。

影山在东山口东南，东山一带全得此山为之障护。

小金山在西山口内，日午人过山下，光射人衣，如黄金之色。

已上诸山皆禁山也，北至黄花镇，南至凤凰山，西至居庸关，东至苏家口，乃其四界。州城东门外，东北小山上立有石碣，禁人樵采。

军都山在州治西北二十里，按旧记，太行山首河内，北至幽州，有八陉，其第八陉即此也。后汉卢植隐此，立黉肆教授，学者自远方至。昭烈微时修弟子礼。

翠屏山在州治西，山色苍翠。

叠翠山即居庸叠翠。

黄花镇川河源自塞外，流入黄花镇口，历州东北至怀柔县界，入白河。水有九曲，俗呼为九渡河。

湿榆河在州治东南五十里，源出军都山，南流又折而东，以入于潞河迳。

八景

……

居庸霁雪按州西三十里为居庸关，而关居州之上游，关内道由中而上，公私房舍分列两山，数级而上，每遇雪霁之后，登城而望，悉如银锦层铺，颇壮严关之丽。集诗六首○关山雪初霁，关树已霏微。因忆关山戍，将军尚铁衣。○高关雪初霁，万里玉模糊。忆得王维画，峻嶒栈道图。○银山本在北，万丈青云梯。晓见居庸雪，银山忽在西①。○天关阻绝俯居延，万马奔腾岱岳连。雪后琼瑶接霄汉，云联②冰玉浑幽燕。丑夷褫魄③倾巢日，汉将成功报国年。凭仗威风清朔漠④，镌题常自满燕然。○据崄当关曙色收，万家烟火两山头。可看雪后铺图画，壮丽分明巩帝州。○神皇立镇圣功齐，尺剑由来此处提。珍重万年根本地，蟾明雪霁胜淮西。

卷三　建置志

仓场

居庸仓在州城东门内，旧属分司掌管，今属管粮通判，专备主客兵马粮饷。

居庸草场在州城内西北隅，属管粮□牧放，其草束专备主客兵马支用。

驿传

---

① 该诗于《日下旧闻考》之《明诗综》中名"银山"，作者无名氏。
② 按：一作连。
③ 按：《〔康熙〕昌平州志》《〔光绪〕昌平州志》缺此四字。
④ 按：《〔康熙〕昌平州志》《〔光绪〕昌平州志》缺此二字。

榆河驿旧在榆河店，去州治三十五里，为军驿，乃居庸关委千户一员管领。军夫一百五十名在驿接应，往来使客，与州无涉。后因道路水冲，崎岖行者，以昌平道坦为便，本州百姓疲于供应，至嘉靖三十六年，议将该驿改设本州新城内大街西巷，仍用军夫，革去千户，添设驿丞驿吏，又将□□各处马头挈回，在本驿应役。斯役也，军出其力，民输其财，而州之里甲不至于甚赔扰矣。

铺舍

州前埔。长坡铺。南口铺。双塔铺。榆河铺。清河铺。唐家岭铺。

卷四　田赋志　土产

药品

菖蒲一寸九节者出居庸关石佛寺石隙缝中。

白蒺莉居庸关出者佳。

卷八　杂志

关隘

居庸关在州治西三十里，关跨南北约四十里，两山夹峙，一水傍流，悬崖峭壁，最称要险。《淮南子》谓"天下九塞，居庸其一也"。洪武二年，大将军徐达垒石为城，跨两山之间，为京师北门。三年，设千户所，千户陈□等守御。永乐二年，改隆庆卫。隆庆改元，更延庆卫，领五所，建卫学以教生徒。成化年间，差内臣一员同都指挥宋行镇守。后内臣裁革，而镇守改为分守。今分守又改为参将，又有大把总一员，实为昌平道之信地。嘉靖四十四年，巡官御史、中州宋公纁题为"处要害以固藩篱以卫陵寝事"，大略谓居庸关设有延庆卫并参将，复设把总，同住该关，似涉重复。且八达岭去关三十余里，止有百户二员在此守把，防守殊疏。乞将居庸关把总量加职衔，移住八达岭，仍拨参将营官军一百名，与岔道守备内外相应，并动支本关南口商税银两，起盖营房，住扎兵部，题复为照。八达岭内拱居庸，北连岔道，实为南北咽喉要地，锁钥攸关，委当详慎。今据所陈，官不增设，事中肯綮，俱奉钦依准行。愚观宋公此疏，一转移之间则门户之防已固而益固，锁钥之虑因严而愈严，其诸一劳永逸矣哉！谨用记之，以见我州重关之险，悉有所备云。

居庸南路隘口晏磨峪○大峪○汤峪○水峪○长峪○（谭）〔潭〕峪○小峪○苏林○鹿角湾○黑淅涧○小枯将○大枯将 已上一十二口俱在州治界里。

居庸东路隘口灰岭○养马峪○虎峪○德胜○锥石○雁门○贤庄○门家峪○枣园寨○石城峪 已上一十口俱在州治界里。

武备志①

《武备志》是明代重要军事著作，属古代字数最多的一部综合性兵书。全书二百四十卷，逾二百万字，由兵诀评、战略考、阵练制、军资乘、占度载五部分组成。作者茅元仪，浙江吴兴人，崇祯二年（1629年）因战功升任副总兵。

卷二百四　占度载　度十六　镇戌一

昌平古营平地，北枕居庸，东肩渤海，西接横岭，三面皆冲。虽宣蓟为屏蔽，紫荆借声援，外控要害，内护京陵，东接蓟镇大水峪下并连口地方，西接保镇沿河口下浑河地方。

---

① 〔明〕茅元仪撰：《武备志》，天启元年清莲溪草堂修补本。

按：居庸关、黄花镇、镇边城、八达岭、慕田峪、灰岭口，俱系冲地。史车二夷，故朵颜种，嘉隆间相继内附，移住边内周四沟、滴水崖、龙门所南山一带，受我抚赏。万历十八年，安兔勾引叛去，后以计擒史二官儿子女红亥等，顺义擒献史二官儿我列等，其部落仍来归安，插永宁哱啰长安岭各地方。迄今照旧抚赏云。

◇将领　昌平

镇守一员

镇守总兵官旧有副总兵，又有武臣提督。嘉靖三十八年裁副总兵，以提督改为镇守总兵，驻昌平城，听总督节制。其天寿山、巩华城、黄花镇、居庸关一带参、游、守备，西自镇边城，东至渤海所，各关隘俱属统领。今各镇边军入卫不干与。

分守三员

居庸关参将旧系分守。嘉靖四十三年改参将，所属石峡峪、灰岭口、八达营三守备。

黄花镇参将旧设。嘉靖间令移驻渤海所防御，其渤海所守备照旧移驻黄花镇，与内守备同城居住。黄花镇边务仍听参将管理。所属慕田谷提调、黄花镇守备。

横岭口参将嘉靖三十二年添设，驻镇边城。嘉靖四十五年，移驻横岭口。所属镇边城、白羊口二守备。

游击将军二员

总兵标下嘉靖四十二年设。

右骑营原系巩华城游击，万历四年改，驻昌平，统马兵。

坐营官三员

左车营万历十年以永安营游击改，驻昌平。

右车营万历十年以白羊游击改，仍驻本处。

昌平总兵下嘉靖四十三年，设永安营坐营。万历二年改，总兵中中军传宣号令。

守备十员

巩华城万历元年，设昌平管河把总。四年改为守备，令不妨原务，兼守城池。

天寿山旧设。

涿州城旧设。

怀柔隆庆二年设。

黄花镇旧设。

灰岭口隆庆五年设。

白羊口旧设。

镇边城原设，驻横岭口。嘉靖四十五年，移驻镇边城。

石峡峪隆庆二年添设。

八达岭旧系把总，驻居庸关。嘉靖四十三年，改为守备，移驻八达岭。

提调官一员旧有长峪城，万历八年革。

慕田峪关旧名渤海所，万历四年改设。

◇**城堡台墙　昌平**

见存城堡二十八座，空心敌台二百五十余座，守边墩台一百六十九座。隆庆二年，蓟、昌二镇共筑一千五百座。万历元年，令滦河以东、居庸以西及松棚诸路，再增台二百座；又令曹家寨将军台地，跨山横筑内城，守以七台。四年，令蓟、昌二镇修边墙九十余里，添筑墩台五百座。

◇**兵马　昌平**

原额官军一万四千二百九十五员名，见额一万九千三十九员名。原额马三千一十五匹，见额马驴五千六百二十五匹头。

北游录^①

谈迁，字孺木，浙江海宁人，一生博鉴群书，著作等身，《北游录》即其代表作之一。顺治十年（1653 年）至十三年（1656 年），谈迁北上京师，将沿途见闻记录成文，分纪程、纪邮、纪咏、纪闻、纪文诸卷，总称《北游录》。

纪邮上

甲午公元一六五四年　清顺治十一年

八月戊午朔，鸡再号，御重裘趋宣武门待启。啖麋二器，直走中逵以及德胜门。出五里土城，相传古蓟门遗址，亦曰蓟丘，非蓟州也。稍北土城湾。十二里清河桥。清河源昌平之一亩泉，经燕丹村东南，合温榆河而来。桥勒石半毁，其势宏壮。里许则清河集。殆三四百家。又里许。石桥如南，勒石曰朝宗，桥下游鯈可鉴。二十里回龙观。七里半壁店。四里满井，井潴水高于地。巨柳二，荫以祠。又□□里安济桥，跨沙河。里许巩华城，沙河行宫在焉，先朝谒陵所驻跸也，规制如大内，有分守公署戍舍。城西居人数百家，长杨五柞，甘泉翠微。自昔离宫多矣，未始城也。今丹楼如霞，重关如瓮，徒栖鸟早暮耳。暑暍且足茧，虽对远山心目为开而疲极，遂策蹇，少顷，西山云如墨，且雷声隆隆。途人曰："西南雨矣。"幸自外也。十里德陵果园，各陵并有园，树桃梨等殷荐。以寺人领之。五里白浮山，上二龙潭浮出。白浮村至青龙桥，袤五十余里。度山下，由所凿径而行，人离之，指东曰龙山，西曰凤凰山，似失实。五里演武场。入昌平之南门，宿于逆旅。会雨作，有雹如栗。

---

① 〔清〕谈迁撰：《北游录》，中华书局，1997 年版。

俄止，立舍外北望，翠微千重，骇曰："城中安得有此。"土人曰："此即天寿诸山也。"贳升酒自劳，寝颇酣。中宵逗微月，喜诘朝成游矣。

己未，霁，欲觅驴陵游。逆旅问谁为陵者。曰："银泉山。"盖往闻先帝葬银泉山也。逆旅曰："道近甚，何驴为？"嘬面而行。谯楼当中，榜曰咫尺五云，亦胜概也。西经故都督孙祖寿少保坊，出西门经朝宗坊，沿道湿沙，械械有声。循山折而北望，石坊横空。又望丹阙金碧，意为红门也。将趋之，途人曰："如往银泉山也者。西可径也。"遂西向，久之，度可六七里，问程焉。曰："未已也。"悔为逆旅所卖。野黍多刈，荞麦作花如雪。果园接趾，少垂实者。屡迷屡问，偶从一梓人，渐及西红门，有老阉策杖而下。梓人指曰："此守思陵许公也。"杖者问余何往。曰："银泉山。"曰："银泉山芜甚，何往也？"余不解其意，别而前。自西红门数百武，黄屋在望，甚俭。稍西北，丹楹碧瓦，松楸沈沈也。余越黄屋而过之，问梓人此何所也。曰："崇祯皇帝葬处。"余愕然，仰视黄屋之额，果思陵也。亟反步，披莽棘，抵周垣之南垣。博六十步，中门丈有二尺，左右各户而钥其右，为雪涕叩陛下。念重跰至此，咫尺不及详五步之内，岂吾固有所恨耶。仍雪涕叩而退。垣左才二松，其西南三十步有短垣，树六石碑。就视之，故司礼秉笔太监王承恩塚也，顺治二年四月敕立。取故道而下，稍憩一庵，则许氏阉适在。为述其故，许氏曰："吾前知足下意。"乃云："银泉山何也，银泉山葬神庙贵妃郑氏及皇贵妃李氏、顺妃李氏、昭妃刘氏，非遗髯也。思陵本故田贵妃园，李贼委先帝后梓宫于昌平城外。于是吏民悲泣，醵葬于此。顺治二年，始春秋祭羊豕，凡十三陵，而定陵不与焉。各陵祭田六顷，奉祠太监二人，陵户八人。顺治六年裁，止田一顷，收才十缗，以祭不赡。诉之州大夫。大夫曰：'虽不祭，亡害。'吾曹惧违清朝之令德，于是清明、霜降二节，具羊豕合祭于红门外。正旦、元夕、七月望、冬节各素祭，荐酒一卮。望、朔二十钱。燃寸烛，献茶三瓯。崇祯家老奴不过此。"余听之泣下。许又曰："吾乾清宫直煖殿，今守思陵，阒寂不可堪。西北松楸沈沈者，世庙诸妃园也。吾寓焉，先生少休。令陵户以门牡至，恭谒思陵，行不孤矣。"余起谢，往俟于思陵门外。亡何，陵户启钥。垣以内左右庑三楹，崇不三丈。丹案供奉明怀宗端皇帝神位。展拜讫，循壁而北，又垣其门，左右庑如前，中为碑亭，云怀宗端皇帝陵。篆首大明，展拜讫，出，进北垣。除地五丈，则石坎，浅五寸，方数尺。焚帛处。坎北炉瓶五事，并琢以石，稍进五尺，横石几，盘果五之，俱石也。蜕龙之藏，涌土约三四尺。茅塞榛荒，酸枣数本，即求啼乌之树，泣鹃之枝，而无从也。生为万乘，殁为游魂。又展拜，泣不自禁矣。出飨殿，许氏至。更述先帝临变。……问以发陵事。曰："各陵无恙，独银泉山。去此尚三里，四妃园盗掘。捕□之，枭于昌平之谯楼，脑傅红门，亦清朝之德也。陵木伐尽，享殿不闭，绮疏藻井，百不一全，溲勃接于几筵，废兴天也。吾曹岂知有今日哉。"余听之，惟泣下，抗手而别，取故道反。先后三十里始晡，倦卧逆旅中。移刻起，问狄梁公仁杰、刘谏议蕡二祠。逆旅曰："并在旧县。"距西门八里，狄祠多古槐，云手植。岁四月朔致祭，商货辐辏，今祭而不市矣。考昌平置县自唐，五代后唐改县燕平，石晋仍昌平，辽金元明因之。正统己巳，移县于今永安城。正德丙寅，进为州。初，蓟州、昌平为一镇，嘉靖三十年始分为二。设提督都督总兵官一员，护防边关，遂为昌镇。又往闻昌平人赵一桂署州吏目，倡义开田贵妃塚，附先帝后梓宫，吏民醵助费百余缗。今一桂任泰安州吏目，是日失记。赵一桂以旧县足歆止。……

庚申，晨起策蹇而南。薤露未晞，流光乍沐，眉睫之间，苍峦荐爽。自昌平距都城七十里，诸山北抱，垂引西东，势极雄宕。黄河带其南，限以大海，风气开拓。故金、元俱百年外，明兴二百四十年，逾杭、汴、金陵多矣。至清河，舍蹇而徒。记经石桥。昌平城南一，沙河南三。清河南，俱堙。道中二里半、烽堠。薄暮抵寓。自甲申来，誓一谒思陵。而长陵尚隔浑河，红门在河之南，距长陵二十甲。列翁仲石兽，各陵俱不设。河之南，殇王故妃所埋玉也。长陵最雄，拟一叩而惧于师。不敢留。

纪闻上

水稻

畿内间有水田，其稻米倍于南。闻昌平居庸关外保安、隆庆、阳和并艺水稻，其价轻。

北人饔飧，多屑麦稷荞菽为馎饦及粟饭，至速客始炊稻。市仅斗升，其价甚昂。土人亦不之种。密县超化寺前一区二百亩始稻。《密县志》按稻必水田，北多粪土，易黍稷麦粟。其滨水处，又直渠而少支流，不能时灌，又无水农以导之，故田有遗利。

赤城

昌平州西居庸关外三百里。至赤城，始见屠宰席，多木器。去赤城卫十二里汤泉，周二亩。沸涌可燖鸡，良久辄糜。常坠大牛，肤溃死。

明季北略①

《明季北略》二十四卷，以编年为纲，杂以纪事本末、传记形式，详载明万历至崇祯时期清兴明亡始末。作者计六奇，江苏无锡人，科场不利，以授徒为业。入清，搜罗明末遗事，撰成此书，以寄故国之思。

卷十二　崇祯九年丙子

清兵入塞

丙子二月，大清兵薄大同马莲口。四月二十，又薄大同宣府塞下。

① 〔清〕计六奇撰：《明季北略》，中华书局，1984 年版。

六月二十六，入嘉峰口，巡关御史王肇坤死之。七月，（功）〔攻〕居庸关昌平北路，上分遣诸内臣李国辅等各守关隘，以张元佐为兵部右侍郎，镇守昌平，司礼太监魏国征守天寿山。国征即日往，上语阁臣曰："内臣即日就道，而侍郎三日未出，何怪朕之用内臣耶？"初六丁未，清兵深入，掠山西。初八己酉，间道过昌平，降丁内应，城陷，总兵巢丕昌降，主事王桂、赵悦，太监王希忠等皆被杀，焚天寿山德陵。初九庚戌，引还良乡。十六丁巳，攻宝坻，入之，杀知县赵国鼎。二十二癸亥，入定兴，杀家居少卿鹿善继，又入房山。都城戒严，斗米三百钱。上忧之，召廷臣于平台问方略，户部尚书侯恂言禁市沽，左都御史唐世济言破格用人，刑部侍郎朱大启请列营城外为守御，吏科都给事中颜继祖言收养京民细弱。上谕："莫若蠲助为便。"八月初八己卯，入文安、永清，分攻诸县。十四乙酉，攻香河，回涿州陷顺义，知县上官荩自经。三十日辛丑，掠雄县而北，攻陷城堡甚众。九月，命总理卢象升总督各镇兵入援。时象升方追贼至郧西，闻警，以师入卫，因改象升总督宣大、山西军务。是月初一壬寅，清兵从建昌冷口还，命取所掠子女皆艳装乘骑，奏乐凯归。斫寨上木以白书之，榜于道曰："各官免送"。守将崔秉德请率兵遏归路，总监高起潜不敢进，扬言"当半渡击之"。侦骑报师已尽行，四日，起潜始进石门山，报斩三级。初九庚寅，清兵攻山海关之一片石，巡抚冯任御却之。

卷二十 崇祯十七年甲申

李建泰督师

李建泰，字复余，山西曲阜县人。天启五年己丑进士。崇祯季年，为大学士。甲申正月……二十六日乙卯，上命建泰出师，行遣将礼。……二十七丙辰，建泰奏：微臣驰往太原……二十九戊午，建泰闻家被焚掠，为之夺气，兵过东光不戢，土民闭城拒守。建泰怒，留攻三日，破之。……三月初五癸巳，建泰病甚，兵溃。初十戊戌，宁武报至，畿辅震动。程源谓魏藻德曰："建泰为何尚住河间？其标下总兵马稷有兵万人，令速赴居庸，与唐通协守，犹可以镇抚万一。"不听。京师破，建泰入城，贼礼遇之。

初六日甲午

始弃宁远，征吴三桂、王永吉率兵入卫。又召唐通、刘泽清率兵入卫。泽清前命移镇彰德，因纵掠临清南奔。惟唐通以八千人入卫，命同太监杜之秩协守居庸关。赏通银四十两，大红蟒衣纻丝二表里；其官兵八千八百二人，内库发银四千五百两，每兵五钱。

周遇吉传

周遇吉，号萃庵，锦州卫人也。镇守山西，兼关门、代州三关总兵官、太子少师、中军都督府左都督，夙称战将。……（甲申二月）十五日贼逼宁武。……是时，署中男子相继出战，死亡略尽。……二十五日，贼集头目计曰："宁武虽破，受创已深，自此达京，尚有大同兵十万，宣府兵十万，居庸兵二十万，阳和等镇兵合二十万，尽如宁武，讵有子遗哉？不若且回陕休息，另走他途。"已刻期明早班师，更深，忽有大同总兵姜瓖差人赍降表至，贼喜甚，设宴厚款。甫坐定，而宣府总兵王通亦然，且以百骑来迎。贼谬谓天与，优答二镇，豫加封爵，一意长驱。亡何，居庸及各镇总兵白邦正、刘芳名等，并昌平文武，相次乞降，迎表飙集。比贼陷京城，多有半面与失手足者，皆宁武所砍伤，莫不啮指以告人，谓："周总兵真好汉，杀我等数万人，若再有此一镇，我主安得到此？"

初十征戚珰助饷

戊戌，霸州道报至，始闻真定之陷。宁武报至，畿辅震动。吴三桂以宁远降清。高起潜弃关走西山。王永吉请严居庸关守御。山东总兵刘泽清虚报捷，赏银五十两。又诡言堕马致伤，复赏药资四十两、蟒衣纻丝二表里，命即扼真定。泽清不从，即于是日大掠临清，统兵南下，所至焚劫一空。

十二 昌平陷

庚子，贼破昌平州，诸军皆降。惟总兵李守鑅骂贼不屈，手格杀数人，人不能执。诸贼围之，守鑅拔刀自刎。

顺天巡抚杨鹗出巡，易服遁。督学陈纯德临遵化，中道走回京。李国桢每事逊王承恩，科臣戴明说劾之。

十五 居庸关陷

居庸关在顺天府之北，《淮南子》所谓"天下有九塞，居庸其一"是也。十五癸卯，风霾，日色益晦。正阳门外关神庙旗杆，中劈为两，撞于道上，一时哄传关帝厌世，已出都门，于三日前先托梦于圣上者。亦大异矣！

贼自柳沟抵居庸关。柳沟天堑，百人可守，竟不设备。总兵唐通、太监杜之秩等迎降，抚臣何谦伪死，私遁。朝廷发三大营屯齐化门外，李国桢坐城楼，无所主张，惟以太监王相尧统领。总兵马岱自杀其妻子，疾走山海关，谓王永吉曰："事势如此，何以自安？"遂度关投吴三桂。是日，勋卫、卿贰、科道各官，始分直坐门。时京师以西诸郡县望风瓦解，将吏或降或遁。伪权将军刘宗敏移檄至京师，云："定于十八日入城，至幽州会馆暂缴。"京师大震。自成行牌郡县，云："知会乡村人民不必惊慌，如我兵到，俱各公平交易，断不淫污抢掠。放头铳即要正印官迎接，二铳要乡宦迎接，三铳要百姓迎接。"仁和工载周工枢南行。

十六 报贼焚十二陵

甲辰黎明，昌平陷，十二陵享殿悉焚，伐松柏。分兵掠通州粮储，传檄至京师。上方御殿，召考选诸臣问裕饷、安人，滋阳知县黄国琦对曰："裕饷不在搜括，在节慎；安人系于圣心，圣心安，则人亦安矣。"上首肯，即命授给事中。余以次对，未及一半，忽秘封入，上览之色变，即起入内。诸臣立候移刻，命俱退，始知为昌平失守也。是夜，贼自沙河而进，直犯平则门，竟夜焚掠，火光烛天。京师内外城堞凡十五万四千有奇，时登陴守城，止羸弱五六万人，内阉数千人。守陴不充，又无炊具，市饭为餐。饷久阙，仅人给百钱，无不解体。而贼自破中原，旋收秦、晋，久窥畿辅空虚，潜遣其党辇金钱、毡罽，饰为大贾，列肆于都门。更遣奸党挟赀，充衙门掾吏，专刺阴事，纤悉必知。都中日遣拨马探之，贼党即指示告贼，贼掠之入营，厚贿结之，拨马多降贼，无一骑还者。有数百骑至齐化门，迤平子门而西，营兵屯近郊者诘之曰："阳和兵之勤王者。"实皆贼候骑也。时人心汹汹，皆言天子南狩，有内官数十骑拥护出得胜门矣。守门皆内官为政，卿贰、勋戚不得上，莫有料理者。贼檄南下，清河、沐阳、邳州皆除伪官。

他本载昌平十二破，李守鑅死。而《甲乙史》载十二李守鑅死，十六昌平陷。予谓十二杀守鑅，则昌平之破可知，载十六者，十六始报上耳。

卷二十一上　殉难文臣

申佳胤

申佳胤，字井眉，号素园，北直广平永年人。天启辛酉，举乡试。崇祯辛未，登进士……甲申二月，以牧事出巡近畿。闻贼薄居庸，分兵自常山入，畿南郡县望风奔溃，朝臣多藉事引去。左右咸劝公曰："京师且危，既在外，可无与。"公慨然流涕曰："我固知京师当不支，其如皇上何？"乃星驰入都，时三月十二事也。

卷二十三　补遗

居庸关唐通降

三月十一，大同陷。贼至居庸，唐通迎战。时贼将李牟率众四十万，方战，忽营中突出一虎，东西冲跃，所至披靡。唐通惊仆，被虎擒啮，贼众四合，是虎即以皮御下，乃贼将谷大成伪扮者。通就执，乃降。

明史纪事本末①

《明史纪事本末》为纪事本末体史书，记载自至正十二年（1352年）朱元璋起兵，至崇祯十七年（1644年）李自成攻入北京，近三百年间的重要史事。谷应泰，直隶丰润人，顺治四年（1647年）进士，历官户部主事、员外郎、浙江提学金事。

卷八　北伐中原

（太祖洪武元年）闰七月……丙寅，（徐）达率诸将入通州，是月二十七日也。元主闻报，大惧，集后妃太子议避兵北行。迟明，召群臣会议端明殿。时元都再遭孛罗、扩廓之变，民生丧乱，守备多不设，元主徘徊叹息曰："今日岂可复作徽、钦！"遂决计北徙。左丞相失烈门、知枢密院事黑厮等，皆劝固守京城，不听，命淮王帖木儿不花监国，丞相庆童留守。是夜三鼓，元主及后妃太子开建德门，由居庸北走，如上都。八月二日庚午，徐达等进师取元都，至齐化门，将士填壕登城而入。

卷九　略定秦晋

（太祖洪武元年）十二月，大将军徐达率诸军进取太原，扩廓帖木

---

① 〔清〕谷应泰撰：《明史纪事本末》，中华书局，1977年版。

儿败走。……大将军已至通，入北平。顺帝夜开建德门北走，仍命扩廓率兵出雁门关，由保安州经居庸关以攻北平。达闻之，谓诸将曰："王保保率师远出，太原必虚。北平孙都督总六卫之师，足以镇御。我与汝等乘其不备，直抵太原，倾其巢穴，彼进不得战，退无所依，此兵法所谓批吭捣虚也。若彼还军救太原，则已为我牵制，进退失利，必成擒矣。"遂引兵径进。

卷十　故元遗兵

太祖洪武三年春正月癸巳，上以王保保为西北边患，命右丞相信国公徐达为征（北）〔虏〕大将军，浙江行省平章李文忠为左副将军，都督冯胜为右副将军，御史大夫邓愈为左副将军，汤和为右副将军，往征沙漠。……上曰："王保保方以兵临边……吾意欲分兵二道：一令大将军自潼关出西安，捣定西，以取王保保；一令左副将军出居庸，入沙漠，以追元主，使彼此自救，不暇应援。元主远居沙漠，不意吾师之至，如狐豚之遇猛虎，取之必矣。事有一举而两得者，此是也。"诸将皆曰："善。"遂受命而行。……（五年春正月）庚午，命达为征（北）〔虏〕大将军，出中路，文忠为左副将军，出东路，胜为右副将军，出西路，三道并进，以清沙漠。中路由雁门趋和林，东路由居庸出应昌，西路由金兰趋甘肃。

卷十六　燕王起兵

（建文元年秋七月）壬申……燕王乃命张玉等率兵乘夜出，攻夺九门……三日，城中大定。都指挥使余瑱既与谢贵合谋不遂，乃走守居庸关，马宣巷战不胜，东走蓟州。宋忠自开平率兵三万至居庸关，不敢进，退保怀来。癸酉，燕王誓师，以诛齐泰、黄子澄为名，去建文年号，仍称洪武三十二年。……甲申，燕兵攻怀来。时余瑱守居庸，简练关卒，得数千人，将进攻北平。燕王曰："居庸险隘，北平之咽喉，我得此，可无北顾忧，瑱若据此，是拊我背也。宜急取之，缓则增兵缮守，后难图矣。"令指挥徐安、钟祥等击瑱，瑱且守且战，援兵不至，乃弃关走怀来，依宋忠。燕王曰："宋忠握兵怀来，必争居庸，宜乘其未至，击之。"诸将皆曰："彼众我寡，难以争锋，击之未便，宜固守以待其至。"王曰："当以智胜，难以力取。彼众新集，其心不一，宋忠轻躁寡谋，狠愎自用，乘其未定，击之必破矣。"遂帅马步精锐八千，卷甲倍道而进。王据鞍指挥，有喜色。……忠军大败，奔入城，燕兵乘之而入。……燕兵既克怀来，山后诸州皆不守，而开平、龙门、上谷、云中守将往往降附矣。……二年春正月，燕王进兵围蔚州，指挥王忠、李远以城降，遂进攻大同。李景隆帅师救大同，出紫荆关。燕王由居庸关入，还北平。

卷二十　设立三卫

（世宗嘉靖三十八年）二月，蓟州塞警。……六月，改宣大总督扬博于蓟辽。博闻命驰至镇，区画战守。以朵颜诸卫每外通，不为我用，乃约诸帅同时举烽燧，扬旎纛，自居庸至山海关，弥漫千余里，旌旗蔽空，驳石震山谷。如是者三，漠北大骇，以为边兵顿增益，终岁不敢近塞。

卷二十一　亲征漠北

（成祖永乐）十九年冬十月，阿鲁台叛，数寇边。……时时部落出没塞下，为寇。上尝谕其使还语阿鲁台，竟不悛。至是，大举围兴和，都指挥王祥战死，上遂议亲征。……二十年春二月，命英国公张辅等议北征馈运，辅等议分前后运，前运随大军行，后运继之。前运总督官三人，隆平侯张信、尚书李庆、侍郎李昶。车运骡运各分官领之，领车运者二十六人，泰宁侯陈愉、都御史王彰等。领驴运者二十五人，镇远侯顾兴祖、尚书赵羾等。后运总督官二人，保定侯孟瑛、遂安伯陈英等。各率骑兵千人，步兵五千人护行。凡前后运用驴三十四万，车一十七万七千五百七十三辆，挽车民夫二十三万五千一百四十六人。运粮凡三十七万石，并出塞分贮。三月丁丑，亲征阿鲁台。戊寅，车驾发北京。辛巳，师次鸡鸣山。阿鲁台闻上亲征，遂夜遁。……八月，以班师，遣书谕皇太子，颁诏天下。九月，上入居庸关，次龙虎台，飨随征将校，京师文武大臣迎见，上乘法驾入京城。

卷二十六　太子监国

永乐二十二年春三月，上议北征。夏四月，诏太子监国，驾发京师。秋七月，庚寅，上崩于榆木川。大学士杨荣、少监海寿奉遗命驰讣太子。太子恸绝，强拜受，即遣太孙出居庸，赴开平迎梓宫。……壬子，太孙奉大行柩至郊，太子及亲王以下文武群臣皆衰服哭迎。至大内，奉安于仁智殿，加敛奉纳梓宫。八月十五日丁巳，皇太子即位，赦天下，以明年为洪熙元年。

卷二十七　高煦之叛

成祖永乐二年，立郡王高煦为汉王，仁宗同母弟也。……宣宗宣德元年……秋八月，北京地震，汉王高煦反。……上意遂决。立召张辅谕亲征……乙丑，敕遣指挥黄谦，同总兵、平江伯陈瑄防守淮安，勿令贼南走。令指挥芮勋守居庸关。令法司尽弛军旗刑徒从征。……辛未，以高煦之罪，告天地宗庙社稷山川百神，遂亲征。发京师，率大营五军将士以行。

卷二十八　仁宣致治

（成祖永乐二十二年）九月，上念山林川泽，皆与民共，命自居庸以东，与天寿山相接，禁樵采，余俱弛禁。……（宣宗宣德九年）九月，上临朝谕曰："天下虽安，不可忘武。今稽事既成，朕将亲帅六师，以行边塞，饬武备。"于是车驾发居庸关，驻跸宣府洗马林。

卷二十九　王振用事

宣宗宣德十年春正月甲戌，帝崩于干清宫。时皇太子方九岁，即皇帝位，诏以明年为正统元年。秋七月，命司礼太监王振偕文武大臣阅武于将台。振矫旨以隆庆右卫指挥金事纪广为都督金事。……纪广者，常以卫卒守居庸，往投振门，大见亲昵，遂奏广第一，超擢之。宦官专政自此始。

卷三十二　土木之变

（英宗正统）十四年春二月，也先遣使二千余人进马，诈称三千人。王振怒其诈，减去马价，使回报，遂失和好。……秋七月，也先图犯边，其势甚张。……八日，也先大举入寇，兵锋锐甚。大同兵失利，塞外城堡，所至陷没。……十七日，命太监金英辅郕王居守，每旦于阙左门西面受群臣谒见。遂偕王振并官军五十余万人，至龙虎台驻营。方一鼓，众军讹相惊乱，皆以为不祥。明日，出居庸关，过怀来，至宣府。连日风雨，人情汹汹，声息愈急。随驾诸臣连上章留，振怒，悉令掠阵。未至大同，兵士已乏粮，僵尸满路。寇亦佯避，诱师深入。

卷三十三　景帝登极守御

英宗正统十四年秋八月，上北狩……（九月）癸未，郕王即皇帝位，遥尊上为太上皇，诏赦天下，改明年为景泰元年。……以兵部郎中罗通、给事中孙祥并为副都御史，分守居庸、紫荆等关。……令各处招募民壮，就令本地官司率领操练，遇警调用。……十月，也先以送上皇还京为名，与可汗脱脱不花寇紫荆关，京师戒严。……太监金英召徐珵问记，珵曰：

"验之星象历数，天命已去，请幸南京。"英叱之，令人扶出。明日，于谦上疏抗言："京师天下根本，宗庙、社稷、陵寝、百官、万姓、帑藏、仓储咸在，若一动则大势尽去，宋南渡之事可鉴也。珵妄言当斩。"太监金英宣言于众曰："死则君臣同死。有以迁都为言者，上命必诛之。"乃出榜告谕，固守之议始决。……于是也先知我有备，气稍沮。于谦使谍，谍知上皇移驾远，命石亨等夜举火，大炮击其营，死者万人。也先以上皇北遁，脱脱不花闻之，遂不敢入关，亦遁。也先出居庸关，伯颜帖木儿奉上皇出紫荆关。……十一月，以寇退，京城解严，降诏抚安天下。杨洪等班师还京。论功封杨洪昌平侯，石亨武清侯。加于谦少保，总督军务。……学士陈循疏言："守居庸副都御史罗通晓畅军事，宜召还。守宣府总兵杨洪及子俊皆善战，宜留之京师。"于谦曰："宣府，京师之藩篱；居庸，京师之门户。边备既虚，万一也先乘虚据宣府为巢窟，京师能安枕乎！"兵科给事中叶盛亦上言："今日之事，边关为急。往者马营、独石不弃，则六师何以陷土木；紫荆、白羊不破，则寇骑何以薄都城！即此而观，边关不固，则京城虽守，不过仅保九门，其如寝陵何？其如郊社坛墠何？其如四郊生灵荼毒何？宜急令固守为便。"……至是，上从于谦、叶盛言，乃以左都督朱谦佩印镇宣府，纪广、杨俊副之。佥都御史王竑镇居庸。……时也先声言欲送上皇还，众遂多主和。于谦独排众议曰："社稷为重，君为轻。"遣人申戒各边将，毋堕贼计。命尚书石璞镇守宣府，都御史沈固镇守大同，都督王通守天寿山，佥都御史王竑城昌平，都御史邹来学提督京都军务，平江伯陈豫守临清，副都御史罗通守山西。景帝景泰元年……八月壬午，上皇至宣府。……己卯，上皇至怀来。将抵居庸，礼部始得旨，群臣同礼部议迎复仪注，兵部总戎议防变方略，百官集会议所……庚辰，上皇至唐家岭，遣使回京，诏谕避位，免群臣迎。

卷三十六　曹石之变

景泰元年闰正月，命镇朔大将军石亨、都督范广率兵出大同、宣府，寻召还。八月，石亨、杨洪率师分道出紫荆、居庸关。始立团营，以曹吉祥、刘永诚节制诸军，此内臣总京营之始也。

卷四十五 平河北盗

（武宗正德六年）八月丁巳，刘六、刘七、齐彦名、杨虎等合兵以二千骑，破枣强县，屠戮甚惨。……刘七等困沧州不克，进抵霸州、信安，京师戒严。时兵部侍郎陆完提督军务，师已出涿州。贼在固安，甚急。……初，副总兵许泰奉调率部下入居庸关，驻涿州；冯祯入紫荆关，驻保定。上乃谕鉴即追还陆完，东出往信安。

卷四十九 江彬奸佞

（武宗正德十二年）八月，上出关游猎。先是，江彬等屡导上出宫，游戏近郊。彬并骑铠胄，几不可辨，因数数言宣府乐。至是遂出居庸关，至宣府临塞下。巡关御史张钦上疏谏，不报。……十月，南京吏科给事中孙懋上疏言："都督江彬……去年导陛下幸南海子，幸功德寺，又幸昌平等处，流闻四方，惊骇人听。今又导陛下出居庸关，既临宣府，又过大同，以致寇骑深入应州，使当日各镇之兵未集，强寇之众沓来，几何不蹈土木之辙哉！是彬在一日，国之安危未可知也。"不报。……十三年春正月，上郊祀毕，复出关游幸。太皇太后王氏崩，乃还京。……夏四月，上以太后将祔葬，亲诣天寿山祭告六陵，遂幸黄花镇、密云等处游猎。六月，宁夏塞有警，上复议北征，自称"威武大将军太师镇国公朱寿"巡边，以江彬为威武副将军扈行，令内阁草敕。……七月，上北巡，出居庸关。先是，上既还京，辄思宣府乐，称曰"家里"。至是，复历宣府至大同。

卷五十四　严嵩用事

（嘉靖）二十七年春正月，夏言罢。……三月，杀都御史曾铣。……冬十月，杀大学士夏言。……值居庸报警，嵩复以开衅力持，竟坐与铣交通律，弃西市。言既死，大权悉归嵩矣。

卷五十九　庚戌之变

（嘉靖二十九年）秋八月乙亥，俺答帅部下至古北口，以数千骑攻墙。……己卯，咸宁侯仇鸾得勤王檄，以大同兵二万入援。先是，寇既东行，时义、侯荣谓鸾曰："贼骑东，公宜自请入，可以为功，而上结于天子。"鸾悦，即佯奏："臣侦贼东犯蓟镇，诚恐京师震惊，请以便宜应援，或随贼搏战，或径趋居庸为防守。"帝壮之，诏留驻居庸关，闻警入援。而俺答果由蓟镇攻古北口，入犯京师，帝益信鸾，诏入援。……癸未，寇由巩华城犯诸陵，转掠西山、良乡以西，保定皆震。……己卯，俺答引而西，前后所掠男女赢畜金帛财物既满志，捆载去。欲西夺白羊口出塞，而留余众京师外，以为疑兵。诸道兵悉属〔平虏〕大将军，凡十余万骑，相视莫敢前发一矢。俺答至白羊口，守将阨险御，不得出，稍弃牛羊妇女等。复拥众东南行，至昌平北，猝与鸾兵遇。鸾出不意，仓卒几不能军。敌纵骑蹂阵而入，杀伤千余人，几获鸾。以裨将戴纶、徐仁力救，仅以身免。乃更取平民首上之，自以为功。寇骑遂长驱至天寿山，总兵赵国忠列阵红门前，不敢入，夺道循潮河川由古北口故道出，京师解严。九月辛卯朔，俺答悉众出塞，疲甚。又顾恋辎重，不能军。诸将故怯，兼白羊之败，愈不敢逼，徐尾其后，至石匣城及张家、古北等口外而还。其前后御敌有功者：大同游击王禄战怀来，斩十七级，获马十二匹；山西游击柴缙战昌平，夺还男妇二百四十二人；都督仇聚战海店，生擒四人。既而鸾报功八十余级，以捷闻，帝优诏慰鸾，加太保，赐金币。

卷六十　俺答封贡

（世宗嘉靖）二十七年春正月，俺答入河套。三月，总督宣大翁万达上言：“俺答复投译书求贡。”帝命拒之。五月，俺答寇偏头关。七月，寇大同。九月，俺答入宣府塞，寇居庸诸处。严嵩言于帝曰：“俺答诸部，以夏言、曾铣收河套，故报复至此。”帝于是益怒，言不可解，铣与言先后皆弃市。二十八年春二月，俺答大举入寇，略大同，直抵怀来。……二十九年秋八月，俺答越宣府走蓟州塞，入古北口，围顺义，长驱直入。戊寅，逼通州，大掠密云、三河、昌平诸处。辛巳，进犯京师。……三十一年……二月，俺答复入大同塞。……夏四月，大将军仇鸾帅师出塞……败绩而还。……秋七月……令收大将军印绶上之，别遣将将兵。……鸾闻大患，疾益（据）〔剧〕，遂死。时上已心知鸾奸逆未发，命都督陆炳密访之。炳素恶鸾，常伺察其动静，得其诸奸事，欲即发，尚恐无案验。会时义、侯荣、姚江皆冒功授锦衣卫指挥等官，知鸾死，事必败，遂以八月十一日出奔居庸关、巩华城诸处，欲叛出塞。炳知之，使关吏及逻者执之，以闻，诏下狱。

卷七十四　宦侍误国

（怀宗崇祯九年）秋七月，我大清兵至居庸，遣内中军李国辅守紫荆关，许进忠守倒马关，张元亨守龙门关，崔良用守固关，勇卫营太监孙维武、刘元斌以六千五百人，防马水沿河。……以前司礼太监张云汉、韩赞周为副提督，巡城阅军。司礼太监魏国征守天寿山。寻以国征总督宣府，昌平京营御马太监邓良辅为分守。太监邓希诏监视中西二协，太监杜勋分守。以张元佐为兵部右侍郎，镇守昌平。时内臣提督天寿山者皆即日往，上语阁臣曰：“内臣即日就道，而侍郎三日未出，何怪朕之用内臣耶！”……冬十月……赐太监曹化淳等彩币，时各进马也。……

初，化淳为京营提督，收用降丁，及守昌平，俱散去，至有叩京师城下者，皆称京营兵，莫能辨。……十七年春二月，李自成自山西趋真定、保定，命太监高起潜等分据要害。三月，李自成陷宣府，太监杜勋迎降；入居庸关，太监杜之秩迎降。

卷七十九　甲申之变

（怀宗崇祯十七年）三月己丑……宣府告急，命镇朔将军王承胤侦寇所向。庚寅，召文武大臣、科、道于中极殿，问今日方略。奏对可三十余人，有言守门乏员，当今之急，无如考选科、道，余皆练兵加饷习闻也。是日，命内监分守九门，稽出入。京城武备积弛，禁兵皆南征，太仓久罄。……壬辰，上召对平台……诏封总兵吴三桂平西伯，左良玉宁南伯，唐通定西伯，黄得功靖南伯，给敕印。……又召唐通、刘泽清率兵入卫。泽清前命移镇彰德，因纵掠临清南奔。惟唐通以八千人入卫。已，同太监杜之秩守居庸。……癸卯，风晦。寇自柳沟抵居庸关。柳沟天堑，百人可守，竟不设备。总兵唐通、太监杜之秩迎降，抚臣何谦伪死私遁。总兵马岱自杀其妻子，疾走山海关。时京师以西诸郡县，望风瓦解，将吏或降或遁。伪权将军移檄至京师，云："十八日至幽州会同馆暂缴。"京师大震，诏三大营屯齐化门外。甲辰，贼陷昌平州，诸军皆降。总兵李守鑅骂贼不屈，手格杀数人，人不能执，诸贼围之，守鑅拔刀自刎。贼焚十二陵享殿，传徼至京师。先是，上知寇徼益急，下吴麟征《请徙宁远疏》，飞檄趣三桂入关。三桂徙五十万众，日行数十里。是日，始及关，贼骑已过昌平矣。太监高起潜弃关走西山，贼分兵掠通州粮储。上方御殿，召考选诸臣问裕饷安人，滋阳知县黄国琦对中旨，授给事中。余以次对，未及半，秘封入，上览之色变，即起入。诸臣立候移刻，命俱退，始知为昌平失守也。是夜，贼自沙河而进，直犯平则门，竟夜焚掠，火光烛天。

续补明纪编年①

《续补明纪编年》为编年体史书，今本不分卷。作者王汝南，其自序言："顺治庚子仲秋，楚人季雍王汝南谨书于虎丘僧舍。"据此，汝南字季雍，楚人，撰此书于顺治十七年（1660年），其余生平事迹不详。

怀宗端皇帝讳由检，熹宗嫡弟。在位十七年。

（崇祯九年）七月，大清兵至居庸。分遣诸内臣李国辅等各守关隘。以张元佐为兵部右侍郎，镇守昌平；司礼监太监魏国徵守天寿山，国徵即日往。上语阁臣曰："内臣即日就道，而侍郎三日不出，何怪朕之用内臣耶！"……

（十七年）三月，宣府告急，命镇朔将军王承胤侦寇所向。……又召唐通、刘泽清率兵入卫。泽清前命移镇彰德，因纵掠临清，南奔。惟唐通以八千人入卫，守居庸。……李自成长驱向宣府。……丙申，大风霾，昼晦。……贼自柳沟抵居庸关，总兵唐通、太监杜之秩迎降。抚臣何谦伪死私遁，总兵马岱自杀。时京师以西诸郡县望风瓦解，将吏或降或遁。伪权将军移檄至京云："十八日至幽州会同馆暂缴。"京师大震。贼陷昌平州，诸军皆降。总兵李守鑅骂贼不屈，手格杀数人，人不能执。诸贼围之，守鑅引刀自刎。贼焚十二陵享殿，传檄至京师。先是，上知寇警益急，从吴麟征请徙宁远疏，飞檄促吴三桂入关。三桂徙五十万众，日行数十里。是日始及关，贼骑已过昌平矣。

---

① 〔明〕王汝南撰：《续补明纪编年》，清顺治年刊本。

第七编　清

清史稿①

　　《清史稿》于民国初年由北洋政府设馆编修，是清史之未定稿。全书五百三十六卷，所载上起努尔哈赤称汗，下至清朝灭亡，共二百九十六年的历史。1921年，时任大总统的徐世昌以《新元史》为正史，与二十四史合称二十五史。但亦多人改将《清史稿》列为二十五史之一。或将两书都列入正史，则成"二十六史"。

卷二　本纪二　太宗本纪一

　　……皇太极，太祖第八子，母孝慈高皇后。……（天聪八年六月）甲戌，次喀喇拖落木，命贝勒德格类率兵入独石口，侦居庸关，期会师于朔州。

卷四　本纪四　世祖本纪一

　　……福临，太宗第九子。……（顺治三年三月）己巳……昌平民王科等盗发明帝陵，伏诛。……（顺治六年三月）丁丑，辅政和硕德豫亲王多铎薨，摄政王多尔衮师次居庸，还京临丧。

---

　　①　赵尔巽撰：《清史稿》，中华书局，1976—1977年版。

卷七　本纪七　圣祖本纪二

（康熙三十六年）二月丁亥，上亲征噶尔丹，启銮。是日，次昌平。阿必达奏哈密擒获厄鲁特人土克齐哈什哈，系害使臣马迪之首犯。命诛之，子女付马迪之家为奴。戊戌，上驻大同。

卷五十四　志二十九　地理一

◇直隶

直隶：禹贡冀、兖二州之域。明为北京，置北平布政使司、万全都指挥使司。清顺治初，定鼎京师，为直隶省。……其山：恒山、太行。其川：桑干即永定、滹沱即子牙、卫、易、漳、白、滦。其重险：井陉、山海、居庸、紫荆、倒马诸关，喜峰、古北、独石、张家诸口。……

顺天府明初曰北平府。后建北京，复改。自辽以来皆都此。正统六年，始定曰京师。领州六，县二十五：……昌平州冲，繁，难。府北九十里。霸昌道驻。北路厅驻巩华城，州隶之。北：天寿山，明十三陵在焉。西北：榆河自延庆入，伏而复出，左合山水，右纳南沙河。又东，龙泉河会绛州营河注之。七渡河亦自延庆入。其南九渡河、牤牛河，并出东北。边墙西首庙儿港口，东至糜子峪口。汛四：横岭路、镇边城、常峪城、白羊口。又讫慕田峪口，汛一：黄花路。汤山、蔺沟行宫二。港泉营、牛房，畜圈屯、沙屯、高丽营、蔺沟、前营、前屯、皂角屯，凡九镇。榆河驿，州治，及回龙观，二。……

宣化府冲，繁，难。隶口北道。明，宣府镇：顺治八年，裁宣府巡抚。十年，并卫所官领宣府等十县。降延庆、保安属之。康熙三年，改怀隆道为口北道，与总兵并驻此。……领厅一，州三，县七。……延庆州冲，难。府东少南二百里。旧隶宣府镇为东路。……北：阪泉山。东北：东北：独山。南：八达岭。北：白河自赤城入，复入独石口。妫河出州东北，伏流复出为黄龙潭，合龙湾水，环城，合沽河、蔡河、黑龙河，入怀来。镇五：石硖峪、营盘口、小水口、镇安包、千家店。口四：周四沟堡、四海冶堡、柳沟城、八达岭。东有永宁城巡司。居庸驿。军站一。……

卷一百　志七十五　乐七　乐章五

◇巡幸铙歌清乐二十七章乾隆七年定

皇都无外第十二

皇都无外，更日月光辉。一统车书，祥麟在薮凤来仪。贡筐筐，玳瑁文犀，闻说青云干吕。岛屿平夷，是中土圣主当阳，喜辇下，还将八景题一解。卢沟月晓，更西山雪霁，瑞色熹微，金台夕照曳斜晖。太液池，万顷玻璃。还有居庸叠翠，峻岭崔巍。崔巍，玉泉虹，琼岛春云，蓟门外，空濛烟雨飞二解。

卷一百十七　志九十二　职官四

◇武职

各省驻防将军等官

将军初制正一品。乾隆三十三年改从，都统从一品，专城副都统正二品。同城者分守各地，掌镇守险要，绥和军民，均齐政刑，修举武备。参赞大臣，掌佐画机宜。领队大臣掌分统游牧品秩俱从原官。总管正三品，副总管正五品，掌分理营务。城守尉正三品，防守尉正四品，掌本城旗籍。参领、协领俱从三品以次各官，分掌驻防户籍，以时颁其教戒，仍隶京旗。……

直隶驻防副都统二人。康熙二十七年，置山海关总管。乾隆七年，改置副都统。四十五年，增置密云一人。城守尉二人。协领四人。防守尉十有六人……驻古北、昌平州者，隶密云副都统。佐领二十有五人。防御七十有三人。

提督等官

提督军务总兵官从一品，掌巩护疆陲，典领甲卒，节制镇、协、营、汛，课第殿最，以听于总督。镇守总兵官正二品，掌一镇军政，统辖本标官兵，分防将弁，以听于提督。副将从二品，为提、镇分守险汛曰提标，为总督综理军务曰督标中军，将军标、河标、漕标亦如之。参将正三品，游击初制正三品。顺治十年改从，掌防汛军政，充各镇中军官。都司初制正三品。顺治十年改从。十八年改正四品。康熙九年复故。二十四年定正四品，所掌视参、游，充副将中军官。守备初制正四品。康熙三十四年定正五品，掌营务粮饷，充参、游中军官。千总初制正六品。康熙三十四年，营千总改从六品。五十八年复故，把总正七品，外委把总正九品，额外外委从九品，各掌营、哨汛地。

直隶提督一人。顺治十八年置，驻大名。康熙二十七年省。三十年复故，徙古北口。总兵七人。副将八人。参将八人提标、紫荆关、务关路及保定城守、涿州、八沟、昌平、固关诸营。游击二十有七人。都司五十有九人河标一人。守备七十有二人河营二人，河营协办一人。千总百五十有七人。所千总二人。把总三百四十有六人。奉天捕盗营把总十有四人。

卷一百二十五　志一百　食货六

◇征榷

（康熙）四年，严禁各关违例征收，永免溢额议叙之例。五年，命各关税均交地方官管理。于是……龙泉等归井陉道，紫荆归直隶守道，临清归东昌道，乞运厅归通蓟道，居庸归昌密道……又裁古北口差归密云县管理，惟两翼、张家口、杀虎口如故。只差户部司员，申令直省关刊示税则。

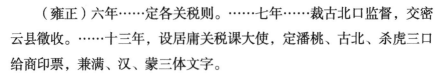

（雍正）六年……定各关税则。……七年……裁古北口监督，交密云县徵收。……十三年，设居庸关税课大使，定潘桃、古北、杀虎三口给商印票，兼满、汉、蒙三体文字。

（乾隆）元年……准张家口、居庸关收取车驮货物过税饭钱，以资养赡。

卷一百三十一　志一百六　兵二

◇绿营

绿营规制，始自前明。清顺治初，天下已定，始建各省营制。绿营之制，有马兵、守兵、战兵。战守皆步兵。额外外委皆马兵。……

各直省营制，顺治元年，定直隶官兵经制，设直隶巡抚，标兵分左、右二营，游击以下八人。设宣府、真定、蓟州、通州、天津、山海关六镇总兵官及镇标守备、游击等，设紫荆关等七协副将及协标官兵，设拱极城等十七处参将，山永等营游击，巩华城等处守备、都司，分领各营兵。……

直隶古北口提督统辖提标四营，节制七镇，兼辖河屯一协、三屯等营。提标中营、左营、右营、前营，密云城守营，顺义营，承德府河屯协左营、右营，唐三营，三屯营，喜峰路，燕河路，建昌路，八沟营，建昌营，赤峰营，朝阳营，昌平营，居庸路，巩华营，怀柔路，汤泉营，古北口。

卷二百十七　列传四　诸王三　太祖诸子二

饶余敏郡王阿巴泰，太祖第七子。……崇德元年，封饶余贝勒。偕阿济格等伐明，克雕鹗堡、长安岭堡，薄延庆，分兵克定兴、安肃、容城、安州、雄、东安、文安、宝坻、顺义、昌平十城。五十六战皆捷，俘十数万。师还，上出城十里迎劳，酌以金卮。

阿济格，太祖第十二子。……崇德元年，进武英郡王。偕饶余贝勒阿巴泰及扬古利伐明，自雕鹗堡入长安岭，薄延庆。越保定至安州，克昌平、定兴、安肃、宝坻、东安、雄、顺义、容城、文安诸县，五十六战皆捷，俘人畜十余万。

卷二百二十七　列传十四　哈哈纳

哈哈纳，亦那木都鲁氏，明安图巴颜子也。……崇德元年，从武英郡王阿济格伐明，入长城，克昌平、涿州。创发，病废，致仕。寻卒。

卷二百二十九　列传十六　布颜代

布颜代，博尔济吉特氏。初为蒙古乌鲁特贝子。……崇德元年，从武英郡王阿济格伐明，克昌平。师还出塞，明兵袭我后，布颜代为所败，坐罢固山额真世职，降一等甲喇章京，罚锾，夺俘获。

卷二百三十　列传十七　苏纳　布丹

苏纳当叶赫未亡，弃兄弟归太祖，太祖妻以女，为额驸。……崇德元年，从武英郡王阿济格伐明，薄明都，攻雕鹗、长安、昌平诸城隘，五十六战皆捷；复与萨穆什喀共攻容城，克之。师还，以先出边，后队为敌乘，溃败，夺所俘获。

布丹，富察氏。自叶赫归太祖，隶满洲正红旗，授牛录额真。……崇德元年，从武英郡王阿济格伐明，破雕鹗、长安二隘，皆先登，与苏纳同功。转战至涿州，师还，明兵出居庸关，设伏邀我军辎重，击破之。……顺治初，从入关，破流贼。

卷二百三十三　列传二十　图尔格　岱松阿

图尔格，满洲镶白旗人，额亦都第八子也。……崇德元年，复授镶白旗固山额真。从武英郡王阿济格伐明，图尔格率所部自坤都入边，会于延庆，遂深入，克十六城。攻昌平，下雄县，图尔格皆先登。

岱松阿，佟佳氏，世居雅尔湖。旗制定，隶满洲正红旗。……崇德元年，从英亲王阿济格伐明，徇昌平。

卷二百三十五　列传二十二　准塔

准塔，满洲正白旗人，扈尔汉第四子也。……顺治元年，从睿亲王多尔衮入关击李自成，遂至庆都，大破之；又与谭泰等率噶布什贤兵逐至真定，又破之。自成焚辎重，仓皇西走，于是京师以北、居庸关内外诸城堡，及畿南诸州县悉定。

卷二百三十九　列传二十六　马国柱　祝世昌

马国柱，辽阳人。……顺治元年，从入关，授左佥都御史。师已定大同、代州，七月，命国柱以右副都御史巡抚山西，道昌平，出居庸关，至代州任事。

祝世昌，辽阳人。……（顺治）五年十二月，上遣英亲王阿济格等戍大同备边，总兵官姜瓖疑见诛，遂叛。世昌檄诸县兵还守省城，瓖遣兵陷朔州、岢岚，攻代州急，世昌帅师赴援，疏请发禁旅出居庸取大同，分兵出紫荆关，至代州济师。上命阿济格等讨瓖，别遣敬谨亲王尼堪等帅师镇太原。

卷二百四十一 列传二十八 伊拜

伊拜，赫舍里氏，世居斋谷。……崇德元年，从伐明，入长城，攻克昌平等州县，俘获甚众。……顺治元年，调正蓝旗蒙古固山额真。从入关，击李自成。

卷二百四十九 列传三十六 苏克萨哈

苏克萨哈，纳喇氏，满洲正白旗人。父苏纳，叶赫贝勒金台什同族。……（天聪）三年，与固山额真武纳格击察哈尔，入境，降其民二千户。闻降者将为变，尽歼其男子，俘妇女八千余，上责其妄杀。蒙古人有自察哈尔逃入明边者，命苏纳以百人逐之，所俘获相当。……崇德初，从伐明，攻雕鹗、长安诸堡及昌平诸城，五十六战皆捷。

卷二百五十四 列传四十一 希尔根

希尔根，觉尔察氏，满洲正黄旗人，世居长白山。……崇德元年，从伐明，连下昌平、宝坻十余城，迁巴牙喇甲喇章京。

卷四百八十七 列传二百七十四 忠义一 索尔和诺

索尔和诺，满洲镶红旗人，姓科奇理，世居瓦尔喀。……（崇德七年）闰十月，次河间，明分守参议赵珽、知府颜允绍城守。……时明于山海关内外分设总督，复设昌平、保定二总督，又有宁远、永平、顺天、密云、天津、保定六巡抚，宁远、山海、中协、西协、昌平、通州、天津、保定八总兵，皆拥兵壁旁悬，慑不敢近。索尔和诺曰："河间不下者，恃外援也。破其一营，皆瓦解矣。"阿巴泰从之，遣将袭明总兵薛敌忠营，敌忠遁，诸援师悉溃。

〔康熙〕顺天府志①

　　《〔康熙〕顺天府志》，现藏于国家图书馆。该本极为珍贵，既非刻本亦非一般意义上的抄本，而是呈写正本，不见清代各种书目著录，且迄今未发现他本。全书现存七卷，依次为地理志、建置志、食货志、典礼志、政事志、人物志和艺文志。其上承明《〔万历〕顺天府志》，下启《〔光绪〕顺天府志》，在方志学史上占有重要位置。作者张吉午，曾任顺天府尹。

卷二　地理

形胜
昌平州

山似阵云，水如天堑。居庸锁钥，叠翠惊人。风震龙沙，烟封鸟道。神京西北，夙号屏垣。

山川
顺天府

弹琴峡在居庸关，水流石罅，声若抚弦。

昌平州

小金山州之西山口内，日午金光射入，自笔架山、黄花镇、凤凰山、居庸关、苏家口，皆明陵护翼，有碑禁人樵采。

军都山州西北二十里。后汉卢植隐此教授，昭烈微时修弟子礼。

---

① 〔清〕张吉午纂修，阎崇年校注：《〔康熙〕顺天府志》，中华书局，2009 年版。

叠翠山即居庸叠翠。

香山顺治六年冬，工部差满官踏勘，自居庸关东南烟洞沟起，至关北陈友谅口内止，俱封为香山。每岁五月，该管率旗丁采香料于此。

古迹

顺天府

仙人枕在居庸关内，道旁一大石类枕，俗呼"仙人枕"。

景致：太液晴波、琼岛春云、金台夕照、玉泉垂虹、蓟门烟树、居庸叠翠、西山霁雪、卢沟晓月。

昌平州

仙枕石在居庸关。形类枕，上刻"仙枕"二字，旁刻"贡书"。世代莫考。

景致：陵阙晴霞、居庸积雪、龙泉漱玉、虎峪辉金、石洞松涛、银山铁壁、神岭千峰、峋崖双瀑。

卷三 建置

公署

昌平州

州治在西巷街北。申明亭在州大门左。旌善亭在州大门右。新都察院在新城大街西，今为霸昌道署。东察院在州治大街东。守备署州治南。巩华城守备署在巩华城。僧正司、道正司二司各随所处为署。养济院在州治西南。预备仓在州西街南。居庸仓在州城东门内。昌平草场在州治北。居庸草场在关城南门外。教场在州城南门外。

庙寺

昌平州

旗纛庙在居庸关。

关梁

居庸关在昌平州北三十里。

〔康熙〕昌平州志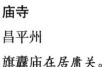①

《〔康熙〕昌平州志》二十六卷，清吴都梁修、潘问奇纂，刊印于康熙十二年（1673年），为第一部官修昌平州志。吴都梁，奉天（今辽宁沈阳）人，曾任昌平知州。潘问奇，浙江钱塘（今浙江杭州）人，有《拜鹃堂集》。

卷三　建置志

驿传

榆河驿，旧在榆河店，去州治三十五里，为军驿，乃居庸关委千户一员管领。军夫一百五十名在驿接应，往来使客，与州无涉。后因道路水冲，崎岖行者，以昌平道坦为便，本州百姓疲于供应，至嘉靖三十六年，议将该驿改设本州新城内大街西巷，仍用军夫，革去千户，添设驿丞一员，驿书二名，又将协济各处马头掣回在本驿应役。至国朝顺治二年，仍设驿丞一员，驿书一名，甲夫一百名，每人每月支饷银一两，米折银四钱，在昌镇饷司库内按月支领。驿马五十匹，每匹每口支豆六仓升，草二束十四斤。马夫二十名，每名每月支工食银一两五钱，每年共

① 〔清〕吴都梁、潘问奇等撰：《〔康熙〕昌平州志》，康熙十二年刊本。

额设工料钱粮二千六百两，遇闰加银二百一十六两六钱六分一厘六毫。□递皂吏十名，每年共额设工食银一百两，遇闰加银八两三钱三分三厘三毫。二项在于本州地丁银内征收支给。额设供应下程、中伙、坐饭、油烛、柴炭、廪给等银四百两，于顺治十三年奉裁，充饷榆河驿。驿官于顺治十六年奉裁，一应驿务悉归本州管辖。

仓

居庸仓，在州城东门内。大门一间，门内北有仓官住宅五间，门东西有吏书斗级房各数间。二门一间，官厅三间，抱厦一间，西北有廒神祠三间，东西南北廒房各数十间。今废。

草场

居庸路草场，在关城南门外偏左，永安河东。

演武场

居庸路演武场，在关北城门外，护城墩□。

关隘

居庸关城，在州治西北三十里，两山夹峙，一水旁流，悬崖峭壁，最称要险。《淮南子》谓天下九塞，居庸其一也。明洪武二年，大将军徐达累石为城，跨两山之间，为京师北门，周围一十三里有半，二十八步有奇。高四丈二尺，厚二丈五尺，南北各设券城，重门二座，城楼各五间，券城楼各三间，木门各二空。

卷三 山川志八景

居庸霁雪

按州西三十里为居庸关，而关居州之上游，关内道由山中而上，公私房舍分列两山，数级而上，每遇雪霁之后，登城而望，悉如银锦层铺，颇壮严关之丽。余见《艺文志》。

卷七 学校志

社学

居庸关文社学一所，在儒学左，故明嘉靖七年建，正堂三间，左右书馆各三间，后房三间，大门三间。今废。

居庸关武社学一所，在儒学右，故明嘉靖十年建，正堂三间，左右书馆各三间，后房三间，大门三间。今废。

以上二社，明制各设教书生员一名，每名岁给银七两二钱。今裁。

卷十四 武备志

居庸路

参将一员。标下守备一员。千总一员。把总二员。八达岭守备一员千总一员。把总二员。石峡峪守备一员。千总一员。把总二员。龙岭口守备一员。千总一员。把总二员。

以上明制。

国朝见设

都司一员。标下千总一员。把总二员。八达岭把总一员。

兵额

居庸路原额马步兵共四千四百一十五名，屡经裁汰，见在马步兵共二百九十五名。

马额

居庸路原额马骡驼共三百匹，今见马七十二匹。

边楼

居庸路七十二座，俱圮。

兵器 居庸路

三眼枪二百二十八杆。长枪三十九杆。铁枪一百四十二杆 双 头枪三十杆。双鞭二十一杆。夹靶单枪二十一杆。鸟枪一杆。大小神威炮五百□十七位。决胜炮七位。佛郎机三百零四架。铁提炮大小一千六百七十位。百子炮十七位。铜佛郎机一架。轰雷阵万人敌二十九座不堪用。铜大小将军各色炮十九位铜安边虎蹲炮二位。铜铳十三杆铜药匙三百五十个。火罐二百七十四个铅子五千三百四十九斤。小铅子八百八十九斤。铁子大小二万二千七百五十一个。铅裹皮铁子一千二百斤。火药五千三百八十七斤。磺五斤炸药一百二十五斤。

以上共一万九千四百三十一位斤件杆。

将领题名

国朝

参将 居庸路

石万钟，奉天人，顺治元年任。三年，升昌平营副总兵。

佟通，奉天中卫人，顺治四年任。

尹起莘，京卫人，顺治四年任。

邹承勋，直隶通州人，顺治七年任。

都司 居庸路

王显宗，奉天盖州人，顺治十八年任，升陕西长武营参将。

段可胜，直隶宛平人，顺治十三年任，升浙江镇标左营游击。

李挺，广西贺县人，顺治十七年任，升陕西甘镇前营游击。

王允升，山东长山县人，由武进士康熙七年任。

刘云凤，四川万县人，康熙十一年任。

守备　居庸路

王梦麟，昌平人，八达岭驻防，升山西水泉营游击。

王天吉，昌平人，石峡峪驻防。

王访，顺天人，龙岭口驻防。

靳拱璧，直隶顺义县人，八达岭驻防，顺治八年任。十一年，升蓟州城守营都司。

李光裕，顺天大兴人，八达岭驻防，顺治十二年任。十六年，升福建建宁府游击。

甄奇，直隶内黄县人，八达岭驻防，顺治十七年任。康熙六年，调怀柔城守备。

卷十六　物产志

草

菖蒲，有二种，一种一寸九节，出居庸石涧中。

豨莶草，出居庸，金棱银线，素茎紫荄。

卷二十　艺文志二　记

《闭关图记》修撰　龚用卿

武皇即位，愤弱喜功。赫然有振兵威，兼夷狄之志。于是，东驰西驾，耀武于胡林边塞之郊。然不以兵车师徒之出，率易服微行。乃正德丁丑七月，又欲北出居庸，观兵云中、上谷。时监察御史心斋先生职居巡关。三章有谏，至按剑当关，不受遥传之使。竟闭武皇方锐之志，使乘舆复返。边尘不惊，顾不伟哉！用卿弱年尝闻诸故老之谈云：武皇天资甚高，虽好游宴，然犹恤士夫之公议，特以二三凶竖，播窃威福，颠倒是非。

间有奏疏之人，圣心旋悟而复改者，此辈弄之以为戏耳。然或有谏章不达，自中阻之者恒多也。故方其志之锐也，虽卿辅大小百执事之臣，群谏之而不足。及其出也，以一张侍御阻之而有余。岂是非变故，固不若以身任之乎！抑言语之感人也浅，徒为目论而不当上心也。夫自拒关折槛之风既远，当事之臣临小利害，犹不肯出一言以主清议，及夫关系国家事变，乃为微词曲意周旋于语言之间，以求容合免愆矣。至于祸罪已成，犹不敢斥言其故，直指其非，以为忠厚含容之道，是乃患得患失之流。此何异孟子之所谓长君之恶逢君之恶者邪！若是者国家之事何所赖焉！此固有识之士所以扼腕也。秦太后离宫之迁也，谏而死者二十七八矣，其法可谓惨矣。茅焦一言而秦王改图，何哉？夫秦王之心至是亦孤矣。亦幸有后来者之复谏也。故焦之谏有以当秦王之心耳。谓其君不能者，贼其君者也。畜君何尤哉？畜君者，好君也。先民有言：平居无犯颜敢谏之士，临难亦无伏节死义之臣。为国远虑者，每致意于言路之通塞，盖以此也。若侍御君闭关之谏，直词大意，间间小子皆习知之。其为国增重不小，宜缙绅传之，以为美谈也。独叹武皇锐意巡游，竟使既出之銮从而中止，不闻致言者之罪，则其从谏之善，何异光武之赏郅恽哉！是宜俱书之，以示后世。是举后十八年为岁嘉靖甲午，予追序其事，俾后之观者有所考焉。

卷二十三 艺文志五 疏铭 赋 杂著

《居庸关铭》 侍郎 刘定之 主静江西

余观自古帝王建极作都，君制华裔，维本于大德，以膺天命、结人心，而未尝不据依形胜以自固，而谓扼天下之吭者也。彼侯国所恃若齐穆陵关、楚武关小不之论，而秦与西汉、唐都雍，周与东汉、晋都洛，乃宇内大都会，且传世久远，统御广际者。然雍之险在函谷关，洛之险在成皋关，亦不过控临中国而已。唯我皇明定鼎冀方，南向以御诸夏，北眺以威边界，其介乎中外之关曰"居庸"，实为覆载以内莫大要地。

谨按《地志》：关在昌平西北四十里。元翰林学士王恽谓：始皇筑长城居息庸徒于此，故以名焉。夫讲求地理实迹而勤述其义，书生事也；况兹关重险巨防若前之云，可不铭乎？铭曰：

帝承天命，朔野是都。坤奠其轴，乾屹其抠。

长城为带，自天缭绕。中耸雄关，洞城里表。

铁壁嵖岈，玉峡嶕峣。俯压博厚，仰矗层霄。

冠以雉堞，守以虎旅。屏翰神京，吞攘裔虏。

龙旗北伐，鼓行其中。如雷之震，以出太空。

北骑南来，款塞其下。如蚁叩阍，以干天赦。

昔秦兴役，庸徒乃居。宋失其防，尨头长驱。

曷若皇明，天所绥顾。不创而因，不严而固。

一夫当之，万夫莫前。一世开之，万世其传。

揽翠为书，磨崖作碣。勒此铭章，以贻无极。

《望居庸关赋》　祭酒　**胡俨**　若思南昌

望军都兮穹窿，雄南峙兮居庸。积苍翠兮蒙茸，纷苒苒兮凌风。

城巍巍兮跨两山，临玉寨兮接高峰。车辚辚兮结驷连辔，风萧萧兮木叶殷综。

目悬崖兮珊珊。悦鸣琴兮清弹。闻仙人兮昔降，遗玉枕兮不刊。

召韩生兮肃立，乃顾余兮一粲。驾黄鹄兮高飞翔，薄层云兮凌霄汉。

皇风畅兮八极，荡尘氛兮灭息。游浮丘兮赋诗，歌四海兮宁一。

〔雍正〕畿辅通志①

　　《〔雍正〕畿辅通志》为清代官修省级地方志。雍正七年（1729年），雍正帝命重修《通志》，上诸史馆，以备《一统志》之采择。初由直隶总督唐执玉奉命纂辑，后由直隶总督刘于义、李卫相继监修。雍正十三年（1735年）书成，共一百二十卷，凡分三十一目。

卷十五　形胜

◇直隶布政使司

　　松亭关、古北口、居庸关为中原险要。宋富弼《上仁宗封事》

　　燕都地处雄要，北倚山险，南压区夏，若坐堂隍，俯视庭宇。《金史·梁襄传》

　　居庸、古北、松亭、榆林等关，东西千里，山峻相连，近在都畿，易于据守。同上

　　尾箕之墟，幽冀之区，郁郁葱葱，屹乎皇都。峙以西山居庸，缭以涿易潞沽，山川相缪，古今不殊。《吴礼部集》

　　右拥太行，左注沧海，抚中原，正南面，枕居庸，奠朔方。峙万岁山，浚太液池，派玉泉，通金水，萦畿带甸，负山引河。壮哉帝居，择此天府。《辍耕录》

　　是邦之地，左环沧海，右拥太行，北枕居庸，南襟河济，形胜甲于天下，诚天府之国也。《博物策会》

　　居庸障其背，河济襟其前，山海扼其左，紫荆控其右，碻山高峙，流河如带。《五杂俎》

---

　　①　〔清〕唐执玉、李卫等修，田易等纂：《〔雍正〕畿辅通志》，清钦定四库全书本。

幽州之地，诚天府之国，而太行之山自平阳之绛西来，北为居庸，东入于海，龙飞凤舞，绵亘千里，重关峻口，一可当万，独开南面，以朝万国，非天造此形胜也哉。《读书一得》

山川峙濯，险甲寰区，而紫荆扼蜚狐之口，居庸拊上谷之背，山海掣元菟之肘，其因地利而尽人谋，可谓千古石画。《长安客话》

汉唐都关中，去边几千里余，今京师北抵居庸，东北抵古北口，西南抵紫荆关，近者百里，远不过三百里尔。同上

京师宸山带海，有金汤之固，正定以北至于永平，关口不下百十，而紫荆、居庸、山海、喜峰口、古北口、黄花镇险阨尤著。《职方图考》

宣府、大同藩篱也，居庸、紫荆门户也，顺天、正定、保定等府州县堂室也。藩篱密斯门户固，门户固斯堂室安。《渔石集》

沃壤千里，水有九河沧溟之雄，山有太行居庸之固。玉泉之流，经纬乎禁籞之中。碣石之壮，盘踞乎畿甸之内。故其山川之壮，观风气之清淑，诚有以卓冠四方为万国之都会，帝王子孙万世太平悠久之基。金幼孜《皇都大一统赋》

天造地设，灵钟秀毓。总交会于阴阳，尽灌输于海陆。南临巨野，东瞰沧溟。西有太行之巉巘，北有居庸之峥嵘。泻玉泉之逶迤，贯金河而回萦。琼岛上耸以盘礴，太液下澈而澄泓。同上

西接太行，东临碣石。巨野亘其南，居庸控其北。势拔地以峥嵘，气摩空而则为。复有玉泉漫流，宛若垂虹。金河澄波，雪练含空。贯天河而为一，与瀛海其相通。杨荣《皇都大一统赋》

叠以太行五华之障，函以军都汤峪之屏。表以岱峰之皋之镇，觭以盘龙密云之嶒。带以白露浑源之川，肇以漳卫直沽之津。扼居庸以制胜，若乘高而建瓴。拥燕云以驭夏，若坐堂而俯庭。狭关中于西阻，陋中原于四驰。卑齐鲁之东藩，迸吴越于南陲。余光《北京赋》

粲星分于箕宿，映黄道之开张。壮天险于居庸，亘重关于太行。会百川于辽海，环河岳于封疆。拱北辰兮帝居，陋巩固于金汤。均万国兮会同，而适居天下之中央也。陈敬宗《北京赋》

瞻恒岳而控西山，跻居庸而狭滦蓟。壮九重于南面，运启文明；峙双关于中天，高连营室。梁本之《为鲁王贺建北京表》

◇顺天府

居庸、曹王、大安、黍谷、崆峒之山，环抱如箕，而燕城峙其中，其地如掌。《鸡肋集》

东枕辽海，沃野数千里，北则居庸耸峙，为天下九塞之一。西山秀甲天下，畿南皆平野沃壤，百昌繁殖。《大兴县志》

◇宣化府

前望京都，后控沙漠，左挹居庸之险，右拥云中之固。《明〔一〕统志》

蜚狐、紫荆控其南，长城、独石枕其北。居庸屹险于左，云中结固于右。群山叠嶂，盘踞峙列，足以拱卫京师，而弹压边徼。《旧镇志》

北临沙漠，西抵云中，南至居庸，周围千有余里，为卫所十有九，为铺六十有九。明刘玥《佐字暖铺记》

重山列东北之险，居庸壮表里之威。《怀来县旧东路志》

卷十七　山

◇顺天府

都城之西有山焉，蜿蜒磅礴，首太行，尾居庸，东向而北绕，实京师雄观也。乔宇《游西山记》

金阁寺远望苍黄，一道如带，南缀者浑河也。浑河古桑干水，万历戊子九月幸石径山，观浑河，顾问侍臣水从何来。申时行对曰："从大漠经居庸下天津，则朝宗于海矣。"因敕河臣，亟修堤岸。《帝京景物略》

军都山，昌平州西北二十里。昌平汉军都县，以山名也。后汉卢植隐居上谷，昭烈微时修弟子礼焉。彼时军都县属上谷郡，又名居庸山，

太行山第八陉也。《天府广记》

回回驼山，昌平州西北二十八里，居庸八景一曰：驼山香雾。

金柜山，昌平州北居庸关城西，形如金柜，故名。

房山，在涿郡西北五十里，北接居庸，东抵渔阳，西连紫荆，所谓幽燕奥室也。《涿鹿记》

弹琴峡，昌平州西北居庸关内。居庸关有弹琴峡，水流石罅，声若调琴。《狮子掌录》

卷二十　山

◇宣化府

居庸山，延庆州永宁城东南四十里，接昌平州界，详昌平。

八达岭，延庆州南去居庸上关十七里，元时以此为居庸北口，上有城，设兵戍守。自八达岭下视居庸关，若建瓴，若窥井。昔人谓居庸之险不在关城，而在八达岭也。《山水记》

横岭，延庆州南四十七里，当居庸之西北，亦要路也。明季设兵戍守。

黑石岭，广昌县北五十五里，宣大入中原有二门，居庸直其后，紫荆当其前。由后必于鸡鸣，由前必于飞狐，飞狐即黑石岭也。

卷二十一　川

◇顺天府

富河，在通州西北，即古湿余水也，一名温余河，亦曰榆河，源出昌平州，由顺义县界至通州北关外，与白河合。

湿余水出上谷居庸关东，又东流过军都县南，又东流过蓟县北，又北屈东南至狐奴县西，入于直沽河。《水经注》

卷三十四　仓廒

◇顺天府

昌平州

预备仓。旧有四，原在旧县四乡，今废。

奠靖所仓。在巩华城北门内，明万历元年建，东西南北廒各数十间，今废。

居庸仓。在州城东门内，东西南北廒各数十间，今废。

渤海所仓。

镇边城仓。

黄花镇仓。属渤海所。

横岭城仓。

长峪城仓。

白洋口仓。以上俱属镇边城。

延庆卫仓。

石匣峪仓。属居庸路。以上俱明建，今废。

卷三十八　兵制

◇镇戍

昌平营原设副将一员，中左右前后五营。顺治八年裁副将，改设参将，止留守备一员。辖汤泉营、黄花路、居庸路、镇边路、怀柔城、巩华城六营。

参将一员。

中军守备一员。

千总一员原设千总、把总各一员。康熙五十四年裁。雍正二年复设。

把总一员。

汤泉营守备一员康熙五十四年设。

把总一员。

马兵八十四名，守兵三百四十四名。每岁俸饷马干米折等银九千五百六十五（名）〔两〕一钱五分一厘九毫八丝八忽。

居庸路原设参将一员。顺治八年裁，改设都司。

都司一员。

千总一员。

把总二员原设一员。雍正十二年，顺义营改归一员。

八达岭把总一员。

马战兵五十三名，守兵二百九名。每岁俸饷马干米折等银五千八百一十四两三钱九分三厘九毫九丝六忽。

镇边路原设参将一员。顺治六年裁，改设都司。

都司一员。

千总一员。

把总一员。

横岭城把总一员。

长峪城把总一员横岭城、长峪城原设守备各一员。顺治六年裁，设操守。康熙元年改设把总。

马战兵三十八名，守兵一百六十七名。每岁俸饷马干米折等银四千五百八十一两三钱九分三厘九毫九丝六忽。

居庸驿

甲兵一百名。每岁兵饷马干米折等银三千九十两。

榆河驿

甲兵一百名。每岁兵饷马干米折等银一千五百六十两。

卷四十　关隘

◇顺天府

居庸关，在昌平州西北二十四里，关门南北相距四十里，两山夹峙，下有巨涧，悬崖峭壁，称为绝险。《淮南子》："天下九塞，居庸其一也。"《汉书·地理志》："上谷郡居庸有关。"《后汉书》："更始使者入上谷，耿况迎之于居庸关。"《水经注》："居庸关在上谷沮阳城东南六十里，绝谷累石，崇墉峻壁，山岫层深，侧道褊狭，林障邃险，路仅容轨。"杜氏《通典》："北齐改居庸为纳款关。"《唐十道志》："居庸亦名蓟门关。"《新唐书·地理志》："居庸关亦谓之军都关。"宋程大昌《北边备对》："居庸关，大行山最北之第八陉也。"《金史》："居庸关国名齐喇哈番。"《元史兵志》："至大四年，增置居庸关屯军防守四十三处，立镇隆万户以统之。"《方舆纪要》："明洪武二年，大将军徐达垒石为城，三年置守御千户所，永乐二年置卫领千户所五，以为京师北面之固。"《明职方图》："居庸、紫荆、倒马为内三关。"《明志》："居庸关之南，重峦叠障，吞奇吐秀，苍翠可爱，为京师八景之一，曰居庸叠翠。"旧志："关南口有城，周不及十四里，有南北二门，本朝初设参将驻守，后改都司金书，自城而北凡八里，至居庸上关有小城，又七里为弹琴峡，又七里为青龙桥，道东有小堡，又三里为八达岭，接延庆州界岭，上有城，元时以此为居庸北口。"

锥石口，在昌平州西北三十二里，西接居庸关，北接黄瓜峪，为州境第二道边城。

陈友谅口，在昌平州西北四十五里、锥石口南，其西亦接居庸关，其东为雁门口，又东为石城峪，水口有堡，此为州境第三道边城。

德胜口，在昌平州北二十里，又名翠平口，其北接雁门口，其东为贤庄口。

龙岭口，在昌平州北四十里，有把总驻守，其西接贤庄口，其北为门家口，再北即黄花镇。

灰岭口，在昌平州北。旧志："自居庸关至黄花镇凡九十一口，而灰岭极为冲要。"

白杨城，在昌平州西四十里，亦曰白洋口，元置白洋千户所于此。明正德中，建城跨南北两山，下当两山之冲，周三里有奇。后又建新城于其西南。嘉靖后设守备驻此，本朝拨把总戍守。其东为苏林口、汤峪口，又东即居庸南口也。

长峪城，在昌平州西北八十里，明正德十五年筑。上跨两山，下据西山之冲。周一里，后又筑小城于其西，曰新城。设守备驻守，今改把总。

横岭城，在昌平州西北八十里，明弘治十八年筑。东西跨山，南北当两山之冲。周一里有奇，门三。旧设守备，今改把总。

黄花镇，在昌平州北八十里。《方舆纪要》："黄花镇有城，元置千户所于此。"《昌平山水记》："黄花镇城以参将一人、守备一人守之。"《方舆胜览》："黄花镇以东历密云、马兰属于山海，谓之东关；以西历居庸、紫荆属于龙泉，谓之西关。"旧志："黄花镇，本朝初废。"

卷四十一　关隘

◇宣化府

岔道口，在延庆州南二十里。《明宣宗实录》："宣德五年，巡边驻跸岔道。"《方舆纪要》："自八达岭而北，地稍平，五里至岔道，有二路，一自怀来至宣府为西路，一自延庆州至四海冶为北路，八达岭为居庸之喉吭，岔道又八达之藩篱也。旧志：明嘉靖三十年，筑城于此，周二里有奇，有西南北三门。"

长安岭堡，在龙门县东南九十里，明初置丰峪驿。永乐九年，筑城置戍，改今名。弘治二年，增置守御千户所。本朝设守备驻此，城周五里有奇。《边防考》："堡地东西跨岭，中通一线，旁径逼仄，居庸而外，此为重关之险。"

榆林驿堡，在怀来县东南三十里，元置榆林驿，明初因之。正统末筑堡，周二里有奇。本朝设把总驻守。《方舆纪要》："堡初置于怀

来卫东羊儿峪北,明正统末改筑于此。"旧志:"堡东至延庆州岔道口
二十五里,至居庸关五十八里,其南即昌平之白羊口,为控扼之所。"

紫荆关,在易州西八十里,即汉之五原关也,一名子庄关,宋时亦
曰金坡关。《方舆纪要》:"紫荆关宋人谓之金坡关,后以山多紫荆树,
改名,为京师西偏重地。"旧志:"紫荆一关,当居庸、倒马间,实为
辅车之势。明正统间,设守备防御。嘉靖间改设参将,后筑紫荆关新城,
升参将为副总兵。本朝康熙三十二年,改设参将。"

卷四十三　驿站

◇京畿

国家定鼎燕京,东发通蓟,趋山海关以达盛京;北起昌平、宣化,
出居庸,由蔚州以达三晋,出张家口,逾长城以通蒙古;南下良乡、涿
州分两大岐,其东南由河间以达齐鲁吴越闽广,其西南由保定历正顺广
大四府,径中州以缘川陕,又南历湖南北以尽滇黔,盖四海之内驿路咸
会,归于神京。……

◇顺天府

昌平州,榆河驿在州城内大街西巷,旧在州南三十五里榆河店。
明嘉靖三十六年移置于此,本朝顺治十六年裁,后复。极冲。现存马
九十六匹,夫四十七名,半马牌子二名,铡草喂马夫八名,兽医一名,
抄牌夫一名,接递皂隶五名,共银四千八百二十四两七钱五分四厘七毫
一丝四忽二微八纤六沙二尘八埃。遇闰按月加增,知州掌之。

延庆卫,居庸驿在卫城内。极冲。现存马九十六匹,夫四十四名,
马牌子二名,喂马夫八名,兽医二名,共银三千四十八两八钱四分。遇
闰按月加增,卫守备掌之。

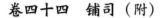

卷四十四　铺司（附）

◇顺天府

昌平州，城东为新庄铺、麻峪铺、牛房铺、桥子铺、赴任铺、石槽铺、抱榆铺、新峰铺；南为沙屯铺、半壁店铺、回龙铺、清河铺、西龙虎铺、南口铺，达居庸关。额设铺司兵三十四名，每年共支银二百零四两。旧有长坡铺、南口铺、双塔铺、皂角铺、榆河铺、清河铺、唐家岭等铺。今改置。

卷五十三　古迹

◇顺天府

昌平旧城，在今昌平州东南，汉置，属上谷郡，后魏省入军都。《水经注》："魏氏土地记曰，蓟城东北一百四十里有昌平城，城西有昌平河。"《括地志》："昌平故城在今县东南六十里。"

军都故城，在昌平州东，汉置，属上谷郡，后魏属燕郡。天平中，以东燕京寄治于此，后周废。《寰宇记》："昌平县在幽州西北九十五里，本汉军都县，后魏移军都于今县东北二十里，更于故县，置东燕州及昌平郡昌平县，后州郡废，而县属幽州。"《县志》："五代唐改曰燕平县，徙治曹村，又徙于白浮图城。"

龙虎台，在昌平州西二十里，地势高平如台，广二里，袤三里。旧志：台在旧县西十里，去京师百里，当居庸关之南。

卷五十四　古迹

◇宣化府

居庸废县，在延庆州东，汉置，属上谷郡。

阴莫亭，在延庆州南。

杏园，在延庆州南七里，金时植杏于此，以为游玩之地。

卷五十六　土产

◇木属

菖蒲，《隋图经》："邯郸紫山下有石，石上菖蒲一寸九节。旧志：一寸九节者出居庸石洞中。"

蒢荎草，昌平旧志："居庸出金棱、银线、素茎、紫荄。"

卷五十七　土产

◇禽属

飞生鸟，《畿辅旧志》："居庸出，状如蝙蝠而大，产妇持其毛皮易生。"

〔嘉庆〕大清一统志①

《〔嘉庆〕大清一统志》为清朝官修地理总志，是继康熙、乾隆两朝《大清一统志》的第三次修订本，全书共五百六十卷。由于卷帙浩繁，嘉庆一朝未能完成。宣宗旻宁即位后，命国史馆总裁穆彰阿继续主持该书的纂修，于道光二十二年（1842 年）成书，叙事至嘉庆二十五年（1820 年）止，故又称《〔嘉庆〕重修一统志》。

卷七　顺天府二　山川

军都山在昌平州西北。司马彪《续汉书》："卢植隐居上谷军都山。"

---

① 〔清〕潘锡恩等纂：《〔嘉庆〕大清一统志》，上海古籍出版社，2008 年版。

《寰宇记》："山在昌平县西北十里，又名居庸山。"旧志："在今州西北二十里，层峦叠障，奇险天开，太行第八陉也，为燕京八景之一，曰居庸叠翠。"按《吕览·九塞》，齐居庸于崤函、井陉，则是居庸本为山名，而关以山得名也。《通鉴》注汉志："有军都、居庸，两县各有关。"而《新唐书·地理志》以为军都即居庸。《昌平山水记》从其说，谓汉立军都县关于山之南。今州东四十里有军都村。但既有两县两关之名，不应同为一山，当是就山之险要，建置区分，及军都关县俱裁后，人遂混为一耳。

长城岭在昌平州西少南。王嘉谟《蓟邱集》："北山上平衍，西五里有岭曰长城，岭上有方堞遗址，相传为秦皇所筑。有泉曰马跑。又西三里，有了思台，下台而西，又十里，皆峻岭也。灰岭险倍于长城，石如蛤粉，下山有城，是镇边之废邑。又西八里有城，是曰镇边。两旁皆山围之，南曰碧驾、曰通明，北曰鹰扬、曰岑落。碧驾之岩，有小湖曰合抱河。镇边西十里，有堆曰唐耳。背踞大山，斜界居庸。镇边废邑，其南皆山，中为衢路，东曰六华岩，西曰小神山、青利山。其第四岩，有洞深黝，是为鸣皋洞。南十里，有聚曰长峪。又西五里，有岩曰德胜，亦曰凤凰。山下出泉，流二十里，达于浑河。山西有观音洞，一名孤松岩。山南岭曰西峪，出山而北，曰白鹤峰。又折而东，曰青华山，高可万仞。"

弹琴峡在昌平州西北居庸关内，水流石罅，声若弹琴，相近有仙人枕，道旁大石也。皇上銮舆经此，有《御制弹琴峡诗》。

温余河自居庸关南流经昌平州西，又东南经顺义县西南，又东南至通州北入白河，一名湿余河，亦曰榆河，俗名富河。《汉书·地理志》："军都县温余水，东至路，南入沽。"桑钦《水经》："湿余水，出居庸关东，又东流过军都县南，又东流过蓟县北，又北屈东南至狐奴县西，入于沽河。注：其水导源关山，南流历故关，下迳军都县界南流出关，谓之下口。水流潜伏十许里，故渎东径都县故城南，又东重源潜发，积而为潭，谓之湿余潭。又东流，易荆水注之，又东南流左合芹城水，又东南流径安乐故城西，于狐奴县西南东入沽河。"《辽史·地理志》："顺州有温余河。"《昌平州志》："榆河在州南二十里，源出军都山，至旧县而伏，又南复出，谓之榆河。其发处为月儿湾，今上流已涸，其下流为沙河，南接宛平县界，至沙河店东南，合南沙河入通州界。"《册说》："北沙河，在昌平州南十八里，由居庸关南流，绕州西会翠屏山泉而南东流，又东至州东南三岔口，会南沙河、高丽河，经顺义县西南三十里，又东南至通州东北八里，入于白河，俗又名为富河。"

卷八 顺天府三 古迹

龙虎台在昌平州西旧县四十里居庸关南口，地势高平如台，广二里，袤三里，元时车驾岁幸上都，往来皆驻跸其上。

卷九 顺天府四 关隘

居庸关在昌平州西北，去延庆州五十里。关门南北相距四十里，两山夹峙，巨涧中流，悬崖峭壁，称为绝险，即《吕氏春秋》九塞之一也。《汉书·地理志》："上谷郡居庸县有关。"《后汉书·光武纪》："建武十五年，徙雁门、代郡、上谷三郡民，置常山、居庸关以东。"《水经注》："居庸关，在沮阳城东南六十里居庸界，湿余水导源关山，南流历故关下，溪之东岸，有石室三层，其户牖扇扉，悉石也，盖故关之候台矣。南则绝谷，累石为关址，崇墉峻壁，山岫层深，侧道褊狭，林鄣邃险，路才容轨。其水历山南径军都县界，又谓之军都关。又南流出关，谓之下口。"《隋书·地理志》："昌平有关官。"唐梁载言《十道志》："居庸关，亦名蓟门关。"《通典》："居庸关，北齐改为纳款。"《唐书·地理志》："昌平县西北三十五里，有纳款关，即居庸故关，亦谓之军都关。"程大昌《北边备对》："居庸关，太行山最北之第八径也。东西横亘五十里，而中间通行之地，才阔五步。"《元史》：

"睿宗于居庸关立南北口屯军，徼巡盗贼，各设千户所。至大四年，枢密院奏居庸关古道四十有三，军吏防守之处，仅十有三，旧置千户，位轻责重。于是改千户所为万户府，分诸军屯驻东西四十三处，置隆镇上万户以统之。皇庆元年，始改为隆镇卫亲军都指挥使司。延佑元年，又以哈鲁勒军千户所隶焉。"《方舆纪要》："居庸关，明洪武二年，大将军徐达垒石为城，三年置守御千户所，永乐二年置隆庆卫领千户所五，以为京师北面之固。本朝初设参将驻守，后改都司，千把总属焉。关城之南，有南口城，去州二十五里，亦南北二门。自南口而上，两山之间，一水流焉。道出其上，十五里为关城。又八里为上关，有小城，亦南北二门。又七里为弹琴峡，又七里为青龙桥，道东有小堡。又三里至八达岭，岭上有城，亦南北二门，元人以此为居庸北口。今有把总戍守。哈鲁勒军，旧作哈儿鲁军，今改正。"

〔光绪〕顺天府志①

《〔光绪〕顺天府志》是馆藏资料中保存较为完整的一套志书。光绪五年（1879 年）设局修纂，十二年（1886 年）成书，计一百三十卷。书中详细记叙了顺天府的衙署、古迹、城池、边关、水利、沿革、官守等情况，始自周代，迄于清末，为晚清地方巨著，具有重要的历史价值。

卷三十 地理志十二 边关

昌平州西八里为旧县，又西北十里为龙虎台，又西北六里为居庸关，南口有城，南北二里。按：《魏书》谓之下口。《常景传》："都督元谭据居庸下口。北齐谓之夏口。"《文宣纪》："天保六年，筑长城，

---

① 〔清〕周家楣、缪荃孙等纂：《〔光绪〕顺天府志》，北京古籍出版社，2001 年版。

自幽州北夏口至恒州，九百余里。是也。"《元史》始谓之南口。南口以上十五里为关城《昌平山水记》："城跨水筑之，周一十三里余，高四丈二尺，南、北二门，东有水门。明宣德三年八月，命工部侍郎许廓修。城之中有过街塔，临南北大路，累石为台，如谯楼而窾其下，以通车马。上有寺，名曰泰安。正统十二年赐名，下窾处刻佛像及经，有汉字，有番字。"《元史》："泰定三年五月，遣指挥使兀都蛮镌西番咒语于居庸关崖石。今其刻甚多，非一时笔也。"又八里为上关《九边图说》："上关有小城，南、北二门。"又七里有弹琴峡《山水记》："弹琴峡，水流石罅，声若弹琴，上有佛阁。"又十里至八达岭《九边图说》："八达岭有城，南、北二门，元人所谓北口者是也。八达岭下视居庸关，若建瓴，若窥井。故昔人谓居庸之险不在关城，而在八达岭也。"又五里为岔道，接延庆州界。《山水记》："岔道有二路：一自怀来卫，保安州至宣化府为西路；一至延庆州永宁卫、四海冶为北路。由南口至八达岭，凡四十里，两山壁立，中通一轨，重岭叠嶂，蔽亏天日。《水经注》所谓'山岫层深，侧道褊峡，晓禽暮兽，寒鸣相和，羁官游子，聆之者莫不伤思'者也。"《淮南子》曰："天下九塞，居庸其一。"而《金史》言："中都之有居庸，犹秦之崤函，蜀之剑门。山自太行山迤北至此，数百里不绝，自麓至脊，皆陡峻不可登。中间为径者八，名之曰陉，居庸其第八陉也。谓之居庸者，元翰林学士王恽言：始皇筑长城，居息庸徒于此，故以名焉。亦谓之西关。"《三国志》："田畴乃上西关出塞，傍北山直趋朔方是也。亦谓之蠮螉塞。"《方舆纪要》："晋咸康六年，慕容皝帅诸军入蠮螉塞，直抵蓟城是也。亦谓之军都关。"《魏书》："杜洛周反于燕州，敕都督元谭西至军都关，北从卢龙塞，据此二险，以杜贼出入之路是也。亦谓之纳款关。"《通典》："居庸关在昌平县西北，齐改为纳款关。亦谓之冷陉。陉又作硎。"《新唐书》："孙佺为幽州都督，帅兵讨李楷，大醋副将李楷洛、周以悌，次冷硎。"《唐十道志》："又名蓟门关。"《金史》："又名齐喇哈番。盖此关自古称之矣。"其南北口之戍，则自元始。北口千户所属上都路隆庆州，南口千户所属大都路昌平县。史言睿宗于居庸关立南北口，屯军缴巡盗贼，各设千户所。至大四年，枢密院奏：居庸古道四十有三，军吏防守之处仅十有三，旧置千户，位轻责重。于是改千户所为万户府。分钦察、唐兀、贵赤、西域、左右阿速诸卫军三千人，并南、北口大和岭旧隶汉军六百九十三人，屯驻东、西四十三处，立十千户所，置隆镇上万户府以统之。皇庆元年，始改为隆镇卫亲军都指挥使司。延祐二年，又以哈儿鲁军千户所隶焉。至明洪武三年，置守御千户所。永乐二年，置卫领千户所五，以为京师北面之固。本朝初设参将驻守，后改都司一、把总一，驻关城；又把总一，分防八达岭；外委一，分防南口。

〔光绪〕昌平州志①

《〔光绪〕昌平州志》为昌平最后一部州志，是对《〔康熙〕昌平州志》的续编。全书十八卷，刊印于光绪十二年（1886年），由缪荃孙、刘万源等编撰。1989年，北京古籍出版社将该书校订出版。

卷三　土地记第三上

军都故城《一统志》："在昌平州西十七里，汉置县，后魏置东燕州及昌平县于此。"《魏书地形志》："东燕州天平中置，寄治幽州军都城。"《水经注》："在居庸关南，漯余水北。当是双塔故城，今之故城村也。"

古长城旧志："在州城西长城岭一带，雉堞甚古，疑北齐天保六年所筑。"

州西八里为旧县，又西北十里为龙虎台，又西北六里为居庸关南口，

① 〔清〕缪荃孙，刘万源等撰：《〔光绪〕昌平州志》，光绪十八年刊本。

有城，南北二门。按《魏书》谓之下口，《常景传》："都督元谭据居庸下口。北齐谓之夏口。"《文宣纪》："天保六年，筑长城，自幽州北夏口至恒州，九百余里是也。"《元史》始谓之南口。

南口以上十五里为关城旧志参《山水记》："城跨水筑之，周一十三里余，高四丈二尺。南北二门，其东有水门。宣德三年八月，命工部侍郎许廓修。城之中有过街塔，临南北大路，累石为台，如谯楼而窽其下，以通车马。上有寺，名曰泰安。正统十二年赐名，下窽处刻佛像及经，有汉字，有番字。《元史》泰定三年五月，遣指挥使兀都蛮镌西番咒语于居庸关厓石。今其刻甚多，非一时笔也。"

又八里为上关《山水记》："上关有小城，南北二门。"

又七里有弹琴峡《山水记》："弹琴峡水流石罅，声若弹琴，上有佛阁。"

又十里至八达岭《山水记》："八达岭有城，南北二门，元人所谓北口者是也。八达岭下视居庸关，若建瓴，若窥井，故昔人谓居庸之险不在关城，而在八达岭也。"

五里为岔道《山水记》参《采访册》："岔道有二路，一自怀来卫至宣化府，为西路；一至延庆州永宁卫四海，为北路。由南口至八达岭凡四十里，两山壁立，中通一轨，重岭迭嶂，蔽亏天日。《水经注》所谓'山岫层深，侧道褊狭，晓禽暮兽，寒鸣相和，羁官游子聆之者莫不伤思'者也。"《淮南子》曰"天下九塞，居庸其一"。而《金史》言中都之有居庸，犹秦之崤函，蜀之剑门。山自太行山迤北至此，数百里不绝。自麓至脊，皆陡峻不可登，中间为径者八，名之曰陉，居庸其第八陉也。谓之居庸者，元翰林学士王恽言，始皇筑长城，居息庸徒于此，故以名焉。亦谓之西关。《三国志》：田畴乃上西关，出塞傍北山直趋朔方，是也。亦谓之蠮螉塞。《方舆纪要》：晋咸康六年，慕容皝帅诸军入蠮螉塞直抵蓟城，是也。亦谓之军都关。《魏书》：杜洛周反于燕州，敕都督元谭西至军都关，北从卢龙塞，据此二险，以杜贼出入之路，是也。亦谓之纳款关。《通典》：居庸关在昌平县西北，齐改为纳款关。

亦谓之冷陉，又作硎。《新唐书》：孙佺为幽州都督，帅兵讨李奚大酺副将李楷，洛周以悌次冷硎。《唐十道志》又名蓟门关。《金史》又名齐喇哈番。盖此关自古称之矣。其南北口之戍，则自元始。北口千户所属上都路隆庆州，南口千户所属大都路昌平县。史言睿宗于居庸关立南北口屯军，缴巡盗贼，各设千户所。至大四年，枢密院奏居庸古道四十有三，军吏防守之处仅十有三，旧置千户，位轻责重，于是改千户所为万户府，分钦察、唐兀、贵赤、西域、左右阿速诸卫军三千人，并南北口、大和岭旧隘汉军六百九十三人屯驻，东西四十三处，立十千户所，置隆镇上万户府以统之。皇庆元年，始改为隆镇卫亲军都指挥使司。延祐二年，又以哈儿鲁军千户所隶焉。至明洪武三年，置守御千户所。永乐二年，置卫，领千户所五，以为京师北面之固。本朝初，设参将驻守，后改都司一、把总一驻关城。把总一分防八达岭，外委一分防南口。

卷五　山川记第四

妙高峰按旧志云："妙高峰，《春明梦余录》在居庸关诸山之南，与天寿山相接，中开一罅，即居庸关，山俊而秀，故以妙高称。或云在州城西南抬头村西龙泉寺一带。"

弹琴峡《方舆纪要》："居庸关城北八里为上关，有小城，南北二门。又七里曰有弹琴峡，水流石罅，声若弹琴。"

香山旧志："香山在城西北。顺治六年冬，工部差官踏勘，自居庸关东南烟洞沟起，至关北陈友谅口止，俱封为香山。每岁五月，采办香料于此。"

北沙河东南流入南沙河北沙河源在亭子庄村西，东南流径四家庄村北。又东径辛庄村北，右合小埝头水。又东径古城村南、双塔村北。山水涨发时，左合白羊、汤谷、居庸诸水。又东躧①河注焉。又东至沙

---

① 躧，同"屣"：鞋；趿拉着；踩，踏；漫步；追踪。

河店北朝宗桥下，少东白浮泉注焉。又东南至小沙河村西北，会南沙河。

居庸水入北沙河居庸水：《明一统志》谓之涧河，发源八达岭下。东南流出南口外，至狼窝潜伏。山水发时，下流径北小营村东，红桥村西，双塔村北，入北沙河。

卷六　大事表第五

汉

高帝十二年，卢绾反，命周勃以相国代樊哙将击下蓟，屠浑都。

建武二年春，彭宠反，遣其弟纯将匈奴二千余骑，经军都。耿况子舒袭坡其众，斩匈奴二王。况复与舒攻宠，取军都。

十五年，徙雁门、代郡、上谷三郡民，置常山、居庸关以东。

元初五年，鲜卑入上谷，攻居庸关。

建光元年，鲜卑侵居庸。

魏

孝昌元年八月，杜洛周反于上谷，诏常景为行台、元谭为都督讨之。二年春，景敕谭西至军都关，据险杜贼。谭据居庸下口，俄而安州戍卒反，结于洛周。谭遣别将崔仲哲截军都关以待，仲哲战没，谭大败。诏以李琚代谭征下口。适洛周南出掠蓟，琚战于蓟北，败死。

唐

垂拱三年二月，突厥寇昌平，遣黑齿常之击却之。

乾宁元年二月，河东兵败燕军于居庸，李匡筹挈其族遁去。

天祐十年三月，周德威收古北口、居庸关，使胡令珪与诸戍将相继来奔。

十三年三月，契丹攻幽州节度使周德威，以兵拒于居庸关之西。

十八年，契丹主率军入居庸关，略十余城。

辽

保大二年正月，辽主出居庸关至鸳鸯泺。十一月，萧德妃五表于金，求立秦王，不许。以劲兵守居庸，及金兵临关，厓石自崩，戍卒多压死，不战而溃。

金

天辅六年，金军攻居庸关，都统高陆等降。

七年，卓哩罗索等攻居庸关，耶律达实被擒。

大安二年，元兵攻取昌平等处诸寨。

三年九月，与元兵战于会河堡，败绩，居庸关失守。昌平等处均归于元。

贞祐二年三月，元主屯燕城北，以东海郡侯少女及金帛等与之。元主引归，出居庸关。

元

太宗四年，出居庸关，避暑官山。

中统二年冬北狩，驻鱼儿泊，诏平章塔察公以虎符发兵于燕。既集，取道居庸，合阅于汤山之东。遂飞豹取兽，获焉。

至元十六年五月，徙丁子峪所驻侍卫军万人，屯田昌平。

十七年五月，命枢密院调兵六百人守居庸南北口。

致和元年八月，调诸卫兵守居庸关及卢儿岭。九月，上都王禅游兵至大口，雅克特穆尔迎战于榆河，败之。追奔之红桥北，又败之。师据红桥，大战白浮之野。雅克特穆尔手刃七人于阵，败之。王禅收集散亡，复来战。雅克特穆尔列阵白浮之西。至夜，萨敦、托克托穆尔前后夹攻，败走之，追及于昌平北，斩首数千级。

至正十二年四月，北巡上京，至大口，信宿。

二十四年四月，博啰特穆尔令图沁特穆尔犯阙，入居庸关，命伊苏布呼齐迎战于皇后店，败绩。图沁特穆尔兵至清河列营，辛亥军还。七月复犯阙，入居庸关。皇太子御于清河，伊苏军昌平。

明

建文元年，余瑱为北平卫指挥使，与谢贵密谋不遂，贵死，瑱走保居庸关。燕兵专力击瑱，瑱且战且守，援兵不至，弃关走怀来，力尽被执，不屈死。

二年正月，燕王攻大同，李景隆帅师出紫荆关救之，燕王由居庸关入，还北平。

永乐八年二月初十日，亲征北虏，驾出德胜门，次清河。十一日晚，次沙河。十二日，次龙虎台，度居庸关。七月十五日入关，令金幼孜记关内桥，自八达岭出关口凡二十三桥。晚次龙虎台，十六日次清河，十七日还。

十二年三月十七日，亲征瓦剌，出安定门，午至清河下营，十八日发清河，午至沙河。命光禄寺赐酒馔。十九日早，雨，晨发沙河，途间雨止，午次龙虎台。二十日度居庸关。七月二十八日诏六师入关，有践伤田禾取民畜产者，以军法论。午后次新店，大雨。八月初一日还京。

十三年正月，塞居庸以北隘口。

二十年三月，亲征阿鲁台。八月班师。九月入关，次龙虎台，飨随征将校。

二十二年四月，亲征阿鲁台。己酉，车驾发北京，次唐家岭。癸丑，次龙虎台，遣太常寺臣祭告居庸山川。

宣德九年九月癸未，自将巡边。乙酉，度居庸。

正统四年夏，淫雨，坏居庸关城。

十四年七月，亲征也先。乙未，次龙虎台，军中夜惊。丁酉，次居庸关。九月辛丑，给事中孙详、郎中罗通为右副都御史，守紫荆、居庸关。十月，也先犯京师，焚长献二陵。命石亨等军于沙河。十一月，以佥都御史王竑镇居庸关。

景泰元年五月，益黄花镇戍兵，卫陵寝。八月乙酉，英宗至居庸关，遣礼部左侍郎储懋至龙虎台、锦衣卫指挥佥事宗铎领骄马至居庸关。

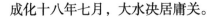

成化十八年七月，大水决居庸关。

二十年春正月庚寅，天寿山、居庸关城垣墩台多摧，人有压死者。

（宏）〔弘〕治十一年，和硕自大同深入，分遣大臣守居庸、白羊诸关隘。

十三年秋七月庚申，居庸关石缝山东西四十余里、南北七十余里，延烧七昼夜。

正德十二年八月甲辰，帝微服如昌平。乙巳，梁储、蒋冕、毛纪追及沙河，请回跸，不听。己酉，至居庸关。巡关御史张钦闭关拒命，乃还。丙辰，至自昌平。丙寅夜，微服出德胜门，宿羊房民舍，遂如居庸关。

十三年正月辛酉，帝复出关。三月戊辰，如昌平。五月始还。六月甲申，葬太皇太后，帝戎服从。己酉，至自昌平。

嘉靖二年正月，御史李俨请募兵三百人，守居庸关、长峪城。

二十九年，置昌平镇，设大将。

四十年九月庚子，俺答犯居庸关，参将胡镇御却之。

万历元年，由通州水运粮石抵莫靖仓，转发居庸等仓，以重军需，虑沙河水浅，行船稍滞，宄运主事名维新者溯流上下相地，得沙子营北安济朝宗二流之会西接小清河而水势始大，乃谋于有众，金谓是可以停泊，可以储粮，遂为仓廒四区，官厅一所，当水之上阜建龙庙三楹，经营伊始，于旧坎瓦砾内得残竭，为元至德中曾建仓台于此。

崇祯七年秋，大清兵至宣府。乙未，诏总兵官陈洪范守居庸关。

九年秋七月己未，大清兵由灰岭、贤庄、锥石等口入昌平，巡关御史王肇坤等死之。是年，以兵部侍郎张元佐镇昌平，内监魏国徵守天寿山。

十七年三月乙未，李自成陷昌平。总兵官李守鑅骂贼不屈，格杀数人，死之。贼遂焚十二陵享殿，乘夜自沙河而进，陷京师。庄烈帝后殉社稷，柳棺至昌平，吏目赵一桂、州民等启田妃陵葬之。……

国朝

康熙十年十一月，命凿居庸险隘，以备辇道。

卷十三　衙署志第十五

羊房义仓在药王庙殿内

按：仓实存谷伍百石，设仓正、仓副各一名。

预备仓旧有四，一在东惠义乡兴寿里。一在南仁和乡丰赡里。一在西信德乡广信里。一在北润济乡居安里。明景泰三年，移置州城西街路南，建官厅、廒房数十间，并储各衙门罚赎谷石及孤贫囚粮。莫靖所仓在巩华城北门内，明万历元年建，设掌印千户吏目大使各一员。渤海所、黄花镇、长峪城、镇边城、横岭城、白羊口、石峡峪、延庆卫，前明俱有仓，各设掌印所官，大使掌之。居庸仓在东门内，有吏书斗级，今俱废。

演武场在南门外路东

按：场地十顷，四围缭以短垣，内将台一座，台上有演武厅，门外有监射厅印房左右各三间，今俱圯。巩华城演武赴此。

镇边路演武场在本城南门外，黄花路演武场在本城南门外，白羊城演武场在本城东门外，长峪城演武场在本城南门外，横岭城演武场在本城北门外，今俱废。

本州草厂在北城下天仙宫西，巩华城草厂在本城内，黄花路草厂不可考，镇边路草厂在本城西山坡，白羊城草厂在本城东门外，横岭城草厂在本城东南山，长峪城草厂在本城南门外西山坡，今俱废。

榆河驿旧在城南三十五里榆河店，明嘉靖三十六年移置于州署东，设驿丞一人司之。本朝顺治十六年裁驿丞，驿务悉归知州。

卷十三　营卫志第十六

元

隆镇卫

睿宗在潜邸尝于居庸关立南、北口屯军，徼巡盗贼，各设千户所。至元二十五年，以南、北口上千户所总领之。至大四年，改千户所为万户府，分钦察、唐古、桂齐、西域、左右阿速诸卫军三千人，并南、北口、大和岭旧隘汉军六百九十三人屯驻，东西四十三处，立十千户所，置隆镇上万户府以统之。皇庆元年，始改为隆镇卫亲军，置都指挥使三员，副都指挥使二员，金事二员。延祐二年，又以哈儿娄军千户所隶焉。四年，置色目经历一员。至治元年，置蒙古汉军籍。二年，置爱满知事一员。后定置卫官都指挥使正三品，副都指挥使从三品，金事正四品，经历从七品，知事从八品。

南口千户所

达噜噶齐、千户、百户、弹压各一员，于昌平县居庸关置司。

明

居庸路参将一员，标下守备一员，千总一员，把总二员。八达岭守备一员，千总一员，把总二员。石峡峪守备一员，千总一员，把总二员。龙岭口守备一员，千总一员。把总二员。

国朝

昌平营

存城参将一员兼辖居庸、巩华、怀柔、汤泉四营，中军守备一员，千总一员，经制外委一员，额外外委一员，分防牛方汛经制外委一员，高丽营额外外委一员，贯市汛把总一员，畬奓屯汛额外外委一员。

居庸路

存城都司一员，中军把总一员，分防南口城经制外委一员，镇边路把总一员，八达岭把总一员，白羊城汛额外外委一员。

疆界

居庸路都司驻扎居庸关城内，管辖地方：东至东三岔止七十里，接怀柔城界；西至挂枝庵止一百里，接泰宁镇，属马水路界；南至雪山止二十八里，接昌平营界；北至岔道城止二十八里，接宣化镇界。东西距一百七十里，南北距五十六里。

卷十三 物产志第十七

草之类

菖蒲《畿辅旧志》："一寸九节者出居庸石洞中。"

禽之类

飞生鸟旧志："居庸出，状如蝙蝠而产妇持其毛皮易生。"

〔光绪〕延庆州志[①]

《〔光绪〕延庆州志》为北京市所辖延庆地区方志专书，由屠秉懿、胡振书、张惇德等纂修，现有影印本由成文出版社据光绪七年（1881年）刊本印行。该志分设舆地、赋役、学校、选举、职官、艺文、人物、古迹等十二卷。

---

① 〔清〕屠秉懿、胡振书、张惇德等纂修：《〔光绪〕延庆州志》，成文出版社，1968年版。

卷一　舆地

居庸关在州城南五十五里州册，关口南北相距四十里，两山夹峙，巨涧中流，悬崖峭壁，称为绝险，即吕氏春秋九塞之一也。《汉地志》："居庸县有关。"《水经注》："居庸关在沮阳城东南六十里居庸界，湿余水导源关山，南流历故关下，溪之东岸，有石室三层，其户牖扇扉，悉石也，盖故关之候台矣。南则绝谷，累石为关址，崇墉峻壁，山岫层深，侧道褊狭，林鄣邃险，路才容轨。其水历山南径军都县界，又谓之军都关。又南流出关，谓之下口。"《隋地志》："昌平有关官。"《唐十道志》："居庸关亦名蓟门关。"《通典》："居庸关北齐改为纳款。"《唐地志》："昌平县西北三十五里有纳款关，即居庸故关，亦谓之军都关。"程大昌《北边备对》："居庸关太行山最北之第八径也。东西横亘五十里，而中间通行之地，才阔五步。"《元史》："睿宗于居庸关立南北口屯军，各设千户所。"《方舆纪要》："永乐二年置隆庆卫领千户所五，以为京师北面之固。"

国朝初设参将驻守后改设都司金书。《大清一统志》

南口在州城东南七十里，北至居庸关十五里，今设外委驻守州册。关之南有南口城，魏人谓之下口，南北二门。自南口而上，两山之一水流焉，道出其上，下五里为关城。又八里为有上关，有小城，南北二门。又七里为弹琴峡。又七里为青龙桥，道东有小堡。又三里至八达岭。《大清一统志》

八达岭城在州城东南二十七里，南至居庸关二十七里，北至岔道口五里，南北二门，今设把总驻守州册。东南去居庸上关十七里，为往来之要冲，元时以此为居庸北口，上有城，设兵戍守。《大清一统志》

岔道口在州城东南三十二里乾隆志。自八达岭而北地稍平，五里至岔道，有二路，一至延庆州永宁卫四海冶为北路，八达岭为居庸之嗌喉，岔道又八达岭之藩篱也。《舆程记》："岔道口北行二十二里至州西，行六十里至怀来卫之榆林驿，与南山联为一体，其地逼临山险，为居庸

之外委。《方舆纪要》

昌平外志①

《昌平外志》，清昌平人麻兆庆纂修，为其考订、校正《〔光绪〕昌平州志》之作。全书六卷，附有补编，并附外志稿一卷，于光绪十八年（1892 年）刊行，俟后又于光绪二十一年（1895 年）补刻。今存光绪榆荫堂刊本。

卷二 地理纰缪考

军都关非居庸关

【案】《水经注》《新唐书》谓："居庸关亦谓之军都关。"《新志》引之，纂入《土地记》。考《淮南子·地形训》高诱汉人《注》："居庸关，在上谷沮阳之东，通军都关。似居庸、军都非一关。"《魏书·常景传》："杜洛周反，别敕元谭西至军都关，据险杜贼。谭据居庸下口，崔仲哲截军都关。是居庸、军都非一关。"《新唐书·地理志》："昌平北十五里有军都陉。明陵之天寿山，其是也，旧名黄土山，似军都山之讹。北有二道关，疑为军都关。"

蠮螉塞为今喜峰口，非居庸关

【案】《晋书·慕容皝载记》："皝率骑二万出蠮螉塞，长驱至于蓟城。"《日下旧闻考》引《方舆纪要》，以为蠮螉即居庸之转音。《新志》本之，纂入《土地记》。考《锦字笺·方舆部》："蠮螉塞在龙城外。"慕容皝改柳城为龙城。柳城，汉县名，今土默特左翼。《字典》：

---

① 〔清〕麻兆庆撰：《昌平外志》，成文出版社，1969 年版。

"《玉篇》：蠮螉，细腰峰也。"今之喜峰口，其是也。细峰，喜峰，字转也。

冷陉山在契丹国，非居庸关

【案】《日下旧闻考》引《问次斋稿》《稼堂杂钞》曰："居庸，亦谓之冷陉。引幽州都督孙佺讨奚李大酺以为证。"《新志》本之，纂入《土地记》。考《旧唐书·北狄传》："冷陉山在契丹国。"《新唐书·契丹传》："阻冷陉山以自固。"《辽史》："辽国，其先曰契丹。南控黄龙，北带潢水，冷陉屏右，辽河堑左。"证此，何以是居庸关？崇祯九年秋九月史作八月，我兵从建昌冷口还见《易知录》。即冷陉山口。

西关亦非居庸关

【案】《昌平山水记》："居庸，亦谓之西关。引田畴上西关以为证。"《新志》本之，纂入《土地记》。考《三国志·田畴传》："幽州牧刘虞遣畴诣长安，既取道，乃更上西关。关而曰西，谓自幽州而西也。居庸在幽州之北，何得谓之西？"

卷三　河渠考

湿余水非居庸关水

【案】湿余水即《汉书》之温余水。《水经》作湿余，《辽史》作温榆，《明史》作溼余，旧志作湿余、湿榆。《水经注图》曰："当作漯余。作温余、湿余、温榆，皆误。"《水经》：湿余水出上谷居庸关东。细玩东字，言由关指东而言其下流，非由关东发源也。源发关外青龙桥西，东南流，二十余里入关。又东南流，出南口，至狼窝昌、延交界潜伏。涸道迳旧县西南红桥村西、军都故城东，至双塔村北入双塔河。湿余水之入易荆水也，在易荆水合虎眼泉、孤山水之东。居庸关水之入易荆水也，在易荆水未合虎眼泉、孤山水之西。故敢证居庸关水非湿余水。乾隆五十五年五月，奉上谕：本日军机大臣将金简寄到《温余河全图》，著再传谕金简，再行详核：是否系军都山发源之称，详晰绘图，勿致再有牵混。钦此，钦遵。载在《东华续录》。此足见湿余水非居庸关水矣。

延庆卫志略①

《延庆卫志略》为北京旧志丛刊之一，今仅存乾隆年抄本。作者周硕勋，湖南宁乡人。经考，延庆卫位于昌平州东南四十里居庸关口，本名隆庆卫，明建文四年（1402 年）设置，清乾隆二十六年（1761 年）裁撤。

纪事

居庸关在昌平西北四十里，元翰林学士王（辉）〔恽〕谓，始皇筑长城，居息庸徒于此，故以名焉。《呆斋稿》

居庸南临（都军）〔军都〕，因名（都军）〔军都〕关，北齐改为纳款关。《地括志》

居庸关亦名蓟门关《十道志》。居庸关亦谓之冷陉《问次斋稿》。

太行山南自河阳怀县迤（潢）〔逦〕北出，直至燕北，无有间断。此其为山，不同他地。盖数百千里，自麓至脊，皆险峻不可登越。独有八处粗通微径，名之曰陉八陉：一轵关陉、二太行陉、三白陉、四滏口陉、五井陉、六飞狐陉、七蒲阴陉、八（都军）〔军都〕陉。居庸关者，其最北之第八陉也。此陉东西横亘五十里，而中间通行之地才阔五步。《北边备对》

---

① 〔清〕周硕勋撰：《延庆卫志略》，成文出版社，1970 年版。

居庸关在上谷沮阳城东南六十里，绝谷累石，崇墉峻壁，山岫层深，侧道褊狭，林鄣邃险，路仅容轨，晓禽暮兽，寒鸣相和，羁官游子聆之莫不悲伤。《水经注》

居庸关在顺天府北一百二十里，两山夹峙，一水旁流。关跨南北四（千）〔十〕余里，悬崖峭壁，最为要险。关南重峦叠嶂，吞奇吐秀，苍翠可爱，为京师八景之一，名曰居庸叠翠。《一统志》

罗璧《识遗》曰："河北以居庸关〔为〕要，关居燕百里外，即汉〔上〕谷郡。其山西连太行，东（垣）〔亘〕辽海，狼居胥诸山为襟带，关南相通处，路绕两崖间，风起人行，或为所掀。彭文子谓隘如线，侧如倾，其峻扪参，其降趋井，下有涧，巨石磊块，凡四十五里，艰折万状，山外寒气先山南两月。在大都东北一百二十里，至关南口，入关山行四十五里，出北口"。《通鉴纲目》

使者入上谷，耿况迎之于居庸关。《后汉书》

建武十五年，徙雁门、代郡、上谷三郡民，置常山、居庸关以东。《范氏后汉书训纂》

汉安帝元初五年冬，鲜卑入上谷，攻居庸关。建光元年，复寇居庸。《后汉书·鲜卑传》

公孙瓒攻拔居庸，生擒刘虞。《后汉书·本传》

居庸关南口亦谓之西关，田畴自选家客二十骑上西关，出塞，傍北山直起朔方是也。《三国志》

晋惠帝元康四年，居庸地裂，广三十六丈，长八十四丈，水出。《晋书·五行志》

晋成帝咸康六年，慕容皝师诸军入蠮螉塞，直抵蓟城。永和六年，慕容隽使慕容霸将兵二万，自东道出徒河，慕舆千自西道出蠮螉塞。又太元十年，慕容垂遣慕容农出蠮螉塞，即居庸音转耳。《方舆纪要》

魏道武伐燕，遣将军封真等从东道出军都袭幽州，亦谓之浑都。《史记·绛侯周勃世家》："屠浑都，是也。"《经世挈要》

宋文帝元嘉间，闻魏世祖殂，欲谋北伐。青州刺史刘兴祖以宜长驱中山，据其险要，西距太行，北塞（都军）〔军都〕，若成功清一可待。
《南史》

魏明帝孝昌元年，杜洛周聚众反于上谷，魏以幽州都督元谭讨之，自卢龙塞至（都军）〔军都〕关皆置戍守，元谭屯兵居庸关。《魏书》

齐文宣帝天保五年十二月，帝北巡至达速岭，览山川险要，将其长城。六年，发夫一百八十万人筑长城，自幽州北夏口（即今南口）至恒州九百余里。《北齐书》

则天时，侍御史桓彦范受诏，于河北断塞居庸、岳岭、五回等路，以备突厥。《旧唐书》

唐武宗会昌元年，张仲武讨幽州，遣军吏吴仲舒奏状言："幽州粮食皆在妫州及北边七镇，万一未能入，则据居庸关，绝其粮道，幽州自困矣。"《通鉴》

昭宗乾宁元年，晋王李克用破新州，李匡筹发兵出居庸关。克用使精兵夹击之，匡筹败走，进军幽州。《旧唐书》

辽太祖神册二年，遣兵攻晋幽州节度使（用）〔周〕德威，以兵拒于居庸关之西，合战于新州东，大破之，斩首三万余级。六年，晋新州防御使王郁以所部山北兵马来降。帝率大军入居庸关。《辽史》

圣宗统和四年，遣使赐枢密使耶律斜轸密旨及彰国军节度使杓窊印以趋征讨。又诏两部突骑赴蔚州，以助挞览。横帐郎君老君奴率诸郎君巡徼居庸之北。九月，以大军南征，次儒州。十月，命新州节度使蒲里打选人分道巡检。甲辰，出居庸关。《辽史》

延禧保大二年，金人逼行宫，辽主率卫兵走云中。十一月，闻金兵至奉圣州，率卫兵屯于落昆髓。萧德妃以劲兵守居庸，崖石自崩，戍卒压死，不战而溃。《辽史》

金天辅六年十二月，伐燕京。〔宗〕望率兵七千先至，迪古乃出得胜口，银（木奇）〔术哥〕出居庸关，娄室、婆卢火为左右翼，取居庸关。丁亥，次妫州。戊子，次居庸关。《金史·太祖本纪》

金胡石改从娄室击败辽兵二万于归化之南，遂降归化。从取居庸关

及其山谷诸屯。《胡石改传》

天辅七年，金温迪罕蒲里特自儒州至居庸关，执其（咳）〔喉〕舌人。《温迪罕蒲里特传》

天会元年，以斡鲁为都统，斡离不副之，使袭辽主于阴山。至居庸关，获林牙耶律大石。《金史·文宗本纪》

大定二年，诏居庸关稽察契丹奸细，捕获者加官赏。《金史·世宗本纪》

大安三年，元兵来侵，千家奴胡沙败绩于会河堡，居庸关失守。《金史·卫绍王本纪》

金大安三年八月，元及金师战于宣平之会河川，败之。九月，拔德兴府。居庸关守将遁去。是月，察罕克奉圣州。《元史·太祖本纪》

元师伐金，金人恃居庸之塞，冶铁（铜）〔锢〕关门，布铁蒺藜百余里，守以精锐。札八儿使金还，太祖进师，距关百里，不能前。召札八儿问计，对曰：从此而北，黑树林中有间道，骑行可一人，臣向尝过之；若勒兵衔枚以出，终夕可至。太祖乃令札八儿轻骑前导，日暮入谷，黎明诸军已在平地。疾趋南口，金鼓之声自天而下，金人犹睡未知也。比惊起，已莫能支。吾锋镝所及，流血蔽野。关既破，中都大震。《元史·札八儿传》

元太祖八年七月，元克宣德府，遂攻德兴府，拔之。进至怀来，及金行省完颜纲、元（师）〔帅〕高琪战，败之，追至北口。金兵保居庸，契丹讹鲁不儿献北口，哲伯遂取居庸。《元史·太祖本纪》

武宗至大四年，增至居庸关屯军防守四十三处，立十千户所，置隆镇万户府以统之。仁宗皇庆元年，始改为隆镇卫。《元史·兵制》，此置卫所由来也。

致和元年七月，泰定帝崩于上都。枢密使燕帖木儿迎怀王于江陵，立为皇帝。八月，调诸卫军守居庸关。梁王王禅等其党率兵自上都分道犯京师，次榆林。九月，燕（铁）〔帖〕木儿督师居庸关，遣撒敦以兵袭上都兵于榆林，击败之。追至怀来而还。《元史·文宗本纪》

元至正十九年，子规啼于居庸关。《琼台会稿》

至正二十三年三月辛巳，枢密副使朵儿只以贼犯顺宁，命鸦鹘由北口出迎敌。二十四年三月壬寅，秃坚铁木儿兵入居庸关。癸卯，知枢密院事也达、詹士不兰奚迎战于皇后店。七月丙戌，孛罗帖木儿前锋军于居庸关。皇太子亲率军御于清河，也达军于昌平，军士皆无斗志，皇太子驰还都城。《元史·顺帝纪》

明太祖洪武元年，元扩廓帖木耳将由保安迳居庸，以攻北平。徐达、常遇春乘虚袭太原，扩廓至保安，还军救之。达遣精兵夜袭其营，扩廓以十八骑北走，拥兵侵掠塞上，西北边苦之。《元史·扩廓帖木耳传》

建文元年秋七月，燕王棣举兵，及都指挥俞瑱走居庸关，都督宋（志）〔忠〕退保怀来。己卯，陷居庸。甲申，陷怀来。宋忠、俞瑱皆力战，死。丙戌，谷王穗奔京师。《明史·建文帝纪》

洪武三十二年，改隆镇卫为隆庆卫。靖难兵起，燕王曰：居庸关路狭而险，北平之襟喉也。百人守之，万夫莫窥，必据此乃无北顾忧。永乐二年，添置隆庆左右二卫，领千户所五，分布官军，屯田于关山南北，俾且耕且守，额军一万四千有奇，以为京师北面之固。《方舆纪要》

怀宗十七年甲申三月十二日，闯贼李自成破居庸关，八达岭守备余希祖死之。《轶史》

闯贼长驱入京，复留余孽，虎踞关门，军民大遭荼毒。本朝定鼎，命四固山荡扫寇氛，遴委副将石万钟驻居庸，劳来安集，一二遗黎，始庆更生。旧志

雍正二年，奉文裁卫，以八达岭为界，岭东南归并昌平，州西北归并延庆。州本卫士民余兆龙、王廷立、陈世维、杨天标等将种种不便情由，籲请仍旧。制院李公维钧题留仍属卫制。旧志

关隘

居庸为蓟镇三关之一，尝论大宁、兴和、开平等大边，犹外垣也；三关其内户也。自井陉西北数百里，崇冈复障，扼为居庸，为神京北门

锁钥。与紫荆、倒马二关，俱近在肘腋。《易》曰：王公设险，以守其国。所由来也久已。历朝以来，几费经营。前人之劳迹，何可忘也！

居庸南口关夹涧而城，左右可三四十步，行十五里，峰回路转，有城翼然而立者，实为居庸。地势较广而险倍之。又十里则居庸上关，再上二十五里至八达岭，盖由南口至是凡五十里。岩峦复合，两崖如削，所谓一夫当关，万夫莫前者也。《侦宣镇记》

居庸关南口有城，南北二门，《魏书》谓之下口。《常景传》：都督元谭据居庸下口是也。《北齐书》谓之夏口。《昌平山水记》

按南口城距卫城十五里，前明永乐二年建，崇祯十二年重修。东西城环跨两山，开设南北城门，颜其额曰：关南锁钥。民庐市廛，颇称稠密。北来者自八达岭进关沟，四十余里群山环抱，鸟道羊肠，至此稍觉开爽，是又一境界也。门垣年久朽坏。雍正十二年，卫守备骆飞熊请帑修葺。

明太祖既定中原，付大将军徐达以修隘之任，即古居庸关旧址，垒石为城即今上关。景泰初，王师败于土木，兵部尚书于谦言："宣府京师之藩篱，居庸京师之门户，亟宜守备。"乃以佥都御史王竑镇居庸，修治延边关隘。因旧关地狭人稠，度关南八里许古长坡店，创建城垣，即今延庆卫城也。周围一十三里三十七步有奇，东跨巽山之上，而跨兑山之巅，南北二面筑于两山之中。高四丈一尺，厚二丈六尺，东西两面依山建筑，高厚不等。东山之下，开水门二道，以资山水宣洩之路。内外城楼炮台计二十有二。宪宗成化七年，兵科给事中秦崇上言请重修居庸等关，谓："富家尚高墙垒，以防寇盗，况国都乎！"所司因循未便，上敕巡官御史督修之。旧志

按：《四镇三关志》以今延庆卫城为洪武时所建，据本卫旧志以为创自景泰初年。以应从旧志为是。

居庸关前明戍守，边界东至西水峪口黄花镇界九十里，西至镇边城坚子谷口紫荆关界一百二十里，南至榆河驿宛平县界六十里，北至土木驿宣府界一百二十里。《四镇三关志》

自南口而上，两山之间，一水流焉，而道出其上。十五里为关城，

跨水筑之，有南北二门。前明以参将一人、通判一人、掌印指挥一人守之。□□□□□□□□来居庸、紫荆二关按视焉。《昌平山水记》

上关城，即古居庸关旧城也。前明自大将军徐达经理后，永乐二年重修，宣德间工部侍郎许廓又重修。景泰以后，建卫城于古长坡店，上关居民寥寥。康熙五十四年，山水陡发，西崖巨石冲塌而下，致将北门都塞，行旅不通。钦差内务府赵□用壮夫千百，转移不动，后以醋淬火毁，督石工凿之，旬日乃裂，其石迹块垒，犹当道未去也。乾隆十年乙丑，本卫守备李士宣修治，得成坦途，关城坍塌者，请帑补葺。

八达岭，元人所谓北口是也，以守备一人守之。自八达岭下视居庸，若建瓴，若（关）〔窥〕井。故昔人谓居庸之险，不在关城，而在八达岭。而岔道又八达岭之藩篱。元人于北口设兵，洵得地形之便者。《昌平山水记》

八达岭去关北三十里，墉垣渐崇，驱马而南，势若建瓴。先年，经略大臣创城置守于此，诚得扼险之要。《四镇三关志》

八达岭为居庸外关，宣云孔道，通独石、张家、杀虎三口，城垣跨东西两山之中。明孝宗弘治十七年甲子，经略边务大理寺卿吴一贯规划创修。武宗正德十年，北虏入寇，由大白羊掠八达岭，将窥居庸。允兵部尚书王琼之请，以都督刘晖、参将桂勇、贾鉴等屯兵戍守，增修八达岭边墙，跨东山，至川草花（项）〔顶〕上，以峻山为限。迤东接横岭口，复接黄花路、驴儿驼界，西接石峡峪，至镇边路白羊城软枣顶，沿边汛防兵长一百三十一里二分，设楼台九十座。旧志

谨按：国家守在四夷，汉南北皆成内疆，守卫既密，边计自严，所谓众志成城，不时兵威而四夷宾服，何况京城百里之外哉！所有附近本卫沿边隘口及前明兵志录之，以备参考。

居庸重镇，时平为上谷之襟喉，事亟真北门之锁钥。不惟雄临朔漠，亦且险类（峭巫）〔崤函〕。关西各隘自晏磨峪口起，至紫荆关沿河口，（兵）〔共〕二十七处，俱系山前隘口。（白）〔自〕火石口起，至合河口止，兼怀来各隘共九处，俱系山后隘口。前后相距，远近不同，或

七八十里，或四五十里。山川错离，路径纡回，林密地险，寇不得驰。
《东田集》

居庸路东自门家谷口，西至糜子谷口，延袤一百五十里。南至关，北至永宁城，隘口二十。灰岭下隘口十：门家谷口、灰岭口、贤庄口、锥石口、雁门口、德胜口、虎峪口、双泉口、养马谷、西山谷俱嘉靖十五年建。边城二十六里，附墙台七座。八达岭下隘口七：石佛寺口、青龙桥东口、王瓜谷俱永乐年建、八达岭口弘治年建、黑豆谷、化木梁、于家冲俱永乐年建。边城二十四里半，附墙台四座，空心敌台四十三座。石峡谷下隘口三：花家窑、石峡谷口、糜子谷口俱永乐年建。边城一十六里，附墙台十座，空心敌台二十五座。《四镇三关志》

由枣园寨至居庸路界分水岭三里门家谷口，山势重叠，然通白龙潭路来骑，极冲。又三里至灰岭口，内外宽漫，极冲。又三里至贤庄口，本口路隘，通永宁南山塔儿来骑，次冲。又七里至锥石口，两山险峻。林木稠密，中有河，外通塔儿谷，冲。又五里至雁门口，外险内平。又五里至德胜口，山势高险，中有大河水，外通大小红山。冲。又九里至虎谷口，外险内平，不通骑，缓。又五里至养马谷，在南口门，缓，川草花顶，山势内外高险，人马难行。三里至石佛寺口，正口两山壁立，中通沟路，难行。又三里至青龙桥东口，山势内平外险。又三里至黄瓜谷口，亦内平外险。又三里至八达岭，内外平漫，为宣大咽喉，极冲。又三里至黑豆谷，内外平漫，威靖墩至冲谷墩，通众骑，余通骑，冲。又三里至化木梁，内险外平，人马可行。又二里至于家冲正城，迤东一空，通单骑，迤西青石顶墩通于家沟，俱通众骑，冲，余通步，缓。青石顶山势，外平内险。三里至花家窑，内外高险。龙芽菜沟通单骑。城东头至西头水口，平漫，通众骑，极冲。又三里至石（狭）〔峡〕口，城东至石崖子口，又西山墩至镇卤墩，俱通单骑，冲。又三里至糜子谷正关水口并镇西墩至南山墩，通陈家坟，俱平漫，通众骑，极冲，余通步，缓。《三镇边务总要》

明经略边关右副都御使李瓒以居庸关西路灰岭口、上常峪地方，外接怀来，所辖隘口计一十二处，经寇出没，请添设城堡，以控险要。乃筑灰岭口城六百八十丈有奇，上常峪城减十之五，各立楼橹铺舍，于正德十六年五月迄工。议名灰岭口曰镇边城，上常峪曰常峪城，调别堡军士屯守，灰岭口千人，上常峪三百人，改设守御千户所及仓场官吏。兵部覆奏，从之。《明世宗实录》

横岭路东自软枣顶，西至（桂）〔挂〕枝庵，延（庆）〔袤〕一百二十里。南至居庸关，北至怀来城，隘口三十有九。白羊口下隘口八：软枣顶永乐年建、石板冲、牛腊沟俱嘉靖二十二年建、西山安永乐年建、桑木顶嘉靖二十三年建、东黄鹿院、秋树洼、西黄鹿院俱嘉靖四十四年建，边城一十一里，附墙台三座，空心敌台一十九座。长谷城下隘口七：茶芽坨、沙（岭儿）〔儿岭〕、窟窿山、镜儿谷、分水岭、银洞梁（俱永乐年建）、轿子顶（嘉靖二十五年建），边城一十五里，附墙台一座，空心敌台二十三座。横岭下隘口（台）〔一〕十四：黄石崖、东凉水泉、西凉水泉、火石岭、寺儿梁、东核桃冲、西核桃冲、大石沟、陡岭口、莺窝坨、小山口、姜家梁、倒翻冲、庙儿梁。边城三十一里，附墙台三座，空心敌台二十八座。镇边城下隘口十：柳树洼永乐年建、黑冲谷、车头沟、尖山顶、北唐儿庵、南唐儿庵、水门、松树顶、秋树洼俱嘉靖三十年建、（桂）〔挂〕枝庵嘉靖三十八年建。边城二十一里，附城台五座，空心敌台三十二座。《四镇三关志》

明宣宗宣德四年，兵部尚书赵（羽）〔羾〕议调隆庆左卫指挥千户官二员，带兵二百五十名，移驻永宁，防护天寿山陵寝。之后，又调右卫指挥千户官二员，带兵二百五十名，移驻怀来，以防西北咽喉。旧志

按：前明边疆多故，自嘉靖隆万间所设关塞，兵马钱粮，数倍于昔。考内三关图表，居庸所辖撞道等口墩寨七十有三、城二、堡三，属马步官军一万三千七百六十二员名，粒米二千六十石，新增余地折色银三百五十两、余丁承稔米三百三十石，马四百二十二匹。东路撞道口，口一十三，俱无住城，横石墙一道，共马步官军一百七十八员名。中路双泉等口三十六，俱无住城，横石墙一道，内除白羊口堡兵马步官军

七百十七员名。白羊口堡小石城一座，马步官军五百八十一员名，马六千匹，迤西六墩，军四千名。西路柏峪等口三十七，俱无住城，横石墙一道，有镇边城一座，内除长峪城兵马步官军五百三十三员名。长峪城一座，马步官军二百七十二员名。《明职方图》。论曰："明之边防固矣，其后李自成取径居庸，如入无人之境，非设险之不足恃，孟子曰'地利不如人和'，信哉。"

国朝雍正年间，居庸路兵马钱粮定额马步兵五十三名、守兵二百九名，每岁俸饷马干米折等银五千八百一十四两三钱九分零。《畿辅通志》

巡幸

明永乐八年二月，帝北征，车驾次龙虎台，遣行在太常寺少卿朱焯祭居庸山川。二十年九月，征阿鲁台，（军）〔车〕驾次龙虎台，飨随军将校。二十一年七月，征阿鲁台。戊申，次宣府，敕居庸关守将止诸司进奉，毋（今）〔令〕出关。十一月班师，车驾次龙虎台，赐文武大臣及忠勇王金忠宴。《明史稿本纪》

宣德九年九月，帝巡边。乙酉，度居庸关。丙戌，猎于垄道。《明史稿本纪》

正统十四年己巳秋七月，王振挟天子率师亲征，至龙虎台安营，方一鼓，众皆虚惊，知为不详也。《古穰杂录》

丁酉，六师次居庸关，群臣请驻跸，不许。辛丑，至宣府，遂如大同。八月庚戌，六师东还。丁巳，至宣府。庚申，瓦剌也先兵大至，恭顺侯吴克忠等全军尽覆。辛酉，六师次土木，敌兵乘之，也先拥帝北去。

景泰元年八月，也先送上皇还京。至居庸关，巡官（巡）〔御〕史王洪等迎接。进膳毕，至唐家岭，学士商辂等迎接。次日进京。《临戎录》。也音末，番姓，作也悞。

正德十二年八月，帝出居庸关，御史张钦谏阻乃还。数日复出，命太监谷大用守关，无出京朝官。

顺治元年，本朝定鼎，命亲王统领劲旅廓清秦晋，悉由居庸关出入。

顺治二年丁亥，世祖章皇帝巡边，车驾幸居庸关，出张家口。顺治十六年己亥，行围畿甸，驾幸居庸关北门。回銮，臣庶两觐龙颜，咸举手加额曰："不图今日复见太平。"康熙十一年壬子，圣祖仁皇帝行围赤城，车驾幸居庸关。三十五年丙子，圣祖仁皇帝率诸王大臣既八旗官兵躬讨噶尔丹，幸居庸关，由独石口出塞。……

山川古迹附

叠翠联峰距卫南九里，层峦耸嶂，云断峰连，远近观望，若螺髻然。昔年与明陵天寿山接脉，禁止樵采，树木阴翳，黄羊麋鹿，往来不绝，为畿北名胜。

云台石阁在关城南门内，元时建永明宝相寺，又垒石为台，连建三大塔于通衢台基，如谯楼而窍其下，以通车马。刻佛像及经，有汉字，亦有番字，葛逻禄乃贤诗序所称三塔跨于通衢，是也。明初，三塔已忘其二。正统十二年，因旧存塔基，建佛殿五楹，远望如在云端。康熙四十一年五月，毁于火。旧志云：元至正五年建。或从此重修，亦未可知。

虎峪晴岚距南口东十八里，山势磅礴如虎踞，登临远眺，第见晴岚映日，俯视尘寰，常有飘飘欲仙之态。

驼山香雾关南一带山景，其叠翠山接连，层峦起伏如驼峰，土人云：遇天阴，云雾常有，风若兰桂芬馥。

汤泉瑞霭在关西八里许，山内有温泉可浴，虽严冬江寒，其地温暖阳和，充温之气如云承。

琴峡清音关北十五里五龟山下，有弹琴峡，两山夹峙，下有深潭，遇淫雨连绵，山崖水滴，石罅有声，若调琴然。

双泉合璧东山下有两泉如合璧，水势回环，不数武仍合而为一。康熙五十四年，山水大涨，沙壅不可复识也。

玉关天堑即八达岭，山势险陡异常，昔年道不能行车，人不能列骑，殆天堑以限南北也。以上为居庸八景。

古迹附

仙枕石上关下河东有巨石，类枕，勒"仙枕"二字，旁刻吕贲隶书，俗呼为仙人枕。

范阳荒石上关下河边有巨石，刻一犬吠二凤，傍又刻"范阳荒石"四字。或好事者为之，无可考据。

水盆石在上关东山之巅，有石似盆，刻"燕窝"二字。传辽萧太后梳妆处，语属荒唐。

龙虎台在居庸关之南，去京师百里，地势高平如台，广二里，袤三里。元时巡幸上都往还驻跸之地。

古候台故关下谿之东岸，有石室三层，其户牖扇扉悉石也。盖古关之候台矣。今亡。

奉使俄罗斯日记①

《奉使俄罗斯日记》为清代游记之一。作者张鹏翮，四川遂宁（今四川省遂宁市蓬溪县）人，历仕苏州知府、刑部尚书、河道总督等职，官拜武英殿大学士。康熙二十四年（1685年）中俄雅克萨之战爆发，为缓和局势，后三年，张鹏翮随使团"出使异域"，与俄罗斯"议约定界"，该文即为途中所记。

康熙二十七年五月初一日，陛辞。躬奉天语训诲，周详笃挚。其使事意指咸禀庙谟以从事云。复赐索额图等蟒服。初二日，寅时启行。出德胜门，士气勃勃，军容甚盛。按期行二十里，抵清河。上遣皇长子赐茶，列坐饮毕，望阙谢恩，乃行。暴日炎烈，士马众多，道傍井水，群

---

① 〔清〕张鹏翮撰：《奉使俄罗斯日记》，小方壶斋舆地丛钞本。

饮立涸。百姓夹道往观，旌旆飞扬之下，见二汉臣慷慨就道，揽辔欣然，莫不诧以为奇。四十里过昌平州，铁骑腾踔，尘土扑面，不暇辨十二陵矣。三十五里驻南口中。未刻，暴风，洒雨数点即止，暑气稍解。初三日早，度居庸关。山路崎岖，四十五里，出关入平地，名垒道，即永乐驻军处也。又二十五里，次榆林驿。环溪列营，水浊不可饮，忍渴至夕，遣人驰山下取清水烹茶。是日，兵部理事臣张鹏翮语兵科给事臣陈世安曰："孤远微臣，受皇上特达之知，每惭不能报称万一，出使绝域，正〔当竭〕力致身以图不辱君命。荷蒙圣慈眷注，特降恩纶，此高天厚地之所以难酬欤。"〔世安〕每对鹏翮刻刻感念天恩，虽驰驱载涂，如神游北阙，竟忘其在风尘鞅掌中也。按《水经注》云："居庸关在沮阳城东南六十里居庸界，故关名矣。更始遣使者入上谷，耿况迎之于居庸关，即此。南则绝谷累石为关址，崇墉峻壁，非轻功可举。山岫层深，侧道褊狭，林障邃险，路才容轨。晓禽暮兽，哀鸣相和。羁宦游子，聆之者莫不伤思矣。明更加修葺，因山为城，环关六重，叠石绝巘，烟岚相罩，高与云齐。"《淮南子》曰："天下有九塞，居庸其一。"今榜曰"天下第一雄关"，信哉！中有弹琴峡，两山相叠，一洞对流，好事者饰以精舍，奉关圣君。丹岩壁立如玉笋，叠嶂若翠屏，又忽玲珑倚伏，莫不名状。俯瞰溪流潺潺，山光水月相掩映。杜子美诗"四更山吐月，残夜水明楼"，可移赠此景。《志》称水流石罅，声若调琴，犹未尽也。明永乐北征过此，顾谓侍臣曰"雪后看山，此景最佳，虽有善画者莫能图其仿佛"，良然。《水经注》云："湿余水出居庸关，东历山南，径军都关。"《续汉书》曰："尚书卢植隐山谷，军都山也。其水南流出关，谓之下口。元太祖从北八儿计，兵由间道趋南口，即此。"《帝京景物略》云："昌平州狄梁公祠有唐时断碑，其祠曰梁公为昌平令，有媪子死于虎，媪诉公为文檄神。翌日，虎伏阶下，公肆告于众，杀之。土人思公德为立祠。"《明纪》李东阳诗云："寄远束刍谁与致，冲寒瘦马不堪骑。心悬晋岭瞻云地，功在虞渊取日时。"马上诵之，一句一感叹，不忍终篇。

出塞纪略^①

《出塞纪略》为清代游记之一。作者钱良择，江苏常熟人，曾随朝贵使塞外绝域，足迹几遍天下。康熙二十七年（1688年），清廷派索额图、佟国玮等率谈判使团往中俄边界，钱良择即同行随员之一。

康熙二十七年戊辰，夏五月……初二日癸酉，满汉文武诸臣，寅出德胜门。上以远使绝域，宜加拥卫，命选精骑万余人随行。古卿行旅从之义也。私从仆马亦复逾万。旌旆飞飚，连亘二十余里。兼命皇长子骑行二十里，至清河慰劳诸臣，宣赐乳茶。诸臣望阙谢恩讫，即整旆而行。午过沙河，晴暑特甚。夜屯居庸之南口。万峰环翠，山风陡作，俄顷而息。回顾神京，已南去九十里矣。

初三日甲戌，天晴无风，山行竟日。石路崎岖，时蹶马足。两峰壁立，中为通衢，愈登愈高，不知其所止极。十五里，至居庸关城。城门额曰"天下第一雄关"，盖京师北面之极冲，《淮南子》所谓"天下九塞，居庸其一"者也。出关，山峰插天，翠屏丹嶂，掩映复叠。三里至阴凉崖，山高蔽日，故名。又五里至弹琴峡，水流溅溅，峡端缘崖置屋，若凌虚然，峭不可梯。谛视，莫得其路。又三里至居庸上关，城稍低而山益高。又十二里至八达岭，乃山之绝顶也。胡峤《记》："自居庸西北入石门关，关路狭隘，一夫可以当百，乃中国控扼契丹之险。或以为此即石门关。元人以此为居庸北口，筑城设戍焉。"《山水记》："自八达岭下视居庸关，若建瓴，若窥井。昔人谓居庸之险不在关城而在八达岭，信然。逾岭，下路渐坦。五里至岔道，即平原矣。"《志》云：

---

① 〔清〕钱良择撰：《出塞纪略》，小方壶斋舆地丛钞本。

岔道有二路，自延庆州至四海冶为北路，自怀来卫至宣府为西路。八达岭为居庸之襟吭，岔道又居庸之藩篱也。自居庸南口至岔道，计程五十里，凡过长城六层，地势北高南下。岔道号称平地，然已高出京师万山之上矣。绝险天设，岂偶然哉？二十里过榆林驿堡而屯。回顾山巅城痕，高下若线，束峰腰坡间，马（蓿）〔兰〕花特盛，即吾乡书带草也。得诗一首：

居庸关

大地如屋庐，面南而背北。北向墐其户，以拒朔风力。

伟哉居庸关，锁钥莫北极。百里拱神京，胁脊适相直。

万峰层叠起，左右争辅翼。或整若屏风，千仞排为巇。

或铦若剑芒，刻峭耸旋侧。高下缭以城，数重匹练织。

羊肠中贯之，一线乍通塞。峭壁夹东西，红日午为黑。

奔泉琴瑟鸣，怪石虎豹匿。飞鸟不能过，云霞亦异色。

山灵似有知，各效环卫职。吁嗟开辟初，造化何奇特。

设此作保障，今古拥王国。我乘使者车，凭轼壮胸臆。

忘其驱骋艰，叱驭过逼仄。作诗记天险，兼以歌帝德。

初四日乙亥，晴暑。二十里至怀来，十五里至狼山，又十五里，屯土木堡。山风甚急，更余微雨。按怀来即北齐之北燕州也。唐改称妫州。五代时石晋割赂契丹，又改称可汗州。金废其州。至明初改置怀来卫。靖难兵起，成祖谓怀来卫未下，居庸有必争之理，遂拔怀来而守之。山后诸州以次降附，于是北平之肩背益固。土木本名统漠，唐末高开道据怀戎时所置，后讹为土木。明正统末，车驾至此，困于也先。

从西纪略^①

　　《从西纪略》为清代游记之一。作者范昭逵，生平不详。经考，康熙五十八年（1719 年），兵部尚书范时崇率部西行蒙古乌里雅苏台，以辟建兵道驿站。时范昭逵从行，其详细记载沿途见闻，诸如山川地理、风土人情。

　　皇上神圣文武，超迈往古，德威遐播。凡诸绝域，罔不心悦诚服，稽颡来庭。有泽旺阿剌布坦者，在瀚海西北，去京师万余里。本以荒远听之。而哈密我朝所附属，泽旺阿剌布坦与之有嫌，遂梗化侵凌。皇上赫然震怒，欲除暴以对万国，特命皇十四子为抚远大将军，总摄六师，驻临西宁，会兵进剿。……己亥四月初十日，命遣兵部尚书范□□领同本部郎阿进泰色楞等西行，安设蒙古蕃口为站所，以通露布并递。畿省免死诸徒辖放于新设木城内，令其垦地滋生，肩兹重任。苍岩公陛辞承命，于二十四日起程，不以逵为谫劣，令逵执鞭弭以从。寅刻，随出安定门，亲朋送至演武场，各有诗赠别。逵扬鞭策马，道旁观者咸曰："此鬈者颇不弱。"一时健往之概，几忘酷日之烈。行五十里而宿。二十五日早，过昌平州。遥望十三陵，白杨、石碣在征尘烟雾中。午刻，抵居庸关。关因山为城，累石为堵，壁峭塘峻，路径窄狭，仅堪一轨。其烟峦层叠，插乎天表，榜曰"天下第一雄关"。《淮南子》之所以九塞列名也。是日，行五十里。二十六日，阴云布晓，征骑嘶凉。至弹琴峡，两山叠峙，一水中流，水极淙潺。昔诗有"水流声似调琴韵"，故以此得名。出关履道始坦。抵垈道，即明成祖驻

---

　　① 〔清〕范昭逵撰：《从西纪略》，昭代丛书本（道光本）。

军处。小憩，日复烈。午后至榆林驿，计行六十里。虽无叶里题诗之兴，而溪水送风，秃衿跳荡，旷何如也。

从军杂记[①]

《从军杂记》即方观承随福彭出兵准噶尔时所作。举凡地形、物产、古迹、地理等，随手而记，杂博相间。方观承，安徽桐城人，历任直隶按察使、山东巡抚、陕甘总督、直隶总督等职。

雍正十一年癸丑六月，命平郡王为定边大将军，统师北路，进剿准噶尔。上亲授敕印，朱笔书四字，佩之。八月，大将军王具旌旗仪仗出京师德胜门，皇子暨诸王大臣自圆明园至清河祖钱。命内大臣海望赐宴随征官校于清河。承以布衣，蒙恩授内阁中书舍人，随征。居庸关旧名军都，出关过八达岭，秋气已寒。谚云："行过八达岭，皮袄加一领。"宣郡保安州之西山名老龙背，一径崎仄不可方轨，下瞰桑干河，深数十丈。张家口外百余里，两泉起处为鸳鸯泊，分流至口，会入洋河。自张家口至乌里雅苏台军营，凡四十七台，十六腰站。出口九十里至大坝为第一台。坝即岭也，蒙古称达巴罕。出口以坝岭为界。自张家口至山西杀虎口，沿边千里，窑民与土默特人成业耕种，北路军粮岁取给于此，内地无挽输之劳。

---

① 〔清〕方观承撰：《从军杂记》，小方壶斋舆地丛钞本。

夏湘人出塞日记①

  《夏湘人出塞日记》详载了乾隆初年从北京到乌里雅苏台各台站设置及道路里数。作者夏之璜（一说曹振镛），字湘人，旅居塞外三年，往返万余里，以亲身经历闻见撰此出塞日记。

  乾隆五年八月二十日，从京城起行，出德胜门宿。未行，时京师戚友阻予行，不听，至有叱予为呆人者。

  二十一日早行，至沙河巩华城外午食。经昌平南门，由西门出城。古槐夹道，石路平敞，山光岚影映于酒旗茶旆间，楚楚可人。行十余里，车夫为指天寿山下十三陵，起立车上而望之，但见黄屋数处，灭没隐现于高峰之下。沙沟、衰草、老柳、残蝉，景色苍凉。三十里至居庸关南口城歇。将近口行，荦确间车箱欹侧，轩轾不宁矣。南口两山对峙，距口而城，城堞复沿山口而上下曲折宛转，下至涧底，上极峰巅，每巅立一炮台，蜿蜒东西，弥望如蛇龙天矫，不知其极也。

  二十三日，巳刻起行，进关沟。两山夹耸，一溪中流，溯溪而上，怪石苍崖，景物幽异。车行乱石间，轰腾欹侧如舟行大江中，猝遇猛风，巨浪澎湃掀颠。十五里至居庸关城，横截溪中，东西复沿山颠而上，萦绕岩谷间。关城有一方台，宽广数十丈，俯临溪间。雅雨公先行，予为车辆过关照验羁迟，遂徒行荦确中。磴栈山梁，高高下下，一路小桥流水，红树茅屋，俨然图画。溪旁有大石突立，高二丈余，围七十余尺。齐上圜身平直如削。西南石额上镌"仙枕"二字径尺许。后识吕贲八分书四字。南镌行楷，字大如拳，曰："正德二年三月，虏犯古北口，亟

---

  ① 〔清〕夏之璜撰：《夏湘人出塞日记》，清道光年抄本。

提兵一万二千进关入援，斩获五百余级，虏遁，整旅而还。总督蓟辽远灵宝许赞题。"东镌五言律诗三首，观察李某作。尚有和韵之作，惜仓皇中不能尽记。过弹琴峡。旧三涧水自峡下流，泠泠如琴音，故名。今为沙涨，无复昔响矣。岩间突出巨石如掌，建小刹其上。飞甍画楣，颜曰万古知音。石壁上凿磴道而登，自峡下转行西南，峦翠崖青，别成境界。复向西北行，上老龙背，石径崚嶒，一道中亘，左右巨壑。遥望八达岭城堞高接云际，其城袤岭上，下藏复壁，中可走马。制度严密坚整，可谓尽致。出关回见门上石额曰："北门锁钥。"立望关外，万山云屯，风烟弥漫，景象大异议关内矣。

归化行程记^①

《归化行程记》为清代游记之一。作者韦坦，生平不详。据自述，道光二十八年（1848年），其曾随耆英往归化城谳事。其行程大体经清河、昌平、南口，出居庸关，走岔道、榆林、土木等地，至归化城。

道光戊申九月，随耆介春中堂往归化城谳事。廿一日卯刻，由京起身，清河尖，住昌平州。廿二日卯刻起行，十八里，南口暂歇。十五里出居庸关，尖。重山陡壁，行关沟中，巨石排立，崎岖万状，而雄奇怪耸，风光变幻，洵一大观。三十里宿岔道。廿三日卯刻起程，廿五里，榆林茶尖。廿五里，怀来尖。廿五里，土木驿。廿五里，住沙城。廿四日卯刻起身，二十里，保安州。廿里，鸡鸣驿中尖。三十里，响水铺暂歇。四围皆山，洋河绕流即浑河上游。经鹞儿岭，陡极，肩舆用纤，四人曳之得上。三十里，宿宣化府城。

……

———————————

① 〔清〕韦坦撰：《归化行程记》，小方壶斋舆地丛钞本。

十月十六日，谳事毕，自归化启程。……廿七日卯刻起，六十里，鸡鸣驿关帝庙中尖。四十里，沙城宿。廿八日寅正起，五十里，怀来县中尖。五十里，岔道宿。廿九日卯正起，三十里，入居庸关，暂歇。十五里，南口尖。二十里，昌平州宿。三十日寅正起身，五十里，清河尖。二十里，进德胜门，未正，抵寓。

奉使鄂尔多斯行记①

《奉使鄂尔多斯行记》是咸丰十一年（1861年），麒庆奉命前往鄂尔多斯的途中日记。麒庆，辉发那拉氏，隶满洲正白旗，历任内务府笔帖式、部左侍郎、热河都统等职。

咸丰十一年冬十一月廿七日辛亥，奉命前往鄂尔多斯，致祭已故诺塔克旗札萨克多罗贝勒额尔德尼绰克图。……自奉明旨后，文臣中再使蒙古者，钟仰山少宰昌及余二人而已。十二月十九日壬申，奉旨简放内阁学士兼礼部侍郎衔。同治元年春正月十一日甲午，恭请圣训。十二日乙未，理藩院送到勘合、兵票、乌拉票、乌拉兵票及敕简、祭文、黄绢袋等件。定例往蒙古各部致祭者文臣三品上不得与，而拜命后无改派例。往岁文百川少仆祥于奉使后擢宫詹，仍以新衔出使。余升任后，咨商理藩院依二品例填给勘合，及领到各件，仍用原衔，不及更改。二十日癸卯，启程，出安定门，行二十五里至清河。河出玉泉山，分流而北，东会沙河入白河。行三十里，抵沙河店，东为巩华城，南沙河出昌平州西南龙泉寺，合西山诸泉，东流至窦家庄，与北沙河合。北沙河出昌平西南四家庄，既与南沙河合，又东南至通州入白河。二水跨河各有桥。行

---

① 毕奥南整理：《清代蒙古游记选辑三十四种》，东方出版社，2015年版。

二十里至昌平，明景泰中设衙于此，曰永安，后并昌平县，徙治于此，旋升为州，本朝因之。二十一日甲辰，出昌平西门，渐入山中。至南口入关沟，两山相夹，乱山交午。是日，行四十里，至居庸关南门，西北距延庆州五十里。二十三日乙巳，出居庸下关，亦曰下口，又名夏口。路皆积石，杂以沙砾，凡八里抵上关，过八达岭，抵北口。是日行八十里，至怀来县。

奉使喀尔喀纪程^①

《奉使喀尔喀纪程》为清代游记之一。作者锡珍，额尔德特氏，隶蒙古镶黄旗，曾历任刑部尚书、吏部尚书。同治十三年（1874年）春夏间，锡珍奉使喀尔喀，往返六十一日，长驱九千里，举凡台站道路里程、风景物产、所见人事等，悉载至纪程。

同治甲戌之岁，夏四月九日壬午，由皇华驿起程，出安定门。二十里，清河。三十里，沙河。二十里，抵昌平州。青苗遍野，绿树成阴。暮霭四合，西山青而北山赭。癸未，十八里，自南口入关沟，路皆大石，不复可车。云阴满空，簌簌遂雨。小树腻绿，村容一洗。十五里，宿居庸关。甲申，冒雨行。群山虬蟠，大石熊踞，涧流湍急，冲乱石去，砰湃有声。二十五里，八达岭，出关沟，至岔道。又三十五里，榆林堡。二十五里，抵怀来县。乙酉，雾漫漫而垂野，风瑟瑟以生寒。三十里，土木驿，明英宗蒙尘地也。大刘曜之虏司马，契丹之灭石晋，金源之挟徽、钦，蒙古之质正统，其强也何如，而今何如哉？二十里，沙城。二十里，保安堡。又十里，入宣化界。浑河如带，引以灌田。然昌平之麦已穗，

---

① 毕奥南整理：《清代蒙古游记选辑三十四种》，东方出版社，2015年版。

此则始苞。北地高寒，稼熟较迟也。

朔漠纪程^①

《朔漠纪程》为清代游记之一。作者博迪苏，博尔济吉特氏，蒙古族，光绪十七年（1891年）封辅国公。光绪三十二年（1906年），博迪苏与达寿等人奉清廷之命，赴蒙古探视流亡的达赖喇嘛。该书即此次公差行程记述。

博以蒙藩臣仆，世沐圣恩，忝列亲臣侍从之班，愧无寸效，仰酬高厚，光绪三十二年三月十八日钦奉谕旨，派赴喀拉喀考察蒙古游牧事宜，同奉派者达阁学寿，谨即会商起程日期与一切应办事件，以便迅速首途。二十六日，外务部抄交档案三册。二十九日，钦奉宣慰达赖喇嘛谕旨一道。四月初一日，咨调商部通艺司员外郎魏震随同前往。初六日请训，蒙召见。跪聆皇太后、皇上训诲周详，莫名悚感，当面奏请刊用木质关防以昭信守。并奏明调派商部员外郎魏震经理文牍事宜及起程日期，均蒙俞允。其使事意指咸禀圣谟以从事云。……十三日，辰刻起行。出德胜门二十里，抵清河。又四十里至昌平州，宿于东关内之旅店。达阁学寿、魏部郎震及随行之按经历积廉、县丞薛锡珍、州判李廷玉、守备李飞鹏，均于是处会齐。是日，天气清明。十四日，晴，微风，卯刻起行。三十五里至南口，度居庸关，山路崎岖，关门随山势为高低，险峻扼要，度关行两时许，山峡石刻"弹琴峡五贵头"六字，峥嵘约尺许，款刊邑人王福照书，旁一行模糊不可辨。峡口双蜂对峙，峡右刊"雄镇燕关"四字。行四十五里，路渐平，至岔道宿焉。是夕风极寒，如北京初春天

---

① 〔清〕博迪苏撰：《朔漠纪程》，日本东京三省堂刻本。

气。十五日，微阴，卯刻起行。远山缕缕出云气。二十五里至榆林驿。三十里至怀来县，石城坚固。三十里至土木驿。二十里至沙城，宿焉。是夕雨作，淅沥达旦。

阅史郄视①

《阅史郄视》是清初哲学家李塨读《廿一史》时，将其中经济可行者书之于册而成。全书四卷，附续一卷，存本有清光绪五年（1879 年）定州谦德堂刻本、1923 年四存学会铅印本等。

卷四

宣宗迁汴，言者谓河朔受兵，群盗并起，宜严河禁以备不虞，凡自北来而无公凭者勿听渡。时河朔汾晋凶荒饥甚，又禁河南粟麦不许渡河，以至山东燕晋万里榛莽，真斯民之阨运也哉！

……

钱牧斋向言曰：元人进《金史表》曰："劲卒捣居庸关，北拊〔具〕〔其〕背；大军出紫荆口，南阨其吭，此燕都防患之明验也"。

梁乾德二年，晋主李存勖命周德威出飞狐，与赵将王德明、义武将程岩会于易水，围涿州降之，进克瓦桥关，拔顺蓟州，命李嗣源攻山后武儒，诸州皆下之。德威逼幽州，拔平、营、瀛、鄚州，遂入燕，执刘守光父子以归，此出紫荆攻燕之　也。紫荆关北口浮图峪为飞狐之地，晋都太原，故由紫荆出师，与真定、定州之军会于易水，既取山后及燕东西诸州，则燕京势孤不能立矣。同光三年，阿保机入寇，败周德威兵

① 〔清〕李塨撰：《阅史郄视》，商务印书馆，1937 年版。

于新州，西出居庸关，围幽州，唐主遣李嗣源救之，辽人遁走。宣和四年，金主分道进兵，至居庸关，厓石自崩，戍卒多压死。阿骨打入燕，辽太后自古北趋天德，此出居庸关攻燕之二也。嘉定四年，蒙古铁木真攻克宣府，至怀来，金兵保居庸，不能入，乃留兵拒守，而自以大兵趋紫荆口，败金兵于五回岭，拔易、涿二州，分命遮别将兵反自南，攻居庸破之，出古北，与外兵合，蒙古主留兵屯燕城北，乃分军为三，右军循太行，而南破保州、中山、邢、洺、磁、相、卫辉、怀孟诸郡，径抵黄河，大掠于平阳、太原之间；左军遵海而东，破滦、蓟，大掠于辽西之地；蒙古主自将中军，与子拖雷破雄、郑、清、沧、景、献、河间、滨、棣、济南诸郡，此出紫荆攻燕之三也。宣德即宣府紫荆旁口，今五虎岭郎五回岭，元人败金兵之处。西北之山，东起医无闾，西接太行，其为要害之关，曰紫荆、居庸、倒马。居庸岩险易守，倒马去燕稍远，紫荆则夷于居庸而近于倒马。金人知守居庸不知陁紫荆，非失计耶？元之分军也，河北、山西、山东皆被兵，数千里之间杀僇殆尽，金帛、子女、畜产皆席卷去，长淮以北惟真定太名与山东青兖以南尚存，燕都终不下。责犒师以和出居庸，取所虏子女数十万坑之而去。金乘间迁汴，元复围燕都，又不下。明年乃破燕。元兵初抵燕京，乃守而不攻，三道抄寇者，非直贪利，盖以孤燕也诸郡不守，燕不攻自破，即辽人剥树皮之策也。呜呼惨哉！

……

元法攻城邑以矢石相加者，城下尽屠之。其攻燕也，三道杀掠，复杀所掠去数十万人于居庸关下。使非有耶律楚材之言，则真将悉杀汉人、空其地以牧马乎！世祖既平中原，黩武嗜杀，终无穷极，岂天心之不仁耶？抑中原之恶积贯盈而假手于元耶？

满文老档①

　　《满文老档》是清代皇太极时期以满文撰写的官修史书，记载清太祖丁未年（1607 年）至崇德元年（1636 年）史事。原稿本三十七册。乾隆四十年（1775 年）奉敕整理重抄。1990 年，由中华书局出版发行。该书史料原始，记事广泛，内容多为清入关以后官撰史书所不载。

第十四函太宗皇帝崇德元年七月至八月
第二十二册崇德元年七月

　　十九日，出征明国多罗武英郡王、多罗饶余贝勒遣国史院学士罗硕、肇帖式扎苏喀前来报信，其所赍书曰：统军出征武英郡王书呈宽温仁圣汗。六月二十七日入边，尔黄旗自巴颜德木地方入两白旗正蓝旗自坤都地方入两红旗镶蓝旗自大巴颜地方入。入边之第八日会于延庆州。所有俘获欲先解送唯明人先知我出师之消息出示遍谕各地，凡藏匿山谷及洞中者罪之，遂皆收集入城。又我兵前番所过地方，业已残破，故所俘获无多。设此少许俘获遣少数兵士解送，则途中可虞，若以多兵解送，又必分我兵势，是以未曾解关。再者，讯所获明人，并视听得塘报，有止固守城池，俟满洲兵出，务出奇计，或击其中，或击其屋等语。巴萨哈入边之次日，有赤城马步兵二百出，巴萨哈率军迎击，掩杀至敌城，斩杀近二十人，获马四。有兵近三十自云州出，阿赖击败之，获马八。哈喇尔岱、阿玉希入边之第六日，击败开往怀来之马步兵五十余人，斩杀二人，获马七。右翼噶布什先超哈入边之次日，击败宣府兵四百人，斩

---

　　①　中国第一历史档案馆、中国社会科学院历史研究所译注：《满文老档》，中华书局，1990 年版。

杀三十余人，获马二十三。白河兵近五十人出，苏纳额驸自设伏地出击，败之，斩杀十二人，生擒二人。苏纳额驸所遣侦卒乌克齐击败昌平骑马侦卒三十人，斩杀七人，生擒一人，获马六。

第十五函太宗皇帝崇德元年九月至十月
第二十六册崇德元年九月

九月初六日……是日，拜赛自鄂木布楚虎尔处至，报武英郡王军过宣府入居庸关消息，曰："武英郡王等共克北京周围十城，所获财物载于车，日行十五至二十里，已至遵化一带，尚不知其出边日期。"……初八日，往征明国多罗武英郡王、多罗饶余贝勒，遣喀木图、恩格德依前来报信。伊等所赍书曰：奉命统兵出征多罗武英郡王阿济格饶余贝勒阿巴泰、一等公杨古利跪奏宽温仁圣汗。仰赖圣汗德威，知明人挫折，遂入长城，过保定府；直至安州，克十二城，入敌五十六次。仰赖圣汗洪福，出征诸贝勒大臣皆无恙。谭泰旗竖梯越长城，至得胜口【原档残缺】围之，立营攻击，阵获太监一员、守备一员、兵三百名，杀太监、守备及五十人。又击败昌平巢叫兵官之军，生俘巢总兵官，获马一百六十五。谭泰往昌平迎红衣炮，埋伏于京北，击杀郭太监兵一百，有满洲守备一员，获马十六。……索海自昌平向北京进略，时有明兵自京城出，遇之，击败之，获马九。佛索里、喀喀木、塔海遇大同、宣府军，击败之。……弃克舒旗下布尔吉、镶红旗下洪尼雅喀、镶蓝旗下噶斯哈，于居庸关口沙屯地方击败宣府兵，获马三百六十八。……时满蒙汉九旗兵攻克其城。入长城时，殿后之三旗兵击败宣府总兵官之军。入长城时，边外有敌步兵列阵阻战，遂击败之，攻取其边。于纵掠之地，遇沙河一游击之兵五百，击败之，获马六十六。祖部步军一千五百，列阵于府外。我兵围攻之，尽歼其众，内有游击一员、都司一员、守备一员、千总一员。……阿山旗自北京往沙河取红衣炮，夜遇敌兵，击败之，获马十二。……各旗合攻昌平州。……图尔格依旗与二十旗合攻昌平州，图尔格依旗先攻入；伊尔登率旗攻战，满都瑚牛录下布库家人满都库先登，武英郡王家人托退第二登城。阿萨里牛录下海达第三登城，色牛克牛录下乌福立第四登城，生擒在昌平州内总兵官一员，并管九门之王太监、察院一员、副将三员、参将二员、守备一员、通判一员、掌印官十二员、户部官二员。……图尔格依旗下茂墨尔根、邢讷抵昌平之日，即前往京城，败敌兵一百，获马二十五。图尔格依旗下杜沙往京北取红衣炮，败敌兵一百，获马十五。图尔格依旗下伊尔登、杜沙自涿洲进略，败敌兵一千，获马二十五。图尔格依旗下巴彦追自昌平往密云之明人二十，获马六。……抵北京之日，正蓝、正白二旗追遵化韩副将马步兵一千，正蓝旗获马八。……费杨古旗入长城时，噶斯哈断后，败宣府李总兵官二千兵……阿岱旗取长城，率喀喇沁部兵败红门太监兵，夺其门。……乌赖旗入长城时，乌赖竖梯登城，败得胜口敌兵及驻边太监一员、守备一员、兵三百，并杀之。时巢总兵官军分队守台，乌赖、阿哈尼堪、巴喜合兵击败之，获马七十七；……又与阿山于沙河桥设伏，遇敌兵，败之，追至北京城关，获马十二。……旋闻宣府敌兵至，乃贵彼往追其侦卒，佟果罗、巴木布里、雅布喀追敌侦卒，至大军驻所，败之。胡希布旗于居庸关沙屯击败宣府兵一千。……昌平之役，既造梯盾，又攻敌城。……于京北败敌兵一百，获马二十五。土默特古穆台吉及王喇嘛击败在长城迎战之敌兵，昌平之役，既造梯盾，又攻敌战。

第二十七册崇德元年九月

固化额驸鄂齐尔僧格于昌平南，同正红旗蒙古败敌兵一百，获马十七；又于涞水县遇敌兵，合兵败之获马二十。八旗先锋入长城时，乌拜、鄂莫克图、巴彦率三旗先锋兵及土默特部步军攻取长城，时有敌马步兵三百。我军出昌平州之日，遇北京黑部兵，我乌拜、鄂莫克图、胡米色、巴彦四旗先锋兵败之，获马三十一，生擒三人。……命艾都里率马占、屯齐及王之近前护军并诸贝勒下僚属击败昌平宋游击下马步兵一队。……所获俘虏：具体略。总计马骡二万五千九百七十四、人七万三千二百九十、牛驴八万三千九百九十。马骡人牛驴总计十八万三千一百五十六。十六旗公进上等马：昌平州城一百匹，被击败之芦沟桥兵马一百匹。十六旗各进上等马：具体略。总计马六百九十匹。攻城击敌时受伤身亡者：具体略。共计甲兵七十五人。受伤身亡章京四员：恩格图旗下孟库，攻怀来城兵时受伤身亡；伊拜旗下色棱莽蕭，入长城前攻城时受伤身亡；达赖旗下布岱，于八旗已克之昌平城中受伤身亡；布颜岱旗下巴特玛达尔，攻涿州彼侧定兴县时受伤身亡。

第二十八册崇德元年九月

十四日，遣苏尔德依率九人赍敕往谕出征明国锦州，宁远和硕睿亲王及和硕豫亲王。敕曰：……计克十二城，败敌五十六处，或有获马甚多者，或有获马五六匹以上者，共俘获人畜十七万九千八百二十。所得财物，弃其粗恶，择其完好者，尽力驮载以归。前者未入长城时，阿山旗克雕鹗、长安岭二城，尔等已知。至传言入长城后，蒙古杀昌平官员归降者，谬也。我兵击败昌平兵，尽斩其众，见城上兵稀少，乃以二十旗兵合攻之，火药并发，焚其城楼，城上兵被火燎，图尔格依旗乘间先登，乃克其城。

第十六函太宗皇帝崇德元年十一月至十二月
第三十三册崇德元年十一月

十一月……初三日，以多罗武英郡王出征大明国，克城败敌捷音，圣汗于太庙祭告皇考太祖，其祭文云："……我命多罗武英郡王阿济格为首，偕多罗饶余贝勒阿巴泰、超公一等公杨古利、八固山额真等，率兵往征大明国，攻入其边关，克取明国数世守陵重地昌平州城及大小州县共十二城，扫荡大明帝所居北京周围地方，败敌五十八次，生擒大明总兵官巢丕昌等，俘获十八万。此皆皇考太祖宿愿，今特奏告，以慰太祖神灵，并仍祈默佑。"……达尔汉额驸，于已克之城上不设兵防守，致敌军攻入；纵旗下人乱行，被杀二人；诳言竖梯攻昌平城时，第二登城；昌平所获骆驼，指称进献，向王乞取；诳言同正白旗击败汉军，本旗两盾未携到；出边不收后队；又临阵败走。以此八罪，罚银四百两，夺其俘获。……武英郡王，克昌平城后，不与众议，将本旗下不应赏之人，徇私偏赏；妄言谭泰抢夺败物以刀背击人；出边时未亲殿后，致后队被敌所袭。以此三罪，罚银三千两。

读史方舆纪要①

《读史方舆纪要》，原名《二十一史方舆纪要》，清初地理著作。作者顾祖禹，江苏无锡人，自顺治十六年（1659 年）始纂该书，前后历时二十年成稿。全书一百三十卷，集明代以前历史地理学之大成，被誉为"数千百年所绝无仅有之书"。

卷八　历代州域形势八　宋下　辽金元附

金亮南侵，临江不返，诸将乘之，渐辟旧疆，而史浩识短，张浚虑疏，弃地丧师，卒坚初约。……蒙古凭陵，金人南徙，遣将北讨，歼厥世仇。《史略》："开禧二年，蒙古铁木真称帝于斡难河……时西域诸国皆相率降附，蒙古乃引军而东，侵扰金人云中、九原诸城镇……尽收金人山北州郡。……寻入居庸关……游奕至中都城下……驱群牧监马而去。六年，蒙古复败金兵于妫川……乘胜至古北口……金人保居庸以拒

---

①　〔清〕顾祖禹撰：《读史方舆纪要》，中华书局，2005 年版。

之。蒙古主乃留兵屯守，而自引众趋紫荆关……破涿、易二州。由南口攻居庸，拔之，进围中都，以精兵屯城北。分大军为三道……蒙古主自将由中道破瀛、莫、清、沧、景、献、滨、棣、济南等郡……引军复自大口逼中都，凡破金九十余郡，金人纳赂请和，乃自居庸北还。"

太祖阿骨打乃谋叛辽，西陷黄龙，南取辽阳，进陷临潢，取中京。又西得云中，遂入居庸，并幽、蓟。《史略》："宋政和三年，阿骨打嗣位……四年，遂叛辽，陷宁江州……遂称帝，国号金。……宣和二年，陷辽上京，四年陷中京，尽略居庸以北地。进取辽西京路诸州县，又取辽之东胜州，乃还入居庸，辽人以燕京降，于是五京诸路皆为金有。"

太祖铁木真乃谋叛金……略取漠南、山北、辽海、河朔、山东及关右地。《史略》："初，金人以铁木真为察兀秃鲁……嘉定四年始侵扰金云中、九原之境，进取西京，遂分兵四出，尽略山后诸州……既又入居庸，逼中都，乃引而北。六年，复围中都，又分军为三道，出辽西，残河东，躏济上……还至中都，与金平而还。七年，金迁汴，蒙古复围中都，分军取其北京。既而中都亦下，于是诸路州郡相继降附。"

卷九　历代州域形势九

惟明受命，奋起淮甸，首定金陵。……西靖湖、湘，东兼吴、越。……于是遣将北伐中原，南征岭徼，……汛扫幽、燕，芟除秦、晋。《史略》："太祖以河南平，乃北巡汴梁，召诸将授方略，取元都。……于是大军北发……大破元兵于河西务，遂入通州。元主由居庸北走上都。徐达督诸军进至元都，攻齐化门，填堑登城而入，军民安堵。于是遣兵守居庸、古北诸隘口，以断敌人窥伺之道，复下永平诸路以固东藩……会元主召扩廓出太原，由保安入居庸，侵燕京，扩廓引众而东。"

太宗起自燕藩，举兵内向，战胜攻克，缵承大统。《史略》："初，太祖大封诸王，秦、晋、燕、齐，地逾千里。又以北方边警，沿边诸王，俱得典兵征伐。太宗英武凤成，屡立战功……建文元年有诏逮燕官属，燕王遂定谋，杀昺、贵等，据北平，举兵略定通、蓟诸州邑，乃曰：居庸者，北平之喉襟，必据此始可无北顾忧。遂引兵趣居庸，拔之。又曰：怀来未下，居庸有必争之理。复引兵袭破之，于是山后诸州镇多为燕有，永平、滦河皆降附。"

迨土木告变，四海震惊，非少保之忠勤，社稷几于不守。《史略》："英宗在位，屡兴大兵，南北骚动。……正统十四年，瓦剌也先犯大同境，太监王振劝上亲征，出居庸，历怀来、宣府至大同，兵氛甚恶，乃班师。……次土木，人马疲渴，而铁骑四合，死伤无算，上为也先所得，遂诣塞外，京师震骇。……于谦督石亨等营城外，奋击败之……谦又于天寿山、居庸关及涿州、通州、易州、保定、真定，皆屯宿重兵，卫畿辅，而自辽、蓟以至甘肃，中间边关堡塞皆得人戍守，敌入寇辄败去，于是国势大振。"

卷十　北直一

太行

太行山，亦曰西山，在顺天府西三十里。志云：太行首起河内，北至幽州。今由广平、顺德、真定、保定之西，回环至京都之北，引而东直抵海岸，延袤二千余里，皆太行也。……自燕、云诸州而言，则曰山前后。石晋以山前后十六州入于契丹，为中原之祸者数百年。盖太行隔绝东西，实今古之大防……又太行凡八陉，其在河北者有四：曰井陉，曰飞狐，曰蒲阴，曰军都。

渝关

渝关……今名山海关。……金国节要云："燕山之地，易州西北乃金坡关，昌平之西乃居庸关，顺州之北乃古北关，景州东北乃松亭关，平州之东乃渝关。"渝关，金人来路也。自雄州东至渝关，并无保障，沃野千里，北限大山，重冈复岭，中五关惟居庸、渝关可通饷馈，松亭、金坡、古北止通人马，不可行车。

居庸

　　居庸关，在顺天府昌平州西北二十四里，延庆州东南五十里。关门南北相距四十里。今有南口、北口两千户所。西山夹峙，下有巨涧，悬崖峭壁，称为绝险。《地理志》："居庸塞东连卢龙、碣石，西属太行、常山，实天下之险。有铁门关。"《吕氏春秋》《淮南子》皆曰："天下九塞，居庸其一也。"亦谓之军都关。《地记》："太行八陉，其第八陉为军都。"郦道元曰："居庸关在上谷沮阳城东南六十里。军都在居庸之南，绝谷累石，崇墉峻壁，山岫层深，侧道偏狭，林鄣邃险，路才容轨。"胡氏曰："《汉志》上谷郡有军都、居庸两县，盖县各有关。"按苏林注但言居庸有关，而军都则否，盖北魏时曾分置两关耳。《唐志》："幽州昌平县北十五里有军都，陉县西北三十五里为居庸关，亦谓之军都关。"又居庸关亦名纳款关。《通典》："北齐改居庸关为纳款关。"《唐志》亦称居庸为纳款。又名蓟门关。《唐十道志》："居庸关亦名蓟门关。"而居庸、军都，其通称也。后汉初，更始使者入上谷，耿况迎之于居庸关。建武十五年，迁代、上谷诸郡民于居庸关以东。安帝元初五年，鲜卑犯塞，屡寇上谷。建光初复寇居庸关。初平四年，幽州牧刘虞遣掾田畴奉章诣长安，畴以道路阻绝，愿以私行，乃自选家客二十骑，上西关出塞，傍北山直趋朔方，循间道至长安致命。西关即居庸也。胡氏曰：畴盖由居庸历阴山而西。既而刘虞讨其部将公孙瓒，为所败，北奔居庸，瓒追攻之，城陷。东晋咸康六年，石虎积谷乐安城，欲击慕容皝。皝曰："虎以乐安城防守重复，冀城南北必不设备，今若诡路出其不意，可尽破也。"遂帅诸军入蠮螉塞，直抵蓟城，破武遂津，入高阳，大掠而还。永和六年，慕容儁使慕容霸将兵二万，自东道出徒河，慕容舆自西道出蠮螉塞，隽自中道出卢龙塞。又太元十年，慕容垂初复燕，遣慕容农出蠮螉塞，历凡城趣龙城，讨叛将余严于令支。蠮螉，或曰即居庸音转耳。二十一年，拓跋珪大举伐后燕，分遣其将封真等从东道出军都袭幽州。北魏孝昌初，杜洛周反于上谷，围燕州。《五代志》："燕州治昌平，即今昌平州也。"幽州刺史常景与都督元谭讨之，自卢龙塞至军都关皆置兵守险，谭出屯居庸关。既而安州今密云县，石离等戍石离戍见蓟州平谷县反应洛周，洛周自松硎赴之。松硎亦见平谷县。常景使别将崔仲哲屯军都关以邀之，战没，居庸亦溃。又关之南口亦曰幽州下口。北齐高洋天保七年北巡至达速儿岭或曰在山西朔州塞外，行视山川险要，将起长城。既而发民筑长城，自幽州下口西至恒州九百余里。《水经注》："湿余水出沮阳县东南，流出关谓之下口。"《北齐书》讹为"夏口"。唐会昌初，幽州军乱，雄武军使张仲武起兵击之，遣军吏吴仲舒诣京师言状。李德裕虞其不克，仲舒曰："幽州粮食皆在妫州及北边七镇七镇，见密云县，万一未能入，则据居庸关绝其粮道，幽州自困矣。"五年诏毁天下寺，并勒僧尼归俗，五台僧多奔幽州。李德裕以责幽州帅张仲武，乃封二刀付居庸关曰："有游僧入境则斩之。"景福二年，幽州将刘仁恭戍蔚州，引兵还袭幽州，至居庸败奔河东。乾宁元年，李克用击幽州，拔武州、新州，进攻妫州，李匡筹发兵驰救，出居庸关，为克用所败，幽州遂入于河东。五代梁乾化三年，刘守光据幽州，晋王存勖使刘光濬攻之，克古北口，燕居庸关使胡令圭等遂奔晋。宋宣和四年，金人谋取燕京，辽人以劲兵守居庸，金兵至关，崖石自崩，戍卒多压死，遂溃，金人度关而南入燕京。嘉定二年，蒙古攻金至古北口，金兵保居庸不得入，蒙古主乃留可忒、薄察等顿兵拒守，而自以众趋紫荆关，拔涿、易二州，转自南口攻居庸，破之，出北口与可忒、薄察军合。四年，蒙古薄宣平，克缙山今延庆府，游兵至居庸关，守将弃关遁，蒙古兵克之，游奕至都城下，袭金群牧监，驱其马而还。元致和元年，元主殂于上都，大都留守平章政事燕帖木儿起兵迎立怀王图帖睦尔于江陵，遣其弟撒敦守居庸关，唐其势守古北口。既而上都诸王袭破居庸关，游兵至大口。今良乡县北之天津口。天历初，诏居庸关垒石为固，调丁壮守之。至正二十四年，孛罗帖木儿遣兵犯阙，亦入自居庸。《元史》："初，居庸立南、北口，屯军徼巡盗贼，各设千户所。至大四年，枢密院奏：居庸关古道四十有三，今军吏防守处仅十有三，旧置千户，位轻责重。于是改千户所为万户所，增置屯军，于东西四十三处设十千户所，立隆镇上万户以统之。皇庆初始改隆镇卫亲军都指挥使司，延祐三年又增置千户所隶焉。"明初既定元都，洪武二年大将军达垒石为城即今南口城也，以壮幽燕门户。三年，徙山后诸州之民于关内，于居庸关立守御千户所。及靖难兵起，燕王曰："居庸关路狭而险，北平之嗓喉也，百人守之，万夫莫窥，必据此乃可无北顾忧。"永乐二年置卫时立隆庆卫及隆庆左卫于此。宣德元年徙隆庆左卫于永宁县，而关独有隆庆卫，领千户所五，以为京师北面之固。自是北边告警，居庸、倒马、紫荆以迄天寿山、潮河川、白羊口并为戍守要地。景泰初，英宗车驾还至居庸。又正德十三年幸昌平至居庸关，既遂，数出居庸。说者曰：居庸东去有松林数百里，中间间道，骑行可一人，谓之札八儿道，即元太祖问计于札八儿，从此趋南口者。《元史》："太祖攻居庸不能下，问计于札八儿，对曰：'从此而北，黑树林中有间道，骑行可一人，若勒兵衔枚以出，终夕可至。'太祖乃令札八儿轻骑前导，自暮入谷，黎明已在平地，疾趋南口，金人骇溃。"紫荆、倒马二关，隘口多，守御难遍，内达保定、真定，皆平坦旷衍，无高山大陵之限，骑兵便于驰突。惟居庸重冈复岭，关山严固，三关之守，居庸险而实易。近时闯贼犯阙，亦自宣府历怀来，入居庸薄都下。呜呼，地利果安在哉。

紫荆

紫荆关，在保定府易州西八十里，山西广昌县东北百里。路通宣府、大同，山谷崎岖，易于控扼，自昔为戍守处，即太行蒲阴陉也。《地记》："太行八陉，第七陉为蒲阴。"或曰即古之五原关。……《水经注》谓之子庄关……宋人谓之金坡关。《志》云："以山多紫荆树，因改今名。"

崖壁峭矗，状如列屏，为易州之巨防。宋嘉定二年，蒙古攻居庸，金人拒守不能入。蒙古主乃趋紫荆关，败金兵于五回岭，遂拔涿、易二州；遣别将自南口反攻居庸，破之。元人所谓"劲卒捣居庸北附其背。大军出紫荆南扼其吭"是也。致和初，上都诸王忽剌台等入紫荆关，游兵逼大都城南，燕帖木儿败之于卢沟桥，乃却。明初，华云龙言："紫荆关芦花山岭尤为要路，宜设千户所守御。"从之。正统末亲征也先。至大同乃议旋师，诸将皆言宜从紫荆关入，王振不从，遂有土木之祸。未几也先自大同入犯紫荆，拥上皇而南，从间道攻关破之，进薄都城，为官军所败，也先遁去，其弟伯颜帖木儿复奉上皇驾出紫荆关。天顺三年，孛来等寇大同，直抵雁门、忻、代，诏帅臣颜彪、冯宗率兵屯紫荆、倒马二关为声援。……（弘治）十年，火筛自大同深入，分遣大臣戍守居庸、紫荆、倒马诸关口。正德九年，小王子入宣、大塞，分遣兵守古北口及紫荆诸关。嘉靖三十二年，俺答入大同，径趋紫荆关，急攻插箭、浮图等峪，官军拒却之。志云：紫荆与大同密迩，为京师西偏重地。向有旧关，明初撤而新之，城高池深，足称雄固，当居庸、倒马间，实为辅车之势。

倒马

倒马关，在真定府定州西北二百五十里，……汉时亦名常山关。后汉建武十五年，徙雁门、代郡、上谷民置常山关、居庸关以东。……国家以雁门、宁武、偏头为外三关，而居庸、紫荆、倒马为内三关。西偏有警，必分列戍守于此。

按北直雄峙东北，关山险阻，所以隔阂夷、戎，藩屏中夏。说者曰：沧海环其东，太行拥其右，漳、卫襟带于南，居庸锁钥于北，幽燕形胜，实甲天下。又曰：文皇起自幽燕……执长策以扼九州之吭背。秦、晋为之唇齿，而斥堠无惊。江、淮贡其囷输，而资储有备。鱼盐枣栗多于瀛海、碣石之间，突骑折冲近在上谷、渔阳之境。修耕屯而塘泊之利可兴，振师干而开宁之疆在握，此真抚御六合之宏规也。然而居庸当陵寝之旁，古北在肘腋之下，渝关一线为辽海之噤喉，紫荆片垒系燕、云之保障，近在百里之间，远不过二三百里之外，藩篱疏薄，肩背单寒，老成谋国者，早已切切忧之，而不仅此也。九原、云中制我上游之命，李郏侯灵武之谋，欲并塞北出，犄角以取范阳，盖地势形便，川原斥卤，驰骤易达也；三齐为我南屏，而挽输数百万，皆假道于此。设有脱巾挺刃之徒乘间而起，则京师之大命倒悬于山左矣，可勿为意外之虞乎？嗟夫！中外之势，千古大防也；勃、碣之间，自古为都会矣；特以密迩疆索，引弓之徒，猃狁于塞外者不惟一族，故制驭之道为尤切焉。富氏弼曰："河北一路为天下根本。燕蓟之北有松亭关、古北口、居庸关，此中原险要所恃，以隔绝匈奴也。"吕氏中曰："燕蓟不收则河北不固，河北不固则河南不可高枕而卧。澶渊之役，寇准欲邀契丹称臣，且献幽、蓟地。曰：'如此可保百年无事，不然，数十年后，戎且生心矣。'真宗不从，及女真取燕山，遂成靖康之祸。"

卷十一　北直二　顺天府

昌平州府北九十里。东至蓟州一百八十里，西至延庆州八十里，北至废开平卫七百七十里。

春秋时燕地，秦属上谷郡，汉因之。后汉属广阳郡，晋属燕国。后魏初属燕郡，太和中分恒州东部置燕州于此治昌平，寻又置昌平郡。东魏为东燕州及平昌郡，北齐因之。后周州郡俱废，寻又置平昌郡。隋初郡废属幽州，大业初属涿郡。唐亦属幽州，石晋时入于契丹，属析津府。金属大兴府，元属大都路。明初属北平府，永乐中属顺天府，正德元年升为昌平州。旋罢，八年复升为州。编户二十七里。领县三。

昌平州枕负居庸，处喉吭之间，司门户之寄，京师大命，尝系于此。虽古北有突入之虞，紫荆多旁窥之虑，而全军据险，中权在握，不难于东西扑灭也。居庸一倾，则自关以南皆战场矣。于少保尝言："居庸在京师，如洛阳之有成皋，西川之有剑阁。而昌平去关不及一舍，往来应援，呼吸可通，宜高城固垣，顿宿重旅，特命大将驻此，以固肩背之防，此陆逊所云‘一有不虞，即当倾国争之’者也。”正统十四年，于谦尝城昌平以扼北寇突入之道。

昌平废县今州治。本汉旧县，属上谷郡。后汉初，寇恂至昌平，袭杀邯郸使者，夺其军。又耿弇走昌平，就其父况。建武中，卢芳入朝，南及昌平是也。寻改属广阳郡。三国魏黄初中，拜田豫为乌桓校尉，持节并护鲜卑，屯昌平。晋仍为昌平县，属燕国。后魏废入军都县。或云初为燕州及昌平郡治，孝昌中陷于杜洛周。东魏天平中复置昌平县，属平昌郡，后周因之。隋郡废，县属幽州。唐亦曰昌平县，武德中徙突地稽部落于此。垂拱三年，突厥骨咄禄寇昌平，即此也。五代唐曰燕平县，徙治曹村，又徙于白浮图城，在今州西八里，自辽以后皆治焉。明景泰初筑永安城，徙长陵、献陵、景陵三卫于城内，三年县亦迁治焉。正德八年改为州治。万历元年又于州城内增筑新城，置裕陵、茂陵、泰陵、宁〔康〕陵、永陵五卫于城内。今十二陵卫署皆在城中，各领左、右、中、前、后五千户所。州城周十里有奇。

军都城在州东。汉立县于军都山南，或以为秦县也。汉初周勃屠浑都，即军都矣。后移治于昌平县东南，属上谷郡。后汉属广阳郡，晋属燕国。后魏复移治于县东北二十里，仍属燕郡。魏收《志》：“天平中东燕州治军都城，寻省，县入昌平。”今州东四十里有军都村，亦曰故县址。○居庸城，在州西北。汉县，属上谷郡，关因以名。东汉至晋皆为上谷郡属县，后魏、高齐因之，后周废。

居庸关在州西北三十里。《志》云：州西北二十四里为居庸关南口，有城，南北二门。自南口而上，两山之间，一水流焉。道出其上，十五里为关城，跨水筑之，亦有南北二门，又有水门，宣德三年命修居庸关城及水门者也。又八里为上关，有小城，南北二门。又七里为弹琴峡，水流石罅，声若弹琴。又七里为青龙桥，道东有小堡。又三里即延庆州之八达岭矣。岭上有城，南北二门，元人以此为居庸北口。又南口而东六里有龙虎台。台广二里，袤三里，与积粟山相峙，如龙蟠虎踞状。元时往来上都，每驻于此。明太宗北征，屡驻跸焉。宣宗、英宗亦尝驻此。《山水记》"州西十八里至龙虎台，又西六里即居庸关"是也。余详重险居庸。

卷十七　北直八　永平府

延庆州东至四海治一百二十里，南至居庸关五十里，西至保安州沙城界百里，北至云州上谷百三十里，自州治至京师一百八十里。

州介于山前后间，由此南瞰居庸，左挠虎北虎北口在州东二百余里，则燕山失其固矣。若乘辕北向，列滦河之戍谓开平故卫，空漠南之庭，州实咽喉所也。表里关山，拱卫陵寝，岂非郊圻重地哉？

八达岭州南三十里。东南去居庸上关十七里，为往来之冲要。五代周胡峤《陷番记》："自居庸西北入石门关，关路狭隘，一夫可以当百，此中国控扼契丹之险。"或以为此即石门关也。元人以此为居庸北口，上有城，设官兵戍守。《山水记》："自八达岭下视居庸关，若建瓴，若窥井，昔人谓居庸之险不在关城，而在八达岭也。"横岭，在州南四十七里，当居庸之西北，亦寇门也。嘉靖中俺答由此入犯，今设兵戍守。

岔道口州南二十里。《志》云：自八达岭而北地稍平，五里至岔道，有二路，一自怀来卫、保安州历榆河、土木、鸡鸣三驿至宣府为西路，一至延废州永宁卫、四海治为北路。八达岭为居庸之噤吭，岔道又八达之藩篱也。宣德五年巡边，驻跸岔道，明日猎于岔道。《舆程记》："岔道口北行二十二里至州，西行六十里至怀来卫之榆林驿。嘉靖三十年筑城于此，周二里有奇，与南山联为一边。其地逼临山险，为居庸之外卫。"

附见

延庆卫州东南四十里居庸关口。本名隆庆卫，建文四年燕王置卫于此，隆庆初改今名，领左、右、中、前、后五千户所。又有延庆左卫，亦在居庸关。本名隆庆左卫，永乐二年置，宣德五年移入永宁县，隆庆初更名。

卷十八　北直九　万全都指挥使司

怀来卫司东南百五十里。东至延庆州六十五里，西南至山西蔚州二百四十里。

卫密迩居庸，为关门之外卫。蒙古败金人于妫川，进薄居庸。明靖难初，燕王起于北平，引兵拔居庸，曰："怀来未下，居庸有必争之理。"遂袭怀来而守之，山后诸州以次降附，于是北平之肩背益固。正统末，朔骑充斥，怀来且为战地，而震惊及于宫阙矣。卫为畿辅襟要，宣镇咽喉，疆索有事，卫每当其冲，不可不为苞桑虑也。

延庆右卫在怀来城内。旧置于居庸关，宣德五年移建于此。本曰隆庆右卫，隆庆初改今名。

榆林驿堡卫东南三十里。元置榆林驿。致和元年上都兵讨燕帖木儿，次于榆林，燕帖木儿军于居庸关，遣兵袭败之，追至怀来而还。明初亦置驿，东至岔道口二十五里，至居庸关五十八里。永乐十二年北征，自龙虎台次榆林。二十年亲征榆林是也。《志》云：堡初置于卫东羊儿峪北，正统末移于此。隆庆三年增筑，周二里有奇，介岔道、怀来之间。逾此而南即昌平之白羊口，为控扼之所。

昌平山水记①

《昌平山水记》分上下二卷，语言精备，体例精湛，"精详不苟，未见其伦"。作者顾炎武，江苏昆山人，自顺治十五年（1658 年）至康熙十六年（1677 年），顾炎武六至昌平拜谒大明皇陵，该书即成于此间。

卷上

又西六里为居庸关南口，有城，南北二门，魏书谓之下口。《常景传》："都督元谭据居庸下口。"《北齐书》谓之夏口，《文宣纪》"天保六年，筑长城自幽州北夏口至恒州九百余里"是也。《元史》谓之南口。自南口以上，两山壁立，中通一轨，凡四十里，始得平地，而其旁皆重岭迭嶂，蔽亏天日。《水经注》所谓"山岫层深，侧道褊峡，晓禽暮兽，寒鸣相和，羁官游子，聆之者莫不伤思"者也。《淮南子》云："天下九塞，居庸其一。"而《金史》言，中都之有居庸，犹秦之崤函，蜀之剑门。山自太行山迤北至此数百里不绝。自麓至脊，皆陡峻不可登，中间为径者八，名之曰陉，居庸其第八陉也。设关于此，不知始于何代。而《后汉书》，建武十五年徙雁门、代、上谷三郡民置常山居庸关以东。元初五年，鲜卑入上谷，攻居庸关，则自汉有之矣。亦谓之西关。《三国志》："田畴乃上西关，出塞傍北山直趋朔方"是也。亦谓之军都关。《魏书》："杜洛周反于燕州，敕都督元谭西至军都关，北从卢龙塞，据此二险，以杜贼出入之路"是也。亦谓之纳款关。

---

① 〔清〕顾炎武著：《昌平山水记 京东考古录》，北京古籍出版社，1982 年版。

《唐书》"幽州昌平县西北三十五里有纳款关，即居庸故关"。《通典》："古居庸关在昌平县西北，齐改为纳款"是也。其南北口之戍，则自元始。北口千户所属上都路龙庆州，南口千户所属大都路昌平县。史言睿宗于居庸关立南北口屯军，徼巡盗贼，各设千户所。至大四年，枢密院奏居庸关古道四十有三，军吏防守之处仅十有三，旧置千户，位轻责重，于是改千户所为万户府，分钦察、唐兀、贵赤、西域、左右、阿速诸卫军三千人，并南北口、大和岭旧隘汉军六百九十三人屯驻，东西四十三处，立十千户所，置隆镇上万户府以统之。皇庆元年，始改为隆镇卫亲军都指挥使司。延祐二年，又以哈儿鲁军千户所隶焉。故此关自古称为绝险。然辽之亡也，天祚以劲兵守居庸，及金兵临关，厓石自崩，戍卒压死，不战而溃。金之亡也，冶铁锢重门，布鹿角蒺藜百余里，守以精锐，元太祖问计于札八儿，对曰："从此而北，黑树林中有间道，骑行可一人，臣尝过之，若勒兵衔枚以出，终夕可至。"太祖乃令札八儿轻骑前导，自暮入谷，黎明诸军已在平地，疾趋南口，金鼓之声若自天下，金人遂溃。其后元有天下，不及百年，而王禅兵入之，秃坚帖木儿兵入之，孛罗帖木儿兵入之。顷者李自成之犯阙也，下宣府，历怀来，入居庸，薄都下，曾无藩篱之限。地非不险，城非不高，兵非不多，粮非不足也；国法不行而人心去也。自南口而上，两山之间，一水流焉，而道出其上。十五里为关城，跨水筑之。有南北二门，以参将一人、通判一人、掌印指挥一人守之。又设巡关御史一人，往来居庸、紫荆二关按视焉。有水门，宣德三年八月，命行在工部侍郎许廓修居庸关城及水门者也。城之中有过街塔，临南北大路，累石为台如谯楼，而窾其下以通车马。上有寺名曰泰安，正统十二年赐名。下窾处刻佛像及经，有汉字，有番字。《元史》：泰定三年五月，遣指挥使兀都蛮镌西番咒语于居庸关厓石，今其刻甚多，非一时笔。而元葛逻禄乃贤诗序言，关北五里有敕建永明宝相寺，宫殿甚壮丽，三塔跨于通衢，车骑皆过其下者，今亡其二矣。

又八里为上关，有小城，南北二门。又七里有弹琴峡，水流石罅，声如弹琴，上有佛阁。又七里为青龙桥，道东有小堡。又三里至八达岭，有城，南北二门，元人所谓北口者是也，以守备一人守之。

口外地稍平衍，五里至岔道，乃有二路。一自怀来卫、保安州，历榆河、土木、鸡鸣三驿至宣府，为西路。一至延庆州、永宁卫、四海冶为北路。宣德五年十月戊寅，上巡边，驻跸岔道。己卯，猎于岔道。自南口至岔道，皆延庆卫地也。自洪武三年徙山后诸州之民于关内，而于居庸关立守御千户所，永乐二年立隆庆卫、隆庆左卫，十二年始于岔道北二十里立隆庆州，州东三十里立永宁县，十三年于岔道西一百二十里立保安州。宣德元年，徙隆庆左卫于永宁县，而关独有隆庆卫，隆庆元年，改延庆卫，领左右中前后五千户所。自八达岭下视居庸关，若建瓴，若窥井，故昔人谓居庸之险不在关城，而在八达岭，而岔道又八达岭之藩篱。元人于北口设兵，其得地形之便者欤！

天下郡国利病书①

《天下郡国利病书》为记载中国明代各地区社会政治经济状况的历史地理著作，全书一百二十卷。约于康熙初年编定成书，后又不断增改，终未定稿。自崇祯十二年（1639年）后，顾炎武即开始搜集史籍、实录、方志及奏疏、文集中有关国计民生的资料，并对其中所载山川要塞、风土民情作实地考察，以正得失。该书先叙舆地山川总论，次叙南北直隶、十三布政使司。除记载舆地沿革外，所载赋役、屯垦、水利、漕运等资料相当丰富，是研究明代社会政治经济的重要史籍。原稿为清代藏书家黄丕烈收藏。

---

① 〔清〕顾炎武撰：《天下郡国利病书》，四部丛刊影印本。

第一册　北直上

《昌平州志》：陵寝之重以黄花镇为之紧要，而黄花之重以四海冶为之捍卫，正犹唇齿相丽而声势贵乎相接也。是故四海冶，内抚属夷，外御强虏，凡有警有事辄报黄花，谓之山南欲行隄备。旧在镇后与四海冶潜通，有一小道以便文移往来，虽非事体，犹之可也。然而永宁、怀来之人咸知捷径，间尝由之，第恐岁久，人众走为常川之道，在经略之所不及，巡察之所未周，唯有本土之官与附近军民，安常乐便，习成故智，万一变出不测，虽亟为之禁，亦晚矣。今若竟塞其小道，则四海冶或有警报，必由居庸以达黄花，关内外相去二百余里，不能朝发夕至，未免失误军情，为今之计，必须使通衢绝往来之迹，文移得飞传之速，斯图出万全而永无后患矣。愚意当以边墙通道适中之处，建一宽敞高大坚固敌台，台之上起屋三间以便直宿，台分内外，俱用软梯上下，黄花拨军三十名，四海拨军三十名，分为三班，以示宽恤其劳。每日黄花军十名，四海军十名，在台直宿。凡遇传报文移到时，即刻随自外而入者至台下，黄花军人传递自内而出者，四海军人传递，每传递必二人同行，以防山险疎虞，至于台军轮流拟定，如有推奸持顽失误者，望以军法从事，严行晓示，如此则旁径易塞，而文移传报永不费难矣。

昌平添设武职提督：嘉靖二十九年虏变之后，添设提督兼署都督佥事，专管入卫边兵防守。镇守：仍兼署都督佥事，本镇管幣黄花、居庸、镇边三路，忝将三员，游击四员，坐营一员，守备五员，管领永安标下兵马二枝，及统帅巩华、昌平、白洋道兵三枝，各三千名。黄花一路主兵三千五百员名，居庸一路主兵四千员名，镇边一路四千员名。游兵：嘉靖三十七年冬，宪副杨公招募军民三千名，立为游兵一营，统兵游击一员。标兵：嘉靖四十二年十月，北虏犯墙子岭，兵部会议添设昌平总兵下标兵三千员名，就于永安营，摘发军二千名，召募家丁三百名，新军四百名，蔚州等州县清解军三百名，共三千名，立一营，统兵游击一员。坐营：嘉靖四十三年春，军门议设总兵标下添坐营中军官一员，以都指挥体统行事。巩华营：巩华建设出自世宗朝，建巩华城都督府，职为守备官，复改副总兵官，俱都指挥，复改分守官，以指挥推补。今改设游击，领兵三千，遇开操日赴才安城演武教场操备。守备：奉敕协同内守备专保守陵寝，以署都指挥体统行事。

昌镇边长二百九十四里九分。黄花镇东至亓连口二十里密镇交界，西至驴儿驼九十里居庸路交界，南至苏家口四十里昌平交界，北至火焰山三十里宣镇交界。　居庸关东至龙岭等六口黄花路交界六十二里，西至石峡峪等三口镇边路交界五十二里，南至昌平交界二十里，北至宣镇交界三十五里。镇边城东至五座墩六十二里昌平州交界，西至南石羊二十五里保镇沿河口交界。

昌镇，慕田峪城三门，操守，东北慕田峪堡，自堡而西，贾儿岭堡，西北有水入焉，西田仙峪堡，西南渤海所三门，都司，所城西北擦石口堡，磨石口堡，驴鞍岭，大榛峪堡，南冶口堡，南冶口东南大长峪堡，南冶口西小长峪堡，西南黄花镇城三门，操守，黄花镇川河自头道关入迳镇城东下怀柔界，黄花镇而西头道关，外又一重曰二道关，撞道口堡，鹞子峪堡，西水峪堡，八达岭。○自居庸关正城西北，石峡峪城，北石峡峪口，口东縻子峪口，东接八达岭，口西华家窑口，西接分水岭隘口。○自居庸关南口西，白羊城二门，操守，西自羊新城，新城北高崖口，白羊城正北长峪城二门，操守，长峪城正北横岭城二门，操守，北大石岭隘口，东北分水岭隘口居庸路交界，长峪城西长峪新城，横岭西镇边城三门，都司，西北唐虞庵隘口。

昌镇所属　○黄花路边长九十三里一分，东接石塘路、大水峪、亓连口起，西至居庸路驴儿驼止。○居庸路边长一百三十一里二分，东接黄花路砖庙梁起，西至镇边路软枣顶止。〇镇边路边长七十一里，东接居庸路石峡峪界软枣顶起，西至卦枝庵断头崖止。自卦枝庵迤西供重山叠嶂，未设边墙，直抵浑河东岸，系保镇地方。

昌镇疆域

东自慕田峪连石塘路蓟镇界，西抵居庸关镇边城接紫荆关真保镇界，延袤四百六十里。

居庸关

东自西水峪口黄花镇界九十里，西至镇边城坚子峪口紫荆关界一百二十里，南至榆河驿宛平县六十里，北至土木驿宣府界一百二十里。

居庸路

东自门家峪口，西至糜子峪口，延袤一百五十里，南至关石峡峪属下各隘口约五十里，八达岭属下各隘口约四十里，灰岭属下各隘口约远六十里、近二十里，北至永宁城宣府地各属下隘口约一百里。

黄花路

东自慕田峪西，至枣园寨，延袤一百八十里，南至昌平州黄花镇属下各隘口约八十里，渤海所属下各隘口约一百里，北至四海冶宣府地各属下隘口约五十里。

横岭路

东自软枣顶，西至卦枝庵，延袤一百三十里，南至居庸关镇边城属下隘口约一百三十里，横岭属下隘口约一百里，长峪属下隘口约一百里，白羊口属下隘口约一百五十里，北至怀来城宣府地各属下隘口一百里。

昌镇形胜
乘障

居庸路隘口一十八。

居庸关城一座，跨两山，周十三里，高四丈二尺，建置年代见沿革。

灰岭下

养马峪嘉靖十五年建，缓。虎峪口嘉靖十五年建，缓。德胜口嘉靖十五年建，通大小红并柳沟来骑，三十里外马蹄石，缓。雁门口嘉靖十五年建，本口窄险缓。锥石口嘉靖十五年建，宽漫，三十里外阑石稍险，迤南十里西通郭家庄，路通单骑，冲。贤庄口嘉靖十五年建，通永宁南山塔儿来骑，东北通白龙潭险，本口路窄缓。灰岭口嘉靖十五年建，缓。门家峪口嘉靖十五年建，通白龙潭路来骑，极冲。以上二路临口尚多，内口不守者不载。边城二十六里嘉靖三十年建。附墙台七座。

八达岭下略。

石峡峪下略。

各路城堡

巩华城一座内有行宫，景泰元年建。镇边城一座，横岭城一座弘治十八年建。长峪城一座正德十五年建。白羊口堡一座景泰元年建。居庸上关城一座永乐二年建。八达岭城一座弘治十八年建。黄花镇城一座景泰四年建。渤海新旧营城二座嘉靖二十七年建。南口门堡城一座永乐二年建。岔道堡城一座八达下极冲，为居庸要害，隆庆五年建。

四镇三关志职官

昌平：总兵，永安坐营，标兵游击，昌平游击，守备。

居庸：参将。

黄花：参将。守备。

巩华：游击。

怀柔：守备。

灰岭口：守备。

石峡峪：守备。

八达岭：守备。

白羊城：守备。

镇边城：守备。

渤海所：提调。

长峪城：提调。

天府广记①

《天府广记》为记述明代北京城历史及政府机构的都邑志，全书共四十四卷。作者孙承泽，顺天府大兴县（今北京市）人，明崇祯四年（1631年）进士，入清后，官至都察院右都御史、太子太保。

卷一　形胜 险隘

形胜

幽燕自昔称雄。左环沧海，右拥太行，南襟河济，北枕居庸。苏秦所谓天府百二之国，杜牧所谓王不得不可为王之地。杨文敏谓西接太行，东临碣石，钜野亘其南，居庸控其北。势拔地以峥嵘，气摩空而崪屼。又云：燕蓟内跨中原，外控朔漠，真天下都会。桂文襄云：形胜甲天下，辰山带海，有金汤之固。盖真定以北至于永平，关口不下百十，而居庸、紫荆、山海、喜峰、古北、黄花镇险厄尤著。会通漕运便利，天津又通海运，诚万古帝王之都。

险隘

居庸关在府北一百二十里，昌平州西二十里，南北相距四十里。两山夹峙，一水旁流。悬崖峭壁，最为险要。《淮南子》曰：天下有九塞，居庸其一焉。唐高适入关诗，有"绝阪水连下，群峰云共高"之句。明

---

① 〔清〕孙承泽撰：《天府广记》，北京古籍出版社，1982年版。

初洪武二年，大将军徐达垒石为城，以壮京师门户。永乐二年，置卫领千户所者五。有龙虎台在关南口，台广二里，袤三里，与积粟山对峙，作龙盘虎踞状，俗名龙虎台。中有峡曰弹琴峡，水声在石罅间，响如弹琴，故名。……

京东京西险隘二百余。洪武十五年九月，北平都司开报：曰一片石，曰黄土岭，曰董家口，曰义院口，曰箭干岭，曰孤窑儿，曰刘家口，曰流河口，曰余流口，曰冷口，曰界岭口，曰青山口，曰干涧口，曰桃林口，曰峪口，曰石门子，曰白道子，曰白羊峪，曰石湖洞，曰五重庵，曰新间岭，曰佛面山，曰栲老山，曰擦崔子，曰城子岭，曰水峪，曰中寨，曰榆木岭，曰青山口，曰游乡口，曰缺门口，曰大喜峰口，曰小喜峰口，曰团亭寨，曰潘家口，曰常峪寨，曰三台山，曰隘口寨，曰龙井寨，曰朝儿岭，曰松陀儿，曰松棚峪，曰青山大岭，曰木潭岭，曰臭麻峪，曰刀山寨，曰水岭，曰马蹄峪，曰洪山寨，曰蔡家峪，曰秋科峪，曰乐家峪，曰道清峪，曰罗文峪，曰猫儿峪，曰山寨峪，曰小槌角山，曰会仙台，曰沙披峪，曰山口西寨，曰片石峪，曰冷嘴头口，曰猪皮寨，曰皮山寨，曰龙池寨，曰大安口，曰井儿峪寨，曰鲶鱼石口，曰琵琶峪，曰马兰峪，曰平山寨，曰宽田峪，曰南山顶寨，曰饿老婆顶寨，曰滴水峪小寨，曰北山顶寨，曰滴水峪北山等寨，曰录山顶，曰峪台岭寨，曰古强峪，曰耻瞎峪，曰钻天岭，曰黄崖口，曰小平安岭，曰大平安岭，曰三山寨，曰蚕豫峪，曰青山岭，曰章作峪，曰将军石口，曰碣山寨，曰黄松峪，曰文家庄，曰鱼子山，曰萧家岭，曰熊儿岭，曰沙岭儿，曰灰峪口，曰灰岭儿，曰猪圈头，曰山嘴头，曰木场峪，曰灰塘峪，曰墙子岭，曰磨刀峪，曰许家峪，曰苍术会，曰小黄崖，曰大黄崖，曰石堂峪，曰姜毛峪，曰苏家峪、火虫峪，曰遥日南峪，曰烧香峪，曰墨峪口，曰崖台峪，曰高垛子，曰小水峪，曰汉儿岭，曰城子山，曰倒班岭，曰把头岭，曰师姑峪，曰招桐安，曰齐头崖，曰柏岭安，曰将军台，曰卢家安，曰司马台，曰丫髻山，曰沙岭儿，曰砖垛子，曰龙王峪，曰师婆峪，曰古北口，曰潮河寨，曰祚峪，曰陡道峪，曰蚕房峪，曰陈家峪，曰东池峪，曰西���骨，曰白马甸，曰划车岭，曰冯家峪，曰营城岭，曰黄崖口，曰石塘岭，曰东石城、西石城，曰东水峪，曰白道峪，曰牛盆峪，曰小水峪，曰水口峪，曰河防峪，曰神堂峪，曰升连口，曰加儿岭，曰驴鞍岭，曰南冶岭口，曰黄花镇，曰西水峪，曰东园峪，曰灰岭口，曰贤庄口，曰锥石口，曰德胜口，曰虎峪，曰居庸，曰阳峪口，曰苏林口，曰白羊口，曰白峪口，曰高崖口，曰方良口，曰常峪口，曰长城岭，曰沿河口，曰石港口，曰小龙门口，曰天井关，曰东龙关，曰天桥关，曰天关，曰洪水口，曰西龙门，曰段口，曰石峨口，曰兰坊口，曰鹿角口，曰南龙门，曰马水口，曰道水口，曰石塘口，曰金口。

《金史》曰：燕山之地，易州西北乃金坡关即紫荆，昌平县之西乃居庸关，顺州之北乃古北口，景州之东北乃松亭关，平州之东乃榆关即山海关，此数关皆天造地设，以为内外之限。今皆在京师之背，若负扆然，可谓天险矣。

卷十八 兵部

边镇之制，在塞外者曰边，在腹里者曰镇。计边凡九：曰辽东，曰大宁，曰开平，曰兴和，曰宣府，曰大同，曰榆林，曰宁夏，曰甘肃。计镇凡七：曰蓟州，曰真保，曰山西，曰固原，曰松潘，曰建昌，曰麻阳，曰虔镇，而首重蓟镇，环辽宁而卫开兴，所以左冯翊而右扶风也。

将官之制，总镇一方者曰镇守，独守一路者曰分守，独守一城一堡者曰守备，有与主将同处一城者曰协守，又有备倭提督、提调、巡视等名。其官挂印专制者曰总兵，次曰副总兵，曰参将，曰游击将军。旧制俱于公侯伯、都督、都指挥等官内推举充任。武职中惟都司用流官。

饬武之道，惟重世官，养材之方，惟练应袭，故令官舍随营操备，无所谓武举也。天顺八年，始开武举。然所取甚少，初止取二名、七名至十五名、三十余名。及嘉靖间，此途渐重。于是世胄徒为虚器，而功臣之泽斩矣。

各边镇守皆武职大臣，提督皆文职大臣，又以山西镇巡统驭偏头三关，陕西镇巡统驭固原，亦称二镇。弘治间，设总制于固原，联属陕西诸镇。嘉靖间，设总督于偏关，联属山西诸镇。当时督抚皆手握重兵，总兵悉听节制，驱策如左右手，故有事之地旋即荡平。其后恐文臣偏重，崇祯末年，立分兵之制，抚三镇七，督抚徒拥虚名于上而已。总宪刘宗周疏云：自督抚无权而将日懦，自武弁废法而兵日骄，自兵将骄懦而朝廷之威令并穷于督抚，自勒限尽贼，行间日杀良冒功，使生灵益归涂炭。

宣大二边考

宣府汉上谷地，明初常忠武克元之上都，设开平卫守之，置八驿……后弃大宁而兴和亦废，开平失援难守，宣德中，乃徙卫于独石，弃地盖三百里。宣府山川纠纷、地险而狭，号称易守。

大同古云中地，东至枳儿岭，西至平卤城，川原平衍。初设大同府，分封代王。外分东中西三路，北设二边，拱卫镇城，皆称要害。

山西边考

明初惟置大同镇，所以屏蔽山西。嘉、隆以后，丰州三受降城既入板升，东胜河套又归吉囊，故偏头、宁武、雁门三关称重镇焉。

按地理，起宣府东路之四海冶，迤逦而西，历北中二路抵西路西阳河，为大同界，大同东路之东阳河迤逦而西，历北中二路，抵西路之丫角山，为山西界，山西之老营堡迤逦而西，历水泉偏头抵保德州，为黄河界而止。计一千九百二十里有奇，皆逼临卤巢，险在外者也，所谓极边也。山西老营堡转南而东，历宁武雁门北楼，至平刑关尽境，又转南而东为保定之界，历龙泉、倒马、紫荆之吴王口、插箭岭、浮图峪，至沿河口，又东北为顺天之界，历高崖、白羊抵居庸关而止，共二千五百里有奇，皆峻山层冈，险在内者也，所谓次边也。

卷十九　戎政府

内臣

（崇祯）十七年三月，李自成陷宣府，太监杜勋同总兵王承胤降之，随入居庸关，守关太监杜之秩亦降，京师戒严。上遣司礼监太监王承恩提督京城，又召前太监曹化淳等分守诸门。及贼薄京城，杜勋呼诸监缒之而上，科臣孙承泽请撤城守内臣，兵部奏缒贼上城，不省。门开城陷，王承恩殉难死。

卷三十一　上林苑

上林苑监在皇城东文德坊玉河桥之西，南向，景泰二年五月建。洪武中，议设上林苑监，以妨民业，遂止。永乐五年开设……洪熙元年，止存左监丞、典簿，余官不除。……宣德十年，止存蕃育、良牧、林衡、嘉蔬四署，余皆革，后仍设右监丞。

永乐……十四年正月谕：凡牧养栽种地，东至白河，西至西山，南至武清，北至居庸，西南至浑河，一应人不许于内围猎，有犯禁者每人罚马九匹，鞍九副，鹰九连，狗九只，银一百两，钞一万贯，仍治罪。虽亲王勋戚犯者亦不饶。

卷三十四　人物二　明

张钦，顺天人。官至工部右侍郎。初为御史时，巡视居庸关。武庙欲出关北狩，钦闭关三勒疏，坚请回銮，武庙壮其忠，遂止。所著有《心斋奏议》。

卷三十五　岩麓

军都山在昌平西北二十里。昌平汉军都县，以山名也。后汉卢植隐居上谷，立黉肆教授生徒，昭烈微时修弟子礼焉。彼时军都县属上谷郡，又名居庸山，太行山之第八陉也。

妙高峰在西山后，居庸关诸山之面也，与天寿山相接，中开一罅，即居庸关，山峻而秀，故以妙高称。

卷三十七　名迹

燕京八景：一曰居庸叠翠，一曰玉泉垂虹，一曰太液秋风，一曰琼岛春阴，一曰蓟门烟雨，一曰西山积雪，一曰卢沟晓月，一曰金台夕照。其说起于金章宗明昌中。

卷四十四　诗三　明

八景诗　居庸叠翠

山蟠西北拥居庸，百叠参差积霭中。草木常含春雨露，峰峦疑隔晚烟空。云连朔漠提封远，地拱神京控制雄。万古峻关天设险，长留黛色照高穹。邹缉

雄关积翠倚苕峣，碧树经霜叶未凋。万里风烟通紫塞，四时云雾近青霄。层城香霭山连雉；绝涧霏微石作桥。南北车书今混一，行人来往岂辞劳。胡俨

重关深锁白云收，天际诸峰黛色流。北枕龙沙通绝漠，南连凤阙壮神州。烟生睥睨千岩晓，露湿芙蓉万壑秋。王气自应成五彩，龙文长傍日边浮。曾棨

千峰高处起层城，空里苕峣积翠明。云浮芙蓉开雾色，天清鼓角散秋声。北连青塞峰烟断，南接金台驿路平。此地由来天设险，万年形势壮神京。王英

山带孤城耸半空，势凌恒岳远相雄。万壑烟气春雨后，千峰苍翠夕阳中。关门直拱神京壮，驿路遥连紫塞通。自是中原形胜地，常时佳气郁葱葱。许鸣鹤

九关第一数居庸，重叠峰峦杳霭中。恒岳清秋通爽气，太行落日并晴空。凭陵绝塞三韩远，横亘中原万里雄。圣主神功高百世，磨厓镂石颂无穷。胡广

鸿雪因缘图记①

《鸿雪因缘图记》全书共三集六册，一事一图，一图一记，凡二百四十图、记二百四十篇，实录各地山川、古迹、风土、民俗、河防、水利、盐务等，保存了道光年间广阔的社会风貌。作者麟庆，满洲镶黄旗人，历官兵部主事、湖北巡抚、江南河道总督等职。

第三集 下册

居庸挹翠

余既承汤沐之恩，将行，客曰："居庸、明陵去此不远，盍往观乎？"随取道昌平州。遥望居庸关，双岩叠翠，一径盘空，上有丽谯，掩映云际，询名沟沟崖，明改岣岣，今俗称关沟。中长四十五里，磈石礧砢，礧砾纵横，前足所履，辄滚阻后趾，以故安车至此，须卸载脱辐，驮负而行，独有所谓行行车者，短辕驾牛，厚轮载重，土人以一卸十，永无倾覆。按此关为出口要驿，口外边城沙碛，道阻且长，余以养疴得免库伦之役，感戴特恩，实深肌髓。循山东折，问名天寿，前明十三陵在焉。国朝顺治九年，敕谕有司，禁樵采，严守护。十六年，为明崇祯帝修建思陵，命大学士金之俊撰文。雍正间，封明裔朱之琏为侯，世袭承祀。乾隆五十年，诏修明陵，发帑百万，优礼胜朝，亘古未有。以视明天启之斫断金陵龙脉，其相去奚啻天壤哉。是以明陵至今，仍得完整，而长陵最钜。第一重为

---

① 〔清〕麟庆著，汪泉春等绘图：《鸿雪因缘图记》，北京古籍出版社，1984 年版。

五凤楼石坊，次黄琉璃门三，次神道碑亭一。后设华表六，石狮、石麟、石驼、石象、石犀、石马二十有四，翁仲十有二，棂星门三，内溪河四道，各驾石桥，桥尽上坡，再转始至陵门。缭垣明楼，规制如式，祾恩门殿尤为宏丽。宝城树碑，高四丈，厚二尺五寸，亩以朱漆，色如渥丹，人多疑为昌化石。交龙蟠首，题曰：大明文皇帝之陵。观毕而返，回顾关山凝紫，陵树浮青，烟霭空濛，翠色尤觉可挹。比抵汤泉，日又暮矣。

燕京杂记①

《燕京杂记》为北京风物古籍丛书之一，辑录有燕京轶闻掌故、风物民俗、商业风貌、名胜古迹等，作者阙名，推测为清代嘉庆以后河北顺德人。

居庸关内有弹琴峡，水流石罅，声若弹琴然。

古来咏居庸诗甚多雄伟者，如边贡之"雄吞巨海山形断，秀压平原地脉分"，冯琦之"平临星斗三千丈，下瞰燕云十六州"，释梵琦之"力排剑戟三千士，门掩山河百二重"，元明善之"峰势陡回愁障日，地形高出欲扪天"，皆铮铮有声者。

拳祸记②

《拳祸记》分上、下二编，上编又名《拳匪祸国记》，下编又名《拳匪祸教记》，记录清末义和团事件。作者李杕，原名浩然，字问渔，上海浦东人，光绪年间曾任《圣心报》主编、震旦学院院长和哲学教授。

---

① 〔清〕阙名著：《燕京杂记》，北京古籍出版社，1998 年版。
② 〔清〕李杕著：《拳祸记》，土山湾印书馆，1923 年版。

该书为其晚年所编七大代表作之一。

上编　联军剿匪

联军统帅伯爵华尔德西抵京后，谋于各国将士，四出剿匪。……（九月）初五日，俄军一队由山海关往某处，别有俄军一队由山海关往他处，两军途遇大队拳匪，均大败之。初十日，俄军一队由山海关往某处，大败拳匪于途。初十至十二日，德军一队，由天津绕香河县沿北河左岸入京。十一至十七日，别有一队，由天津绕河西务马家铺入京。十三至十五日，俄军一队，由天津绕杨村宝坻县而归。十三日，别有一队，由天津往某处。十四五等日，奥德兵各一队，往某处。该处所有拳匪乡庄，悉数焚毁。十六日，日兵两队，一由北京，一由通州往某县。二十一日，至十月十三日，德奥意兵各一队，由约克伯爵管带，绕南口、宣化往张家口，遇大队华军，驱之往山西。九月二十八至十月初四日，德兵一队，由北京往长城，途遇拳匪，击败之。十月初二日，别有一队，由天津绕东安、武定两县而归。初八日，德兵一队由山海关入北京。初十日，德兵一队，沿天津运粮河两岸往沧州，华兵则退往山东。已上略志时日，其攻战细情，不胜缕述。惟以宣化、保定事，记于左。

宣化事

德英意奥诸国联军马步炮队共二千五百余人，炮车二十四辆，辎重糇粮车七十余辆，由德国伯爵约克提督带领。九月中旬，自京拔队，先至沙河，将衙署焚毁。继至昌平州，将霸昌道昌平州署焚毁，凡见华兵立即枪毙。居庸关统领马军门闻信率队至宣化府。联军追踪而来，势不可遏。经延庆、怀来各州县，人民恐悚。宣化镇何海峰军门、新任口北道灵寿芝观察，夙知军台效力之已革道员沈敦和，办理洋务，颇有声誉。因即禀请察哈尔都统，星夜檄调沈君驰抵宣化。时联军业已近境，来势汹汹，阖郡官商，环恳沈君设法调停。沈君允之，单骑往迎联军，行至鸡鸣驿，与联军先锋马队相遇。适有华兵马队疾驰而过，洋兵放枪，将各兵击毙。疑沈君为带兵官，传令洋马队围拘，拟开枪击之。沈君即操西语，侃侃争辨，西人不之信。正危急间，有前任自强军之德将某君，驰抵其地。知为沈君，至统将前力保。统将喜，与沈君握手为礼。时大队已入鸡鸣驿，沈君偕同绅士往谒统将，允备供给，请勿纵兵扰害居民。当经允准。沈乘间与统将商议，保全宣化府张家口两处。初，六七月间均有拳匪仇教，惨无人理。西将云，此次奉命复仇，非轰城不可。且须西至归化太原，拿拳匪，恤教民，救被围之英将周尼思。语次，即派马队数百骑西行。又派马步炮兵千余人，先至宣化张家口，西兵闻命，争先拔队。沈君一再婉恳，允代赴归化，拿拳匪，救英将。又许银一万五千两，请保全宣化。洋兵不入城。

日下旧闻考①

《日下旧闻考》，全名《钦定日下旧闻考》，是在清朱彝尊《日下旧闻》的基础上删繁补缺、援古证今、逐一考据而成，由于敏中、英廉任总裁。此书是迄今所见清代官修规模最大、编辑时间最长、内容最丰富、考据最详实的北京史志文献资料集。

卷一百五十二　边障

原②燕筑筑长城，自造阳至襄平，置上谷、渔阳、右北平、辽西、辽东郡。《史记》

原天保六年，发夫一百八十万人筑长城，自幽州北夏口至恒州九百

余里。《北齐书》

原京东之外镇，营、蓟、辽阳也。京西之外镇，宣、大、偏头也。京东之内险，山海也。京西之内险，居庸、白羊、紫荆、倒马、雁门、宁武、平刑、龙泉也。《长安客话》〔臣等谨按〕《方舆纪要》，平刑亦作瓶形，在山西繁峙县界。

原关隘之要有四：曰古北口，曰居庸关，曰喜峰口，曰松亭关。烽堠相望者一百九十六处。《明实录》

增燕蓟之北有松亭关、古北口、居庸关，此中原险要。《宋史》

增居庸、古北、松亭等关，东西千里，险峻相连，近在都畿，易于据守。《金史》

增汉唐都关中，去边几千里余。今京师北抵居庸，东北抵古北口，西南抵紫荆关，近者百里，远不过三百里尔。《长安客话》

增京师宸山带海，有金汤之固。正定以北至于永平，关口不下百十，而紫荆、居庸、山海、喜峰口、古北口、黄花镇，险绝尤著。《职方图考》

增宣府、大同，藩篱也；居庸、紫荆，门户也；顺天、正定、保定等府州县，堂室也。藩篱密，斯门户固；门户固，斯堂室安。《渔石集》

增易州西北乃金坡关，即紫荆关。昌平之西乃居庸关。顺州之北乃古北口。景州东北乃松亭关。平州之东乃渝关，即山海关。《春明梦余录》

增蓟州自山海关而西至居庸之灰岭，隘口共一百二十处，相去约二千一百里。又自州以西有边墙三重：由州北里谷等关西达密云之砖垛子关为第一重，自州东北丰台谷寨西达密云之墙子岭南谷寨为第二重，自州东彰作里关西达密云峨眉山岭寨及香河县为第三重。而密云之桃儿冲寨与砖垛子相接，边墙至此始合为一。又西则古北口，又西则居庸关也。《方舆纪要》

增东起山海，西迄居庸，延袤二千里，皆属蓟镇。同上

原洪武初，即古会州大宁地设北平行都司，兴营诸屯卫，封建宁藩，与辽东、宣府东西联络为外边。已而魏国公经略自古北口至山海关增修

关隘为内边，以故蓟州西接居庸，北折而东南抵海上，尽渔阳卢龙，皆其管内。船泛登莱，陆走赵魏，襟带原泽，冯翊京师，号称雄镇。迨文皇靖难，乌梁海内附，乃徙北平行都司于保定为大宁都司，而散布兴营诸卫于京府。大宁之地尽界乌梁海通贡互市，诺音、大宁、福余三卫是也。自是红螺白云之北，辽东、宣府声援隔绝，而喜峰、三屯、密云、白羊以渐收缩，失计甚矣。《明典汇》按：诺音，蒙古语官长也，旧作朵颜。今译改。

补蓟镇经画台墙，规制俱出于戚少保。《海岳山房集》

原蓟镇设督臣，自嘉靖庚戌始。《太函集》

原渝关、居庸，可通饷馈。松亭、金陂、古北口，止通人马，不可行车。山之南，五谷百果，良材美木，无所不有，出关未数里，则地皆瘠卤矣。《金国行程》

卷一百五十三　边障

原后梁乾化三年三月，晋将刘光濬克古北口，燕居庸关使胡令圭等奔晋。《通鉴》

原太祖入居庸关，辽林牙耶律达什自古北口亡去。《金史·钮祜禄罕努传》按：钮祜禄旧作粘割，今从八旗姓谱改正。罕努旧作韩奴，今对音译改。

原大定二年六月戊寅，诏居庸关、古北口讥察辽人。己卯，诏守御古北口及石门关。八月，万户温特赫阿噜岱与奚战于古北口，败焉。《金史·世宗纪》

原至正二十四年三月壬寅，图沁特穆尔兵入居庸关，甲辰，皇太子率侍卫兵出光熙门，东走古北口，趋兴松。《元史·顺帝纪》

原幽州之地沃野千里，北限大山重峦，中有五关，居庸可以通大车通转饷。松亭、金坡、古北口止通人马，不可行车。外有十八路尽兔径鸟道，止能通人，不可行马。《许奉使行程录》

原元中统二年十月，指挥使李伯祐率余兵屯潮河川，十一月，分蒙古军为二，克呼木从麦肖处居庸口，驻宣德德兴府，诸海从阿固岱带出古北口，驻兴州。帝亲将诸万户汉军及武卫军，由檀、顺州驻潮河川。《元史·世祖纪》按：克呼木，蒙古语墙也，旧作怯烈门。诸海，蒙古语犬也，旧作讷怀。阿固岱，蒙古语宽也，旧作阿忽带。今俱译改。

原蓟昌先本一镇，嘉靖三十年始分为二，设提督都督一员，护视陵寝，防守边关，遂为昌镇。《长安客话》〔臣等谨按〕蓟昌二镇今俱裁。

原自山海关而西，蓟镇领之。边城凡一千四百七十四里，城堡七十一座，附墙台一百四十六座，敌台一千九十五座，主兵七万三千五百六十二名，客兵五万七千五百七十三名。自居庸关而东，昌镇领之。边城凡二百八十二里，城堡一十三座，附墙台三十九座，敌台二百三十七座，主兵一万七千七百四十四名，客兵一万三千一百七十九名。明之边防固矣。其后李自成取径居庸，如入无人之境，始信设险之不足恃也。《筹记》

补昌平设有总兵，东历东山口迄黄花镇，西历南山口迄镇边城，若左右翼之卫腹心然。陵后柳沟南控长陵，北镇独石，东历四海冶，西历岔道，又若左右腋之擎后背然。向设南山两协，一住柳沟，一住榆林，布置颇密，惟是两协势不相下，恐画地自委。今议改协为镇，总兵仍住柳沟，居中调度。改东协为左翼，住四海冶，以防陵东，与黄花镇策应。改右协为右翼，仍住榆林，以防陵西，与镇边城策应。有警则宣镇总兵堵御外边，陵后总兵防守内边，又与陵前总兵联络，于东西红山各口，天寿宛在中央，若泰山而四维之矣。《保邦十策》〔臣等谨按〕以上各条总叙昌平一带关寨。

原黄花镇为京师北门，东则山海，西则居庸，其北邻四海冶，极为紧要之区。故弘治中遣总制严兰经略东西诸关。《长安客话》

原黄花镇以东，历密云、马兰、太平、燕河，属于山海，谓之东关。以西历居庸、白羊、紫荆、倒马，属于龙泉，谓之西关。《方舆胜略》

原黄花镇距州北八十里，城三门。元史，黄花镇千户所于昌平县东口置司者也。以参将一人、守备一人守之。景泰中，又设内官守备。嘉靖四十年革。镇城直天寿山之后，当居庸、古北二关之中，而北连四海冶，昔人所谓拥护山陵，势若肩背者。其水曰黄花镇川，河出塞外，自二道关入口，经渤海所、怀柔至顺义界，入白河，其流九曲，俗谓之九渡河。城北有碧霞元君庙，其殿西有二松，相去四五尺，而上枝樛曲相穿，遂合为一，名曰交松。城西有垣一重，曰头道关，再重曰二道关。《昌平山水记》

卷一百五十四　边障

原居庸关，洪武元年大将军徐达建。城跨两山，周一十三里，高四丈二尺。关东自西水峪口黄花镇界九十里，西至镇边城坚子谷口紫荆关界一百二十里，南至榆河驿宛平县界六十里，北至土木驿宣府界一百二十里。《四镇三关志》

原何谓九塞？大汾、冥阨、荆阮、方城、殽、井陉、令疵、句注、居庸。《吕览》《淮南子》同，大作太，冥作澠，殽下有坂字。

补太行首始河内，自河内至幽州凡有八陉。《述征记》

补八陉：一、轵关陉，二、太行陉，三、白陉，四、滏口陉，五、井陉，六、飞狐陉，七、蒲阴陉，八、军都陉。同上

原居庸亦谓之冷陉。《问次斋稿》

补居庸亦曰冷陉，陉又作硎。新唐书，孙佺为幽州都督，率兵十二万讨奚李大酺，分三屯，以副将李楷洛、周以悌领之，次冷硎，楷洛与大酺战不胜，是也。《稼堂杂抄》

原居庸在上谷沮阳之东，通军都关。《淮南子注》

原关在沮阳城东南六十里，居庸界，故关名矣。使者入上谷，耿况迎之于居庸关，即是关也。其水导源关山南流，历故关下。谿之东岸有石室三层，其户牖扇扉悉石也，盖古关之候台矣。南则绝谷，累石为关址，崇墉峻壁，非轻功可举。山岫层深，侧道褊狭，林障据崄，路才容轨。晓禽暮兽，寒鸣相和。羁官游子，聆之者莫不伤思矣。其水历山南

径军都县界，又谓之军都关。续汉书曰：尚书卢植隐上谷军都山也。其水南流出关，谓之下口，水流潜伏十许里，是也。《水经注》

原汉志有军都、居庸两县，盖县各有关。按苏林注，但言居庸有关而军都则否，盖北魏时曾分置两关尔。《通鉴注》

原晋咸康六年，慕容皝帅诸军入蠮螉塞，直抵蓟城。永和六年，慕容隽使慕容霸将兵二万自东道出徒河，慕舆千自西道出蠮螉塞。又太元十年，慕容垂遣慕容农出蠮螉塞。蠮螉即居庸音转耳。《方舆纪要》

原北齐改居庸关为纳款关。《通典》

原幽州昌平县西北三十五里有纳款关，即居庸故关，亦谓之军都关，古夏阳川也。《新唐书·志》

原妫州怀戎县东南五十里有居庸塞，东连卢龙、碣石，西属太行、常山，实天下之险。同上

原居庸关亦名蓟门关。《十道志》

原幽州昌平县北十五里有军都陉。《通鉴注》

原会昌五年，诏毁天下佛寺并敕僧尼归俗。五台僧多奔幽州。李德裕以责幽州帅张仲武。仲武封二刀付居庸关曰：有游僧入境，则斩之。《通鉴》

原太行山南自河阳怀县迤逦北出直至燕北，无有间断，此其为山不同他地，盖数千百里自麓至脊皆险峻不可登越，独有八处粗通微径，名之曰陉。居庸关者，其最北之第八陉也。此陉东西横亘五十里，而中间通行之地才阔五步。《北边备对》

原李英上书高琪曰：中都之有居庸，犹秦之崤函，蜀之剑门也。《金史》本传

原关在昌平西北四十里，元翰林学士王恽谓始皇筑长城，居息庸徒于此，故以名焉。《采斋稿》

补居庸关，世传始皇北筑时居庸徒于此，故名。两山巉绝，中若铁峡，控扼南北，实为古今巨防。《中堂事记》

原居庸关南口有城，南北二门，《魏书》谓之下口。《常景传》：

"都督元谭据居庸下口"是也。《北齐书》谓之夏口。《文宣纪》："天保六年，筑长城自幽州北夏口至恒州九百余里"是也。《元史》谓之南口，亦谓之西关。《三国志》："田畴乃上西关出塞，傍北山直趋朔方"是也。亦谓之军都关。汉立军都县于山之南，今州东四十里有军都村。后汉卢植隐居昌平军都山中，昭烈修弟子礼事之。晋段匹磾欲拥其众徙保上谷，阻军都之险，以拒末波。魏道武伐燕，遣将军封真等从东道出军都袭幽州，是也。亦谓之浑都。《史记·绛侯周勃世家》："'屠浑都'是也。亦谓之纳款关。"《通典》：古居庸关在昌平县西北，齐改为纳款。是也。自南口而上，两山之间一水流焉，而道出其上。十五里为关城，跨水筑之。有南北二门，以参将一人、通判一人、掌印指挥一人守之。又设巡关御史一人，往来居庸、紫荆二关按视焉。城之中有过街塔，临南北大路，累石为台如谯楼，而窾其下以通车马。上有寺名曰泰安，正统十二年赐名。下窾处刻佛像及经，有汉字亦有番字。元泰定三年所镌也。果啰洛纳延诗序言，关北五里有敕建永明宝相寺，宫殿甚壮丽，三塔跨于通衢，车骑皆过其下，今盖亡其二矣。又八里为上关，有小城，南北二门。《昌平山水记》

补居庸关过街塔城，欧阳元功奉敕撰碑，赐白金五十两。《说学集》

增关门南北相距四十里今有南口、北口两千户所，两山夹峙，下有巨涧，悬崖峭壁，称为绝险。地理志：居庸关东连卢龙、碣石，西属太行、常山，实天下之险。《方舆纪要》

原南口门堡城一座，上关城一座，俱永乐二年建。《四镇三关志》

原建武十五年，徙雁门、代郡、上谷三郡民置常山、居庸关以东。《后汉书·光武帝纪》

原安帝元初五年冬，鲜卑入上谷，攻居庸关。建光元年，复侵居庸。《后汉书·鲜卑传》

原刘虞与官属北奔居庸。《后汉书》本传

原公孙瓒攻拔居庸，生擒刘虞。同上

原田畴自选家客二十骑上西关出塞，傍北山直趋朔方。《三国志》

原西关即居庸关。《通鉴注》

原晋惠帝元康四年，居庸地裂，广三十六丈，长八十四丈，水出。《晋书·五行志》

原常景遣府录事参军裴智成发范阳三长之兵以守白嶂，都督元谭据居庸下口。俄而安州石离、冗城、斛盐三戍兵反，结杜雒周，有众三万余落，自松岈赴敌。谭敕别将崔仲哲等截军都关以待之，仲哲战没。雒周又自外应之，腹背受敌，谭遂大败。《魏书》

原则天时，侍御史桓彦范受诏，于河北断塞、居庸、岳岭、五回等路，以备突厥。《旧唐书》

原张仲武讨幽州，遣军吏吴仲舒奏状，言幽州粮食皆在妫州及北边七镇，万一未能入，则据居庸关绝其粮道，幽州自困矣。《通鉴》

原乾宁元年二月，河东兵败燕军于居庸，李匡筹挈其族遁去。《旧唐书》

原符存审从晋王击李匡筹为前锋，破居庸关。《五代史》

原幽州西北居庸关，又西北石门关，关路崖狭，一夫可以当百。《陷蕃记》

原辽神册二年三月，太祖攻幽州，节度使周德威以兵拒于居庸关之西。《辽史·太祖纪》

原乾亨间，燕京留守司请弛居庸关税，以通山西籴易。《辽史·食货志》

原保大二年春正月，上出居庸关至鸳鸯泺。十一月，萧德妃五表于金，求立秦王，不许，以劲兵守居庸。及金兵临关，崖石自崩，戍卒多压死，不战而溃。《辽史·天祚帝纪》

原金天辅六年十二月，上伐燕京，次居庸。辽统军都监高六等来送款。《金史·太祖纪》

原尼雅满攻居庸关，虑居庸难取，遂分兵由紫荆口金坡关攻易州，及出奇取凤山沿皇太妃岭以侵昌平县，既至昌平，则反顾居庸矣。于是居庸亦溃。金人遂入居庸。《大金国志》按：尼雅满，满洲语心也，旧作粘罕。今译改。

原金太祖取燕京，博勒和为左翼，兵出居庸关，大败辽兵，遂取居庸。萧妃遁去。《金史》本传

补居庸关，国名齐喇哈蕃。《金史》按：齐喇，满洲语严也，哈蕃，官也，旧作喳喇合攀。今译改。

原穆呼哩攻居庸关，壁坚，不得入。《元史》本传

原元太祖六年九月，拔德兴府，居庸关守将遁去，哲伯遂入关，抵中都。八年，克宣德府，遂攻德兴府，拔之。帝进至怀来，及金行省完颜纲、元帅高琪战，败之，遂至北口。金兵保居庸，诏奇塔特、博恰守之。辽乌兰巴尔等献北口，哲伯遂取居庸，与奇塔特、博恰会。《元史·太祖纪》按：哲伯，蒙古语梅针箭也，旧作遮别。奇塔持，蒙古语汉人也，博恰，身笨也，旧作可忒薄刹。乌兰巴尔，蒙古语红虎也，旧作讹鲁不儿。今俱译改。

原至元十七年五月辛丑朔，命枢密院调兵六百人守居庸南北口。《元史·世祖纪》

原至大四年，枢密院奏：居庸关古道四十有三，军吏防守之处仅十有三，旧置千户，位轻责重，请置隆镇万户府，俾严守备。制曰：可。《元史·仁宗纪》

原泰定三年五月，遣指挥使元都蛮镌西番咒语于居庸关崖石。《元史·泰定帝纪》。

原致和元年八月乙未，调诸卫兵守居庸关及卢儿岭。丁未，萨敦守居庸关。九月庚申朔，雅克特穆尔督师居庸关，遣萨敦以兵袭上都兵于榆林，击败之，迫至怀来而还今岔道西二十五里有榆林堡。乙亥，上都王禅兵袭破居庸关，将士皆溃，雅克特穆尔军次三河。丙子，王禅游兵至大口，雅克特穆尔还军次榆河今昌平州南二十五里榆河店，帝出齐化门视师。戊寅，雅克特穆尔与王禅前军战于榆河，败之，追奔至红桥北，又败之，我师据红桥今昌平州西南二十五里红桥村。辛巳，大战白浮之野今昌平州东南八里白浮村，雅克特穆尔手刃七人于阵，败之。癸未，

王禅收集散亡，复来战，我师列阵白浮之西，至夜，萨敦、托克托穆尔前后夹攻，败走之，追及于昌平北，斩首数千级。居庸关垒石以为固。

《元史·文宗纪》

原至正十九年，子规啼于居庸关。《琼台会稿》

原三月辛巳，枢密副使多尔济以贼犯顺宁，命雅勒呼由北口出迎敌。二十四年三月壬寅，图沁特穆尔兵入居庸关。癸卯，知枢密院事伊苏、詹事布呼齐逆战于皇后店。七月丙戌，博啰特穆尔前锋军入居庸关，皇太子亲率军御于清河，伊苏战于昌平，军士皆无斗志，皇太子驰还都城。

《元史·顺帝纪》按：多尔济义见前，旧作朵儿只。雅勒呼，满洲语大槽盆也，旧作鸦鹘。布呼齐，蒙古语吹海螺人也，旧作不兰奚。今俱译改。

原北口千户所于上都路龙庆州东口置司，南口千户所于大都路昌平县居庸关置司。《元史·百官志》

原隆镇卫，睿宗在潜邸尝于居庸关立南北口屯军，徼巡盗贼，各设千户所。至元二十五年，以南北口上千户所总领之。至大四年，改千户所为万户府，分钦察、唐古、桂齐、西域、左右阿苏诸卫军三千人，并南北口、大和岭旧隘军六百九十三人屯驻东西四十三处，立十千户所，置隆镇上万户府以统之。皇庆元年，始改为隆镇卫亲军都指挥使司。延祐二年，又以哈喇娄军千户所隶焉。至治元年，置蒙古、汉军籍。《元史·兵志》按：桂齐，蒙古语善也，旧作贵赤。阿苏，满洲语网也，旧作阿速。哈喇娄，蒙古语黑龙也，旧作哈儿鲁。今俱译改。

原元睿宗过中都山，出北臼，住夏于官山。《元史》本传

原刘正分省上都，会诸王锡里济叛至居庸关，守者告，前有警急使姑退。正曰：职当进而弗往，后至者益怯矣。驰出关。同上。按：锡里济，蒙古语选拔也，旧作昔里吉。今译改。

原金人恃居庸之塞，冶铁锢关门，布铁蒺藜百余里，守以精锐。彻伯尔既还报，太祖遂进师，距关百里，不能前。召彻伯尔问计，对曰：从此而北，黑树林中有间道，骑行可一人，臣向尝过之；若勒兵衔枚以出，终夕可至。太祖乃令彻伯尔轻骑前导，自暮入谷，黎明，诸军已在

平地。疾趋南口，金鼓之声若自天下，金人犹睡未知也。比惊起，已莫能支。关既破，中都大震。《元史》列传

原中统二年冬十有一月，大驾北狩，驻鱼儿泊，诏平章塔察公以虎符发兵于燕。既集，取道居庸，合围于汤山之东，遂飞豹取兽获焉。《秋涧集》按：塔察，蒙古语爆木也，从原文。

原金人起辽东，顾西拔大同，由居庸入。辽人起辽左，亦由宣大入手居庸。元人起和林，于开平甚迩，亦不由古北诸路，乃南取宣大，由紫荆入而南攻居庸破之。《全边略记》

原靖难兵起，燕王曰：居庸关路狭而险，北平之襟喉也，百人守之，万夫莫窥，必据此乃无北顾忧。永乐二年，置卫领千户所五，以为京师北面之固。《方舆纪要》

原宣德三年八月，命行在工部侍郎许廓修居庸关城及水门。《明宣宗实录》

原景泰六年六月，修居庸关城毕工，命工部造碑，翰林院撰文，刻置关上。《明英宗实录》

原成化七年三月，兵科给事中秦崇上言：居庸等关，朝廷之北门，东抵山海，西抵雁门，山势虽曰斗峻，而可通行之路亦多。所司因循怠惰，擂木炮石军器类不具备。夫富家亦高筑墙垣以防寇盗，况国都藩篱而可废弛乎？上敕巡关御史修治。《明宪宗实录》

补余瑱为北平卫指挥使，与谢贵密谋不遂，贵死，瑱走保居庸关。文皇曰：居庸，北平之咽喉，瑱若据此，则拊吾背，宜急取之，缓则增兵缮守，后难图矣。遂专力击瑱，瑱且战且守，援兵不至，弃关走怀来，力尽被执，不屈死。《忠节录》

原正德丁丑秋七月，上微行欲度居庸关，幸上谷云中。御史张钦极言谏阻，疏凡三上。至八月朔，忽报驾至昌平，即欲过关。是日钦令分守指挥孙玺闭关南门。太监李嵩欲赴昌平候驾，钦止之曰：今日之事，有死而已，可擅离职守乎！俄千户阎岳至南门传旨，钦捧玺书并监察御史印至门，固守，收其局钥，手自持之。誓曰：有夺门者，御史当手刃

之。岳不得入，还报。上壮其节，回銮猎昌平而还。《名臣应谥录》

补张钦，字敬之，通州右卫人。官贵州道监察御史，奉敕巡视居庸关。时武庙欲出关北狩，乘舆已迫关矣，钦闭关三上疏，坚请回銮，武庙乃止。《分省人物考》

原居庸路东自门家谷口，西至糜子谷口，延袤一百五十里。南至关，北至永宁城，隘口二十。灰岭下隘口十：门家谷口、灰岭口、贤庄口、锥石口、雁门口、德胜口、虎谷口、双泉口、养马谷、西山口俱嘉靖十五年建。边城二十六里，附墙台七座。八达岭下隘口七：石佛寺口、青龙桥东口、王瓜谷俱永乐年建、八达岭口弘治年建、黑豆谷、化木梁、于家冲俱永乐年建。边城二十四里半，附墙台四座，空心敌台四十三座。石峡谷下隘口三：花家窑、石峡谷口、糜子谷口俱永乐年建。边城一十六里，附墙台十座，空心敌台二十五座。《四镇三关志》

原由枣园寨至居庸路界分水岭三里门家谷口，山势重叠，然通白龙潭路，来骑极冲。又三里至灰岭口，内外宽漫，极冲。又三里至贤庄口，本口路隘通永宁南山塔儿，来骑次冲。又七里至锥石口，两山险峻，林木稠密，中有河，外通塔儿谷，冲。又五里至雁门口，外险内平。又五里至德胜口，山势高险，中有大河，外通大小红山，冲。又九里至虎谷口，外险内平，不通骑，缓。又五里至养马谷，在南口门缓，川草花顶山势内外高险，人马难行。三里至石佛寺口，正口两山壁立，中通沟路，难行。又三里至青龙桥东口，山势内平外险。又三里至黄瓜谷口，亦内平外险。又三里至八达岭，内外平漫，为宣大咽喉，极冲。又三里至黑豆谷，内外平漫，威靖墩至冲谷墩，通众骑，余通骑，冲。又三里至化木梁，内险外平，人马可行。又二里至于家冲正城，迤东一空，通单骑，迤西青石顶墩通于家沟，俱通众骑，冲，余通步，缓。青石顶山势外平内险。三里至花家窑，内外高险。龙芽菜沟通单骑。城东头至西头水口平漫，通众骑，极冲。又三里至石峡口，城东至石崖子口，又西山墩至镇鲁墩俱通单骑，冲。又三里至糜子谷正关水口并镇西墩至南山墩通陈家坟，俱平漫，通众骑，极冲，余通步，缓。《三镇边务总要》

原经略边关右副都御史李瓒，以居庸关西路灰岭口上常峪地方外接怀来，所辖隘口计一十二处，经敌出没，请添设城堡以控险要。乃筑灰岭口城六百八十丈有奇，上常峪城减十之五，各立楼橹铺舍，于正德十六年五月讫工。议名灰岭口曰镇边城，上常峪曰常峪城，调别堡军士屯守，灰岭口千人，上常峪三百人，改设守御千户所及仓场官吏。兵部覆奏，从之。《明世宗实录》

原上关七里至弹琴峡，上有佛阁。又七里为青龙桥，道东有小堡。又三里至八达岭，有城南北二门。元人所谓北口也，以守备一人守之。自八达岭下视居庸，若建瓴，若窥井，故昔人谓居庸之险不在关城而在八达岭，而岔道又八达岭之藩篱。元人于北口设兵，洵得地形之便者。《昌平山水记》

原八达岭城一座，弘治十八年建。《四镇三关志》

原昌镇疆宇幅员不逾五百里，而居庸关突据其中，盖未有郡邑之先已设险于外户矣。然八达岭去关北三十里，墉埴渐崇，驱马而南，势若建瓴，故先年经略大臣创城置守于此，诚得扼险之要枢哉。同上

原居庸关有弹琴峡，水流石罅，声若调琴。《狮山掌录》

原居庸关内道旁一大石，其形似枕，俗呼仙人枕。《长安客话》

补居庸南口关夹涧而城，左右可三四十步，行十五里，峰回路转，其城翼然而立者，实为居庸。地势较广而险倍之。又十里则居庸北关，再上二十五里至八达岭，盖由南口至是凡五十里。岩峦复合，两崖如削，足下石如马如象，轨不可方，辔不可合，而八达岭之城既险且坚。北至驴儿垛，抄陵寝而接灰岭口，南至靖边城，历沿河诸口而接紫荆，所谓一夫当关，万夫莫前者也。《侦宣镇记》

补居庸重镇，时平为上谷之襟喉，事亟真北门之锁钥。不惟雄临朔漠，亦且险类崤函。关西各隘自晏磨峪口起，至紫荆关沿河口止，共二十七处，俱系山前隘口。自火山口起，至合河口止，相兼怀来各隘共九处，俱系山后隘口。前后相距，远近不同，或七八十里，或四五十里。山川错杂，路径纡回，向以林密地险，敌不得骋。近年樵采，林木渐疏，往

来无所阻矣。《东田集》

补居庸关外抵宣府，驿递官皆百户为之，以其地无府州县故也。《菽园杂记》

补自北口小店逾灰岭，试桃花峪温汤，山间殊有奇观。石为盘涡，如碧玉盆者非一。寿藤灌木，交荫左右。其水泉盖潞河之上源也。《中堂事纪》〔臣等谨按〕以上各条皆叙居庸路。

原横岭路东自软枣顶，西至挂枝庵，延袤一百三十里。南至居庸关，北至怀来城，隘口三十有九。白羊口下隘口八：软枣顶永乐年建。石板冲、牛腊沟俱嘉靖二十三年建。西山安永乐年建。桑木顶嘉靖二十三年建。东黄鹿院、秋树洼、西黄鹿院俱嘉靖四十四年建。边城一十一里，附墙台三座，空心敌台一十九座。长谷城下隘口七：茶芽坨、沙儿岭、窟窿山、镜儿谷、分水岭、银洞梁俱永乐年建。轿子顶嘉靖二十五年建。边城一十五里，附墙台一座，空心敌台二十三座。横岭下隘口一十四：黄石崖、东凉水泉、西凉水泉、火石岭、寺儿梁、东核桃冲、西核桃冲、大石沟、陡岭口、莺窝坨、小山口、姜家梁、倒翻冲、庙儿梁。边城三十一里，附墙台三座，空心敌台二十八座。镇边城下隘口十：柳树洼永乐年建、黑冲谷、车头沟、尖山顶、北唐儿庵、南唐儿庵、水门、松树顶、秋树洼俱嘉靖三十年建、挂枝庵嘉靖三十八年建。边城二十一里，附墙台五座，空心敌台三十二座。《四镇三关志》

原白羊口距州西四十里，距居庸南口二十里，有水伏流。元史：白羊口千户所于昌平县东口置司。景泰元年，调涿鹿中卫后千户所官军守御，后以守备一人守之。其西南有小城曰白羊新城。《昌平山水记》

原白羊口堡一座，景泰元年建城，有白羊口仓。《四镇三关志》

原横岭之东有口曰白羊，其直南则沿河口，外通怀来城，其直西则马水口，北通旧保安，烟麓陀庵是马水口胜处。《长安客话》

原白羊城，正统元年，额森由此入侵。弘治十一年，和硕自大同深入，分遣大臣守居庸、白羊诸关隘。正德十一年，敌入白羊口。嘉靖二十九年，敌侵京师，欲夺白羊口北出，不果。盖南北冲要处也。《方舆纪要》

原白羊北四十里为长谷城，二门，其西有小城曰长谷新城。《昌平山水记》

原长谷城一座，正德十五年建。《四镇三关志》

原嘉靖二年正月，诏募兵三百人守居庸关长谷城，从御史李俨请也。《明世宗实录》

原长谷北二十里为横岭城，二门，守备一人守之。《昌平山水记》

原横岭城一座，弘治十八年建城，有横岭仓。《四镇三关志》

原横岭城与长谷城逼近，然横岭尤孤悬外界，山高泉涸，军士苦之。《长安客话》

原横岭口亦名龙岭口，守御要地也。嘉靖中，谙达自古北口入侵，从横岭逸出。《方舆纪要》

原长谷西北二十里为镇边城，三门，正德中建，设守御千户所，后以参将一人守之。《昌平山水记》

日下尊闻录①

《日下尊闻录》存有咸丰三年（1853年）安和轩刻本及1964年北京出版社校点本，为北京方志古籍，全书五卷，作者阙名，专记清代皇家苑囿，兼及乾隆帝诗句，是一部北京宫苑史迹的汇编。

卷四　去声

居庸叠翠

高宗纯皇帝诗引：居庸为九塞之一，见于《吕览》《淮南子》，其迹最古。郦道元谓"崇墉峻壁，山岫层深，路才容轨"。容轨为得其实

---

① 〔清〕阙名：《日下尊闻录》，北京古籍出版社，1964年版。

云。诗曰：断戍颓垣动接连，当时徒说固防边。洗兵玉叠曾无藉，守德金城信不穿。泉出石鸣常带冷，日寒峰暖欲生烟。鸣鞭阿那羊肠道，可较前兹获有田？又有诗曰：居庸天险列峰连，万里金汤固九边。雄峻莫夸三峡险，崎岖疑是五丁穿。岚拖千岭浮佳气，日上群峰吐紫烟。盛世祗今无战伐，投戈戍卒艺山田。按：居庸去京九十里，在昌平西北三十里，关之中延袤四十余里。两山夹峙，一水旁流。骑通连驷，车行兼辆。先入南口，过关入北口。关中有峡曰弹琴，道旁有石曰仙枕，两崖峻绝，层峦叠翠。又有石城，横跨东西两山，南北设二门，炮台十二，置军卫以守之。南眺临军都，亦谓之军都山。

水曹清暇录①

《水曹清暇录》十六卷，作者汪启淑，安徽歙县人，清著名藏书家、金石学家、篆刻家，乾隆间入仕，该书为其官工部都水清吏司郎中时于公务之余写的见闻随笔，故名。

卷一

居庸关上二胜迹

居庸关又名冷陉，即蓟门关，在京师西北数百里。有弹琴峡，壁山石刻西番咒语。又有巨石类枕，刻吕贲隶属"仙枕"二字。路最险峻，曩访张方伯逢尧十第五台，曾经其地。

---

① 〔清〕汪启淑著：《水曹清暇录》，北京古籍出版社，1998年版。

卷六

昌平龙虎台

昌平州西有龙虎台，地势平敞如台，非人所筑；近居庸关，背山面水，颇具形胜。又驻跸山岩下有仙人碁枰，碁子若具，但可移而不可取。又中山有仙人洞，可容二百人；洞西壁门有石钟，下垂长数尺。

京东考古录①

《京东考古录》是顾炎武晚年游历北京期间的见闻记录，重点考证了从北京到山海关一带的历史地理问题，"辨明北京和蓟县名称的关系，考证了辽、金陵寝，还考订北京古北口的杨令公祠，说杨业活动于山西雁门，等等。这些考证，辨明了历史记述中的一些错误"。书中有若干条又见于顾炎武代表作《日知录》。

考长城

长城不独北边也，其在中国亦有之。《史记·苏代传》，燕王曰："齐有长城巨防，足以为塞。"《竹书纪年》，梁惠王二十年，齐闵王筑防以为长城。《续汉志》，济北国卢有长城，至东海。《泰山记》云：泰山西有长城，缘河经泰山一千余里至狼邪台入海。此齐之长城也。《史记·苏秦传》，说魏襄王曰，西有长城之界。续汉志，河南郡有长城，经阳武到密。此魏之长城也。其在北边者，《史记·匈奴传》，秦宣太后起兵伐残义渠，于是秦有陇西、北地、上郡，筑长城以拒胡。此秦之长城也。越武灵王北破林胡楼烦，筑长城《正义》曰：《括地志》云，

---

① 〔清〕顾炎武著：《京东考古录》，北京古籍出版社，1982 年版。

赵武灵王长城在朔方，自代至阴山《索隐》曰：徐广云，西安善阳县北
有阴山，阴山在河南阳山北也。《正义》曰：《括地志》云，阴山在朔
州绝塞外突厥界。下至高阙为塞徐广曰：在朔方。《正义》曰：《地理
志》云，朔方临戎县北有连山险于长城，其山中断，两峰俱峻，俗名为
高阙也。而置云中、雁门、代郡。此赵之长城也。燕将秦开袭破东胡，
东胡却千余里，燕亦筑长城，自造阳韦昭曰，地名，在上古。《正义》
曰，按上谷郡今妫州至襄平《索隐》曰：韦昭云，今辽东所理也。置上
谷、渔阳、右北平、辽东、辽西郡以拒胡。此燕之长城也。秦灭六国，
而始皇帝使蒙恬将十万之众北击胡，悉收河南地，因河为塞《索隐》曰：
按《太康地记》，秦塞自五原北九里谓之造阳，东行终利贡山高汉阳西
是也；筑四十四县城临河，徙适戍以充之。而通直道《索隐》曰：苏林
云，去长安千里，正南北相直道也。自九原至云阳《索隐》曰：韦昭云，
九原县属五原。《正义》曰：《括地志》云，胜州连谷县本秦九原郡，
汉武帝更名五原。云阳雍县，秦之林光宫即汉之甘泉宫在焉。又云，秦
故道在庆州华池县西西十五里子午山上，自九原至云阳千八百里。因边
山险堑溪谷可缮者治之，起临洮至辽东万余里《索隐》曰，临洮陇西县。
《正义》曰：《括地志》云，秦陇西郡临洮县即今岷州城，本秦长城首
起岷州西十二里，延袤万余里，东入辽水，又度河据阳山北假中北假，
北方田官，主以田假与贫人，故云北假。《索隐》曰：应劭云，北假在
北地阳山北，韦昭云，北假，地名。《正义》曰：《括地志》云，汉五
原郡河目县故城在北假中，北假在河北，今属胜州银城县。《汉书·王
莽传》云：五原北假，膏壤植谷。此秦并天下之后所筑之长城也。自此
以后，则汉武帝元朔二年，遣将军卫青等击匈奴，取河南地，筑朔方，
复缮故秦时蒙恬所为塞，因河为固。北齐天保三年，自黄栌岭起长城北
至社平戍四百余里，置三十六戍。《通鉴》注：此长城盖起于唐石州，
北抵武州之境。六年，发民一百八十万，筑长城，自幽州夏口西至恒州
九百余里。《通鉴》注：幽州夏口即居庸下口也。幽州军都县西北有居
庸关。七年，自西河总秦戍筑长城东至于海，前后所筑东西凡三千余里，

率十里一戍。其要害置州镇凡二十五所。周静帝大象元年，发山东民筑长城，立亭障，西自雁门，东至碣石。隋文帝开皇五年，使司农少卿崔仲方发丁三万于朔方灵武筑长城，东距河，西绥州，绵历七百里。六年二月丁亥，复令崔仲方发丁十五万，于朔方以东，缘边险要筑数十城。七年，发丁男十万余人修长城，二旬而罢。史所载长城之事如此。

幸生录^①

　　《幸生录》附载于高赓恩《思贻斋诗集》后，记载清光绪二十六年（1900 年）京城失陷、北走昌平亲历事。高赓恩，天津北塘人，光绪二十六年赏四品京堂入值弘德殿。庚子之变后，解职归里。民国初年卒。

　　庚子之乱……七月二十日京城陷。诸洋兵入焚，东门内火光烛天，呼号彻野。……是时，京师略定，仆辈收盗余旧物载至岭。于是留京仆陈升出，乃携家而西，居停曹永海率其党送之昌平还。……自到昌平见观察英凤冈并徐牧，告曰：翠华将返，此间安堵，眷可留。乃寄于闪厚卿之别业。……先是李姬七女在昌平，王媪陈仆从。……比冬，亟欲回京，冒险至王少宰家。甫去一日，洋兵躏昌平矣。……比春……将至宣化数十里……又行近叉口，相传卡此者洋兵也，若虎口不得脱，仓皇无计。忽报云，前有数车，华人赁于洋者，尾之络绎入居庸矣。未几至贯市李家止一宿。发贻蔼人所寄陈筱石京兆书，未还，而洋兵将至，李所谋供张急，余遂发车入地安门。途接京兆函，谓发卫卒迎我于贯市，未值。京兆惊曰："何孤行至此？"余不为意，盖险境有甚于此百倍者矣。

---

　　① 〔清〕高赓恩撰：《思贻斋古近体诗二十一卷附幸生录一卷》，光绪至宣统贻善堂刻本。

宸垣识略①

《宸垣识略》是记载北京史地沿革和名胜古迹之书，系根据清康熙年间朱彝尊编辑的《日下旧闻》和清乾隆帝敕编的《日下旧闻考》两书提要钩玄、去芜存菁而成。作者吴长元久居北京，根据实地考察与史籍、碑碣相印证，对所据底本疏略未尽之处予以增补。书中胪列城市、条析坊巷、杂载寺观、间徵轶事、收录诗歌、采掇大纲，丰富记录了北京城郊的史地人文情况。

卷二 形胜

金明昌逸事有燕京八景，曰：居庸叠翠、玉泉垂虹、太液秋风、琼岛春阴、蓟门飞雨、西山积雪、卢沟晓月、金台夕照。元明人多咏之。永乐间，馆阁诸公更蓟门飞雨为蓟门烟树，或又增益二题为十景，和者相属。

卷十二 郊垌一

元时居庸关、卢沟桥俱有过街塔。按欧阳元功诗"蓟门城头过街塔，一一行人通窦间"，则蓟丘城门亦有之矣。

清稗类钞②

《清稗类钞》是清末民初时期徐珂创作的清代掌故遗闻汇编。记载之事，上起顺治、康熙，下迄光绪、宣统。全书分九十二类，

---

① 〔清〕吴长元辑：《宸垣识略》，乾隆戊申年（1788年）刻本。
② 〔清〕徐珂著：《清稗类钞》，中华书局，1984年版。

一万三千五百余条，举凡军国大事、典章制度、社会经济、学术文化、名臣硕儒、古迹名胜，几乎无所不有，许多资料可补正史之遗。

地理类

张家口直隶张家口厅治，一称张家口，居庸关自库伦东南行，经车臣汗部在外蒙古之西，行戈壁中，而抵四子部落在内蒙古乌兰察布盟。复东南行，入直隶境，至张家口，是为北入蒙古西至山西之要道。东南行六十里，抵宣化直隶宣化府府治，地近边墙，为直北孔道。东南行，经土木堡、榆林堡，抵居庸关，巨石危崖，交耸互峙，中有沟涧，夏秋涨而冬枯。自此东南行，经昌平州属顺天府，还至京师。

气候类

宣化气候之异。宣化去京师数百里耳，而气候截然不同，以居庸关为之隔也。自岔道至南口，中间所谓关沟，祇四十五里，而关北关南几若别有天地。光绪乙酉五月下旬，有人入都，在宣化，衣则夹也；过居庸，衣则棉也；出南口而炎蒸渐盛，入都门而摇扇有余暑矣。迨八月下旬，则寒风凛烈，木叶乱飞，已似冬初光景。晓起登舆，竟有非此不可之势。前人诗云："马后桃花马前雪，出关争得不回头。"诚非故作奇语。盖可以三秋如此推之三春也。

名胜类

燕京八景。金《明昌逸事》有燕京八景，曰：居庸迭翠、玉泉垂虹、大液秋风、琼岛春阴、蓟门飞雨、西山积雪、芦沟晓月、金台夕照。明人更"蓟门飞雨"为"蓟门烟树"。高宗更"玉泉垂虹"为"玉泉趵突"，盖泉从山根仰出，喷薄如珠，实与趵突之义相合也。又更"西山积雪"

为"西山晴雪"。各景皆勒石，纪之以诗。

驴背集①

《驴背集》刊印于1913年，作者胡思敬，江西新昌人，号退庐居士，宣统年间官辽东监察御史。光绪二十六年（1900年）八国联军进犯北京，慈禧太后、光绪皇帝仓皇西逃。胡思敬随驾不及，避居昌平，尝骑驴入京访察时事，返则笔记之，故名《驴背集》。

卷三

鸲鹆来巢帝出奔，啼鸟飞集延秋门。

宫车夜逐萤光走，五百射生无一存。

七月二十一日，太后闻警方晨起，发未及栉，微服登车，载澜御之出德胜门，帝、后、大阿哥各以一乘随其后，从者奕劻、载漪、载澄、载勋、那亲王彦图、贝子溥伦、刚毅、赵舒翘、溥兴凡十余人。宫娥、福晋皆攀哭不得随行。宋庆、马玉昆部曲尽散，半途追至，策蹇张盖行雨中，衣淋漓尽湿。日暮抵贯市，遣内监诣典商告贷，得二千金，募健儿二十，各给守备衔，令护卫前行。

万叶霜凄旅雁哀，寒衣原是姜亲裁。

一丝未足将筐筥，独恨无人补衮来。

两宫抵怀来，径入县署，县令吴永仓卒索靴帽不得，便服出迎，让签押房居之。时太后尚服葛纱，永妻以棉衣进，左右言修短不中度，太后曰："但得御寒足矣。此何时，着衣尚欲称体耶。"因泣下。

---

① 〔清〕胡思敬撰：《驴背集》，北京古籍出版社，1990年版。

历尽穷边万里沙，辇郎驰节愧皇华。

滹沱麦饭芜蒌粥，多少啼痕在白麻。

御驾由昌平出居庸关，历经怀来、延庆、保安、宣化、大同，皆明九边地。关外经溃兵大掠之后，居民多避徙。初至贯市，两宫无所得食，宿清真寺，回民献羊羹，不能遍及，从者各食馒首二枚，皆不饱。求之村农，得黍米数升，庙祝为炊火作糜，大阿哥以下各以瓦缶盛一瓯啜之，顷刻而尽。次日，遣都司某往州城告难，霸昌道英瑞赍银物至贯市，富商李光裕献驼骄三乘，始得从容整装出关。抵怀来，命吴永往湖北催饷。抵太原，又命郎中俞启元往江南催饷。诏书皆帝亲笔为之，备述乘舆播迁，道路艰难之状，凄然动人。

奸人长脚总平章，泥马仓皇续靖康。

夜梦黄须追骑急，玩鞭亭上月凄凉。

乘舆至太原，驻巡抚署，以载漪为军机大臣，改董福祥为前军，守固关。宋庆为后军，马玉昆为中军，守雁门。万本华守居庸，防各国追师。

卷四

千里随銮旅梦愁，边墙隐隐月如钩。

何人密赞西迁计，先付关中讬鄷侯。

甘肃藩司岑春煊，初统甘军五营入卫，自陈新募之兵，不能当前敌。有诏令驻张家口防俄，未行，而通州陷，仓猝走昌平。越二日，两宫过南口，率所部二千人赴之，从行至太原。太原寒瘠，又逼近直隶，车驾不敢久留，从鹿传霖计，再幸西安。先简春煊为陕西巡抚，经营关中以待，留传霖参决机务，改用陶模督两广。

闻说西师逼大梁，两河诸将整秋防。

君王病起求苏合，始悔当时用蛞蝓。

敌人据守都城，分兵四出，北由昌平出居庸关，直抵张家口。东守榆关，西踞保定、正定，下兵获鹿，窥井陉。南由河间下大名，历经青、蠡、肃、宁、祁州、新乐、行唐、东光等地。声言进逼河南，断南北饷道，太后大惧。诏曹元祥以兵三千扼潼关，程文柄守彰得，余朝贵守卫辉。言者劾裕长引虎自卫，不可恃。遂移于荫霖抚河南，而令固原提督邓增，陕安镇总兵姚文广，各率所部回任，裕长调抚湖北，卒于途。荫霖旋以教案牵连罢职。

宣化近事纪①

《宣化近事纪》收录于王独清辑录《庚子国变记》一书内，记录清末义和团事件。王独清，陕西蒲城（今陕西渭南蒲城县）人，曾任《秦镜日报》总编辑，主编《创造月刊》《开展月刊》，著有《独清诗选》。

去冬，德、英、意、奥诸国联军，马步炮队共计二千五百余人，炮车计二十四辆，辎重糇粮车约可七十余辆，归德国伯爵约克提督统领。九月中旬，自京援队。先至沙河，将衙署焚毁；继至昌平州，又将霸昌道昌平州署焚毁。凡见华兵，立即枪毙。守居庸关某军统领马军门，闻信率队退出关外，至宣化府，而联队遂欲追踪而来，势不可遏。经过延庆、怀来各州县，人民□□。

---

① 王独清辑录：《庚子国变记》，神州国光社，1946年版。

第八编　民国

直隶疆域屯防详考[①]

　　《直隶疆域屯防详考》是一部考察直隶地理形势和屯防功能的专志，首版于1926年，著者于振宗，字馥忱，河北枣强人，曾任天津实业厅厅长、天津城南诗社社员。全书正文分十章，于振宗作"序文"于前，后附"本书正误表"。此书与《直隶风土调查录》《大中华直隶省地理志》并称"直隶三书"。

第八章　口北道区形势及各县之屯防地

第九节　延庆县

　　居庸关在县东南五十里，《汉书·地理志》谓：上谷郡居庸有关，《后汉书》更始使者入上谷，耿况迎之于居庸关。北齐改为纳款关。《唐十道志》名为蓟门关。《新唐书·地理志》谓为军都关。《通鉴》注名为军都陉。蒋一葵《居庸关记》谓太行山南起山西泽州，迤逦北出数百里，山脉不断，自麓至脊，皆陡峻不可登越，独有八处粗通微径，名之曰陉。两山夹峙，一水旁流，其隘如线，居庸关是最北之第八陉也。关

---

①　于振宗著：《直隶疆域屯防详考》，成文出版社，1968年版。

有城，设南北二门。《魏书》谓之下口，北齐谓之夏口，《元史》谓之南口，亦谓为西关。《元史·兵志》载：睿宗于居庸关立南北口屯军，各设千户所。至大四年，增置屯军，改为万户府。皇庆元年，改为隆镇卫亲军都指挥使司。明初，徐达叠石为城，置守尉千户所，既卫领千户所，以固京师。并设参将、通判、掌印指挥各一员驻守。复设巡关御史一员，往来按视。清初，仍设参将，后改都司，金书此关。崇墉峻壁，山岫层深，中若铁峡，控扼南北，实为天设之险，古今之巨防也。关之西北有横岭，明嘉靖时俺答由此内犯，曾设兵戍守。明王士翘《居庸关论》谓：横岭孤悬外界，山高泉涸，军士苦之。镇边城虽云腹地，而横岭实喉舌也。川原平旷，无险阻之固，越此而南，即长驱莫遏矣。是（短）〔横〕岭与关之关系，亦可谓至为重要矣。

八达岭城在县东南三十里、居庸关北三十里，由南口至是，层峦叠巘，两崖如削，城险且坚，实为宣大之要塞。王士翘《居庸关论》谓：居庸之险不在关城，而在八达岭。是岭为关山最高者，凭高以拒下，其险在我。失此不能守，是无关矣。由八达岭南下关城，降若趋井，是八达岭与居庸关固有唇齿之关系也。

岔道口在县南二十里，自八达岭而北，地势稍平衍。五里至岔道，有二路。一自怀来至宣府为西路，一自县至四海冶为北路。曾佩《请固关隘疏》内谓：岔道堡适当八达岭之口，居庸关之藩篱，如欲敌之绝意于居庸，必先使之无垂涎于岔道，未有岔道危而八达无事，居庸不震惊者也。居庸震惊，则京师畿辅不卜可知。宣德五年，巡边，驻跸岔道，明日猎于岔道。明嘉靖时于此筑城，设守备、把总各一员驻防。清初因之，后裁。

中国长城沿革考[①]

《中国长城沿革考》简略记述了中国古代长城的历史变迁。作者王国良,浙江义乌人,在北平大学师范学院执教期间撰写此书,于1931年由商务印书馆出版,是第一本研究长城的著作。

九边概要

蓟镇

东从山海关,西达居庸关东之灰岭隘口,延袤一千二百里,为蓟镇辖地,镇治蓟州今河北蓟县。州西有边墙三重:从州北黑谷等关,西达密云砖朵子关,为第一重;从州东北峰台谷寨,西达密云墙子岭南谷寨,为第二重;从州东彰作里关,西达密云峨眉山寨及香河县,为第三重。而密云之桃儿冲岭与砖朵子相接,边墙到此,才合为一。沿边分东西中三路:其最重要的关隘,东路有山海关,石门寨在河北东境抚宁县东,燕河营在河北东北卢龙县境,明永昌府治,建昌营在河北东境迁安县北;中路有太平寨在迁安县西北,喜峰口在遵化县东北,松棚谷在遵化县北,马兰谷在蓟县东北;西路有墙子岭在密云东北,曹家寨在密云东北,古北口在密云北,石塘岭在密云西北等处。此镇所辖边墙,就是现在河北边外山海关到居庸关一带长城。

宣府镇

镇治万全都指挥使司,即今察哈尔省宣化县治。边墙东起今居庸关东永宁四海冶外城与重城会合处,西迄今山西河北交界之西洋河《地志

---

① 王国良撰:《中国长城沿革考》,商务印书馆,1931年版。

总论》作东起火焰山〔永宁城东百余里〕，西迄平远堡〔大同东北百余里〕。实长一千零二十三里。沿边分东西北中四路：西路之万全右卫宣化县西八十里，张家口万全右卫东三十五里，西阳河万全右卫西南界；北路之独石长城极北处，清泉在独石东北，马营在独石西南；中路之葛峪宣化西北四十里，青边宣化西北五十里；东路之四海冶永宁东百里诸处，都极冲要，而独石尤为咽喉重地。此镇所辖边墙，就是现在河北边外延庆县西到山西大同境之长城。

居庸关地理沿革考[①]

《居庸关地理沿革考》是一部考证居庸关地理沿革的专著。作者薛志鹏，生平事迹不详。该书脱稿于 1929 年，取材《昌平州志》《延庆县志》《四镇三关志》《东田集》《大清一统志》《昌平山水记》等古籍，择居庸关史料而录之，简要考证了居庸关及其附近地区的地理环境和沿革变迁。

（甲）小引

居庸关为旧京之屏藩，明代为防北患之重要门户，实内长城之第一要害地。山脉系太行山余脉，关外即明时有名之宣府、大同二镇也。余旅行至居庸关、八达岭，因对于军事学毫无研究，不知其要害防南在何处，防北又在何处。徘徊瞻眺，只能饱餐雄壮风景而已。

昔明太祖定鼎后，北边设有三卫，封其子以重兵驻守之，借防元人，其计划极为周密。后明成祖夺三卫之兵，以攻建文，史称靖难之役。嗣

---

① 薛志鹏撰：《居庸关地理沿革考》，出版者不详，1929 年版。

后三卫遂废，而边防空虚矣。论者谓有明一代北患之烈，未废三卫有以致之也。前国奉南口之役，双方牺牲极大，战场陈迹，至今尚历历可考。

乡人在雨天后，每上山寻镞头古箭头及泉币古钱，此因经水冲刷，埋藏发现，易于寻觅故也。持之售于外人，得价甚昂，并掘城砖，负至车站青龙桥车站可得洋二三元。而警察不知干涉，致盗者日多，古迹日益残缺。

按长城在战国时，燕赵相继修筑，及秦始皇及加以联络，其山西及直隶之内外层长城，皆系明时修筑，有石砖可稽。现在平绥铁路凿洞通过，并设有张多税关分局，以征税焉。外人来游者，无不赞叹八达岭之雄壮，及长城工程之浩大。

愚不揣浅陋，由《昌平志》《延庆志》《四镇三关志》《东田集》《郝经居庸铭》、王士翘《居庸论》《大清一统志》《侦宣镇记》《昌平山水记》《方舆纪要》等籍，搜罗一一以供游居庸者参考。

（乙）居庸关及其附近

一

居庸关口，南北相距四十里，两山夹峙，巨涧中流，悬崖峭壁，称为绝险，即吕氏春秋所谓九塞之一也。《汉地志》云："居庸县有关。"《水经注》："居庸关在沮阳今怀来县城东南六十里居庸界，湿余水导源关山，南流历故关下，溪之东岸，有石室三层，其户牖扇扉，悉石也，盖古关之候台矣。南则绝谷累石为关址，崇墉峻壁，山岫层深，侧道褊狭，林鄣邃险，路才容轨。其水历山南，径军都县界之军都关，又南流出关谓之下口。"《隋地志》云："昌平有关官。"《唐十道志》云："居庸关亦名蓟门关。"《通典》云："居庸关北齐改为纳款。"《唐地志》云："昌平县西北三十五里有纳款关，即居庸故关，亦谓之军都关。居庸关太行山最北之第八径也，东西横亘五十里，而中间通行之地才阔五步。"《元史》云："睿宗时于居庸关南北口屯军,各设千户所。"《方舆纪要》云:"居庸关设参将驻守,后改都司金书。"

二

关城跨水建筑,夹两山间,周不及十四里,南北二门。自居庸东至黄花镇,凡九十一口,以灰岭为冲。

三

居庸关为京北之咽喉,岔道又居庸之门户,八达岭雄峙盘回,诚天设之险也。一夫当关,万马辟易。金人平辽,闯贼陷明,均非险不足守,守无固心也。若当闯贼叩关时,坚壁清野,设伏于两山之巅多备木石火器以击之,以奇兵由青龙桥出□张家口蹑贼之背,延庆永宁出铁骑,断贼归路,则贼进退受敌,足可擒也。

四

居庸路东至门家谷口,西至糜子谷口,延袤一百五十里,南至关,北为永宁城,隘口二十。灰岭下隘口十:门家谷口、灰岭口、贤庄口、锥石口、雁门口、德胜口、虎谷口、双泉口、养马谷口、西山口,俱嘉靖十五年建,边城二十六里,附墙台七座。八达岭下隘口七:石佛寺口、青龙桥东口、工瓜谷,俱永乐年建;八达岭口,弘治年建;黑豆谷、化木梁、于家冲,俱永乐年建,边城二十四里半,附墙台四座,空心敌台四十三座。石峡谷下隘口三:花家窑、石峡谷口、糜子谷口,俱永乐年建,边城一十六里,附墙台十座,空心敌台二十五座。

五

居庸平时为上谷之襟喉，事亟真北门之锁钥。不惟雄临朔漠，亦且险类崤函。关西各隘，自晏磨峪口起，至紫荆关沿河口止，共二十七处，俱系山前隘口。自火焰山口起，至合河口止，相兼怀来各隘共九处，俱系山后隘口。前后相距，远近不同，或七八十里，或四五十里。山川错杂，路径纡回。向以林密地险，敌不得骋。近年樵采，林木渐疏，往来无所阻矣。

六

居庸关在幽州今河北之北，最为险阻，号中国四塞之一。大山中断，两崖峡束，石路盘肠，萦带隙罅。南曰南口，北曰北口。滴沥溅漫，常为冰霰，滑石濡洒，侧轮趾足，殆六十里石穴，及出北口，则左转上谷之右，并岭而西，阴烟枯沙，遗镞朽骨，凄风惨日，自为一天。中原能守，则为阳国北门；中原失守则，为阴国南门。故自汉唐辽金以来，尝宿重兵，以谨管钥。元世祖即位于开平，则驻跸之南门，又将定都于燕都，则京师之北门，而屯壁荒圮，恐起狡焉。故作铭，畀燕京道宣慰府，使勒石关上，且表请置兵，以为设险守国之戒云。

七

关之两山壁立，岩险闻于今古，愚谓居庸之险，不在关城，而在八达岭。斯岭关山最高者，凭高拒下，其险在我，失此不能守，是无关矣。逾岭数百步，即岔道堡，实关北守岔道，所以守八达岭，守八达岭，所以守关也。由八达岭南下，关城真所谓降若趋井者。关北门外，即阅武场，登场而望，举城中无遁情。况往来通衢，道路日辟，虽并车可驰，故曰险不在关城也。关东灰岭等诸隘，外接黄花镇，内环寝陵（明十三陵），更为重地，经画犹或未详。关西白羊口，号称要害，城西门外去山不十丈，而山高于城数培，冈坡城漫，可容万骑。虏若据山，则我师不敢登城，拓城以跨山，今之急务也。长峪、横领近通怀来，均可虑之，而横领犹孤悬，外界山高泉涸，军士苦之。镇边城虽云喉舌，地川原平旷，无险阻之固，雨霆溪涨，潦没频仍，越此而南，即长驱莫遏矣。是故镇边之当守，其形难察也。此固一关险夷，然去北平咸仅百里余耳，门户之险，甚于潼、剑，设大将屯重兵，未雨彻桑之谋，其可一日不讲哉。今虽海内一家，要亦不可忽之也。

八

南口北至居庸十五里，清设外委驻守。关之南有南口城，魏人谓之下口，南北二门。自南口而上，两山之间，一水流焉，道出其上，十五里为关城。又八里为上关，有小城，南北二门。又七里有弹琴峡。又七里为青龙桥，道东有小堡。又三里至八达岭。南口堡城、上关城，俱永乐二年造。

九

关南口有城，南北二门，《魏书》谓之下口，《常景传》"都督元谭据居庸下口"是也。《文宣纪》："天保六年筑长城，自幽州下口至恒州九百余里"是也。元史谓之南口，亦谓之西关。《三国志》："田畴乃上西关，出塞傍北山，直趋朔方"是也。亦谓之军都关，汉立军都县于山之南，今昌平东有军都村，后汉卢植隐居昌平军都山中，昭烈修弟子礼事之。晋段匹磾欲拥其众徙保上谷，阻军都之险，以拒末波。魏道武伐燕，遣将军封真等，从东道出军都，袭幽州是也。亦谓之浑都，《史记·绛侯周勃世家》："屠浑都"是也。亦谓之纳款关，《通典》

云：居庸关在昌平县之西北，齐谓之纳款关。自南口而上，两山之间，一水流焉，而道出其上。十五里为关城，跨水筑之，有南北二门，清设参将、通判各一人，掌印指挥一人守之。又设巡关御史一人，往来居庸、紫荆二关视察焉。又八里至上关，有小城，南北二门。

十

南口关，左右可三四十步。行十五里，峰回路转，有城翼然而立者，实为居庸，地势较广，而险倍之。又十里则为居庸北关。再上二十〔五〕里至八达岭，盖由南口至是，凡五十里，岩峦复合，两崖如削，足下石如马如象，轨不可方，辔不可合。而八达岭之城既险且坚，北至驴儿坨，抄陵寝而接灰岭口，南至靖边城，历沿河诸口而接紫荆，所谓一夫当关，万夫莫前者也。

十一

八达岭城，南至居庸二十七里，北至岔道口五里，南北二门。清设把总驻守，东南去居庸上关十七里，为往来之要冲。元时以此为居庸北口，上有城，设戍兵，八达岭城，弘治十八年建。昌镇疆域幅员，不逾五百里，而居庸关突据其中，盖未有郡邑之先，已设险于外户矣。然八达岭去关北三十里，墉垣渐崇，驱马而南，势若建瓴，故先年经略大臣，创城置守于此，诚得扼险之要。按居庸关旧属昌平镇，故言昌镇。

十二

岔道口在延庆县城东南二十二里，自八达岭而北，地势稍平。五里至岔道，有二路：一自怀来历榆林、土木、鸡鸣驿，至宣府为西路；一自延庆历永宁、四海冶为北路。八达岭为居庸关之襟喉，岔道又八达岭之藩篱也。《舆程纪》："岔道口北行二十二里，至延庆州，西行六十里，至怀来卫之榆林驿，与南山联为一体。其地逼临山险，为居庸之外卫。隆庆五年建城。"《宣镇图说》："旧无城，嘉靖三十年，以寇警议筑，随甃以砖，周二里百十一丈，西南北三门。东至八达岭四里，至居庸关三十里，西至榆林堡二十五里，为居庸关门户，地当极冲。"

四、五、一九二九 脱稿于北一师院

旧都文物略①

《旧都文物略》是北平市政府秘书处于 1935 年出版的一部大型的以实地摄影图片为主、图文并茂、叙述雅驯，全面介绍北京名胜古迹、历史文化、艺术风俗的图籍。作者汤用彬，湖北黄梅人，哲学家、佛学家、教育家，曾任民国时期湖北省参议会秘书长、湖南都督府秘书长、交通部参事、国务院国史编纂处处长等职。

河渠关隘略

关隘

旧畿关隘之要有四：曰古北口，曰居庸关，曰喜峰口，曰松亭关。其地包昌平、密云、遵化边境。迄元明清，都城倚为北门屏障。惟喜峰诸口距旧京较远，游踪难及。惟居庸为北门锁钥。"居庸叠翠"且为旧京八景之一。今述关隘，自当详论居庸形势，述居庸必兼及长城险塞，

---

① 汤用彬、彭一卣、陈声聪编著：《旧都文物略》，书目文献出版社，1986 年版。

以为游观之助。按，长城为中国古代国防要塞。战国时，燕、赵、秦三国，各因北干山险筑长城以作屏藩。秦始皇统一六国，始自临洮至辽东，首尾联缀之。历代屡加修筑，唯地位稍有变更。今城起河北山海关，西抵甘肃嘉峪关，横贯河北、热河、察哈尔、山西、陕西、绥远、宁夏、甘肃八省。凡长五千五百四十里，约当地球周围十二分之一。堑山堙谷，起伏环带，延长约万二千余里，故有万里长城之称。中外人士前往参观者，莫不惊佩其工程之伟大，为世界第一。城高十五尺至三十尺，宽十五尺至二十五尺。皆砖石合建，极为坚致。垣上外建雉堞，内建石栏，中有甬道，每三十六丈筑一墩台。旧时设官分常，常建烽燧。有事昼则举烟，夜则举火告警，以资保卫。沿城一带，古迹、名胜、险要甚多，而尤以距北平较近，平绥路所经过之居庸关、青龙桥为最。

居庸关在察哈尔延庆县西南，平绥路所通过，筑有车站。地势居高临下，俯瞰关城，全形在目，两山巉绝，中若铁峡，自古视为重镇。建自秦代，北齐称纳款关，唐名蓟门关，元改今名。洪武元年，大将军徐达重建。周十三里，高四丈二尺。有南北二门，门上有云台。台上有寺，曰元泰，元武宗时建，下有甬道，以通车马。洞壁遍嵌释迦并金刚像，大小千数，工极精巧。有西夏文陀罗尼经石刻。北有仙枕石，在深涧中，高广方二丈，绝奇，有明阳大都督刻字及太行散人刻诗。关西有李凤墓。明武宗微行大同，得酒家女李凤，返京时至居庸关，病殁，因葬之关西。草生其上皆白，故俗称曰白冢。西南红龙山下，万山深处，有巨泉水汇流，波涛湍急，如练如啸，蔚为奇观。峭壁刻"龙门喷雪"四字，明严嵩书也。

青龙桥在居庸关之西北，为平绥路所通过之地，筑有车站。地势两山连峡，为长城冲要之地。四壁飞岩，下临深涧。平绥路线至站前，转如V字形，故两列车入站后，恰首尾倒转，再行前进。过站西行里许，即八达岭山洞，长几约二千公尺，为世界著名工程之一。元时置屯军于此，称为居庸北口。由岭下视，关城若建瓴，岭下悬崖，刻有"天险"二字。关门上刻有"北门锁钥"四字石额。为通蒙古咽喉。昔时以居庸关为重心者，今则转移于此矣。车站旁有詹天佑先生铜像。先生为广东南海人，留学美国习工程。平绥路建筑，一切计划皆先生所设计。沿途经过各地，多属天险，万山环阻，建筑困难，中外工程专家，均束手无策。詹氏匠心独运，备历艰险，始终不懈，阅四载，大功告成。中国人自筑铁路，以氏为第一人，路成之日，中外人士，莫不惊佩叹异。先生卒于民国八年。平绥路与中华工程学会，范金为先生铸像，以资纪念云。

冀北游览记①

张相文，字蔚西，号沌谷，江苏泗阳人。自光绪二十六年（1900年）起，即从事地理学的教学、研究和著述工作，为20世纪中国第一位著名的地理学家。光绪三十四年（1908年），出版中国最早的自然地理学著作《地文学》。宣统元年（1909年），发起成立中国最早的地理学术团体中国地学会。次年，创办中国最早的地理刊物《地学杂志》。

燕京西北，两面环山，隐隐若长墙，盖皆太行山脉分支东走者也。而其扼要之处，则莫如居庸。出京师西直门，过清河沙河两站，即抵居庸关之南口。延庆州属也。有城环之，周约数里，两翼上拂山坡，缀以望台。惟东隅下临涧水，已半倾颓。城内外居民数百家，业骡店布庄者居其多数。问之大半，山西人。向闻晋商贸易遍达全国，而北部各市场，尤其势力之中坚也。

由南口傍山东行，过涧河数道，河中铺满石子，如拳如卵，大小不等，皆作苍白色。南望则墩阜纷起，有名龙虎台者，明成祖所尝驻跸也，而昌平延庆两州，亦以是分界焉。东过太平庄，至采林园，原田膴膴，

---

① 张相文著：《南园丛稿》，中华书局，1929年版。

弥望皆柿林，桃梨枣杏，亦多有之。然究以柿林为繁夥。闻每柿一株，结实数石，驼贩蒙古各部，岁可售钱二千。真天然之大利也。

采林园之东北为小红门，明思陵所在也。颓垣外绕，占地不过数亩，中间享殿三进。破败柴立，不避风雨。殿后坏土孤露，以砖甃之，周仅四五丈。殉难太监王承恩，亦附葬于其西南隅。国亡君死，千古有余痛矣。思陵东北凡十五里，即天寿山。红墙黄屋，掩映于松楸之间，明之十三陵也。诸陵中以成祖之长陵为最宏丽，垣墙以内，古树成围，祾恩殿享殿，皆完好如故。登享台四望，诸陵旋绕，宛作朝拱状。闻之阍人云，朱侯岁以春秋两季，偕其母与舅来祭，日祭一陵，十数日而毕。陵西有公馆，候祭时所寓也。出陵门而南，御道迤逦，跨石桥数座，翁仲石兽，相间对立，长及数里。路尽处，石坊矗立，高可数丈。立其下而北顾，山势弯环，有如大圆。诸陵历历，皆在目中。陵前流水环抱，形势绝佳。然观于明季之君臣，超纲紊乱，上下交哄，政治上之能力，至此扫地以尽。即无强敌环窥，亦未能有苟存者也。地灵者人不杰，曾何补于兴亡哉！

过石坊东南五里，为昌平州城，城形四方，间有倾圮者。逾城而东，则天寿山诸水，绕城北南来，遂相汇而为沙河。以故昌平境内，土脉膏腴，农业则百果以外，兼产米麦。沿途村落相望，屋宇尤为修整，民殷物阜，隐然见三辅气象焉。

越河东南为南邵村，村东则绵山起焉。山不高而东西相属，绵延至小辛村而尽。又东南数里为大小汤山。大汤山高可十余丈，挺然特立于野田中，与西来诸山如断如续。小汤山又在其东，相去约一里之遥，石色苍黑，高仅数丈。村民数十家，皆聚居于山南。村东即汤山行宫也。宫建于康熙年间，然以翠华不来，辇路就荒，垣周数里，倾圮殆尽。垣内之亭台殿阁，亦大半颓坏，唯荒榛断莽之中，池水清澄，荷莲点缀，尚不减华清风致。后面则山石丛起，天然浑成，亦汤山东行之余脉也。殿前院中有池二，甃以白石，皆作长方形，东为温泉，西为热泉。热泉池中，蒸汽蓬蓬，有如釜上。池底沸泡，时时连续上腾。东厢作小池，引温泉注之。温泉略低，宜于夏浴。西厢构屋三间，中作小池，引热泉注之。虽当严冬，其热度之高，过于沸点。池两面作穴，东入西出，余垢皆随流而去。每一入浴，则竟体淋漓，汗流浃背，愉快舒畅之状，不啻灌顶醍醐也。泉既出垣，余热不散，多溢为渠塘，村民之洗濯灌溉，皆取给焉。故环汤山一带，天气和煦，绣壤相错，九洲上腴，不是过矣。

出南口北门，则两山夹峙，中开大道。西为旧路，宽约丈余，可四五骑并行，驼马驴骡，络绎不绝。东为新筑铁路，遇坡涧高下，则穿岩架梁以通之。中为涧水流路，巨石相搏，琤琮有声。沿途宽绰处，每见树木葱茏，与石室瓦屋，互相掩映。而山坳隙地，则随其形势为园圃，即左右丛山之中，亦时有间道可通。而居民皆以樵采猎兽为生活。距南口北十五里，居庸城巍然当道，城筑于明景泰初年，两面皆上踞山坡，居民寥寥，亦无铺户。城中有石造方台，高约五六丈，顶平无楼，四周绕以回栏，行人皆穿中而过。有类城门，工作坚致，纯用白石砌成。顶上刻佛像，两壁则镌数种文字，有与罗马字相类者，有与梵字相类者，有间架类汉字，而结构迥然不同者。第就汉文谛审之，知其所刻者为佛经。后书至正元年乙酉，书丹者西蜀宝积寺僧德成。盖元代之建筑物也。蹂躏欧亚之雄风，至今犹有存焉者乎？

过关城转而西北，为上关城，空无居人。又西北为弹琴峡，道最狭，仅足以容单骑。峡上石壁刻佛像，土人指为杨五郎，谓赵宋边将杨延昭也。辽宋分疆，今以拒马河为界，延昭何缘刻像于此，齐东野语，亦姑妄言之，姑妄听之而已。其南为五桂头，山石横空，铁道乃穿洞而过。西北为青龙桥，有车站在焉，居民不繁，仅为停顿之所。而长城则曲折回环，高踞于两崖之上。自此循峡西行，数里至八达岭，则居庸之北口也。距南口凡四十里，当口门尽处，关城环抱两角，与长城相连，然已倾圮过半，仅存少廓而已。就城上残碑考之，知为前明景泰初年所建，登楼瞭望，觉气势磅礴，万山皆同培塿。涧水之循峡下驶者，至此而绝。而石罅中涓滴下坠，冬季皆成坚冰，盖与南口之气候相差已远矣。故南口之地，尚可以种小麦，至北口以北，则绝无之。且地形散漫，道路四

通，无险可扼，宜乎居庸为九塞之一。从古南北相争，皆倚为重镇有由来矣。

长城明陵游记①

李慎言，河北行唐人，曾任《北京晨报》编辑记者，先后任教于华中师范学院、北京俄语学院、中央民族学院等院校。《长城明陵游记》一册，由北新书局于1934年出版。该书为同年4月，作者游览长城及明十三陵所作的游记。书前附有长城及明陵景物照片六幅，具有一定的文学价值及资料价值。

过了清河，就是沙河。沙河源出居庸关，水经注叫做湿余河，辽史作温榆河。这地方有安济、朝宗两座桥，市街在二桥的中间。镇的中央，有明代行宫，从前帝皇行幸十三陵，常在这里驻跸，可惜现在只余其旧址了。

过了沙河，地势渐次缓斜，汤山已在眼前。再前进到昌平，看见的山就更多了。这时因为候车停留稍久，心里很不耐烦，下来散步，瞥见票房布告处贴有全国第三次铁展会将在北平太庙举行的广告，揣想这种举动，既为开发民智，推销国货，届时必有一番盛况。十时一刻南下的车过来，我们的车重行北上，大家为着急速达到目的地，都手舞足蹈的高兴非凡。

离开昌平，沿路柳色青青，桃花盛开，田野里除了麦田，还有一块一块的菜畦，一群一群的猪羊，间有三五家石屋茅舍，零星布列，喷出屡屡的炊烟，呈出十足的山乡风味。

---

① 李慎言著：《长城明陵游记》，北新书局，1934年版。

车到南口，约莫停了二十分钟，下车买东西吃的人很多。我听说这里的老豆腐，味道很好；并听说冯玉祥将军在这里驻军时，曾用它请客，买了一碗吃，觉得确是物美价廉，名不虚传。至于栗子和梨，虽系本地所出，价值反高于北平；包子，烧饼等物，滋味也大不如北平。有人说这里的柿子很著名，可惜已过时了。

由南口到青龙桥，地势的高度，平均每丈约高一尺，中间又须经过三个山洞，行走很是困难；所以路局特别更换大火车头，使联车在前，慢慢推进而上。这段铁轨，因着车头重量太大，为使轨上所受的压力，向多方面分散，枕木排列得异常稠密。据说民国十七年革命军北伐，张作霖出关时，普通车头尽数带去，只有这种大车头在别的路上不能行使，没有带去，真是万幸！如若带去，还不是送给日伪吗？

车开行后，仍是阴霾霾地含有雨意，而且时有阵阵地凉风，天气遂骤变寒冷。我来时知道越往北走天气越冷，身上穿的较厚，并不觉得痛苦；同学们有的仅穿单层上衣，和半截裤衩，冻得浑身发抖，无可奈何，只好埋怨自己的不听劝告，不带棉衣。

过了南口，路轨依着山势辗转上进，越进越险，越险越能引人入胜。远望盈山盈谷，好像一堆一堆的霜雪，又像一群一群的绵羊。我们觉得新奇，逼近一看，才知所见的那些，不是霜雪，不是绵羊，乃是花开满树，皎洁异常的杏林。这里山泉流成清溪，淙淙作响，桃柳格外鲜艳；鸟声格外清脆，犹如"花坞春晓"，"桃源仙境"，可算得是宇宙间的奇景！

当车要驶进居庸关山洞时，有人说洞口的岩石上，有杨六郎的石刻像，于是大家都伏在窗口，注目而视。将到洞门，左边岩石上，果然刻有一个古人模样的像，这就是把守三关口为宋朝立功的民族英雄——杨六郎了。

进了山洞，顿成黑暗世界，同车人对面不见，幸赖手电灯的力量，才放出一线光明。这样轰轰隆隆地响了一分多钟，走出山洞，豁然开朗，一看两边山势壁立，中间仅通峡道，真有一夫当关，万夫莫敌之势。不禁暗自叹了声："好个天险！"

我一游记①

《我一游记》一册，于 1936 年由商务印书馆汇总出版。作者庄俞，字百俞，又字我一，江苏武进人。该书即作者多年游历祖国各地所记述之游记汇集，其中收录京华胜迹有玉泉山、潭柘寺、居庸关、十三陵等。

居庸关记

自北京西直门外乘京张汽车，历清华园、清河、沙河而至南口。南口，居庸关南之要隘也。自此乘舆出关，可畅观万山形胜，但须一日程，未果。余等午餐于南口旅馆，仍由汽车至青龙桥。地势递高，列车自下而上，驶行山麓，迂回曲折殊延缓。机关车在列车后推送以登，有历五十尺而高一尺者，有历三四十尺而高一尺者，有历二十余尺即高一尺者。盖至此距北京百二十里矣，凡穿山洞三。居庸关山洞长二里许，次为五桂岭山洞，华佛寺山洞。而以八达岭山洞为最长，约三里有奇。当车至青龙桥，绝万里长城而过，折入八达岭山洞而至张家口。八达岭京张全路之最高点也，其山洞高于西直门平地达一百八十丈云。随山敷轨，凿石架桥，工程之难，宁待赘论。而车行稳适，路政亦整饬。轨道之旁遍植松梓，绿阴蔽日，不知炎苦。旅行得此，无殊登仙。督是路工者，为粤人詹天佑。始终其事，未尝假手一异国人，而成绩优美如此，詹氏诚吾国路工开幕伟人哉。

居庸关南北口相距数十里。万山丛叠，形势雄奇。自南口行历鸣琴峡，山泉汩汩声如鼓琴故名。复北越五桂岭，山石迎人，峻壁如削。壁

---

① 庄俞等撰：《本国新游记》，商务印书馆，1916 年版。庄俞撰：《我一游记》，商务印书馆，1936 年版。

间有肖像二，相传为杨五郎、六郎遗影。六郎影已模糊不可辨，五郎则须眉宛然。山下有大石，或谓是六郎点将台。按宋杨延昭知保州有战功，在边地二十年，契丹惮之。目为杨六郎，延昭初名延朗，《宋史》有传，初行非六。且杨氏父子战功，多在代北，而此间乃有遗像何也。五郎之称亦不见正史。余谫陋，记忆不审。客中无书，他日再当考之。已于途次见危峦之上有若堡砦者，曰九龙关。袁观澜先生为余言："是处有元初之纪功碑，镌中外文字，状如巴黎之凯旋门。"惜匆匆轮铁，未能一抚摩也。

由八达山洞之右登万里长城，其高度略如京师城垣。山上有南北二门。北门镌四字曰"北门锁钥"，字大二尺许。南门亦四字，唯斑驳不可认辨。自北门登城极目远眺，第见城垣蜿蜒如巨蟒忽起忽落，随山势之低昂，无百步平坦者。峻削处为磴道，每级距离尺许，又窄不容足，且随处有倾圮，益难信步行。余等联袂上，喘声时作。每越一峰，必憩息片时。余几畏难思止，然互相策励，卒努力登最高峰。俯视平原，青苍一色。汽车之轨，绵亘如悬绳。车站之屋，卑小如鸡埘。四围则重峦叠障，云烟迷漫。长城曲曲斜上，左右顾视不见所止，呜呼伟哉。外界既气象万千，不期而令吾人之意态亦雄且杰也。

城之建筑悉用巨砖，砖凡三种。一为方形，广袤各尺许，厚可三寸。一为长方形，体积略同。一为坡形，底平面凸，中线隆起，两旁坡削，体积亦如之。城垣之堞，有为凹凸形，如内地城垛者；有仅为女墙而无垛者。其随山起落处，堞垛相叠成直角，遥望如锯齿然。坡形之砖，即覆于堞顶者也。城垣之面积，宽约丈余，敷以巨砖，阶级甚整。每一高峰，筑方城于上，大小浅地势定之。呜呼，古之防御以城为主，而城之大莫与京者，古今中外厥推长城。史传所载：此城之历史殊古，可得而言者约分三期。最初为战国燕赵筑城备胡。燕城起造阳迄辽阳，赵城自代地而西。造阳者，上谷郡也。寄身八达岭之巅，见群山之中平原一片，乃恍然于古之命名，不苟于义也。其次为秦。秦因燕赵所筑，联络而扩张之。起临洮，迄辽东，东西万余里。复次为隋。《元和志》有开皇城、有大业城。开皇城所在地为楼烦，大业为灵州怀远，皆非秦人所辖地也。然则长城者，乃竭三代之财力而后有此大观。说者谓有明一代，尚多修葺之功。故迄今二千数百年，其遗迹可见者，犹雄壮若此，能不令人惊且骇哉。虽然时代变迁，攻守殊势。陆战恃铁路，水战恃兵舰，长城万里安所用之。耗无限资财，丧无数民命，其结果乃仅仅供历史上之谈助，此可谓之长太息者也。余等踞坐城上，纵论今古，流连凭吊，百感咸集，非不文如余所能道其情况也。游兴既阑，白日且夕，相将下山，仍附汽车返南口旅馆。时民国元年八月三日。同游者六人，天津张寿春，武昌余日章，南昌蔡漱芳、周蔚生、胡家凤也。

因是子游记①

《因是子游记》一书，由商务印书馆于 1935 年出版。作者蒋维乔，字竹庄，江苏武进人，中国近代著名教育家、哲学家、佛学家、养生家。因主张"不主故常，而唯其是从之"而自号因是子。全书收游记 40 余篇，分江苏、浙江、安徽、河北、山东、陕西、国外 8 部分。

居庸关纪游

居庸关在顺天府昌平县西北三十余里，亦谓之军都关，为太行八陉之一，自古边备之阨塞也。关城凡三重：曰下关、中关、上关。崇墉竣壁，两山夹峙，一径中通，才可容轨。关门南北相距四十里，南曰南口城，北曰北口城。城在八达岭，形势之雄，诚所谓"一夫当道，万夫莫御"者。京张铁路通后，自京至南口，不及二时即至。铁道自关城之左，

---

① 蒋维乔著：《因是子游记》，商务印书馆，1935 年版。

洞山而过，俯视关城，如在谷底，昔之所谓绝险者，今日则已成为遗迹矣。余于民国二年五月，偕钟师宪罃往游焉。

是日晨十时，出西直门乘十一时零二分京张汽车，过清河沙河二镇，十二时二十七分即抵南口。下车，寓井儿饭店。店系西式，每日房饭银五元，二人共一室九元。午膳毕，各雇兜子，每乘五元，舆夫四名，往游天寿山。明自成祖以下十三陵，皆在此山，而长陵工程为最大，即成祖之陵寝也。行一时半，至陵前大石坊，高六七丈，为长陵之正门。下舆步行，进大宫门，再进为大碑楼，楼后有狮、獏、虎、骆驼、象、麒麟、马各二对，一跪一立，均用自石琢成，镌刻甚精。后为翁仲，武四人，文六人，皆剑甲袍笏，相对而立。再进为大淹门，自大石坊至此，行十余里，始抵陵前。门者启锁，导余等人，自大门至正殿，中为甬道，两旁松柏等树，参天接荫。殿凡九楹，宏敞伟大。阶石悉镂龙文，殿柱皆楠木，四五人方可围抱之。殿后即长陵，享台矗立，墓道分左右，历级上升，余等从此绕登台顶明楼，中竖丰碑，曰"成祖文皇帝之陵"。高十数丈，字大径尺。长陵倚天寿山之主峰，四山环抱，中为极大平原，气象万千，较钟山太祖之陵，殆远过之。东为景德诸陵，西为献定诸陵，皆背倚层峦，环列如朝拱，惜时已晏，不能往游，天复降雨，急乘兜子而回。四望山巅，黑云如墨，雨势骤疾，山兜两侧无障蔽，衣服尽湿，兼以大风，寒澈肌骨，行至半路，雨止。抵客店，已六时半矣。

翌日，拟度居庸关，往游八达岭。晨二时，命舆夫驾兜子先往青龙桥车站，余等于五时二十分，乘南口货车启行。京张铁路，每晨于是时有货车开赴康庄，并不载客，余等每人出小洋三角借乘之。自南口至青龙桥， 路皆高山峻岭，上耸云霄，生居南方者，未见此宏壮山景，胸襟为之开豁。其峰峦攒簇复叠，或尖、或圆、或峭直，随处不同。万里长城依山脊建筑，每隔三四十丈，则有一望楼，完好如新。铁道随山峡弯转，右傍绝壁，左临深涧，或凿石架轨，如行栈道，或洞穿山腹，如入地隧。车行轨上，地势渐高，据车守云："每三丈约高一尺，仰上峻阪，故行甚迟。"铁轨依山斜上，先折向东北，至青龙桥。再折向西北，如人字形。火车自南口开行，车头系于列车之尾，倒推而上，将及青龙桥，方折而改向，则车头在前，列车在后，而直趋西北，以逾八达岭矣。南口以上，凡过山洞三：一为居庸关山洞，深约三四里。一为五桂头山洞，约半里。一为石佛寺山洞，约里余。闻山洞共有四，余等仅经其三，其未经者即八达岭山洞是也。此为本国人自建铁路之最有名者。观其地势之险，施工之巧，宜乎为中外人所称道不置矣。七时二十分，抵青龙桥，舆夫驾兜子在彼候已久，遂乘之。至八达岭之麓，余与钟师舍舆，循长城拾级而上，过望楼五，始登其巅。山风极大，步履颇艰，群岭环抱，虽至岭巅，亦不能远眺一切。岭上有北口城，倾颓过半。时已八时，舆夫促余等归，遂自巅下，乘兜子行。十时，至居庸上关。雄踞两山之间，城楼四层，城之中有云台，以巨石筑成，相传为元代所建。其式如巴黎之凯旋门，内外均刻佛像。台内嵌石刻，为汉蒙藏回女真五种文字，古雅可爱，以时促不及细阅。居庸关有官署，有捐局，市街亦颇热闹。十时半，自上关启行。北方之山，多无水泉，惟八达岭、青龙桥以下，至居庸关，涧水自北南流，汇而为溪，潺潺之声，不绝于耳，所谓弹琴峡者即此。十二时，乘汽车回京。至西直门，不过一时三十分也。

燕北游览小志①

《燕北游览小志》一册，黄金波撰，现存1936年铅印本。该书记述了作者览居庸、谒明陵、宿昌平、浴汤山等游历行程，凡"燕北胜迹之稍稍著人耳目者，得其大凡"，对研究民国时期北京地区的名胜古迹有一定参考价值。

---

① 黄金波著：《燕北游览小志》，出版者不详，1936年版。

过居庸关

二日晨七时，乘平绥车自正阳门出发。时晴空澄碧，朝阳蔼彩，煦光自窗口射入，和暖悦人，较诸昨日大风扬沙者，迥乎不侔矣。车环城而行，古城庄严，白鸽翔空，目击心赏，顿起幽思。过西直门，车行西山北，碧云卧佛诸寺，可于云烟瑷碟中望见之。自沙河而西，便见两山翼列，拱卫东西。过昌平，天寿山之层峰叠嶂，扑人眉宇，而两山相赴相辏，渐将相罄之状，恰如龚定庵之言。十时，抵南口，车停甚久，自此而后，改用山道机车，其型当较普通者而倍之。自入南口，车行关沟中，两山壁立，危巘逼人，巨石如狮如象，如马如牛，突怒偃蹇，一一献巧于车窗之外。下视谷道，有骑骣蹇行。有人家，疏落点缀。有乱石，作狼藉杂逻状。昔蔡珪咏居庸关，有"乱石妨车毂，深沙困马蹄"句，盖深能道出行旅之艰苦者。十五里至居庸。

居庸关深陷谷中，两旁崇墉峭壁，夹关高耸，《水经注》所谓"山岫层深，侧道褊狭，林障邃险，路才容轨"。《方舆纪要》所谓"两山夹峙，下有巨涧，悬崖峭壁，称为绝险"者也。按居庸之名，由来久之，《淮南子》《吕氏春秋》皆曰"天下九塞，居庸其一"。亦曰军都关，《水经注》所谓"其水历山南，经军都县界，亦谓之军都关"是。一称蠮螉塞。《方舆纪要》曰："蠮螉或曰即居庸音转耳。"北齐改为纳款关，《唐书·十道志》称居庸关亦名蓟门关。此则名称沿革之大略也。至于居庸名关，《中堂事纪》以为"世传始皇北筑时，居庸徒于此，故名。"而《水经注》称"关在沮阳城东南六十里居庸界，故关名矣"。以县名关，说较可信。

车在居庸，停约五分钟，以买通票，不能登关眺视。似此雄关，一望而过，若史称卢植隐居之所，元太祖破金兵之扎八儿道，以及枕仙〔仙枕〕石、李凤墓诸处，均不得探其幽窅，寻其踪迹，私衷怅怅，不能自已。惟自望远镜中观之，于烟云缭绕中尚可窥见其故垒苍茫，乱石嵯峨之状，居庸关三大字亦隐约可辨，然一种荒凉景象，益增人无限感慨矣。

窃念居庸称北门锁钥，历代战争，凭此以为固或破关而内侵者，曷可胜数，若刘虞拔居庸而生擒公孙瓒[1]；慕容跳率诸军入蠮螉塞，直抵蓟城；桓彦范断塞居庸，以备突厥；金人恃居庸之塞，冶关门布蒺藜以抗元兵，其著者也。而明成祖定都燕京后，亦以"居庸路狭而险，北平之襟喉也，百人守之，万夫莫窥，必据此乃无北顾忧"。乃置卫，领千户所五，以为京师北面之固。今者国土消减，金瓯残缺，燕冀形式，已成太阿之倒持，而此百代雄关，只颓然蠹立于寒沙漠漠，黄云衰老之下，吾人今一念及，惟觉腹痛，固不仅如郦氏所谓晓禽暮兽，寒鸣相和，聆之者莫不伤思而已也！

自居庸关而上，山愈高，路愈险，倾斜度亦愈大。巨刃割天之高峰，如屏如障，逼近车窗，俛首翘视，惟见山腰怪石，作狰狞笑而已。铁路曲折蜿蜒，爬行山谷中，巨车头在后作咆哮怒喘，若不胜其劳役者。十五里上关，有城，亦陷深谷中。又十五里至青龙桥。

闲话西郊[2]

《闲话西郊》漫记京西御苑行宫、山川古迹，作者白文贵，民国年间曾任职于北洋政府军事部门，1923年授陆军少将。现存1943年影印本。

居庸叠翠

居庸为九塞之一，其迹最古。见《吕览》《淮南子》。郦道元谓"崇墉峻壁，山岫层深，路才容轨"。顾亭林《昌平山水记》云："居庸关城之中，有过街塔，临南北大路，累石为台，如谯楼，而龛其下，以通

---

① 误，当为公孙瓒拔居庸而生擒刘虞。
② 白文贵著：《闲话西郊》，治安总署印刷所，1943年版。

车马，上有寺曰泰安，正统十二年赐名。下龛处刻佛像及经，有汉字，亦有番字，元泰定三年所镌也。

居庸关

《旧都文物略》载：居庸关，在察哈尔延庆县山南，平绥路所通过，筑有车站，地势居高临下，俯瞰关城，全形在目。两山巉绝，中若铁峡，自古视为重镇。建自秦代，北齐称纳款关，唐名蓟门关，元改今名。洪武元年，大将军徐达重建，周十三里，高四丈二尺。有南北二门，门上有云台，台上有寺曰元泰，元武宗时建。下有甬道，以通车马。洞壁遍嵌释迦并金刚像，大小千数，工极精巧。有西山夏文罗尼经石刻。北有枕仙石，在深涧中，高广方二丈，绝奇。有明阳大都督刻字，及太行散人刻诗。关西有李凤墓，明武宗微行大同，得酒家女李凤，返京时至居庸关病殁，因葬之关西，草生其上皆白，故俗称曰白冢。西南红龙山下，万山深处，有巨泉，水汇流，波涛湍急，如练如啸，蔚为奇观。峭壁刻龙门喷雪四字，明严嵩书也。

青龙桥

青龙桥在居庸关之西北，为平绥路所通过之地，筑有车站。地势两山连峡，为长城冲要之地，四壁飞邑，下临深涧。平绥路线至站前，转如 V 字形，故列车入站后，恰首尾倒转，再行前进。过站西行里许，即八达岭山洞，长几二千公尺，为世界著名工程之一。元时置屯军于此，称为居庸北口。由岭下视关城若建瓴，岭下悬崖，刻有天险二字。关门上刻有北门锁钥四字石额景泰三年建，为通蒙古咽喉，昔时以居庸关为重心者，今则转移于此矣。车站旁有詹天佑先生铜像，以上乃沿平绥路铁轨所记述者。

八达岭

居庸关由南门至八达岭，为一长约四十里之山沟，宽处容十骑，狭则仅容一二骑耳，故俗称之曰关沟。南口者，下关也，为之城，城南门至北门一里。出北门十五里曰中关，又为之城，城南门至北门亦一里。出北门又十五里曰八达岭，又为之城，城南门至北门亦一里。盖自南口之南门，至八达岭之北门，实则三十三里。下关最下，中关高倍之，八达岭之俯南口也，如窥井然。自入南口，流水琮然有声，忽涌忽泆，迹之至八达岭而穷。八达岭者，古㶟余水之源也，木多文杏、苹婆、棠梨柿等，春则果树怒华，夏则草木深绿，深秋时柿叶经霜，作胭脂色，尤为灿烂。八达岭景致最佳，层峦耸巚，巉崒峥嵘。夏秋之间，山色如妆，不翅一幅青绿山水，故燕京八景之"居庸叠翠"，实指八达岭而言。自金以来，咏居庸关八达岭者，代不乏人，如金刘迎、周达，元郝经、贡奎，明王讴、于慎中，清张佩纶、康有为，均有佳什传诵人口。综观以上所述，居庸关诚为天险，宜若可守然。然披阅历史，守者未必能终守，攻者有时亦能克之，是险不可恃矣。非也，攻守之道，不能徒恃形而下之天险，要视形而上之精神，与夫一般之态势如何耳。苟能获得政略战略优越之态势，具有达成任务坚确之信念，纵寻常之地势亦能守，新嘉坡马其诺亦能克之，徒恃天险胡可哉！

中华民国史事日志①

《中华民国史事日志》，作者郭廷以，此书篇帙浩繁，为研究中华民国史的参考工具书。郭廷以，河南舞阳人，毕生致力于中国近代史研究，著有《中国近代史》《近代中国史事日志》《近代中国史纲》等。

---

① 郭廷以著：《中华民国史事日志》（1—5 册），香港存萃学社，1978 年版。

1920——中华民国九年庚申

7，22（六，七）察哈尔都统王廷桢与西北边防军战于居庸关，解除其武装。

1925——中华民国十四年乙丑

11，8（九，二二）冯玉祥以奉军西进，令鹿钟麟退南口备战。

11，12（九，二六）冯玉祥电段祺瑞及外交团，谓奉军向北京附近增兵，已命所部退往南口。

1926——中华民国十五年丙寅

4，15（三，四）国民军因驱段事件不得吴佩孚之谅解，奉鲁军又极力进攻，鹿钟麟即下令整队退出北京，扼守南口，王士珍、赵尔巽、颜惠庆、熊希龄、王宠惠、江瀚、孙宝琦、汪大燮、王家襄、周作民、张嘉璈、吴炳湘等组织北京临时治安会。

5，6（三，二五）南口军事无发展张作霖、吴佩孚两派均不肯出兵，国民军改编七军鹿钟麟、宋哲元、李鸣钟、刘郁芬、郑金声、门致中、石友三，张之江任总司令，对南口多伦主守，对晋北大同主攻晋军分三路抵御，中路商震，东路张培梅，西路孔繁蔚。

5，21（四，一〇）阎锡山告急，请奉鲁军及直军速攻南口以牵制国民军。

6，3（四，二三）吴佩孚对国民军决三路进攻东路田维勤，中路王为蔚，西路魏益三，请奉鲁军分攻多伦南口。

7，5（五，二六）奉鲁军对南口总攻击吴佩孚部久攻南口不下，改由奉鲁军任之。

7，18（六，九）张宗昌、张学良、吴佩孚悬赏攻南口难儿谷。

8，1（六，二三）奉鲁军及吴佩孚军对南口怀来总攻击，张学良亲自督战攻南口正面并以重炮轰击。

8，7（六，二九）国民军各路与奉鲁军激战于南口昌平。

8，11（七，四）南口国民军因奉军邹作华部炮兵猛烈之轰击，损失颇重，同时复受多伦汤玉麟、戢翼翘，怀来田维勤之威胁，渐不能支持。

8，14（七，七）经四日夜之血战，国民军刘汝明师向西北撤退，旅长王书箴被俘，奉军即占南口国民军死伤一万余人，奉鲁军二万余人。

1927——中华民国十六年丁卯

10，4（九，九）北方军右路迫新乐，中央挺进队第四师傅作义抵蔚县，张作霖发表讨阎锡山令，张作相赴南口，张学良、韩麟春赴保定，分任京绥线、京汉线指挥，阎锡山亦到获鹿督师。

1928——中华民国十七年戊辰

7，9（五，二二）冯玉祥在南口开追悼南口阵亡将士会。

1930——中华民国十九年庚午

9，20（七，二八）东北军于学忠部到塘沽，与晋方商和平让渡平、津，晋军分向保定南口撤退。

1935——中华民国二十四年乙亥

12，28（一二，三）刘桂堂匪窜扰南口一带。

1937——中华民国二十六年丁丑

8，1（六，二五）日机扰郑州，并炸平绥线南口。

8，3（六，二七）日机轰炸南口附近之中央军列车。

8，8（七，三）华北日军寺内寿一部铃木重康旅团开始进攻平绥铁路南口，与汤恩伯之第七三军王仲廉师激战。

8，10（七，五）平绥路日军占南口车站。

8，21（七，一六）日军绕过南口右侧，进犯居庸关、怀来。

8，24（七，一九）平绥线南口失守。

1945 ——中华民国三十四年乙酉

11，23（一〇，一九）官方报告，平汉路自北平通至石家庄，平绥路至南口，北宁路至绥中。

11，24（一〇，二〇）国军自北平抵南口。

1946 ——中华民国三十五年丙戌

6，24（五，二五）张家口共军进迫南口附近。

1948 ——中华民国三十七年戊子

5，18（四，一〇）共军进攻平绥路之南口，扰及北平附近之清河。

10，7（九，五）共军攻平绥路昌平。

10，11（九，九）平绥路共军攻居庸关青龙桥，平汉路共军攻高碑店。

12，12（一一，一二）平绥线共军占南口，北宁线占唐山。

后　记

　　居庸关，古称居庸塞，位于北京市昌平区西北，自古为京畿北部的重要关隘，也是今北京长城文化带上的地标性建筑。古往今来，有关居庸关的史料丰富而繁芜。居庸之名始见于《吕氏春秋》，此后历代文献多有记述。《汉书》云：上谷郡县十五，居庸有关。《新唐书》云：范阳郡昌平县北十五里有军都陉，西北三十五里有纳款关，即居庸故关，亦谓之军都关。《辽史》云：圣宗统和初，燕京留守司言，民艰食，请弛居庸关税。《金史》云：大兴府昌平有居庸关，国名查剌合攀。《元史》云：睿宗在潜邸，尝于居庸关立南、北口屯军，徼巡盗贼，各设千户所。特别是到了明代，随着居庸关战略地位的进一步提升，有关居庸关之军事、政治、经济、交通、文化、宗教等各方面的史料更是愈积愈厚，洋洋大观。除正史资料外，自辽金以至明清，还有诸多文化旅者、骚士墨客来此访查游历，他们仗剑而行，执笔立说，在雄关峻岭间留下了珍贵的历史印记，写下了大量的翰墨文章。

　　然而居庸关史料虽然丰富浩繁，但大多分散或掩藏于古籍之内，不便一览其全貌，有待系统之梳理。2011 年起，昌平区委正式启动历史文脉梳理工程，此后五年间，随着《昌平简史》等 20 余部系列丛书的相继出版，有关居庸关史料的搜集工作也在着手进行。2017 年居庸关二十五史史料初具规模体量，2018 年《居庸关历代文献辑录》筹备立项实施，此后历经搜、录、辑、修、校、审等工作阶段，至 2020 年秋形成初稿，于 2021 年夏厘定送刊。

　　在编纂过程中，整理人员立足存史资政的职责，秉承传承文明的理念，践行昌平人讲好昌平史的要求，面对史料搜集之难、甄选之难、取裁之难、校雠之难，潜心搜集梳理历代文献古籍逾百部，包含正史、方志及诸子文集等，所搜览的史料文字总量难以计数；搜览的内容既涉及兵、战、城、隘、堡、器、卫、屯等军事史料，也涵盖政治、经济、社会、民族、宗教、交通、人物、艺文等诸多领域，力求从浩瀚史海中汲取历史的智慧、文化的力量、发展的镜鉴，综合呈现以昌平为舞台、以居庸关为代表的丰富厚重的长城文化内涵。

居庸关，是北京长城文化带上的一颗明珠，被誉为"天下第一雄关"。两千多年来，在其古老而雄伟的身躯上，铭刻着长城精神的博大，彰显着燕蓟文明的神韵，承载着边塞文化的交融。其所呈现的天人合一的"和谐美"、用险制塞的"雄浑美"、穿越古今的"沧桑美"，激起了古今多少人的豪迈情怀，引发了千秋多少事的鉴诚哲思。

长城文化的传承，离不开基础史料的积累和梳理。居庸关就像一部动态史书，深邃而渊博，非一部专题文献辑录所能全部呈现。本书旨在抛砖引玉，努力集腋成裘，为长城文化的传承和昌平文化的发展贡献一些力量。在本书编写过程中，得到首都图书馆、区文旅局、明十三陵管理中心等单位和部分昌平文史专家的支持和帮助，在此一并表示感谢。由于史料浩繁，学疏识浅，在编辑过程中，难免存在疏漏与不足，其未能尽善之处，敬请批评指正。

编　者

2023 年 6 月